上海市法学会海关法研究会

Review of Customs Law

海关法评论

第 12 卷

Volume XII

陈 晖 主编

法律出版社
LAW PRESS · CHINA
北京

图书在版编目(CIP)数据

海关法评论. 第12卷 / 陈晖主编. -- 北京 : 法律出版社, 2024
ISBN 978-7-5197-8927-5

Ⅰ. ①海… Ⅱ. ①陈… Ⅲ. ①海关法-文集 Ⅳ. ①D912.204-53

中国国家版本馆CIP数据核字(2024)第052570号

海关法评论(第12卷)
HAIGUANFA PINGLUN(DI-12 JUAN)

陈 晖 主编

策划编辑 刘秀丽 魏艳丽
责任编辑 刘秀丽 魏艳丽
装帧设计 汪奇峰

出版发行 法律出版社
编辑统筹 法商出版分社
责任校对 李慧艳
责任印制 胡晓雅
经 销 新华书店

开本 A5
印张 18.75 字数 486千
版本 2024年4月第1版
印次 2024年4月第1次印刷
印刷 唐山玺诚印务有限公司

地址:北京市丰台区莲花池西里7号(100073)
网址:www.lawpress.com.cn
投稿邮箱:info@lawpress.com.cn
举报盗版邮箱:jbwq@lawpress.com.cn

销售电话:010-83938349
客服电话:010-83938350
咨询电话:010-63939796

书号:ISBN 978-7-5197-8927-5 定价:78.00元
凡购买本社图书,如有印装错误,我社负责退换。电话:010-83938349

海关法评论
（第12卷）

主编絮语

海关法学应成为一门确定性的科学

——密涅瓦的猫头鹰总在黄昏之后起飞

陈　晖*

［摘　要］　第十五届海关法论坛以“乌卡时代”的涉外法治与海关法为主题，表达论坛旨在以法治思维指导当下不确定性的国际贸易环境和进出境活动，试图于易变中找寻不变、不确定中找寻确定、复杂中找寻规律、模糊中找寻清晰。一方面契合了当下的急剧变化的国际经贸环境，希望从混乱复杂中试图看清未来；另一方面也暗合了海关法学自身发展的历史逻辑和命题，即海关法学应成为一门确定性的科学。社会科学研究存在两条道路，即从具体到抽象的道路，再从抽象到具体的道路，后者才是马克思所讲的科学方法。在这个思维运动的过程中，从具体到抽象，再从抽象到具体的连接点是“范畴”，唯有对“范畴”的抽象，才能实现从主观到客观的过程，才能深入事物的内部，把握其精神内核，这时才会形成真正的科学。

海关法学还没有如刑法学一样走上第二条道路，它还在第一条道路上徘徊。但在中华民族重新崛起于世界民族之林，实现伟大复兴之

* 陈晖，中国海关管理干部学院院长，上海市法学会海关法研究会会长，教授。

际,作为学科的海关法学不会没有自己的科学贡献和世界贡献,海关法学应该、也一定会成为一门真正的确定性的科学。

[关键词] “乌卡时代”;海关法学;科学

疫情下的这个冬季比以往更为寒冷,不仅是因为北方来的冷空气十分凶悍,这几天小岛的温度骤降到零下十度,而且自十月以来断断续续的静默和封控不知何时是个头,有家不知何时回的难过,不仅仅是一个人的痛。

这样一种生存状态,用一个学术时髦词语表达,没有比“乌卡时代”更恰当的了。“乌卡时代”(VUCA)取了四个英文单词的首写字母,即易变性(Volatility)、不确定性(Uncertainty)、复杂性(Complexity)及模糊性(Ambiguity),来表达当前这样一个不确定的时间坐标段。

我把这个词也用在了2022年的海关法论坛主题上,想用它表达论坛旨在以法治思维指导当下不确定性的国际贸易环境和进出境活动,试图于易变中找寻不变、不确定中找寻确定、复杂中找寻规律、模糊中找寻清晰。这样一个主题设计,一方面契合了当下的急剧变化的国际经贸环境,希望从混乱复杂中试图看清未来;另一方面也暗合了海关法学自身发展的历史逻辑和命题,即海关法学应成为一门确定性的科学。

一、“流沙”不是科学

海边的孩子四季都喜欢玩沙,尤其是在夏天。如果你盛夏来到小岛金梦海湾,你会看到男孩女孩穿着五彩斑斓的游泳衣,携带着专门的挖沙工具,或黄色、或绿色、或粉红的塑料桶、塑料铲,来到离海水较近的海滩,找一块沙地,就开始用铲子往深处挖,开始筑梦自己的海上世界。

小岛的沙子十分细腻,没有一丁点儿扎脚的石子,这是老天赐予的。据说有周边沿海城市的小伙伴来到小岛,发现小岛沙子实在好,花大力气将金黄黄的细沙运到这些城市,改善当地海滩沙子的质量,可没过多久,就发现这些细沙仿佛自己长了脚,随着海洋的运动,又回到小岛的家,自然就是这样神奇。

孩子是挖沙、筑沙的高手。平坦的沙滩,在孩子手里,一会儿就有模有样,或者变成了堡垒,或者变成了赛车,或者变成了米老鼠、唐老鸭……孩子们玩沙,也玩海,不仅用海水来搅拌沙子,变成沙泥,用来造型,而且还将海水引到造型中,变成大江大河,变成了河谷山川。

令我叹息的是,孩子们筑沙,还毁沙。好端端一个费尽心血筑起的城堡,孩子却拎起一桶海水,泼洒上去,貌似坚不可摧的城池瞬间化为乌有,孩子脸上却露出开心和快乐。转过头,又拿起铲子,重新筑沙,筑了毁,毁了筑。

看着孩子们筑沙、毁沙,我想起了每年的海关法论坛,我们年复一年举办论坛,重复着海关法同样的论题和讨论,是不是也在重复筑沙,这样重复的意义何在呢?

偶然,读到科学家解释孩子为什么喜欢玩沙,那是因为沙不成形,孩子在不断筑沙、毁沙间,感受到外在事物的不断变化,用哲学语言表达,就是主体在不断认识客体,同时又在改造着客体。这种改造着客体的过程,也是孩子主体意识和大脑成长的过程。

孩子究竟是孩子,孩子意味着成长、意味着不成熟。在儿童这个年龄段可以一直这样筑沙、毁沙,但过了这个年龄段,恐怕就不行了。十年后这样、二十年后这样,恐怕会被人笑话是“老顽童”。精神需要独立,更需要成年,“流沙”不是确定性的科学。

二、社会科学的两种研究方法

流沙如何能凝固下来,牢牢握在手里,一段时间变成永恒,一门学科如何能成为确定性的科学呢?我想到了马克思对政治经济学的研究过程。

马克思最早学习法学,但他的兴趣在哲学,因此他说他把法学作为哲学的辅助学科来学习。马克思哲学博士毕业后,来到《莱茵报》做编辑,他首先遇到“理性的法”和物质利益的矛盾问题,而这是他年轻时青年黑格尔派的哲学立场解决不了的。于是他开始对黑格尔法哲学进行批判,他得出的结论是,法的关系不能从本身来理解,也不能从人类精神的一般发展来理解,它根源于物质生活关系,或按照黑格尔的概括叫"市民社会",马克思进一步认为,对市民社会的解剖应该到政治经济学中去寻求,由此,马克思从哲学转向政治经济学,转向《资本论》的研究。

政治经济学应该如何开展研究?马克思在《〈政治经济学批判〉序言·导言》中阐述了政治经济学研究的科学方法。他指出,对政治经济学的研究存在两条道路,一条道路是从具体到抽象的道路,这是经济学在它产生初期在历史上走过的道路,17世纪的威廉·配第等就是"从生动的整体,从人口、民族、若干国家等等开始,但是他们最后总是从分析中找出一些有决定意义的抽象的一般的关系,如分工、货币、价值等等"。一旦这些要素被确定下来和抽象出来,经济学体系便开始以第二条道路展开,即从抽象的范畴如劳动、分工、需要、交换价值上升到国家、国际交换和世界市场等具体的东西。

马克思认为后一种方法才是科学上正确的方法。"具体之所以具体,因为它是许多规定的综合,因而是多样性的统一,因此它在思维中表现为综合的过程,表现为结果,而不是表现为起点,虽然它是现实的起点,因而也是直观和表象的起点。在第一条道路上,完整的表象蒸发为抽象的规定;在第二条道路上,抽象的规定在思维形成中导致具体的再现。"

从具体到抽象的道路,再从抽象到具体的道路,前者是从客观到主观,后者是从主观再到客观,但这时的客观已是经过主观的洗礼,上升到综合的主观支配下的客观,这时候的主观认识实现了一种包含客观的综合的改变,这才是马克思所讲的科学方法。马克思也正是这样开始对政治经济学批判,对商品、货币、资本进行显微镜式的研究,在这个思维运动的过程中,从具体到抽象,再从抽象到具体的连接点是"范畴",唯有对"范畴"的抽象,才能实现从主观到客观的过程,才能深入事物的内部,把握其精神内核,这时才会形成真正的科学。

三、寻找法学第二条道路的科学方法

对法这一现象进行研究的法律科学——法学,有没有马克思所讲的第二条道路的科学方法,答案显然是有的,刑法学就是一个生动的例子。

刑法要解决的是定罪和量刑这两个核心问题,如何定罪,这个是从人类产生以后,有了犯罪这个社会现象以后就面临的问题。显然刑法学一开始走的是第一条道路,即从具体到抽象的道路。据考证关于犯罪构成要件的概念是从中世纪的纠问程序中产生,当时为了证明有罪,必须向法庭提供证明犯罪的证据,而这些证据就必须围绕犯罪的构成要件去收集,因此产生了所谓"犯罪构成要件"的概念,包括犯罪人、犯罪故意、犯罪过失、犯罪行为、犯罪对象、因果关系、犯罪结果等。显然,这些概念是从成百上千的案件事实中,由大脑直观后经过知性抽象出来的概念,也就是马克思所讲的"完整的表象蒸发为抽象的规定"。但仅有这一步是不够的,因为"具体之所以具体,因为它是许多规定的综合,因而是多样性的统一,因此它在思维中表现为综合的过程",所以还需要将这些概念进行综合,即上升到范畴,在刑法学中就是"犯罪构成要件",并将犯罪故意、过失、行为、因果关系、结果等归在它的下面,形成刑法学的知识体系,这时候刑法学就开始成为科学了,刑法学接着开始走第二条道路,用"犯罪构成要件"去把握具体的犯罪事实,这时候的犯罪事实就不再是感性杂多的经验材料,而是主观支配下、"犯罪构成要件"指导下的具体的综合,定罪也变得是确定的了,刑法学完成了成为科学的使命。

海关法学显然还没有如刑法学一样走上第二条道路,它还在第一条道路上徘徊。现在流行的海关法学的教材,大体都是按照现行海关法章节的顺序进行排列,通常是把海关法总则作为海关法学的概述,依次再叙述进出境运输工具、货物、物品、关税、海关法事务担保、法律责任等章节,这种教科书体系严格遵守了海关法体例,这没有错,但并不科学,因为它没有区分海关法学和海关法,不是作为科学的海关法学应该有的知识体系。

十年前,我曾在海关学院组织教师编写海关高等教育系列教材《海关法学》,为了和海关法相区别,分成海关法本体论、海关法实体论、海关法程序论,试图用法学的基本理论解释海关法条文,把海关法各章节分别归在本体论、实体论、程序论下面论述,这样从形式上摆脱了海关法体例的限制,但实质上还是对海关法条文规定的解释和叙述,没有完成从具体到抽象,更没有达到具有决定性普遍意义的抽象"范畴"的高度,没有出现如刑法学中"犯罪构成要件"这样先验的范畴,统摄犯罪各个要件要素,并据此展开刑法学的知识体系。这种知识体系因为抽象出综合性范畴实现了"抽象的规定在思维形成中导致具体的再现",它因此摆脱了条文的束缚,成为独立的学科知识体系,使不包含一个条文的法学科学成为可能。与此对照,海关法学还是处在幼稚的学科阶段,它还没有能力摆脱条文的束缚,没有实现从具体到抽象,到综合的思维阶段,因此还远远不是科学。

四、范畴——海关法学成为科学的一道坎

海关法学要成为科学,必须实现从具体到抽象,再从抽象到具体这样一个过程,其中"范畴"是关键的连接点,海关法学必须找到从具体到抽象中,找到具有决定性意义的抽象的一般关系,换句话讲就是找到海关法学的"犯罪的构成要件",找到这个抽象的一般关系,就可以涵摄具体的关系要素,就可以展开一般的知识体系,就可以形成真正的海关法律科学。

这样的抽象关系"范畴"在海关法学中是否存在呢?如果我们把眼光放到世界范围内海关法学的研究,确实是有这样的积极探索和实践的,欧盟海关法中的"海关债"就是这样一个抽象的关系"范畴"的活生生例子。

"海关债"将民法中债的法律关系引用到海关法律关系中,用债解释所有的进出境活动,不仅进出境货物物品是债的法律关系,进出境运输工具也是债的法律关系,甚至违反海关法的行为也是债的法律关系,没有正常申报、缴纳税款,走私都可以解释为对债的法律关系的违反,海关

行使职权的行为都被视为债的法律关系的恢复,通过“海关债”这个概念抽象为范畴,海关进出境活动监管中的具体事实都被抽象为概念了,实现了从具体到抽象的过程。而这时的“海关债”绝不仅仅是空洞的范畴,而是包含了海关进出境活动等具体的多样性的综合,是具体的再现,因此它可以从抽象再到具体,实现了海关法的科学化。

很遗憾,我们还没有在我国现行的海关法或海关法学教材中发现类似“海关债”的概念或范畴,现行海关法附则中包含进出境运输工具、过境转运通运货物、海关监管货物、保税货物、海关监管区的定义,但这些定义只是对海关法条文的注释,显然不是马克思所讲的从具体到抽象的第一条道路形成的抽象的“概念”“范畴”,这些定义也担负不起从抽象到具体的第二条道路的使命。

我国海关法中到底有没有这样的“概念”“范畴”呢?从具体到抽象,再从抽象到具体这样来回反复的思维运动和思考,我认为是有的。实践中,出现把没有逃避海关监管的行为作为走私对待,“套代购”走私认定中认为免税店销售完离岛免税商品就不受海关监管,将离岛免税商品理解为特定减免税货物,将自由贸易试验区、自由贸易港“境内关外”理解为海关监管以外等错误认识,本质上都源于对“海关监管”这一概念的知性缺乏,而这一概念如此重要,直接关系到海关法所有的法律关系,我们有没有可能将“海关监管”从具体上升到海关法学抽象的概念,甚至综合形成范畴,实现具体的多样性的综合,再从抽象到具体,去指导具体的海关法实践活动呢?答案显然是可以的。

五、是时候迈过这道坎了

前不久,党的二十大胜利召开。党的二十大全国关注,世界关注,因为中国已经是世界第二大经济体,第一大货物贸易国,第一大制造国,这些诸多第一、第二牵动世界,真可谓牵一发而动全身。党的二十大报告中指出的中国式现代化的命题,更为世界提供了现代化的中国图景,未来还将出现诸多的中国式现代化场景。这些命题、图景、场景,都需要新的理论去解释,因为已有的国际贸易理论、法学理论是建立在西方文明和西方学术话语体系基础上的,用这些理论解释中国式现代化往往说不通,讲不透,甚至失灵。因此,必须建立自己的学科体系,党的二十大报告中指出“加快构建中国特色哲学社会科学学科体系、学术体系、话语体系,培育壮大哲学社会科学人才队伍”,一语中的。

2018年,基于国际贸易环境发生的改变和新技术的出现,世界海关组织启动了对《经修正的京都公约》全面审议工作,为全面修改公约做准备。中国海关积极参加全面审议工作,中国海关提出的“自由区”“AEO”“单一窗口”“海关在安全中的作用”“原产地规则”“跨境电商数据模型”等六项提案进入到立法文本起草阶段,对比二十年前中国海关参与《京都公约》的修订工作,真可谓是天壤之别。今天中国海关在诸多实践领域走在世界前列,“自由区”“AEO”“单一窗口”“海关在安全中的作用”“原产地规则”“跨境电商数据模型”等规则与实践,都是中国海关对世界的贡献。我们没有理由不相信,在中华民族重新崛起于世界民族之林,实现伟大复兴之际,作为学科的海关法学不会没有自己的科学贡献和世界贡献,海关法学应该、也一定会成为一门真正的确定性的科学。

密涅瓦的猫头鹰之所以在黄昏起飞,是因为只有在黄昏以后才可以看见整个白天所发生的一切,才可以追寻其他鸟儿自由翱翔的足迹。海关法学要成为一门法律科学,也应该像密涅瓦的猫头鹰一样,经过理性的反思,在黄昏以后,悄然起飞。

Customs Law should Become a Deterministic Science

—the Owl of Minerva Always Takes Flight after Dusk

CHEN Hui

[**Abstract**] The 15th Customs Law Forum focused on the rule of law in international relations and customs law in the era of “VUCA”

(Volatility, Uncertainty, Complexity, and Ambiguity). The forum aimed to use the concept of rule of law to guide the uncertain international trade environment and cross-border activities, seeking stability amidst change, certainty amidst uncertainty, patterns amidst complexity, and clarity amidst ambiguity. On one hand, this aligns with the rapidly changing international economic and trade environment, aiming to gain insights into the future amidst chaos and complexity. On the other hand, it also reflects the historical logic and proposition of the development of customs law, which emphasizes that customs law should become a deterministic science. In social science research, there are two paths: from concrete to abstract, and from abstract to concrete. The latter is the scientific method discussed by Marx. In this process of thinking, the connection point from concrete to abstract, and from abstract to concrete, is "categories". Only by abstracting the "categories" can subjective to objective transformation be achieved, and a deep understanding of the internal essence of things can be acquired, thus forming true science.

Customs law has not yet taken the second step, as criminal law did, and is still lingering on the first path. However, as the Chinese nation rises again among the world's nations and strives for great rejuvenation, customs law as a discipline will undoubtedly make its scientific and global contributions. Customs law should and will become a truly deterministic science.

[**Key words**] era of "VUCA"; science of Customs law; science

目录

Contents

涉外法治与国际海关法

国门安全与海关法

关税法律问题

海关法专题研究

海关行政处罚

海关刑事法律问题

知识产权海关保护

判例研究

域外视野

CONTENTS

Rule of Law in Foreign Affairs and International Customs Law

Border Security and Customs Law

Legal Issues of Tariff Law

Specific Research on the Customs Law

Customs Administrative Penalties

Customs Criminal Law Issues

Customs Protection of Intellectual Property Rights

Case Study

Overseas Horizon

海关法评论(第12卷)

涉外法治与国际海关法

Rule of Law in Foreign Affairs and International Customs Law

论我国海关法律体系涉外法治功能的制度完善

贝景波　沈红宇　刘云松　古丽雅*

［摘　要］　近年来，美国通过长臂管辖、单边制裁等制度强化了国内法的域外适用，为其推行单边主义政策服务。为此，欧盟通过建立健全阻断机制保护区域内企业的合法权益。我国也在持续探索部门法域外适用的立法实践。海关应当以维护国际秩序、体现平等对等以及坚持问题导向为原则，从域外适用、检验检疫准入、进出境禁限管制、技术性贸易措施、巩固促进贸易便利化五个方面强化法律体系涉外法治功能，使之在维护国家主权、安全和发展利益方面兼具斗争性、对等性和促进性的多重属性，成为我国参与全球治理的“涉外法治工具箱”重要组成部分。

［关键词］　海关法律体系；涉外法治；域外适用；制度

法治是国家核心竞争力。习近平总书记指出：“世界进入动荡变革期，国际竞争越来越体现为制度、规则、法律之争。我们必须加强涉外法律法规体系建设，提升涉外执法司法效能，坚决维护国家主权、安

---

* 贝景波，深圳海关副关长；沈红宇，深圳海关法规处处长；刘云松，深圳海关法规处副处长；古丽雅，深圳海关法规处科长。

全、发展利益。”①加强涉外领域立法,进一步完善反制裁、反干涉、反制“长臂管辖”法律法规,是当前涉外法治建设的中心任务之一。目前,我国海关法域外适用的法律体系还不够健全,一些具有涉外法治属性的措施、制度的效力层级较低,依据国际法参与全球治理、解决国际争端的能力和运用法律武器对欧美国家的单边制裁和所谓“长臂管辖”行径进行反击的效果有待提升。

一、美国及欧盟法域外适用与阻断机制的实证分析

(一)美国国内法域外适用

长臂管辖制度。“长臂管辖”最早是美国用来解决各州民事诉讼中被告的居所不在法院所在州时的管辖权。随着美国推行单边主义、保护主义政策,长臂管辖演变为美国政府依照其国内法律对外国企业及公民等主体实施的域外管辖②。“长臂管辖”采取“效果原则”或“影响原则”,即无论行为发生地有多远,只要该行为的效果或影响及于美国相关利益,美国就能够主张域外管辖权③,具有明显的政治胁迫性,与国际法基于属地原则和保护原则所允许的国内法域外适用规则不一致,与解决国家间法律冲突的“礼让原则”相左,其合法性没有得到国际社会的认可。

美国长臂管辖制度有三种形式:在立法层面,制定《爱国者法案》《美国贸易法》《海外反腐败法》④等不同议题的、具有域外效力的国内法;在执法层面,包括海关和边境保护局在内的美国多个政府部门可以采取冻结资产、市场禁入、拘捕等长臂执法权;在司法层面,由美国

---

① 习近平:《坚持走中国特色社会主义法治道路 更好推进中国特色社会主义法治体系建设》,在2021年12月6日十九届中央政治局第35次集体学习时的重要讲话。

② 参见王震:《对新形势下美国对华“长臂管辖”政策的再认识》,载《上海对外经贸大学学报》2020年第11期。

③ 参见肖永平:《“长臂管辖权”的法理分析与对策研究》,载《中国法学》2019年第6期。

④ 美国《海外反腐败法》规定,只要是通过美国的邮件系统进行通信或使用隶属于美国的国际商业工具进行腐败支付,即与美国发生了联系,从而美国法就具有管辖权。

司法部、联邦法院、各州法院以及检察官、律师构建一套复杂的诉讼博弈体系,迫使域外实体因难以应付而认罪和解,缴纳巨额罚款。

单边制裁制度。美国单边制裁制度与长臂管辖制度有密切的关联,但又有自身独立性,深受美国政治和外交政策的影响。以《美国敌对国家制裁法》为例,对所谓“敌对国家”实施的贸易限制、贸易禁运等经济制裁、金融制裁、能源制裁乃至刑事法律制裁,具有鲜明的惩戒性。

出口管制制度。美国出口管制法律体系有多个法律渊源,包括《出口管制法》《出口管制条例》《商业管制清单》,以及颁发出口许可证等①,不仅规制出口行为,还增加“转出口”“再出口”“视同出口”等法律概念,从而扩大域外适用范围;对所有源自美国的商品、技术、设备、系统等无论其所处何处,均依据美国国内法实施管辖。

技术性贸易措施。美国充分发挥了以《技术性贸易壁垒协议》(本文以下简称《TBT 协定》)、《WTO 实施卫生与植物检疫措施协定》(本文以下简称《SPS 协定》)为支撑的技术性贸易措施隐蔽性强、涉及范围广、透明度低的特点,变相限制国际贸易、保护本国市场、实施歧视性待遇。根据世界贸易组织(WTO)技术性贸易措施信息管理系统的报告,全球每年新增 TBT 通报总数从 1995 年的 364 件增加到 2020 年的 2044 件。其中,美国发起的新增 TBT 通报共计 1772 件,占比达 6.38%,是全球最活跃的 TBT 发起成员国②。国外企业出口的产品因难以满足美国国内技术法规的苛刻条件,从而导致经营成本大幅增加或者退出相关市场。因此,技术性贸易措施虽不属于国内法域外管辖的范畴,但具有明显的涉外法治功能,是各国运用法律手段参与国际治理、国际市场分配的重要途径。

(二)欧盟对外国法域外适用的阻断机制

欧盟作为全球重要经济、政治实体之一,一直以来也深受美国“长

---

① 参见吕文栋、林琳、赵杨、钟凯:《美国对华高技术出口管制与中国应对策略研究》,载《科学决策》2020 年第 8 期。

② 参见陈雯、范茵子、张永宇:《美国技术性贸易措施与中国企业的出口行为》,载《国际贸易问题》2021 年第 10 期。

臂管辖”的限制和打压。据统计,自2008年以来,被美国司法部罚款超过1亿美元的企业中,有14家是欧洲企业,占比超过总量的50%,支付的罚款总额比同期美国企业支付的罚款总额高出3倍①。因此,以法国为代表的欧盟国家一直致力开展反制措施立法。

具体包括三个方面立法:第一,对外国法域外适用的阻断机制立法。为应对美国1996年颁布的针对古巴等国的制裁性法案影响,欧盟②制定颁布《反对第三国立法域外适用条例》,不承认这些不利于欧盟的第三国域外适用法律的效力,而且禁止欧盟企业遵守域外立法的任何要求或禁令③。2018年8月,为应对美国退出《伊核协议》,欧盟大幅度更新补充了阻断第三国域外适用法律“附件”。第二,在数据治理领域,2018年欧盟出台《通用数据保护条例》,将域外管辖原则扩展为“影响主义原则”,只要其处理了欧盟境内个体数据,即便数据控制者或者处理者在欧盟境内没有设立实体机构,也可适用该法④。第三,欧盟制定技术法规和标准、产品质量认证制度和合格评定、标签/包装管制以及环境标准和卫生检疫标准等,建立了包含食品、农业、化工等领域的技术性贸易措施制度体系。

二、我国国内法域外适用和反制立法的现状评析

(一)我国国内法的域外适用

《刑法》是我国法域外适用的最早立法⑤,基于国际法“保护原则”确立域外管辖。党的十八大以来,我国以2015年《国家安全法》出台为标志,实现多个领域的域外管辖立法,突出维护国家主权、安全和发

---

① 参见杨成玉:《反制美国“长臂管辖”之道——基于法国重塑经济主权的视角》,载《欧洲研究》2020年第3期。

② 当时为“欧洲共同体”,为便于理解统一表述为“欧盟”。

③ 参见杨成玉:《反制美国“长臂管辖”之道——基于法国重塑经济主权的视角》,载《欧洲研究》2020年第3期。

④ 参见叶开儒:《数据跨境流动规制中的“长臂管辖”——对欧盟GDPR的原旨主义考察》,载《法学评论》2020年第1期。

⑤ 《刑法》第8条规定。

展利益。例如:《反恐怖主义法》针对恐怖主义行为实行域外管辖①;《海警法》突出"对等原则"以及"程序法的域外适用",保护我国公民、法人及其他组织海上的合法权益②。

(二)我国阻断外国法适用及反制裁立法

作为首部阻断外国法适用的部门规章,《阻断外国法律与措施不当域外适用办法》将"外国措施"纳入阻断适用的范畴③。《反外国制裁法》对国家各行政机关开展反制给予充分授权,即国务院有关部门(包括海关总署)可以决定《反制清单》,查封、扣押、冻结在我国境内的动产、不动产等,制定部门规章明确"其他必要的反制措施"。④

(三)我国制裁性立法

《不可靠实体清单规定》⑤包含"调查程序",在外国实体违反正常的市场交易原则,中断与中国企业正常贸易或采取歧视措施时,我国可以依据该规定主动维护中国企业、其他组织或者个人合法权益。《出口管制法》⑥强化了"出口国家和地区""最终用户和最终用途"等"域外制裁"条款,对"境外的组织和个人"实施违反出口管制管理要求、危害我国安全和利益的行为追究其法律责任等。

三、体现海关法律体系涉外法治功能的基本原则

作为规范进出境监督管理秩序的海关法律体系,形成了以"促进功能"为主的贸易便利化基本制度,但随着西方国家以"长臂管辖"、单边制裁持续对中国企业实施遏制与打压,海关法律体系涉外功能的内涵还应包括"对等功能"和"斗争功能",遵循的基本原则也应当与时俱进。

---

① 2016 年 1 月 1 日起施行的《反恐怖主义法》第 11 条规定。
② 2021 年 2 月 1 日起施行的《海警法》第 79 条规定。
③ 《阻断外国法律与措施不当域外适用办法》,2021 年 1 月 9 日起施行。
④ 2021 年 6 月 10 日起施行的《反外国制裁法》第 6 条规定。
⑤ 《不可靠实体清单规定》,2020 年 9 月 19 日起施行。
⑥ 2020 年 12 月 1 日起施行的《出口管制法》第 18 条规定。

(一)维护国际秩序原则

推动国际关系民主化、法治化、合理化发展,应当把以国际法为基础的国际秩序作为基石。我国海关既要全面履行国际法义务,主动参与国际规则制修订,充分运用国际经贸规则,维护我国主权、安全、发展利益,又要科学界定海关法域外适用和反制措施的边界,不简单照搬西方国家的"长臂管辖"和"单边制裁"。

(二)体现平等对等原则

我国海关应当强化跨国执法协作,共建相互尊重、公平正义、合作共赢的新型国际海关关系,维护国家主权平等的国际法核心原则。海关法律制度的制定与实施不仅要包括互惠的便利措施,也应当有壁垒性、保护性措施,这是坚持国家主权平等、保护贸易公平的应有之义。

(三)坚持问题导向原则

面对西方国家缺乏国际法依据的单边制裁和"长臂管辖",海关需要以维护国家重大利益的实际需要为着力点,加强海关法律体系反制理论研究和实践探索,强化域外法适用规则、阻断外国法不当适用、完善反制裁措施,对经贸领域的霸权行径形成抗衡、博弈和震慑,使海关法律体系真正成为我国"涉外法治工具箱"的重要组成部分。

四、体现海关法律体系涉外法治功能的主要制度

(一)完善海关法律体系域外管辖制度

立法层面。目前,《海关法》规定的"连续追缉权"①、《食品安全法》规定的"境外食品生产企业实施注册"②等条款已具有"域外管辖"特点。《海关法》首先应当丰富"维护国家主权、安全、发展利益"的立法目的,为域外适用提供法理基础。参照《海警法》第79条的立法思路,在总则中授权海关总署按照国家有关规定,对外国在进出境监督管理中对我国公民、法人或者其他组织采取歧视性的禁止、限制或者

---

① 《海关法》第6条规定。

② 《食品安全法》第96条规定。

其他特别措施的情形,予以相应的对等措施。将属地管辖调整扩充为“属地+属人+属事”管辖①,对特定的境外企业、组织、机构以及自然人适用我国法律进行管辖。除“境外生产企业注册制度”外,根据“影响原则”,对于寄递渠道(包括跨境电商)的境外寄件者、企业管理中跨国公司境外总部等实体,存在危害我国国家安全的违法行为的,赋予海关依照《海关法》及其他有关法律法规进行处理的职权。在法律责任方面,结合已有的“熔断机制”,参考《核安全法》②的立法模式,设定对境外生产商、出口商或代理商等境外实体存在特定违法情形的,予以“责令整改”、“暂停进口”、“罚款”、“没收违法所得”乃至“撤销注册”的惩戒措施。

执法层面。海关具有“域外执法”色彩的措施主要集中在检验检疫工作领域,这些措施最直接的法律渊源并非国内规章,而是国际条约及双边检疫议定书等,存在缺乏清晰授权、措施属性不明、实施主体身份模糊、域外管辖效果不佳等不足。以实施主体为例,《进出境粮食检验检疫监督管理办法》《进口食品境外生产企业注册管理规定》规定海关总署通过自行或者委托专家、有关机构等赴输出国家或者地区实施的措施分别为“预检”“监装”“回顾性审查”“检查”“协助隔离检疫”等。因此,需要从《海关法》层面对上述“准域外执法”情形进行概括授权,并且依据《反外国制裁法》第6条的规定赋予海关在进出境环节对反制清单中的实体的动产、不动产和其他各类财产(海关监管货物)行使查封、扣押、冻结的权力,打破目前《海关法》仅以缉私职能为主设定海关行政强制权的局限性。

(二)明确检验检疫准入法律制度

明确海关在检验检疫准入中的职能定位。检验检疫准入制度是在风险分析的基础上确定是否准许他国动植物及其产品、食品进入本

---

① 参见廖诗评:《中国法中的域外效力条款及其完善:基本理念与思路》,载《中国法律评论》2022年第1期。

② 2018年1月1日起施行的《核安全法》第83条规定。

国的一系列程序和标准的总和,是WTO确认的国际通行规则。但我国《进出境动植物检疫法》《食品安全法》等法律法规中①并没有对检验检疫准入制度进行立法层面的完整确认,而是分散在以特定产品为监管对象的个别规章中②,这在一定程度影响我国检验检疫准入法律制度与国际条约和协定的规则衔接,并弱化了检验检疫准入制度的涉外法治功能。因此,需要在《海关法》中规定海关总署对检验检疫准入履行主管职能,负责签署国家间政府检疫协定书、议定书③,并在"进出境货物"一章中增加检验检疫准入的制度安排,修改《进出境动植物检疫法实施条例》第17条的授权条款,赋予海关总署制定专门规章的权限。

实施境外企业注册登记/备案。目前对境外企业注册登记散见于《食品安全法》《进出境动植物检疫法实施条例》《进出境粮食检验检疫监督管理办法》等法律法规及规章④对进口食品境外生产企业注册、输华动植物产品如粮食、水生动物等境外生产、加工、存放企业注册的规定中。为充分发挥检验检疫准入制度涉外法治功能,应在《海关法》层面对海关实施境外企业注册登记/备案进行概括性授权。一旦出现疫病疫情等法定禁止情形,或者输出国对我国企业、组织及个人实施歧视性、制裁性措施的,海关可以依据《反外国制裁法》第6条的规定采取予以暂停进口或者注销资格等措施,形成有效反制的法律效果。

---

① 对《进出境动植物检疫法实施条例》第10条第3项的理解有两种观点:一种是属于"检疫审批制度";另一种是属于"检疫准入制度",本课题组倾向于第一种观点。同时,《进出境动植物检疫法实施条例》第17条仅明确"境外企业注册登记制度",并不能完全等同于检疫准入制度。

② 《进出境粮食检验检疫监督管理办法》第8条规定,"海关总署对进境粮食实施检疫准入制度"。

③ 根据《进出境动植物检疫法实施条例》第9条的规定,只有"输入植物种子、种苗及其他繁殖材料的检疫审批"由农业农村部门主管。

④ 《食品安全法》第96条;《进出境动植物检疫法实施条例》第17条;《进出境粮食检验检疫监督管理办法》第6条。

发布检验检疫风险预警。《食品安全法》第95条针对境外发生的食品安全事件及进口食品等检验风险预警作出了规定;《进出口商品检验法实施条例》第14条明确海关总署建立进出口商品风险预警机制。《SPS协定》允许成员国在科学证据不充分的情况下,根据来自有关国际组织以及其他成员实施的动植物卫生检疫措施等可获得的有关信息,临时采用动植物卫生检疫措施。但我国《进出境动植物检疫法》及其实施条例没有明确依据《SPS协定》进行国内法转化。对比显性、刚性的反制措施,依法适时发布检疫风险预警是一项符合国际法规则的"软法",应当在《海关法》修订中体现对国际公约的国内法转化,明确发布检疫风险预警的制度。

(三)优化海关进出境禁限管制制度

实施出口管制。自《出口管制法》施行以来,国家在加强对管制物项出口目的国家和地区的风险等级评估的基础上,可以发布《管控名单》禁止相关管制物项向"特定目的国家和地区、特定组织和个人"出口。海关可以依托对外贸易统计职能优势,掌握目的国进口商、代理商、最终用户名称,会同商务部门制定《管控名单》,从而配合国家外贸、外交政策实施,履行国际义务和承诺。

(四)重视技术性贸易措施制度

加快国际技贸协定的国内法转化。海关作为国家技贸措施职能部门之一,对照《TBT协定》《SPS协定》制定了《海关技术贸易措施指南》及一系列通报、咨询、评议等工作管理办法,但这些均属于内部工作规范,不是国际公约的国内法转化。因此,应当尽快制定海关专门规章,规范海关技术性贸易措施制度机制,进而推动国家出台专门的行政法规,明确政府部门之间,政府与企业、协会、非官方机构及世贸组织(专门委员会)之间的职责分工与协作机制,用法治手段提升我国技贸工作的整体竞争力。

强化技贸评议机制的争端解决功能。对外要充分运用技贸措施评价制度和WTO特别贸易关注机制,提高对国外技术法规评议的比例与效能,推动争议条款删除、修改或者推迟实施,帮助我国企业提前做好海外市场应对;对内要依托全国技术性贸易措施部际联席会议,完善我国技贸措施官方评议工作程序,提升打破技术性贸易壁垒的综合能力。

(五)巩固促进贸易便利化制度

"智慧海关、智能边境、智享联通"(本文以下简称"三智")重大倡议的海关制度输出。2021年2月9日,习近平主席在中国—中东欧国家领导人峰会上发出开展"三智"的重大倡议。中国海关随后在《中欧海关合作战略框架》、中俄海关合作分委员会等双边合作文件中纳入"三智"相关内容。截至2022年,全国海关已在国内培育了130多个"三智"试点项目。"三智"重大倡议得到"一带一路"共建国家、重要区域合作伙伴以及世界海关组织(WCO)[①]的普遍认同,是现代化中国海关制度输出的范例。因此,要在《海关法》修订中对"三智"予以体现,弥补海关基础法律在海关国际合作方面的制度缺失,并持续向WTO、WCO以及亚太经合组织等国际平台进行制度输出,强化中国海关在国际秩序构建中的影响力。

经认证的经营者(AEO)制度的法律化和国际化。目前,我国AEO制度的主要法律依据是海关规章[②],明确高级认证企业是中国海关AEO;中国海关依据有关国际条约、协定以及本办法,开展与其他国家或者地区海关的AEO互认合作,并给予互认企业相关便利措施[③]。为衔接《贸易便利化协定》等国际公约,AEO制度有必要在《海关法》"企业管理"或"风险管理"中获得法律层级的规范,进一步推动我国AEO认证标准与认证程序的国际化,提升互认进程。

---

① WCO第138届理事会年会审议通过的《WCO战略环境分析报告》将"三智"理念纳入其中。

② 《海关注册登记和备案企业信用管理办法》(海关总署令第251号),2021年11月1日起实施。

③ 《海关注册登记和备案企业信用管理办法》第8条规定。

结语

海关法律体系涉外法治功能的制度性构建，除了以问题为导向补强在反制裁、反干涉、反制“长臂管辖”方面的短板外，还应当深刻理解习近平法治思想“统筹推进国内法治与涉外法治”的深刻内涵，加快海关法律体系自身的“立改废”，解决目前监管制度滞后、冲突、模糊等问题，打造先进的、最具竞争力的现代海关监管制度，在高质量的国内法基础上输出高质量的中国方案。

Institutional Improvement of Rule of Law in Foreign-related Affairs under the Customs Legal System of China

BEI Jingbo　SHEN Hongyu　LIU Yunsong　GU Liya

［**Abstract**］ In recent years, the United States has strengthened the extraterritorial application of domestic laws through mechanisms such as long-arm jurisdiction and unilateral sanctions to serve its unilateralism policy. In response, the EU has established a robust blocking mechanism to protect the legitimate rights and interests of enterprises in the region. China has also been exploring legislative practices regarding the extraterritorial application of its sector-specific laws. China Customs should adhere to the principle of maintaining the international order, protecting international partnership based on equality and reciprocity, and adopting problem-oriented approach. This can be achieved through strengthening the rule of law in five key areas: extraterritorial application, inspection and quarantine access, import and export restrictions, technical barriers to trade, and trade facilitation and promotion. By doing so,

China's Customs legal system will possess multiple attributes, such as being combative, reciprocal, and conducive to trade, making it an essential component of China's "toolbox of rule of law in foreign-related affairs" in participating in global governance.

[**Key words**] Customs Law; rule of law in foreign-related affairs; extraterritorial application; institution

浅论海关的涉外法治功能

郑建萍　曾欣颖*

[摘　要]　海关作为国家的进出境监督管理机关，海关涉外法治发挥着不可替代的重要作用，体现在维护国家主权、安全、发展利益，防范和应对生物安全风险，服务国家经济社会发展等方面。为推动市场化、法治化、国际化、便利化的口岸营商环境建设，海关可以采取在《海关法》中设置"反制裁、反干涉、反制'长臂管辖'"措施、积极参与国际规则的制定、以法律文件固化行之有效的技术性贸易措施机制等方式，不断提升海关涉外法治工作效能。

[关键词]　海关法；涉外法治

习近平总书记在2020年中央全面依法治国工作会议上强调"要坚持统筹推进国内法治和涉外法治"。党的二十大报告中也指出"加强重点领域、新兴领域、涉外领域立法，统筹推进国内法治和涉外法治，以良法促进发展、保障善治"。

当今世界正经历百年未有之大变局，国际环境复杂严峻，国内经济恢复基础仍不牢固，改革发展稳定任务艰巨繁重，加之全球经济增长乏力，单边主义、保护主义、霸权主义等威胁加剧，世界进入新的动荡变革期。

---

* 郑建萍，上海海关综合业务处处长、上海市法学会海关法研究会副会长；曾欣颖，上海海关法规处法规管理科副科长。

面对国际复杂环境,海关作为国家的进出境监督管理机关,始终处在国内国际双循环交汇枢纽和国际制度竞争第一线,面对的矛盾、风险、挑战更加严峻。当前的国际竞争越来越体现为法律、制度、规则之争,传统安全和非传统安全交互叠加,贸易便利化与贸易壁垒相伴相生,用法治思维和法治方式解决国际争端,维护我国合法权益的重要性、紧迫性更加凸显,在此背景下,持续推进海关涉外法治建设,充分发挥海关涉外法治功能尤为必要。

一、海关的涉外法治功能及体现

随着我国改革开放的不断深入,无论是急剧增长的对外贸易需求,还是日趋复杂的国际环境,都对如何充分发挥法治对改革的引领、推动、保障作用,提出了新的要求。涉外法治作为中国特色社会主义法律体系中不可或缺的重要组成部分,更是体现了我国在对外贸易交往中的“巧实力”。

当前,我国已进入高质量发展阶段,继续发展具有多方面优势和条件,但同时发展不平衡不充分的问题也仍然突出。一方面,进入新发展阶段,我国经济实力、科技实力、综合国力、国际影响力持续增强,已经成为世界第二大经济体、第一大货物贸易体,且与第二大货物贸易体美国的差距进一步拉大。2021年,我国进出口货物贸易总值达39.1万亿元人民币,同比增长21.3%,贸易伙伴超过200个。2022年上半年,进出口货物贸易总值达19.8万亿元人民币,同比增长9.3%,在拉动经济的“三驾马车”中表现最好。但是,全球经济环境的任何风吹草动,都可能给我国带来巨大影响。另一方面,2022年以来,需求收缩、供给冲击、预期转弱“三重压力”仍在显现,国内经济恢复还面临不少困难和挑战。

海关处在国内国际双循环的交汇枢纽,在当前国际形势异常复杂严峻、改革发展稳定任务艰巨繁重的背景下,海关涉外法治发挥着不可替代的重要作用,并且已经体现在了维护国家主权、防范和应对生物风险、服务国家经济社会发展等方方面面。

第一,维护我国主权、安全、发展利益,服务外交大局。党的十八大以来,在进出口贸易领域的许多立法都突出了维护国家主权、安全和发展利益的域外属性,与海关执法工作紧密相关。比如,《海关法》规定的“连续追缉权”,该规定将海关缉私权力的管辖范围延伸到了域外,有助于海关准确执法,精准打击走私等违法行为,维护国家利益。又如,《反外国制裁法》规定,对于危害我国主权、安全、发展利益的行为,有关法律、行政法规、部门规章可以规定采取其他必要的反制措施。这也非常明确地给予了包括海关在内的各国务院部门,在各自的部门法和行政规章中设置反制措施的法定授权。再如,《出口管制法》规定,任何国家或者地区滥用出口管制措施危害我国国家安全和利益的,我国可以根据实际情况对该国家或者地区采取对等措施,体现了我国对贸易保护主义的抵制,同时该法还设置了域外制裁条款,也就是说,外国组织和个人在境内违反出口管制规定,或者在境外对从中国购入的受控物项实施再出口时发生违法违规问题的,都有可能被我国追究相关法律责任。

第二,防范和应对生物安全风险,保障人民生命健康,保护生物资源和生态环境。此类海关执法措施主要集中在检验检疫工作领域,有的源于部门法的授权条款,比如《食品安全法》规定的境外食品生产企业注册制度;《进出境动植物检疫法实施条例》规定的对向中国输出动植物产品的国外生产、加工、存放单位的注册登记制度等,有的源于我国参与或者对外签订的国际条约、双边检验检疫要求议定书,主要内容是针对不同国家、不同风险等级的进出口产品,根据议定书的约定内容,派出专家或者委托有关机构,赴产品输出国家或者地区,对拟输出到我国的产品采取包括预检、监装、回顾性审查、协助隔离检疫等具有域外效力的监管措施。当然,这些措施和制度,在本质上还是对应域内海关监管要求的前置后移,目的是更加便于实现海关的后续执法监管,同时进一步提高通关环节的效率。

第三,促进外贸保稳提质,参与全球治理。据统计,2021 年,我国有 16.43% 的出口企业受到国外技术性贸易措施的影响,企业直接损失额近 3000 亿元。由此可见,用足用好世界贸易组织(World Trade

Organization,WTO)等国际通行规则,努力排除出口障碍,维护好我国在对外贸易和产业发展中的正当利益,对于我国稳经济、保安全政策的落实至关重要。目前海关技术性贸易措施工作,主要是依照《技术性贸易壁垒协议》《WTO实施卫生与植物检疫措施协定》等WTO框架下的技术性贸易协议的规定,一是提升中国海关在技贸措施领域国际传播能力,讲好国际通行语言,在技贸措施谈判磋商、政策审议、争端解决等治理领域发挥促谈、促和、促成的作用。二是采取发布通报、制定更新标准法规、增加限用物质、加严标准限值等方式,设置产品准入要求,进一步垒好进口技术壁垒。三是持续关注国外技术性贸易措施的变化,帮助企业降低因受国外技术性贸易措施影响而导致的直接和间接损失。

二、对持续强化海关涉外法治功能的三点思考

国与国之间的合作、竞争和博弈,关乎发展和安全两件大事、国内和国际两个大局。为了满足我国日益走近世界舞台中央的战略需求,结合海关执法实际,聚焦突出问题,补强薄弱环节,推动市场化、法治化、国际化、便利化的口岸营商环境建设,是当前海关的重要工作之一,其重要性也不言而喻。

在构建新发展格局方面,可以促进进出口平衡,保护我国产业链、供应链健康发展,服务高水平对外开放;在落实总体国家安全观方面,可以维护我国产业发展、国际市场份额等核心利益,保护我国生态安全以及进口农产品、食品、消费品质量安全和人民生命健康;在参与全球治理体系改革方面,可以提升我国参与国际经贸规则制修订的深度和广度,在国际治理体系中贡献中国智慧,争取更大话语权。

在当前国际形势异常复杂严峻、改革发展稳定、任务艰巨繁重的背景下,海关也必须多管齐下,多措并举,不断提升海关涉外法治所发挥的工作效能。

第一,结合《海关法》修订,研究海关可以采取的"反制裁、反干涉、反制'长臂管辖'"措施。

目前,《海关法》修订工作正在积极深入推进,《海关法》与国家安全、公共卫生、生物安全、生态文明、涉外法治等多个领域密切相关,既有国内法治也有涉外法治的内容。海关总署已经将修法工作放在国家治理体系和治理能力现代化的全局去予以推进,并针对反制裁、反干涉、反制“长臂管辖”等内容进行了深入研究,达到通过《海关法》修订去充实我国应对挑战、防范风险法律“工具箱”的目标,为维护国家主权、安全和发展利益提供法治支撑,为推动形成系统完备的涉外法律法规体系添砖加瓦。

在现行的《海关法》里,还没有涉及“反制裁、反干涉、反制‘长臂管辖’”的专门条款。因此,如果在修订《海关法》时需要新增此类规定,则需要对以下问题进行重点考虑。

一是海关需要启动“反制裁、反干涉、反制‘长臂管辖’”措施的情形。这个问题的答案已经非常清晰了,就是出现了危害我国主权、安全、发展利益的时候。这个前提非常重要,需要在《海关法》中予以进一步明示:只有在法定情形出现的前提下,才需要海关出手采取反制措施。海关在该出手时必须出手,但也不能随便出手和乱出手。

二是海关“反制裁、反干涉、反制‘长臂管辖’”的具体措施。关检融合之后,海关执法监管的对象范围更加宽广,包括进出境交通运输工具、运输设备、人员、货物、物品等。如何把海关的反制措施有效适配于监管对象,这也是《海关法》修订的重要研究内容。具体来说,就是要把已有措施和新的要求进行全面梳理,同时结合海关执法监管的特色进行通盘考虑。一方面,现行的《海关法》《生物安全法》和检验检疫法律法规,已经有了一些具体的规定,这些规定在特定情况下,完全可以作为反制措施来使用:对于货物,可以加强单证验核,可以暂停或者不予办理海关手续,可以责令技术处理、退运或者退回;对于进口国,可以暂停、取消或者给予向我国境内出口特定货物的相关资质,可以限制、禁止特定货物、物品进境或者出境;对于进口口岸,可以指定进境或者出境口岸,经国务院同意可以临时关闭口岸或临时封锁有关国境。另一方面,近年来一些法律法规和法律文件,也赋予了海关反制措施新的内涵。比如,海关可以依据《反外国制裁法》第6条规定,对列入反制清单的个人和组织,按照职责在进出境环节,行使查封、扣押、冻结其在我国境内的各类财产(比如海关监管货物)的行政强制权力。又如,可以与《不可靠实体清单规定》进行衔接,由海关总署有针对性地向商务部提出列入"不可靠实体清单或者重点管控清单"的具体建议。当然,以上所有的反制措施,都必须结合海关风险评估来开展,需要符合最基本的依法行政"比例原则"的要求,即一切的海关反制都必须出于"维护国家主权、安全和利益的需要",并且与面临的风险水平相匹配。

三是"反制裁、反干涉、反制'长臂管辖'"的配套行政处罚惩戒手段。《出口管制法》第40条规定,出口管制违法行为,法律、行政法规规定由海关处罚的,由其依照本法进行处罚,同时结合《出口管制法》第44条还可以依法追究境外组织和个人违法行为法律责任的规定。目前,海关在出口管制执法领域的执法对象已拓展至境外组织和个人,因此也可以考虑在海关相关法律法规中对执行出口管制相关处罚职权以及具体违法情形所对应的处罚条款适用等作出规定。前面说的这一些法定的要求,都可以考虑在《海关法》修订的过程中予以完善,并通过后续进一步制定规章或者行政规范性文件的形式,在操作层面上进行分解与细化。

第二,积极参与国际规则的制定,做好相关规则在国内的衔接转化。

当前,以美国为首的西方发达国家对以联合国为核心的国际组织的相关规则,采取合则用、不合则弃的强权主义、霸权主义态度。为了应对这种态势,我们需要通过涉外法治建设,将我国平衡"国际主义"和"国家主义"、兼顾"人类共同价值"与"中国特色"的主张具体化,积极参与国际规则尤其是国际经贸规则的制定,对标国际最高标准、最好水平,在国际社会彰显我国坚持真正的多边主义的影响力与引领力,体现我国促进国际宏观经济政策协调,共同培育全球发展新动能,推动构建人类命运共同体的政治主张。比如,积极参与世界海关组织(WCO)治理,加强与我国立场相同或者相近成员的协调,深入参与

WCO突出风险事项解决方案的制定和实施,维护我国核心利益,营造“于我有利”的外部环境。又如,充分利用国际组织会议,双多边磋商等场合,在谈判、政策审议、争端解决等治理领域,积极发挥海关技术职能作用,围绕技术性贸易措施规则,在更多的国际协议、国际规则中融入中国元素、设计中国方案、贡献中国智慧,争取更大的话语权,坚决反对技术性贸易措施问题泛政治化。再如,在推进区域全面经济伙伴关系(Regional Com-prehensive Economic Partnership,RCEP)高质量实施方面,海关总署已经公布施行了《海关〈区域全面经济伙伴关系协定〉项下进出口货物原产地管理办法》和《海关经核准出口商管理办法》两部规章,完成了RCEP项下关税减让、经核准出口商等与海关职责相关的制度内容的国内法转化。接下来,各地海关如何落实好上述规章的规定,直接影响到海关对进出口企业的支持力度,对提高我国企业在国际市场的综合竞争力至关重要。

第三,将行之有效的技术性贸易措施机制以法律文件予以固化。

海关技术性贸易措施交涉应对工作,虽然已形成了稳定的工作机制,但就如前面所说,还没有制定单独的法律规范。我们必须认识到,在当前国际形势异常复杂的背景下,海关技术性贸易措施交涉应对工作效能的提升,对维护国家安全和发展利益十分关键。围绕“一带一路”、RCEP等重点领域,聚焦信息通信、新能源、食品、动植物等重点产业,尽快着手开展海关技术性贸易措施制度的单项立法,是将海关发挥标准、技术法规、合格评定程序作用,并在实践层面形成的改革成果予以固化的有效途径,对于全面提升海关技术性贸易措施的规则运用水平,创造更加安全高效法治环境的意义也十分重大。

习近平总书记指出,推动构建人类命运共同体,需要改革和建设全球治理体系。[①] 当前各国在国际治理体系话语权争夺持续加剧,对

---

① 出自2021年10月25日《习近平在中华人民共和国恢复联合国合法席位50周年纪念会议上的讲话》:“推动构建人类命运共同体,需要一个强有力的联合国,需要改革和建设全球治理体系。”

如何进一步发挥海关的涉外法治功能也提出了新的要求。我们要辩证认识“斗争”与“合作”的关系,始终坚持贯彻习近平外交思想,坚持以公平正义为理念引领全球治理体系改革,主动贡献“中国方案”。当然,我们也要直面海关涉外法治实践中可能遇到的风险挑战,坚决与挑战国际通行规则、国家利益底线的行为作斗争。

A Brief Discussion on the Role of Customs in Foreign-related Rule of Law

ZHENG Jianping　ZENG Xinying

[**Abstract**] As a national entry-exit regulatory authority, Customs plays an irreplaceable and important role on the foreign-related rule of law, which is reflected in safeguarding national sovereignty, security and development interests, preventing and responding to biosecurity risks, and serving national economic and social development. In order to promote the construction of a market-oriented, rule-of-law, internationalized and convenient port business environment, Customs may continuously improve the effectiveness of Customs' foreign-related rule of law work by adopting measures such as "anti-sanctions, anti-interference and counter-long-arm jurisdiction" in the Customs Law, actively participating in the formulation of international rules, and solidifying effective technical trade measures mechanisms with legal documents.

[**Key words**] Customs Law; foreign-related rule of law

试论国际条约在海关进出口贸易管制中的转化与实践

吕晨鸽*

[摘　要]　中国海关在贸易管制领域执行的国际条约，最早可溯至《经1972年议定书修正的1961年麻醉品单一公约》。国际条约是海关进出口贸易管制法规体系的重要渊源，中国海关在我国国际法理论和实践发展中一直担任重要角色。结合汞、濒危动植物种、消耗臭氧层物质、化学武器原料等国际公约管制商品的执法案例，探讨海关在生态环境、国际军控等贸易管制领域面临的新型挑战，尝试提出具建设性的执法优化方案。

[关键词]　海关；贸易管制；生态环境；国际条约

当前海关进出口贸易管制立法的渊源总体可以分为三类：一是国际法渊源，如海关验核《合法捕捞产品通关证明》，系履行《养护大西洋金枪鱼国际公约》、《南极海洋生物资源养护公约》、《建立印度洋金枪鱼委员会协定》和《中华人民共和国政府和俄罗斯联邦政府关于预防、阻止和消除非法、不报告和不管制捕捞海洋生物资源的合作协定》；二是国内法渊源，如海关验核《人类遗传资源材料出口、出境证明》，系依据《人类遗传资源管理条例》（国务院令第717号），实现对合法利用及

* 吕晨鸽，上海海关法规处副处长。

对外提供我国人类遗传资源的自主管理;三是国际法与国内法渊源的结合,如海关验核《农药进出口放行通知单》,系履行《关于在国际贸易中对某些危险化学品和农药采用事先知情同意程序的鹿特丹公约》的国际义务及《农药管理条例》(国务院令第 752 号)中对我国农药质量自主管理的需求。

根据国际法原理,缔约方应受自愿承担的条约义务的约束。海关进出口贸易管制行政执法在接受国际条约时,多采取"转化"的方式,即依据条约,进行国内立法,使条约的内容在国内法里具有相应的规定(禁止进出口或者实施进出口许可证管理),并配合海关的执法实践,形成管制范围的细则(管制商品目录)①。

我国进出口贸易管制主动履行高于条约义务的情形也较为常见。如我国宣布从 2021 年开始全面禁止固体废物进出口,管制商品的范围和对转移要求的控制均高于《控制危险废物越境转移及其处置巴塞尔公约》条款,这是中国作为负责任世界大国的积极表率。本文拟讨论另一类情形——国际法转化为我国进出口管制规定时,囿于认知或者立法技术等原因,管制目标范围发生偏差,对相关领域的贸易公平和监管效能产生负向的影响。生态环境保护是国际法的热门领域,本文将结合该领域的 4 个案例展开讨论。

一、转化国内法发生文义改变——《关于汞的水俣公约》与禁止进出口管制

案例 1:2021 年年初,开关和继电器行业的多家企业反馈,因不符合禁止进出口新政中对含汞量的控制要求,相关产品无法开展跨境贸易。

2017 年 8 月 16 日,《关于汞的水俣公约》(本文以下简称《水俣公

① 例证:生态环境部、商务部、海关总署《关于印发〈中国严格限制的有毒化学品名录〉(2020 年)的公告》(生态环境部、商务部、海关总署公告 2019 年第 60 号)关于国际公约的引用和国内管制的规定。

约》)生效,水俣是日本地名,该地严重的汞污染引发国际重视,发展至缔结公约。我国是该公约的首批缔约国之一。公约规定,缔约方应采取适当措施,不允许受管制的添汞产品在公约明确规定的淘汰日期过后生产、进口或出口。公约管制产品包括"开关和继电器(不包括每个电桥、开关或继电器的最高含汞量为20毫克的极高精确度电容和损耗测量电桥及用于监控仪器的高频射频开关和继电器)",淘汰期间为2020年。据此,《水俣公约》128个缔约方均应于2021年起履行淘汰承诺。

2017年8月15日,环保部(现更名为生态环境部)、外交部、海关总署等部门联合发布2017年第38号公告,明确"自2021年1月1日起,禁止进出口含汞开关和继电器(不包括每个电桥、开关或继电器的最高含汞量为20毫克的极高精确度电容和损耗测量电桥及用于监控仪器的高频射频开关和继电器)"。该条款原文转化了公约条款。

2020年12月30日,商务部、海关总署、生态环境部联合发布2020年第73号公告,公布《禁止进口货物目录(第七批)》和《禁止出口货物目录(第六批)》,这是我国履行《水俣公约》2020年年底到期义务的最新公告,规范时间与2017年第38号公告一致,自2021年起禁止75个税号的含汞商品的进出口,但在含汞开关和继电器的产品范围上出现调整,并未对含汞量延续20毫克的限值规定。因第73号公告为后发布,同位阶新法优于旧法,两个公告条款存在差异的部分,应按照2020年第73号联合公告执行,即目录内的"含汞"商品禁止进出口①。按照一般文义理解,"不含汞"即汞含量为绝对0,除另外添加外,自然界本底存在的微量汞也不在允许进出口范围。而当前,开关和继电器行业普遍遵照EU ROHS 2.0(Directive 2011/65/EU)及我国《电气和

① 例证:禁止进出口的含汞类货物目录(节选)此处有表

序号	商品编码	商品名称	备注
35	8535301010	72.5千伏≤电压≤220千伏的隔离开关及断续开关,含汞	

电子产品中限制使用有害物质管理办法》进行管理和控制,根据上述规则和我国国家标准《电子电气产品中限用物质的限量要求》(GB/T 26572—2011),汞含量的限值均为不超过0.1%(汞含量≤1000ppm),这是我国主要贸易国均认可的限量指标要求。我国开关和继电器行业的生产加工不包括另外添加汞的工艺,但原材料采购无法保证自然本底不存在汞元素。在科学意义上,绝对0汞是不存在的,企业无法承诺商品不含汞。因此,第73号公告实施后,部分企业出于合规性的顾虑,全面暂停进出口业务。

从其他缔约方的履约情况看,2015年11月7日,加拿大发布《加拿大环境保护法》项下含汞产品法规SOR/2014－254①,规定15类不受管制的产品范围,包括"(K)除电池外,在均质材料中汞浓度为0.1%或以下的产品"。2017年5月24日,欧洲理事会废除法规(EC)No1102/2008,发布关于汞的法规(EU)2017/852②,(EU)2017/852基本转化了《水俣公约》的管理范围、豁免限值、进出口禁令实施日期条款,其附件2规定,添加汞的产品——开关和继电器,不包括每个电桥、开关或继电器的最高含汞量为20毫克的极高精确度电容和损耗测量电桥及用于监控仪器的高频射频开关和继电器—禁止进出口和制造日期2020年12月31日,内容与公约一致。

本案例属于典型的转化偏差。《水俣公约》英语版对汞产品的表述为"Mercury-added product was intentionally added",中文对应表述应为"有意添加汞的产品"。《水俣公约》第3条在阐释汞和汞化合物时,在第二点中排除了"……产品中存在的、属于自然生成的痕量汞或汞化合物,以及在化学产品中无意生成的痕量汞",也进一步印证了上述

---

① Government of Canada, *Products Containing Mercury Regulations SOR*/2014－254, *Canadian Environmental Protection Act*, 1999, Justice Laws Website, https://laws-lois.justice.gc.ca/eng/regulations/SOR－2014－254/page－1.html#h－806725.

② European Union, *Regulation* (*EU*) 2017/852 *of the European Parliament and of the Council of* 17 *May* 2017 *on mercury*, *and repealing Regulation* (*EC*) *No* 1102/2008 (*Text with EEA relevance.*), EUR-Lex, https://eur-lex.europa.eu/eli/reg/2017/852/oj.

定义。

经向主管部门求证,我国在转化《水俣公约》时,结合国内产业现状,微调了部分商品的属性表述和管制要求,但在“有意添加汞的产品”这一基础属性上,并没有扩大管制的意图,第 73 号公告中的“含汞”实质为“添汞”,无意生成的或自然存在的微量汞(痕量汞)不属于禁止进出口管制范围。

二、转化国内法后缺失合理豁免——监控化学品与两用物项与技术进出口许可证

案例 2:某化学有限公司向海关申报进口一批化工产品,其中包括阴离子表面活性剂混合物(含有低于 1% 的某醇胺),由于企业未事先办理两用物项和技术进口许可证,货物无法通关。

1993 年 1 月 13 日,我国代表在巴黎签署《关于禁止发展、生产、储存和使用化学武器及销毁此种武器的公约》(本文以下简称《禁止化学武器公约》),1995 年 12 月 27 日,国务院发布转化后的国内法《监控化学品管理条例》(国务院令第 190 号)。1997 年 4 月 29 日,《禁止化学武器公约》正式实施,自此,我国对监控化学品实施许可制度,监控化学品进出口申报时,应向海关提交两用物项和技术进出口许可证。

2018 年,工业和信息化部修订并发布《〈中华人民共和国监控化学品管理条例〉实施细则》(工业和信息化部令第 48 号)(本文以下简称《监控化学品实施细则》),在第 56 条中对监控化学品的定义做了更具体的表述,“监控化学品包括其纯品和不同浓度的工业品,类别按照《各类监控化学品名录》和《列入第三类监控化学品的新增品种清单》执行”。主管部门对上述定义进一步解释为,含有任何浓度监控化学品的商品均属于进出口管制范围,均应实施两用物项和技术进出口许可证管理。这一细化解释引发了巨大反响。

以案例中的化学品为例,化学品列入《禁止化学武器公约》附表 3,对应纳入我国现行《两用物项和技术进出口许可证管理目录》(商务部、海关总署公告 2021 年第 48 号)。需要说明的是,某醇胺是一种用

途广泛的化学品,除可作为化学武器原料外,同时大量使用于化妆品(乳化剂、保湿剂等)、表面活性剂、洗涤剂、稳定剂、织物柔软剂、工业净洗剂、橡胶活性剂、油墨、药用辅料等日常生产生活用品。对任何浓度的化学品均实施管控,意味着进出口含有低、微量化学品的产品,甚至零售包装的个人生活消费品,比如化妆品,也必须符合《监控化学品管理条例》规定,履行《禁止化学武器公约》的数据申报和保存、接受国际视察等义务,从事进出口活动须申领许可证,而该类许可证申领源头机制非常严格,属于进出口主体指定经营①,全国范围内具有资格的企业不足10家。

对比溯源《禁止化学武器公约》条款,对监控化学品混合物仅作了"宣布"要求,并没有强制设定许可管理。同时,《禁止化学武器公约》对属于附表2、附表3的混合物提出了按照阈值区分的豁免管理规则,如第八部分规定,"进行符合本公约第六条的不加禁止的活动,在仅含低浓度的一种附表3化学品的混合物,在一般情况下无须宣布"。因此,在公约体系,本案例中的商品是可以实现豁免管理的。

《监控化学品实施细则》第57条规定,《各类监控化学品名录》和《列入第三类监控化学品的新增品种清单》中的监控化学品低于一定浓度阈值时,可以豁免数据申报和进出口许可。由工业和信息化部根据实际情况制定、调整相关浓度阈值。该条规定,为转化公约的有条件豁免规则创造了路径。然而,我国在制定前述豁免阈值的基础规则后,未发布豁免管理的具体浓度阈值,导致该条款无法应用,当前所有含有监控化学品的产品均被纳入应证范围。

三、商品管制目录与海关分类结果的差异——消耗臭氧层物质与进出口许可证

案例3:某贸易有限公司申报出口除尘剂,该产品主要成分二氟乙烷(hfc-152a,含量99.99%),根据海关归类结果,按照《中华人民共和

---

① 《监控化学品管理条例》第14条相关规定。

国进出口税则(2022)》(税委会公告〔2021〕10号)(本文以下简称《进出口税则》)商品编号为3827680000,对应名称"其他氢氟碳化物(HFCs),但不含全氯氟烃(CFCs)或氢氯氟烃(HCFCs)的混合物",商品属于《管理货物目录》中列名管控的消耗臭氧层物质,应当提交《出口许可证》。

1989年7月14日,国务院发布关于我国加入《保护臭氧层维也纳公约》的决定。1991年5月1日,国务院批复我国加入经修正的《关于消耗臭氧层的物质的蒙特利尔议定书》(本文以下简称《蒙特利尔议定书》)。

当前履约的相关国内法主要为《消耗臭氧层物质管理条例》(国务院令第573号)、《消耗臭氧层物质进出口管理办法》[环境保护部(现为生态环境部)、商务部、海关总署令第26号]。我国对列入《中国进出口受控消耗臭氧层物质名录》的消耗臭氧层物质实行年度配额和许可证管理,在进出口环节,进出口主体应该申领《进口许可证》《出口许可证》。

2016年10月,《蒙特利尔议定书》第28次缔约方大会达成了基加利修正案,增加了管制商品,18种氢氟碳化物(HFCs)被纳入议定书管控范围,我国须在2021年12月15日前建立HFCs进出口许可证制度。2021年10月25日,生态环境部、商务部、海关总署发布修订后的《中国进出口受控消耗臭氧层物质名录》的公告(生态环境部、商务部、海关总署公告2021年第50号),将基加利修正案管控的18种HFCs及其混合物纳入新名录。2022年1月1日,商务部、海关总署发布《进口许可证管理货物目录(2022年)》(商务部、海关总署公告2021年第49号)及《出口许可证管理货物目录(2022年)》(商务部、海关总署公告2021年第50号,以下简称《管理货物目录》),新管控物质正式纳入海关监管证件执法目录。

案例3反映出当前海关进出口贸易管制中另一个典型问题——管理目录与管制目标的匹配差异。消耗臭氧层物质管控来源为《蒙特利尔议定书》及相关修正案,案例3所述除尘剂是作为制成品而非物质出口,根据《蒙特利尔议定书》规定,"'控制物质'是指本议定书附件A或附件B所载单独存在的或存在于混合物之内的物质;除非特别在有关附件中指明,应包括任何这类物质的异构体,但不包括制成品内所含任何控制物质或混合物,而包括运输或储存物质的容器中的此种物质或混合物"。

我国转化执行《蒙特利尔议定书》及其修正案时,原意图为复刻条约的管制商品范围,对符合特定条件的制成品豁免管理,由此,在制定我国《管理货物目录》时,制成品(依据《进出口税则》的商品名称及编号)未列入管制目录。

然而,商品实际进出口时,是否属于《管理货物目录》所列商品编号范围,须依据《商品名称及编码协调制度的国际公约》[①]框架体系下的我国《进出口税则》进行确定,根据归类总规则一,《进出口税则》中相关类、章及分章标题仅为了便于查找,不具有法律效力。在两大并行的体系下,商业、产业意义上的制成品,商品归类结果不一定归入标题为制成品的商品编号,如本案例的归类结果即指向了物质类名称"其他氢氟碳化物"。

目前,海关通关作业系统以归类的商品编号为基础,依据申报信息和管理参数对进出口商品实施分类管控。管制商品目录与预期的海关商品归类结论不一致,导致的管控偏差问题,是海关执法实践中长期存在的矛盾。

四、当履约主管部门对海关执法的支撑——濒危野生动植物种与物种证明

案例4:2021年2月,某皮革贸易公司向海关申报进口一般贸易项下货物,其中,第2项商品申报为已鞣未缝制的紫貂皮880张,申报商品编号4302199090,货物价值95,003.49美元。经海关审核,上述进

① 1991年12月17日,国务院批复加入《商品名称及编码协调制度的国际公约》,公约立法目的为便利国际贸易和统计等。

口货物商品编号应为4302191090,进口需提供《〈非野生动植物种商品目录〉物种证明》,但当事人未提供。2021 年 12 月,海关认定当事人行为违反海关监管规定,根据《海关行政处罚实施条例》(2004)第 14 条第 1 款的规定,科处罚款人民币 54,000 元。①

我国的野生动植物进出口管理法律渊源,属于国际法与国内法的融合。1981 年 4 月 8 日,《濒危野生动植物种国际贸易公约》(以下简称 CITES)对我国正式生效。1989 年 3 月 1 日,我国施行《野生动物保护法》(主席令第 9 号)。1986 年 7 月 1 日,我国施行《渔业法》(主席令第 34 号)。1997 年 1 月 1 日,我国施行《野生植物保护条例》(国务院令第 204 号)。

根据《濒危野生动植物进出口管理条例》(国务院令第 465 号)第 2 条第 1 款规定,"进口或者出口公约限制进出口的濒危野生动植物及其产品,应当遵守本条例"。第 2 款规定,"出口国家重点保护的野生动植物及其产品,依照本条例有关出口濒危野生动植物及其产品的规定办理"。两款规定奠定了国家条约保护和我国重点保护两大管制范畴。

除了管制范畴外,我国野生动植物进出口管理的另一特征是许可文书的种类。《野生动植物进出口证书管理办法》(国家林业局、海关总署令第 34 号)第 3 条规定,野生动植物进出口证书包括允许进出口证明书和物种证明。进出口列入《进出口野生动植物种商品目录》中公约限制进出口的濒危野生动植物及其产品、出口列入商品目录中国家重点保护的野生动植物及其产品的,实行允许进出口证明书管理。进出口列入商品目录中的其他野生动植物及其产品的,实行物种证明管理。

物种证明是我国的特有证件,适用情形包括:CITES 注释排除管

---

① 参见上海海关:《中华人民共和国上海浦东国际机场海关关于桐乡市东创皮草贸易有限公司涉证行政处罚决定书》(沪浦机关缉违字〔2021〕0274 号),载上海海关网 2021 年 12 月 30 日,http://chengdu.customs.gov.cn/shanghai_customs/423405/fdzdgknr8/423510/shgk78/423512/423514/4096646/index.html。

制范围外的物种标本的进口、再出口;CITES 注释排除管制范围外的物种、非国家重点保护标本的出口;非 CITES 附录所列,仅与我国国家重点保护野生动植物同名的标本的进口和再出口;非 CITES 附录所列、人工培植来源与我国国家重点保护野生动植物同名的标本的出口等。由上述概念可见,物种证明适用的是容易与公约及本国管制产生混淆,但根据豁免规则可以实际不纳入管理的物种及其产品。判定物种是否符合豁免规则具有专业知识储备要求高、印证方式和材料极其广泛的特点,不同物种的排除规则会存在差异,会基于种群、形态(种子、果实、原木、切片等)、包装和运输方式、是否为零售制成品、是否为野生或者野外采集、是否为化石、是否为乐器、贸易来源等多种因素①,且上述结论均需通过收集、研判境内外形成的证据材料予以固化。

为支撑监管的准确性和通关效率,20 世纪 90 年代,国家濒危管制部门与海关形成合作机制,在通关事前,由濒危管制部门对物种是否符合豁免规则进行甄别,并通过签发物种证明予以明确。近年来,随着我国对以濒危野生动植物进出口管控更趋严厉,物种证明引发诸多争议,甚至被指摘不符合"过罚相当"的原则。原因有两方面:一方面,适用物种证明商品纳入应证商品管理目录,属于野生动植物进出口管制范围,也就是说,物种实际性质是豁免管理,但是与不豁免的"濒危"物种适用同等级的管制,包括进出口申领许可证,适用更高的关税和代征税率、更低出口退税率等。另一方面,物种证明纳入野生动植物保护证书范围,属于行政许可,申领程序较为烦琐,未依法申领按照影响国家许可证件管理承担责任,违法成本较高。

对物种证明制度的不满集中爆发在跨境电商业界。我国从 2016 年 4 月 6 日起,启动跨境电商零售进口,实施正面清单管理②。基于对野生动植物保护的底线意识,清单虽经过 2016 年(第二批)③、2018

---

① 例证:CITES 对附录Ⅱ仙人掌科的注释。

② 财政部、发展改革委、工业和信息化部等联合公告(2016 年第 40 号)。

③ 财政部、发展改革委、工业和信息化部等联合公告(2016 年第 47 号)。

年①、2019 年②三次扩大改版，始终排除濒危管制商品，即“列入《进出口野生动植物种商品目录》的商品除外”。因物种的丰富性和交叉性，物种证明涵盖的商品范围非常广泛，以电商主要商品类型化妆品为例，原料中添加人参、芦荟、兰花、仙人掌等成分的，均可能涉及管制，由此导致大量商品不符合清单准入条件，无法开展电商业务。业界持续质疑将物种证明商品定性为“濒危物种”的合理性，在多轮推动后，最终实现突破，2022 年 1 月 28 日，2022 版清单将备注项修改为“列入《进出口野生动植物种商品目录》的商品且不能提供《〈非野生动植物种商品目录〉物种证明》的商品除外”。

对于物种证明制度的反思和变革还在持续，2022 年 9 月 15 日，濒危物种进出口管理办公室、海关总署发布 2022 年第 2 号联合公告（以下简称 2022 年 2 号公告），重新修订《进出口野生动植物种商品目录》，将大部分原《物种证明》范围的商品剔除至目录外，明确“不按濒危物种对待”，仅技术性保留了“未拆分出非濒危物种的海关商品编号项下的物种及其产品”一种情形，自此，存续时间超过 20 年的《物种证明》制度基本退出舞台，海关迎来的课题包括适应执法模式的调整、保障执法质量和效率，寻求获取履约部门的专业技术支撑的代替路径，稳固协作配合等。

五、海关进出口贸易管制履约实践的路径探索

（一）完善法规体系，提升立法转化的质量和完整度

贸易管制相关国际法的转化是一国立法技术能力的综合体现，要能保证履约的有效性，同时协调好与国内刑行、民商事实体法和程序法的关系，因地制宜地考量本国管制资源条件和成本，保证执法的公平性和透明度，正向引导相关产业的良性发展，保护企业的合法利益和便利。

---

① 财政部、发展改革委、工业和信息化部等联合公告（2018 年第 157 号）。

② 财政部、发展改革委、工业和信息化部等联合公告（2019 年第 96 号）。

首先,提升转化立法整体结构的合理性和完整性,可参考日本对《水俣公约》的转化架构,日本为实施《水俣公约》做了全面国内立法储备,2015年7月,修订《防止汞污染环境法》(平成27年第42号)并出台配套内阁令《防止汞污染环境的法律执行令》(平成27年政令第378号),《水俣公约》正式生效后,配套立法储备层级完整,包括法律、内阁令、部令、公告和指南①等。

其次,转化的内容应注重文字的标准化。避免因翻译、节取等原因引发歧义,避免在下位阶细化和落地实施的过程中,出现语义变迁。如案例1,在我国加入《水俣公约》同期间,即2017年环保部(现为生态环境部)、外交部、海关总署等部门联合发布的《关于汞的水俣公约》生效公告②,承诺"自2021年1月1日起,禁止进出口含汞开关和继电器(不包括每个电桥、开关或继电器的最高含汞量为20毫克的极高精确度电容和损耗测量电桥及用于监控仪器的高频射频开关和继电器)"。公告附件名称为添汞(含汞)目录。原文转化了公约的规定。但在2021年履约生效期至,落地公告却没有按实际意图保留汞的属性判定和豁免情形,造成对合法贸易的冲击。

再次,在转化的过程中,加强国际比较研究。汲取国外履约经验,提升国内机制与公约管控机制的对应性和匹配度。如案例2,我国主管部门可借鉴其他缔约方经验,引据《禁止化学武器公约》和我国《监管化学品实施细则》的规定建立阈值,按照适度原则,基于本国行业和产品特点,对指定化学品设置豁免值,避免"一刀切",也可以研究公约推荐的通报制度,对风险较小的化学品,将管制节点前推后移至国内生产、流通环节,实现综合治理。

最后,转化立法应进一步提升过程和结果透明度。重视对外宣讲和意见征集,在立法实施前给予相关产业行业合理的过渡期。如案例

---

① 日本政府:平成二十七年法律第四十二号,水銀による環境の汚染の防止に関する法律,e-GOV法令检索,https://elaws.e-gov.go.jp/document?law_unique_id=427AC0000000042_20190914_501AC0000000037。

② 环境保护部、外交部、发展改革委等联合公告(2017年第38号)。

3 中的商品除尘剂系 2021 年 10 月基加利修正案转化实施后，新纳入管控 HFCs 类商品，查发相关案件时，企业解释不知晓新政，所以延续原来的贸易模式。我国加入国际条约至完成国内转化，一般会经历立法机关批准加入、主管部委制定国内法转化等环节，主管部门在履约安排明晰后，可联合海关对进出口主体充分开展宣法释法，提升企业对于新政的知晓度，促进守法便利。

（二）明晰海关履职定位，建立主管部门技术支撑机制

案例 3 已经引出进出口商品归类体系与行业产业商品体系的差异。这类问题当前仍处于两难瓶颈。从立法本身而言，解决并不困难，比如可以通过增加备注条款明确例外情形。在进出口许可证商品管理目录的公告中，增加消耗臭氧层物质相关商品的豁免管理条款："不包括制成品内所含上述目录中的控制物质或混合物。"问题在于执法实践的能力和效果，海关执法现场如何甄别商品是否符合豁免情形，比如是否可以通过执法手册列明的简易步骤完成准确作业，或者是否有第三方专业技术支持的途径。实践中面临的两个问题：一是安全与便利的平衡，要尽量控制通关耗时，避免对合法贸易产生不利影响；二是引申至更深层的职责分配事项，作为我国对外贸易的重要建设者和参与者，中国海关长期致力提升精准管控能力、降低不必要的介入措施对通关效率的影响，实现安全前提下的便利是核心目标。而海关的人力和技术资源配置主要针对自有业务，在部际合作基础上的进出口贸易管制执法，海关角色偏重一线执行，是否涉及管制的专业研判、事实证据的固定更依托国家主管部门。

引申到案例 4，记载豁免情形技术判定结果的物种证明，性质接近于鉴定或者专家证明，以许可证件的形式承载，确有不妥之处，然而，2022 年 2 号公告实施后，濒危属性的研判从事前转向通关事中环节，由一线执法关员承担，由此，海关迫切需要畅通第三方技术支撑的渠道。新政出台前，对物种证明引发争议论证过两类不同解决方案。第一类方案和新政的构想类似，即主张物种证明不再纳入许可证件管理，调整为业务答复函或者鉴别结论。2022 年 2 号公告附件《目录使

用说明》规定,“有关进出口企业(个人)应当如实向海关申报,明确其进出口商品不属于本目录监管范围。如海关对申报为不受管制的动植物及其产品有疑问的,企业(个人)应当根据免管条件提供证明材料,对仍存在争议的,海关暂不放行相关进出口商品,凭国家濒危物种进出口管理机构出具的证明实施监管”。据此,海关对于是否符合免管条件存疑时,濒危主管部门出具证明函件。与原方案相比,当前新政出台尚处于整体制度调整的过渡阶段,作为独立许可证件的物种证明并没有取消,公告只是将适用的大部分情形剥离,不再纳入濒危物种管理,后续必须通过修订联合规章《野生动植物进出口证书管理办法》,达到立法层面的取消物种证明,同时还应提升海关对存疑事项可“暂不放行”作业的法律依据的立法层级,对外公开、公布证明函的格式、内容要素和应用场景。

在出口管制领域的其他立法实践呈现出更为成熟的态势。《两用物项和技术进出口许可证管理办法》(商务部、海关总署令2005年第29号令)第9条第2款规定,海关有权对进出口经营者进口或者出口的商品是否属于两用物项和技术提出质疑,进出口经营者应按规定向相关行政主管部门办理进出口许可,或者办理不属于管制范围的相关证明。《出口管制法》(主席令第58号)出台后,在出口环节对技术支撑机制作了进一步的补充和优化,第19条第2款规定,“出口货物的发货人未向海关交验由国家出口管制管理部门颁发的许可证件,海关有证据表明出口货物可能属于出口管制范围的,应当向出口货物发货人提出质疑;海关可以向国家出口管制管理部门提出组织鉴别,并根据国家出口管制管理部门作出的鉴别结论依法处置。在鉴别或者质疑期间,海关对出口货物不予放行”。由此,一方面,明确了海关在争议甄别期间,对货物暂不放行的处置依据;另一方面,对出口管制领域争议未决事项,增加了组织甄别的路径,海关可以直接对接主管部门,获取技术支持。建议海关参考上述机制,在部际合作中,推动确立和不断丰富外部专业技术支撑的渠道。

（三）利用现有审批路径，提升技术研判的数字化智能化水平

前文阐述了针对物种证明退出、寻找承载技术研判结果替代路径的第一类方案——取消行政许可，调整为鉴别结论或者证明函，相较而言，第二类方案不涉及许可属性变化，而是希冀应用现行行政许可程序中的不予受理环节。《野生动植物进出口证书管理办法》第 12 条规定，“国家濒管办及其办事处在收到核发允许进出口证明书的申请后，对申请材料齐全、符合法定形式的，应当出具受理通知书；对申请材料不齐或者不符合法定形式的，应当出具补正材料通知书，并一次性告知申请人需要补正的全部内容。对依法应当不予受理的，应当告知申请人并说明理由，出具不予受理通知书”。据此，主管部门研判确定商品不属于濒危物种、不属于濒危证行政许可申领范围后，可以依法出具《行政许可不予受理通知书》，并将濒危属性研判结果作为不予受理的具体理由；进出口主体在海关提出质疑时可提交上述许可文书，有效印证商品不属于管制范围。对第二类方案的反对意见主要集中在：一是不予受理类似行政许可受理环节的兜底情形，如果与证明技术研判结果捆绑，会导致不予受理的大幅增量。可以预期，许多进出口主体为避免通关环节出现争议，导致合同逾期、增加物流时间和费用成本，会采取预防性申请，要求主管部门对所有理论上可能涉及动植物管理的商品全部出具许可文书。二是这一做法，会对主管部门告知“理由”的完整性、规范性、与货物的关联性提出更高的要求。

第二类方案需掌握好合理申请与“滥用”的边界，适当应用体系非常成熟的许可制度，对于提前化解争议、降低企业的通关成本确有正向意义，尤其将其作为第一类方案提倡的证明函制度的补充形式，组合应用得当的话，必有裨益。

其他现有路径的再开发和利用，也应获得更多的关注，目前，非涉密贸易管制证件的申领已经基本全面实现电子化、无纸化，相较于政府部门间公文、咨询函来复，证件电子申领通道具有效率高、路径透明和稳定的特点。主管部门可以通过不予受理电子退单、在核发证件的备注栏添加补充说明等方式，释明商品的具体管制要求或者豁免管理

情况,从而有效降低技术判定的沟通成本,减少重复作业,线上渠道也可以同步推动执法公开透明。

还有其他待进一步论证的路径,比如主管部门在官方网站设定答疑专栏,公开行政相对人的提问及答复意见,以案例形式,为海关执法研判提供间接参考。应用这类路径的主要障碍在于,问答内容与特定进出口货物的一致性和关联性如何印证?比较理想的设定是,假设问答内容足够具体和清晰,且从答复来源可以判定答复主体是具有解释权的主管部门,那在海关执法实践中可以引用以解决部分争议问题。随着路径合法性的升级确立以及呈现形式和内容的不断完善,海关获得第三方技术支撑的来源也会更多元、更有效,集中配置有限资源,形成更良好的部际和政企互动,更好地维护进出口主体权益,促进守法便利。

The Transformation and Implementation of International Treaties in Customs Import and Export Trade Regualtion

LV Chenge

[**Abstract**] China Customs has been implementing international treaties in trade regulation since the launch of The 1972 Protocol Amending the Single Convention on Narcotic Drugs, 1961. International treaties serve an important source of laws and regulations for customs import and export trade regulation, and China Customs has always played an important role in the theoretical and practical development of international law in our country. This paper examines the enforcement cases of controlled commodities under international treaties such as mercury, endangered species of flora and fauna, ozone-depleting substances and raw materials for chemical weapons. It also explores new challenges faced by Customs in the areas of ecological environment and international arms control, and proposes constructive measures to optimize law enforcement.

[**Key words**] Customs; trade regulation; ecological environment; international treaties

中国海关数字化转型中数据治理问题与对策研究

——基于世界海关组织(WCO)数据战略的分析*

崔仁杰　赵世璐　李雪松**

[摘　要]　世界海关组织(World Customs Organization,WCO)2016年、2022年"国际海关日"主题均提及海关数字化转型相关内容,并在2022年提出要"拥抱数据文化、构建数据生态、促进数字转型",推动打造海关专门数据战略。数据作为一种基础性资源,具有战略价值性,国际上庞大且呈动态化的跨境数据流动已然形成。但在以数据化为要义的新一轮数字化转型中,海关仍面临着数据治理能力不足、数据标准规则不健全等问题。基于WCO数据战略构想的新特点、新内容,就海关数字化转型中数据流动与应用的若干问题作出思考,并提出建议。

[关键词]　海关数字化转型;跨境数据流动;数据治理;数据战略

* 本文是"RKC全面审议工作与国际贸易单一窗口互联互通研究"(项目号:2312748K2023)的阶段性研究成果。

** 崔仁杰,济南海关所属莱芜海关;赵世璐,上海海关学院《海关与经贸研究》编辑部;李雪松,广州海关所属天河海关。

WCO秘书长御厨邦雄在2022年1月26日“国际海关日”宣布：WCO 2022年工作主题为“拥抱数据文化、构建数据生态、促进数字转型”。[①] 这是继2016年“数字海关：渐进发展”后，WCO又一次将“数字化”作为发展主题。WCO强调将在新的一年致力于通过拥抱数字文化和构建数据生态系统来加速海关数字化转型，邀请全球海关界共同推进该主题的实施，思考如何在数字环境中以最佳方式运营，打造运营模式，以获取和利用来自整个贸易生态系统的数据。为构建数据生态系统和整合现有系统，WCO共提出四点设想：[②]一是建立正式的数据治理规则，以确保数据的关联性、准确性和及时性；二是利用WCO和其他机构已经制定的有关数据格式和交换的标准规则；三是构建适当的数据管理模式，以确保正确的人访问正确的数据，并遵守数据保护法规；四是采用渐进式方法，例如通过数据分析来收集和利用数据来支持决策。可见，新一轮海关数字化转型已从侧重“电子化”转向侧重“数据化”，突出国际协作下的数据战略，强调数据的关联性和国际化的数字治理。

数据，被喻为互联网时代的“石油”，世界经济论坛（World Economic Forum，WEF）将数据描述为“数字生活中的氧气”。技术层面上，数据具有可传递性和载体功能，现已基本实现对数据的提取、调用、统计和传输。在经济发展中，随着全球开放程度的提升以及跨国贸易、投资的不断扩大，数据在各国间进行流动逐渐成为一种常态，当下将其称为“跨境数据流动”或“数据跨境流动”。数据价值的显现和数据应用技术的成熟，使国际社会越发重视数据的作用。

---

① See WCO Secretariat Celebrates International Customs Day 2022, http://www.wcoomd.org/en/media/newsroom/2022/january/wco-secretariat-celebrates-international-customs-day-2022.aspx, Oct. 25, 2022 last visited.

② See WCO Dedicates 2022 to Scaling up Customs Digital Transformation by Embracing a Data Culture and Building a Data Ecosystem, http://www.wcoomd.org/en/media/newsroom/2022/january/wco-dedicates-2022-to-scaling-up-customs-digital-transformation.aspx, Oct. 25, 2022 last visited.

2021 年 12 月,国务院印发的《"十四五"数字经济发展规划》中将数据资源作为数字经济发展的关键要素,并指出当前数据资源尚未得到有效发掘,应当依托自由贸易试验区、数字服务出口基地和海南自由贸易港,针对跨境寄递物流、跨境支付和供应链管理等典型场景,构建安全便利的国际互联网数据专用通道和国际化数据信息专用通道。积极借鉴国际规则和经验,围绕数据跨境流动、市场准入、反垄断、数字人民币、数据隐私保护等重大问题探索建立治理规则。海关作为国家进出境监管机关,有着对进出口货物贸易开展数据统计等重要职能,未来海关的数据治理将不仅局限于国内监管数据的统计和分析,而是形成国际数据的共享联通以及高效的数据治理框架体系。如何推动 WCO 倡导的数据战略落地实施,合理地利用经贸领域的数据规则提升海关数据治理效能,构建全方位的数据治理框架促进我国海关数字化转型,是本文的重点所在(详见图 1)。

战略背景	战略框架	短期(1年)	关键举措和里程碑中期(2~3年)	长期(4~5年)	结果
●数据源碎片化 ●各国数据管理与实践缺乏一致性 ●提高效率和更好的资源利用率存在需求 ●一个现代和高效的分析基础设施的需要 ●对改善海关服务交付的需求 ●提高透明度和完善问责制的要求 ●对数据改进决策方面的信息需要	治理:程序、协调和监督	-定义治理结构 -制定治理框架 -制定道德分析准则	-实施治理政策 -建立数据治理机构 -制定数据管理指南	-制定评估计划 -执行成熟度模型评估	●通过数据和分析共享增强海关的创新与合作文化 ●改进海关的数据管理做法 ●提升效率和提高资源利用率 ●利用数字化分析基础设施来收集、存储和分析数据 ●促进数字服务交付和交互 ●提高海关决策的透明度和信任度 ●基于实证的决策
	人力资本:技能和培训	-制定分析人才的招聘和留住政策 -开发分析培训 -建立卓越的分析中心	-与外部合作伙伴建立分析机会 -确定并运行试点项目 -建立分析孵化项目实验室 -实施技能发展方案	-协作分析 -加强利益相关者的参与	
	过程:共享、访问和使用数据的方法	-制定数据分析策略 -建立变革管理机制	-制定全面的海关库存管理流程 -开发数据字典 -建立数据质量要求分析孵化 -实施数据标准	-建立数据互操作性标准 -制定最佳实践指南	
	设施:数字工具和技术设施	-开发一个参考体系结构 -建立内部数据探索门户	-部署开发技术 -试点和测试数据库 -建立数据质量要求分析孵化 -实施数据标准	-设计和构建可伸缩的技术基础架构	

图 1 WCO 数据战略路线

资料来源:笔者根据 WCO 数据战略文本翻译整理。

一、WCO 推动海关数字化转型的背景

“乌卡时代”(VUCA)是指易变性(Volatility)、不确定性(Uncertainty)、复杂性(Complexity)、模糊性(Ambiguity)共存的状态。这个词语源自20世纪80年代美国学者沃伦·本尼斯(Warren Bennis)和伯特·纳努斯(Burt Nanus)的领导理论,后来相继运用到军事领域和行政管理领域。[①] 21世纪以来,信息技术与网络的飞速发展,全球生产方式、交易手段、产业结构、产品与服务内容和结算方式等都发生了较为深刻的变化,这些都对国际经济贸易产生了重要影响。当前,随着全球开放程度的不断提升,国际经贸衍生出诸多新特点,“三零”[②]产业链一体化布局,全球价值链深度发展,国际贸易呈现扁平化、碎片化、数字化发展/变化趋势,服务与投资区域自由化水平和开放度不断提升。其中,数字贸易飞速发展,数据资源得以开发,有关数据流动与使用的规则成为国际谈判的前沿议题,数字产品待遇、关税、无纸化贸易数据交互、跨境数据流动、源代码等相关规则已成为国际社会的焦点话题。“乌卡时代”下国际环境复杂多变,国际经贸规则由“边境规则”延伸至“边境后规则”,这间接对国内法律造成了影响。在美欧主导的区域贸易协定(Regional Trade Agreement,RTA)中,“长臂管辖”的现象时有发生,这对我国国内法律法规构建和国际规则话语权的把握提出了更高的要求。数字贸易的蓬勃发展引发了传统监管手段的转型,庞大且呈动态化的跨境数据流动催生了国际数据治理规则的构建,信息技术手段的更新使数据治理成为可能。在此背景下,WCO从数据如何为海关发展赋能的角度,提出了前瞻性的数据战略,以期尽早地挖掘数据的治理效能。

(一)动态且庞大的跨境数据流动逐渐形成

长期以来,跨境数据流动一直存在,但从未像今天这样动态与庞

---

① 参见张男星、王新凤:《乌卡时代高等教育发展的境遇及其应对思考》,载《中国高教研究》2022年第9期。

② “三零”是指零关税、零壁垒、零补贴。

大,也没有如此广泛地享受基于数据新服务带来的便利。跨境数据流动并非数字经济发展的产物,比如早期子母公司之间企业数据的传输、银行间信用卡的顾客信息传输等,最初的跨境数据流动是已做好提前准备的,即出于商业目的,传输前已经做好了传输安排,并在某一个时间点进行传输。但就当前而言,IT技术的进步推动了全球分工体系的日益成熟,跨境数据流动随时都可能因为决策的变化而动态调整,并由此成为整个全球网络进程的一部分。① 随着互联网技术的发展和普及,这种数据的跨境传输更加便捷,个人、企业与政府之间可以进行实时的点对点的传输,这使跨境数据流动呈现动态化。现阶段,不仅企业,个人也逐步参与到跨境数据流动之中,个人和企业之间、企业与企业之间的商业及非商业数据流动日益呈现动态化、多向化(详见图2)。

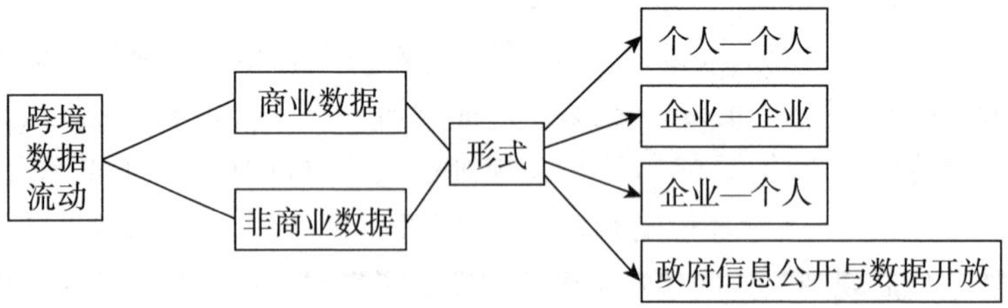

图2　全球跨境数据流动动态

在这些跨境流动的数据中,包含承载公司信息的商业数据、数字贸易中的数据产品、政府监管所需的信息化文件等不同性质的数据。一份数据可以从多个角度中体现其价值:从数据作为一种形式而言,数据可以是诸多商品的电子化形式,诸如电影、电子图书等;从数据作为一种手段而言,数据可以将很多关键信息的交付转为线上电子化;基于数据本身的内容,则可以通过数据内容分析,推动统计、决策分析、风险管理等诸多政企行为精准化,将信息虚拟价值落地成为现实经济和社会效益。联合国贸易和发展会议(United Nations Conference

---

① 参见贾开:《跨境数据流动全球治理的“双目标”变革:监管合作与数字贸易》,载《地方立法研究》2020年第4期。

on Trade and Development,UNCTAD)发布的《2021 年数字经济报告》显示,[①]2022 年全球互联网流量将超过截至 2016 年的互联网流量之和,并指出目前碎片化的数据格局可能使我们无法获取数字技术可能带来的价值,不仅如此,还可能导致与泄露隐私、网络攻击及其他风险有关的重大伤害。其呼吁采取创新的数据和数据流动治理方针,以确保更公平地分配数据流动带来的收益,同时化解风险和担忧。其把数据定义共识性、制定数据访问条款、进行数据价值估算、促进跨境数据流动、推动数据成为全球公共产品、探索新兴的数据治理形式、达成数据相关权利和原则的一致性、打造数据相关标准作为全球数据治理和制定跨境数据流动管理办法所考虑的优先事项。跨境流动的数据既可以作为基础资源为海关监管执法提供决策参考,同时,海关又可以利用跨境数据流动形式开发新的贸易便利化工具。对海关而言,如何利用丰富的数据资源,建立数据格式和交换的标准规则,打造创新海关数据治理模式,对于维护贸易安全与便利具有重要意义。

(二)新兴科技应用中数据价值得到发掘

数据分析、人工智能、区块链、物联网、云计算和其他基于互联网的服务等所有快速发展的数字技术使数据的潜在效益得到发掘(详见表 1)。如今,数据的获取、共享和使用已经成为经济增长和社会福祉的核心驱动因素之一。数据的跨境传输和共享,是经济各个部门不可或缺的组成部分,也是物联网和人工智能等颠覆性技术的关键创新来源。经济合作与发展组织(Organization for Economic Co-operation and Development,OECD)于 2022 年 10 月 12 日发布了题为《跨境数据流动:评估关键政策和举措》的报告,[②]特别指出该报告旨在促进七国集

---

① See Digital Economy Report 2021, https://unctad. org/system/files/official-document/der2021_overview_en_0. pdf, Oct. 25, 2022 last visited.

② See Cross-Border Data Flows Taking Stock of Key Policies and Initiatives, https://www. oecd-ilibrary. org/docserver/5031dd97 – en. pdf? expires = 1667096964&id = id&accname = guest&checksum = 40CB8486399F0A97F2A8BE0913A842EE, Oct. 25, 2022 last visited.

团国家及其他地区之间就国内和跨境数据共享达成共识和对话,这些努力对于支持在政策和监管方法方面取得协调一致的进展至关重要,这些方法充分利用数据的潜力,促进全球经济和社会繁荣。

表1 国际经贸中数据价值的作用

层面	主要特点	主要表现
市场竞争	数据要素具有非竞争性和零边际成本特征	对企业在国际经贸中决策、制定战略、开发产品等发挥重要作用
	数据效益具有强外溢性,对其他经济要素起到正外部性作用	有利于市场对资源的优化配置,促进对传统要素的价值开发,形成要素最佳组合
产业发展	以数据为基础资源	国际数字平台、数据服务及贸易相关产业发展,如人工智能、云计算平台、信息集成系统服务、大数据分析等
	以数据为内容载体	数字产品跨国传输及数字服务相关产业的发展,如电影、游戏、应用软件、电子出版物、社交网站、搜索引擎等
经济形态	以数字贸易平台为媒介的贸易	跨境电子商务
	利用数字化手段进行产业升级与模式开发	数字产业化和产业数字化
政府管理	发挥电子数据作用促进贸易便利化	电子签名、电子认证、单一窗口、无纸化贸易
	利用数据进行安全监管和打击犯罪	数据矩阵下的风控管理、海关利用数据分析建模打击欺诈

资料来源:笔者根据相关资料整理。

"数据文化"能够帮助使人们提出问题、挑战思维并依靠详细的洞察力做出决策,而不仅仅是应用直觉或本能。对于海关而言,未来一方面需要培养人员准确解释和分析数据的能力,熟悉数据的收集和应用,以形成数据驱动的文化。另一方面,海关应当考虑与供应链上其他参与者建立数据应用关系,与其他政府机构共享数据分析。

（三）数字时代下国际经贸规则演变日益激烈

WTO 多哈回合谈判受挫以来，RTA① 成为诸多国家达成贸易协议的优先选择。新一轮国际经贸规则谈判中，许多大国间达成的贸易协定扮演了重要角色。RTA 谈判中由于所涉国家较少，目的性较强，使许多在 WTO 下难以解决的问题易于达成新的方案。尤其是近年来，《全面与进步跨太平洋伙伴关系协定》（Comprehensive and Progressive Agreement for Trans-Pacific Partnership，CPTPP）、《美墨加协定》（The United States-Mexico-Canada Agreement，USMCA）、欧日经济伙伴关系协定（EU-Japan Economic Partnership Agreement）、《区域全面经济伙伴关系协定》（Regional Comprehensive Economic Partnership，RCEP）等大型贸易协定的不断涌现，使诸多经贸规则通过 RTA 谈判逐步上升为极具影响力的国际规则。

国际经贸规则构建中，网络、信息领域成为新的争夺焦点，尤其是针对数据的储存、提取和调用更是涌现出各具特色的国际规则条款，这些规则一方面是当前国际经贸规则重构在数字经济领域的拓展和延伸，另一方面也折射出未来数字时代下经贸治理的趋势和特点，围绕数据形成的新规则框架已逐步从依附于传统贸易规则而逐渐成为一种新型规则体制。

国际社会有关数据流动与使用规则的构建，为数据的跨境传输、储存和使用良好环境的形成、全球范围内数据治理的实现打下了基础。然而，当下数据流动与应用仍面临着诸多阻碍，原因并非技术手段上的缺陷，而各国对数据能否自由流动、如何监管与控制等问题莫衷一是。数据的流动和使用一旦放任，会存在一定的数字地缘政治风险。从跨境数据流动路径看，往往是数字经济竞争力弱国使用数字经济竞争力强国的应用和服务，客观上沦为原始数据的提供者，而数字

① 按照 WTO 定义，RTA 是指同一或不同地区的两个或多个成员之间签署的互惠贸易安排，RTA 缔约方之间开展贸易可以比同非缔约方开展贸易享受更优惠的条件。RTA 作为 WTO 非歧视原则的例外被 WTO 规则所允许，但成员需要将其缔结的 RTA 向 WTO 通报。

经济竞争力强国则获得了全球大量数据,通过强大的技术和数据处理能力站在数据价值链的顶端。① 这就形成一种两难困境,部分数字强国(发达国家)希望进一步打破数据壁垒,凭借其成熟的数字经济市场吸引更多数据资源"回流",而数字弱国既希望把握契机参与全球数字经济发展,又惧怕沦为价值链底端。WCO数据战略的实现离不开公平合理的国际跨境数据流动环境。由此可见,国际范围内兼顾各类经济体诉求的数据治理至关重要。表2为高标准大型RTA跨境数据流动相关规则比较。

表2 高标准大型RTA跨境数据流动相关规则比较

具体规则	CPTPP	USMCA	RCEP
金融服务中数据流动	√	√	√
通过电子方式跨境传输信息	√	√	√
数字产品定义	√	√	×
数字产品关税	√	√	√
数字产品的非歧视待遇	√	√	×
电子签名和电子认证	√	√	√
个人信息保护	√	√	√
计算设施位置	√	√	√
非应邀商业电子信息使用	√	√	√
源代码	√	√	×
政府数据公开	×	√	×
数字知识产权	√	√	√
执法中数据提取与调用	√	√	√

资料来源:根据协定文本整理。

注:CPTPP于2018年12月30日生效,USMCA于2020年7月1日生效,RCEP于2022年1月1日生效。

---

① 参见唐巧盈、杨嵘均:《跨境数据流动治理的双重悖论、运演逻辑及其趋势》,载《东南学术》2022年第2期。

二、海关数字化转型中数据战略的内容和特点

围绕海关的数字化转型中的数据战略,WCO做出了诸多努力,其不仅于2022年1月提出了数据战略的四点设想,还于2022年6月成立了WCO数据和统计工作组(Working Group on Data and Statistics),同月推出的《WCO 2022－2025年战略规划》将技术创新置于未来三年重点工作首位,并提出了三点要求:一是提供数字解决方案,以扩大贸易便利化,改善风险管理。目标是逐步实施一个数字环境,在这个环境中,海关的工作模式将逐渐演变,以实现更高的效率,促进海关现代化并满足合作伙伴的需要。二是在整个组织内实施专门的数据战略,以采取必要步骤,适当使用所收集的数据。通过数据处理、分析,支持海关决策。目标是战略地利用海关收集的大量数据,提高对数据受益的认识,并发展所需的专业知识。三是探索进一步促进信息交流的潜在途径,在不同的政府之间,提升对不同的法律和信息的敏感性。通过提高认识、开发信息交换的安全系统和定义可以交换的有限和有用的数据集,来加强合作伙伴之间的信任。克服与法律事项和隐私安全有关的问题,进行实时有效的数据交换,从而促进稽查、税收和风险管理操作。

此外,2022年3月WCO发布了《WCO数据分析能力建设框架》①,该文件较为全面地反映了WCO数据战略的核心内容。基于上述文件研究,总结出数字化转型中海关数据战略的主要内容和特点如下。

(一)海关数字化转型中数据战略的主要内容

1. 建立全流程的数据分析逻辑

充分利用数据的价值有赖于一套完善的数据分析基础设施,该设

---

① See WCO Capacity Building Framework on Data Analytics, http://www.wcoomd.org/-/media/wco/public/global/pdf/topics/capacity-building/instruments-and-tools/capacity-building-framework-on-data-analytics_en.pdf, Oct. 25, 2022 last visited.

施由三个部分组成,分别是数据源拓展、数据储存和管理、数据分析处理,以期建立全流程的数据分析模型。

其一,数据源拓展。数据被分为结构化、半结构化和非结构化三种数据类型,海关可以从各种可用的来源中受益。例如,可以捕获和分析某个网站上的信息,以收集有关欺诈行为的数据。在社交和新闻媒体中大量的评论和推文中掌握非法毒品走私或知识产权侵犯的新趋势。海关清关系统生成有关商品、进口商、运输工具或路线的数据,可用于风险分析或决策。还有大量的地理空间数据,如手机或射频识别设备产生的地理空间数据以及图像、语音和音频数据,可用于帮助海关查明走私者或可疑货物的位置,并据此改进监管资源分配。但大多数海关目前没有充分发掘可利用的多种数据源的潜力,大部分分析活动都将重点放在使用结构化数据进行传统的报告。未来,海关应当强化对所有类型数据的使用和分析,将数据由海关内部拓展至外部机构和市场中。一旦确定可用数据,海关应及时做出价值评估。

其二,数据储存和管理。捕获与访问数据是海关在处理数据时要执行的第一步。目前,许多海关机构使用传统的企业数据仓库(Enterprise Data Warehouse,EDW)①用于存储结构化数据的环境。然而,传统的EDW方法并没有充分利用数据的潜力,因为它们不适合合并不同的数据源。② 面对所有类型的数据,尤其是非海关系统中的标准数据,海关的储存和管理面临着挑战,包括所需的巨大存储容量、访问或检索相关数据的技术困难以及未知的成本。为了克服这些挑战,满足存储不同的数据格式并访问它们进行决策的需求,在海关自身存储服务器难以实现的情况下,可以依赖云计算。云计算是围绕着一系列可以通过任何Web浏览器远程访问的硬件和软件而构建的,通常应用程序由多个用户共享和工作,所有数据都是远程集中的,而不是存

① 存储和检索结构化数据的传统方法包括关系数据库、数据集市和数据仓库。

② WCO将数据战略基于的数据资源分为结构化、半结构化和非结构化数据,统称为数据源。

储在用户的硬盘上。除了确保数据可用性外,有效的数据管理过程还包括与数据质量和数据管理有关的措施。WCO 提出了四大标准:一是完整性,所有相关数据必须涵盖所有可以收集到的数据源;二是准确性,数据必须清晰、正确和一致,并需要纠正常见的数据拼写错误或缩写问题;三是可访问性,必须可以根据需要来访问数据;四是及时性,必须提供现有或最新的数据。WCO 通过数据建模改进了数据分析质量,确保信息系统真正捕获和存储了满足组织需求的正确数据。

其三,数据分析处理(详见图 3)。根据组织的需求和优先级、洞察力的类型以及分析功能的成熟度程度,建立了四种分析方法,分别是描述性分析、探索性分析、预测性分析和规范性分析。WCO 的调查结果表明,①大多数海关管理部门主要依赖于描述性分析。通过选择正确的分析技术,海关可以处理大量数据、实时操作数据,并捕获所有类型的可用数据以改进组织流程和策略。一些海关机构利用数据分析,通过统计数据确定哪些群体更有可能扩散或面临风险,从而改进风险确定工作。从这个意义上说,数据被用来在事件和所涉及的群体之间建立相关性。当内部分析能力有限时,海关可以使用云技术来进行数据分析或商业智能流程,通过一个托管在互联网平台上的软件系统来执行。与云计算一样,云分析也是在私有云或公共云上进行的。一些组织使用混合模型,将某些功能保留到组织中,同时将其他功能移动到云中。为协助推动海关的数据分析工作,WCO 正计划分阶段保障数据分析平台(云端服务器)的安全,让成员可使用配备高运算能力的服务器。这些服务器最初将用于与国家/区域合作研究有关的数据分析,最终用于在线价格数据监测、非法贸易数据共享和镜像贸易数据共享等业务。

---

① See WCO Capacity Building Framework on Data Analytics, http://www.wcoomd.org/-/media/wco/public/global/pdf/topics/capacity-building/instruments-and-tools/capacity-building-framework-on-data-analytics_en.pdf, Oct. 25, 2022 last visited.

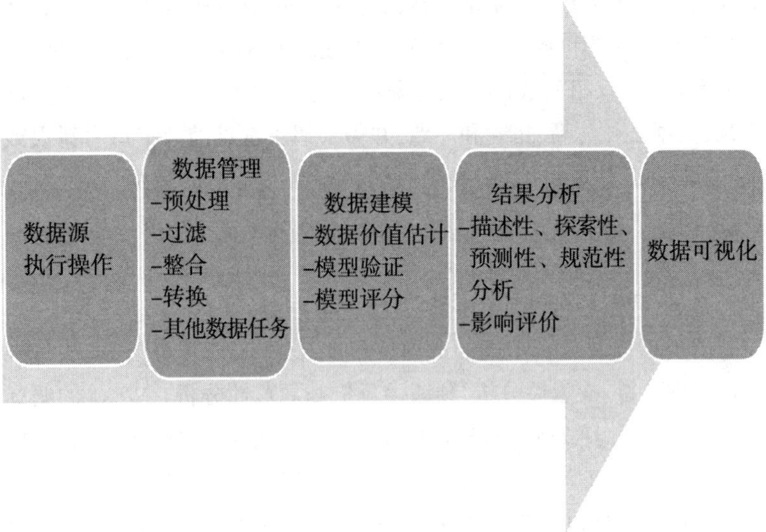

图3　WCO数据分析工作流程

资料来源:2022年《WCO数据分析能力建设框架》。

2. 构建科学合理的数据治理框架

WCO将数据治理定义为"决策权和责任的框架,以鼓励在使用数据方面的理想行为"。这关系到数据的可用性、完整性、安全性、隐私性,确保使用数据的过程、角色、标准和指标是有效的。随着海关的分析功能的迅速增长,不同岗位的海关人员将需要进行更多的合作,开发新的流程。因此,有必要开发一个治理框架来解决所有这些问题。WCO数据治理框架涵盖两个部分:首先,定义数据治理的任务,并具有明确的重点目标、执行过程、治理指标和性能度量;其次,制定指导方针、需求和流程,以确保数据被正确地理解、可信任、可访问和安全,并注重隐私保护。从WCO数据治理研究所提供的能力要求来看,治理框架原则应当包含11个组成部分(详见表3)。

表3 WCO数据战略数据治理框架原则

组成部分	具体内容
数据风险管理与合规	一种识别、限定、量化、避免、接受、减轻或转移风险的方法
价值创造	通过数据资源进行规范化和量化的过程,部门能够最大限度地利用数据资源创造价值
组织结构和意识	意识到将业务需要转化为IT语言的责任,以及对在不同管理层次治理数据责任的认识
管理	一种质量控制规程,旨在确保对资产强化、风险缓解和已控制的数据进行保管
政策	组织行为合规化的书面表述
数据质量管理	用于测量、改进和证明生产、测试和归档数据的质量和完整性的方法
信息生命周期管理	一种系统的基于策略的信息收集、使用、保留和删除方法
信息安全和隐私	组织用于降低风险和保护数据资源的政策、做法
数据架构	结构化和非结构化数据系统和应用程序的架构设计,使数据可供适当用户使用
分类和元数据	用于为业务和IT术语、数据模型和存储库创建通用语言定义的方法和工具
审计信息记录和报告	监测和衡量数据价值和风险以及数据治理有效性的组织过程

资料来源:2022年《WCO数据分析能力建设框架》。

关于分析过程,治理框架应该澄清谁做了什么、何时执行分析、为什么执行以及要使用哪种分析技术。治理框架可由海关专门委员会制定,委员会必须包括所有相关人员(高级管理人员、IT专家、数据分析人员和来自不同海关单位的代表),并由不同的小组(行政、技术等)承担特定的职责。

在WCO层面成立数据和统计工作组,该工作组的目的包括通过新的定义、标准和方法改进海关统计数据;加强海关管理部门数据治理和分析方面的知识并提供指导;就WCO数据战略的实施和演变提供指导和建议;使WCO成为全球统计界和全球贸易、税收和安全数据倡议的一部分。

(二)海关数字化转型中数据战略的主要特点

1.注重非结构性数据收集的外部性和多样性

WCO数据战略中的数据源不仅仅指海关系统生成数据和统计数据,其将数据源扩展至两个方面,一个是海关外部数据,另一个是国际跨境流动的数据。WCO将数据源分为三种,分别是结构化数据、半结构化数据和非结构化数据。所谓结构化数据和半结构化数据都是常见的机器生成的数据,无须人工干预,即通过与计算机应用程序(如海关清关记录)交互创建的数据或电子数据交换(EDI)之类的标记语言。以往的海关数据分析主要针对结构化和半结构化数据展开,这种分析多停留于描述性分析,局限于海关内部并未涵盖所有可能与海关业务相关的数据。而WCO数据战略提出要将数据源拓展至非结构化数据,非结构化数据是海关规范化数据统计之外的数据,如X射线图像、卫星图像、视频、社交媒体数据,形式可以包括文档、日志文件和电子邮件等所有载体。这也正是数据收集质量四项要求之一的完整性,即所有相关数据必须从所有可能的来源进行链接。

此外,WCO还积极对接外部数据资源,建立国际数据的互操作性。2022年10月4日,WCO和UNCTAD签署备忘录(MoU),通过促进数字化、推动贸易便利化和提升海关治理效能以加强合作。该解备忘录旨在支持海关现代化,使UNCTAD海关数据自动化系统(ASYCUDA)与WCO货物目标系统(CTS)、国家海关执法网络(nCeN)和放行时间研究(TRS)之间实现互操作性。共同致力于通过利用信息和技术提高海关管理风险的能力,同时精简和简化数据收集并消除冗余。UNCTAD和WCO同意进一步合作,通过执行WCO数据模型等国际数据交换标准,加速统一的供应链数字化。除了提高数据质量和准确性外,该倡议还旨在通过提供与跨境数据要求相关的一致性和可预测性来加强贸易便利化。修订后的谅解备忘录为两个组织利用海关统计数据优化和数据生态系统的建立奠定了基础。根据这项倡议,贸发会议和海关组织将制定一个统一的统计数据收集和分享方法。

这些表明 WCO 数据战略中的数据收集具有外部性和多样性,也使海关工作转型至数字时代下大数据治理模式。

2. 注重数据流动与使用中的隐私保护

虽然数据安全和数据隐私之间存在密切的联系,但这两者存在明显的区别。数据安全是指海关机构如何保护其数据,主要是确保数据机密性、完整性和可用性的技术保障措施,而数据隐私则围绕着个人数据的使用和治理。正因如此,WCO 在数据战略中倍加强调数据隐私保护问题。

随着数据使用的范围扩大,数据使用中隐私保护问题至关重要,因为这关系到数据安全以及能否被提取问题。数据隐私涉及人权问题,在隐私保护相关法规的出台背景下,只有在符合这些隐私保护要求时,数据才允许流动和调用。在数据的存储和管理中,WCO 提出“公共云”的应用,可由多个用户共享和编辑,所有数据都是远程集中的,而不是存储在用户的硬盘上。同时指出将海关数据存储在基于公共网络的基础设施上会引起两个主要问题:安全和隐私。虽然“公共云”可能是一种节省成本的选择,但它也带来了更高的安全风险,并可能导致对海关数据隐私失去控制,因为对数据的访问不是由该机构管理的。另一种选择是使用私有云存储,它提供了一个更安全的环境,并将关键数据保存在组织中,但却增加了大数据分析项目的成本。因此,如何确保隐私安全是利用公共云进行数据存储的前提。

数据治理研究所提出的六大项关键领域中第三项就涉及隐私,尤其提到法规遵从性,注重数据流动和提取时要符合法律法规。数据治理框架要求在制定数据使用的指导方针、需求和流程时,应将数据隐私相关的各个方面考虑在内。

因此,在处理数据隐私时,海关必须定义自己的政策,通常包括收集数据,数据是如何收集和使用,谁可访问,如何共享,以及数据是否可以合法收集或存储,数据存储时间。这些政策须满足该海关在收集、存储和处理个人数据时必须遵守的国家和国际监管义务。

三、WCO数据战略下我国海关数字化转型面临的问题

(一)国际数据规则形成中与我国数据规则构建参与问题

对海关而言,数据治理中的数据资源不仅涉及我国内部的数据资源,更广泛涉及境外的信息资源。在新一轮国际经贸规则演变中,围绕数据构建规则的核心内容之一是跨境数据能否自由流动,这样关系到数据源的范围问题。在发达国家主导的区域贸易协定中,许多"边境规则"正向"边境后规则"转移,在数据领域也不例外,这些国际协定的达成不仅影响数据跨境流动,还对数据的国内流动和使用造成影响。

早期,WTO的一些多边协定已涉及网络和数据问题,比如《关税及贸易总协定》(General Agreement on Tariffs and Trade, GATT)中提到与数字产品有关的信息技术硬件载体,《信息技术协定》(ITA)提出"提高信息技术产品在市场上的准入机会",[①]以及《服务贸易总协定》(General Agreement on Trade in Services,GATS)中的跨境交付,都涉及了对数据流动的处理。但这些条款主要基于货物贸易与服务贸易的语境下探讨,随着数字经济的发展,数据问题的探讨更多地在数字贸易语境下展开。2017年12月,在阿根廷举行的WTO部长级会议上,49个WTO成员方,包括美国、欧盟、日本、加拿大、韩国、中国和巴西等,签署了《电子商务的联合声明》。[②] 近年来,美、中、欧、澳等成员方在WTO框架内启动电子商务谈判,各国/地区积极提交议案,推动电子商务下相关数据规则的构建。[③] (见表4)

---

① World Trade Organization, Ministerial Declaration on Trade in Information Technology Products, WTO Doc. WT/MIN(96)/16 (1996).

② WTO Ministerial Conference (2017), WT/MIN (17)/60.

③ WTO Joint Statement on Electronic Commerce, 25 January 2019, WT/L/1056.

表 4 WTO 电子商务谈判部分国家/地区、经济体提案涉及数据议题梳理

议题类别		中国	美国	欧盟	日本
数据流动	跨境流动		√	√	√
	个人隐私保护	√		√	√
数字知识产权保护			√	√	√
市场开放	市场准入		√	√	√
	互联网开放		√	√	√
	反垄断			√	
	解决数字鸿沟	√			√
电子传输免关税		√	√	√	√
数字安全	消费者权益	√		√	√
	网络安全	√	√		
贸易便利	电子签名认证	√		√	√
	贸易便利化措施	√	√	√	√

资料来源:根据 WTO 各国/地区电子商务谈判提案及相关研究文献整理。

注:各国提案详见世界贸易组织官网, https://docs. wto. org/dol2fe/Pages/FE_Search/FE_S_S006. aspx? MetaCollection = WTO&CATTITLE = e-commerce&Language = ENGLISH&SearchPage = FE_S_S001&languageUIChanged = true。

从狭义来看,跨境数据流动问题仅指能否允许数据跨境传输,或数据存储在本国/地区但允许他国/地区访问和使用。从广义来看,跨境数据流动的治理应当囊括在数据传输及使用中由于数据本身特点及所载内容而衍生出的全部问题。WTO 电子商务谈判中更多地将跨境数据流动置于电子商务发展之下,从其与电子商务发展间的影响与联系出发,对由此产生的相关问题进行讨论。然而,由于各方利益冲突,WTO 框架下电子商务谈判实质性进展缓慢。

随着《美日数字贸易协定》、《数字经济伙伴关系协定》(DEPA)等有关数字问题的专项协定的出现,将数字时代的各种问题从国际贸易框架下转移至全球数字经济环境中讨论,许多条款规则具有针对性和实用性,尤其对于数据问题的规定更是代表了未来数据治理的发展方向。数据政策问题跨越不同的部门、监管当局和利益相关者,这些问题与传统的贸易交集较少(如反垄断、数据治理、网络安全、隐私、执法、平台责任、数字税收),因此营造一个良好的数据流动和使用环境需要各国/地区共同努力。面对国际数据规则构建,我国应当对标高标准,积极参与到规则制定之中,把握数据主权,为海关数据治理的实施营造良好环境(详见表5)。

表5 涉及数据流动与存储相关规则争议点

国家/地区	数据本地化	跨境数据自由流动	数据隐私保护
中国	涉及国家安全与行业发展的重要数据要求本地化储存,原则上不能进行跨境传输	出于商业行为和日常营运的目的数据跨境和金融服务数据可以跨境传输	RCEP要求各缔约方参考国际标准、准则等制定保护个人信息的法律框架
美国	数据可以在他国境内储存	主张数据自由流动,并对数字产品做免税处理	减少数据保护,促进数据交流与共享
欧盟	禁止数据在他国浏览器中储存	在符合欧盟充分认证标准的国家之间,可以允许自由流动	严格数据保护,尤其是注重数据隐私
日本	涉及国家安全的数据需本地化储存,其余较小限制	美日协定中允许个人数据流动	设立第三方机构监管采取措施,防止数据泄露,重视数据隐私

资料来源:根据协定文本整理。

(二)数据隐私保护严格要求下与我国法律的达标问题

在倡导数据隐私保护的背景下,国内法律法规能否满足隐私保护要求显得尤为重要。一方面其表现在达标的隐私保护是数据流动和使用的前提,另一方面在随着国际规则的边境后移,许多数据规则涉及对缔约方法律法规的审查。例如,DEPA中针对个人信息保护问题,不仅规定了保护个人信息法律框架所依据的原则，还要求缔约方间致力于促进不同的个人信息保护体制的兼容性和互认性。规定缔约方需要建立法律框架与信任标志，考虑相关国际机构的原则和标准，提出了八种具体健全原则，并要求公布各自的保护措施。

在涉及数据流动与使用的规则构建中，美国主张跨境数据流动自由化，欧盟强调隐私保护下数据流动与使用，中国则注重数据主权。在国际数据合作治理中，各国/地区优先考虑本国/地区利益，以达成本国/地区监管目标为前提设立数据规则。例如，对美国来说，虽高声呼吁跨境数据流动的自由化，但实际是将数据本地化要求通过国内立法及政策外溢效果把涉及国家安全的信息进行管控，防止其他国家/地区进行提取和调用。USMCA 中美国对跨境数据流动问题依旧设置了合法公共政策目标例外，此外美国的《爱国者法案》、《联邦政府云计算战略》、《外国投资风险审查现代化法案》(FIRRMA)等都对数据的安全性进行了监管与审查。欧盟为了保持其在数据市场上的话语权，防范美国、中国利用数据优势威胁其公共安全，将个人数据权认定为人权，尤其注重隐私保护，对数据跨境流动加以限制。[①] 当欧盟对其个人信息监管水平认可之时，尚允许涉及该内容的跨境数据流动。例如，欧盟在《通用数据保护条例》(GDPR)第 5 章规定个人数据可以向欧盟委员会认定的提供足够保护的非欧盟国家和地区流动，这一名单目前包括加拿大、以色列、新西兰、瑞士、日本等 13 个经济体。[②] CPTPP 中第 14.13 条第 1 款首先基于缔约方对于通信机密和安全等的需要，肯定了它们对其境内的计算设施使用具有监管权利，并且对于公共政策在第 3 款中进行了例外设置。根据 CPTPP 第 29.2 条和第 29.1 条第 3 款，安全例外和 GATS 第 14 条的一

---

① 参见汤霞:《数据安全与开放之间:数字贸易国际规则构建的中国方案》,载《政治与法律》2021 年第 12 期。

② European Commission, Communication from the Commission to the European Parliament, the Council, the European Economic and social Committee and the Committee of the Regions, A European Strategy for Data, Brussels, COM(2020)66 Final, p. 4.

般例外规定也适用于电子商务章节,三者共同构成了数据跨境流动的合法限制依据。①

我国数据相关立法较为分散且数据监管诸多细则效果有待考察,国内立法情况不仅关乎国家利益的保护更涉及国际互认标准的达成。目前有关数据的信息资源主要集中于国家互联网信息办公室、中央网络安全和信息化委员会办公室,该网站汇集了当前有关网络和信息化处理的法律法规。现阶段我国出台了《网络安全法》《数据安全法》《个人信息保护法》,但是对于数据使用参与者的责任以及违法惩罚规定尚待细化。未来海关也可通过开发谅解备忘录或协议、数据共享协议、担保协议、数据访问权限和保密声明等依法取得查阅信息权限。

(三)数据治理如何为海关监管赋能的问题

数据治理的作用主要体现在基于数据形式的贸易便利化工具和基于数据内容的风险分析与决策。根据WCO数据战略,我国海关应打造基于数据分析的海关文化,例如国际组织的合作,改进数据管理以实现更广泛的数据共享,提高海关决策的透明度和信任度,与利益相关者实现数据互动,提升海关创新能力和意识等。

就基于数据形式的贸易便利化工具而言,我国可参考WCO数据战略中所提到的建立数据交互系统,更多地订立国际数据交换的统一标准,以开发贸易便利化工具。其中,加强信息数据共享至关重要。以国际贸易"单一窗口"为例,未来的信息数据共享将不仅涉及在本国/地区"单一窗口"上各边境管理机构分享风险管理指标,而且涉及类似东盟单一窗口的区域性信息数据分享,以及类似功能扩展后的联合国ASYCUDA WORLD海关数据自动化系统允许世界范围内国与国之间的信息数据交换。习近平总书记在2022年亚洲博鳌论坛讲话

---

① 参见黄秋红、李雅颖:《对接CPTPP数据跨境流动规则研究》,载《南海法学》2022年第1期。

中再次提出要加入 CPTPP 和 DEPA 两项协定。[①] 以 DEPA 为例,其中的数据工具可以为我们提供一定的借鉴。关于此类问题管理的初衷在于利用已有的贸易措施,使其更好地服务于货物贸易、服务贸易和数字经济。在 DEPA 主要集中在模块 2“商业和贸易便利化”,如表 6 所示。该问题主要集中于数据治理基础设施的构建,采取数据系统互认的方式使当下的进出口贸易数据系统更加便捷。

表 6 DEPA 中与数据相关的贸易便利化措施

条款序号	涉及内容	要求
第 2.2 条无纸贸易	单一窗口个人接入及数据交换	建立或设立各自的单一窗口的无缝、可信、高可用性和安全互连,以促进与贸易管理文件有关的数据交换(包括进出口数据)
第 2.2 条无纸贸易	缔约方企业间电子记录交换	开发系统以支持缔约方主管机关间数据交换以及企业间商贸活动中使用的电子记录交换
第 2.2 条无纸贸易	缔约方间数据交换系统兼容及交互操作	运用国际公认标准和可获得的开放标准促进开发和治理,分享最佳实践,开展试点合作
第 2.5 条电子发票	缔约方间电子发票相关措施跨境交互操作	根据国际标准制定电子发票相关措施,促进基础设施建设,培养企业意识能力,并促成全球采用电子发票交互系统
第 2.7 条电子支付	缔约方促进跨境电子交互基础设施的可交互操作性、联通性和创新性	促进应用程序编程接口(API)的使用,努力使个人和企业通过数字身份实现可跨境认证和电子识别客户

资料来源:笔者根据协定文本翻译整理。

就基于数据内容的风险分析与决策而言,重点在于充分发掘数据

① 原文可见 2022 年 4 月 21 日上午,博鳌亚洲论坛 2022 年年会开幕式在海南博鳌举行,国家主席习近平以视频方式发表题为《携手迎接挑战,合作开创未来》的主旨演讲。

的价值。例如,俄罗斯海关强调使用数字技术、技术解决方案和数据分析系统来进行风险管理。俄罗斯海关监控中心负责管理海关风险管理系统,该监控中心正在使用信息软件进行风险识别,包括货物抵达前、货物运抵、临时存储期间等。俄罗斯海关还在禁限措施、货物归类、知识产权保护、海关估价等方面使用1600多个风险指标来确定风险水平。除典型的风险指标(货物HS编码、重量、货名等)外,俄罗斯海关还使用基于大数据分析和人工智能的复杂风险指标。WTO和WCO联合发布《海关在跨境贸易先进技术应用中的作用》①,在WCO成员之间开展的问卷调查统计显示,区块链技术,物联网技术、大数据技术以及数据分析技术,人工智能和机器学习这三种跨境先进技术帮助海关促进贸易便利化,并阐明海关在部署这些技术时所面临的机遇和挑战。大数据、数据分析、人工智能和机器学习这项技术在风险管理、后续稽查、确保合规、打击走私、使用聊天机器人回复公众咨询等方面效用极大。其中在大数据、数据分析、人工智能和机器学习方面,大约一半的WCO成员方正在使用该项先进分析技术,各国/地区海关均认为需要建立一个数据策略保证数据质量,海关引进该项技术的障碍和挑战还包括成本高昂以及专业知识和相关立法的缺乏。

四、总结

综上所述,未来海关的数字化转型将是围绕数据战略的一次深刻变革,在意识层面,更加注重数据的作用并建立海关数据应用与创新文化;在视野层面,将数据源由海关传统统计监管数据拓展至一切具有潜在效益的外部数据并增强与其他组织的关联性;在应用层面,以数据基础设施的搭建和数据流动与使用规则的承认促进数据联通和共享;在战略层面,将围绕数据打造全方位的治理框架,推广数据治理

---

① See The role of Advanced Technologies in Bross-border Trade: A Customs Perspective, http://www. wcoomd. org/en/topics/facilitation/instrument-and-tools/tools/wco-wto-paper. aspx, Oct. 25, 2022 last visited.

原则，促进贸易便利化并提升监管效能。我国海关目前尚未形成专门的海关数据战略，未来应当积极借鉴其他国家先进经验，在国际数据规则构建的背景下，提升数据管控和治理的能力，促进海关新一轮的数字化转型。

Research on Data Governance in the Digital Transformation of China Customs

—Analysis Based on the Data Strategy of the World Customs Organization

CUI Renjie　ZHAO Shilu　LI Xuesong

[**Abstract**]　The World Customs Organization (WCO) has mentioned the relevance of customs digital transformation in the themes of "International Customs Day" in both 2016 and 2022. In 2022, the WCO proposed to embrace a data culture, build a data ecosystem, and promote digital transformation, aiming to create a dedicated data strategy for customs. Data, as a fundamental resource with strategic value, have formed a massive and dynamic cross-border data flow internationally. However, customs still face challenges in terms of insufficient data governance capacity and incomplete data standard rules in this new phase of data-driven digital transformation. Based on the new features and new contents of WCO's Data Strategy, this paper makes some considerations and suggestions on data flow and application in customs digital transformation.

[**Key words**]　customs digital transformation; cross-border data flows; data governance; data strategy

美国海关壁垒与贸易便利化措施关注重点及中国应对之策

——基于 USTR 国别贸易评估报告

王　珉*

［摘　要］　随着世界贸易组织（World Trade Organization，WTO）《贸易便利化协定》的达成和实施，美国贸易代表办公室（Office of the United States Trade Representative，USTR）国别贸易评估报告从 2017 年起单列海关壁垒与贸易便利化措施。2019～2023 年美国 USTR 报告共描述了 60 余个国家和地区的海关壁垒与贸易便利化措施，并全面关注各国和地区海关管理体制、规则、程序、技术和标准，重点关注各国和地区 WTO《贸易便利化协定》义务的落实，以及持续关注中国透明度义务的履行。在中美贸易摩擦背景下，实施 WTO《贸易便利化协定》无疑将为进一步提升中国的贸易便利化水平和口岸综合治理体系现代化创造新的机遇，与此同时，《贸易便利化协定》以及美国等高标准区域自贸协定中更严格的贸易便利化义务规定也对中国贸易口岸的基础设施、管理模式等方面提出了更高的要求。为此，中国应通过深化海关改革创新，完善贸易便利化制度；持续对接国际标准，提高透明度义务履行；聚焦全球互联互通，推进海关国际合作，不断提升跨

* 王珉，上海海关学院海关法律系副教授，上海市法学会海关法研究会副秘书长。

境贸易便利化水平和口岸营商环境。

[**关键词**] 贸易便利化;海关;贸易壁垒;USTR

作为美国对外经贸政策的一个主要决策机构,USTR 每年都向总统、参议院财政委员会和众议院相关委员会提交一份关于重大对外贸易壁垒的年度报告。USTR 国别贸易评估报告(以下简称 USTR 报告)针对 60 余个国家和地区的美国主要出口市场,将影响美国商品、服务出口、外国直接投资和电子商务的最重要的对外壁垒列为目录,重点关注进口政策(如关税和其他进口费用、数量限制、进口许可、装运前检验、海关壁垒和贸易便利化以及其他市场准入壁垒等);技术性贸易壁垒;卫生与植物卫生措施;补贴,特别是出口补贴和当地含量补贴;政府采购;知识产权保护;服务壁垒;数字贸易和电子商务壁垒;投资壁垒;竞争以及其他壁垒(如行贿和腐败),集中体现了美国对外经贸政策决策的原则和措施。①

随着 WTO《贸易便利化协定》的达成和实施,美国 USTR 报告从 2017 年起单列海关壁垒与贸易便利化措施,2019~2023 年美国 USTR 报告共关注并描述了 60 余个国家和地区的海关壁垒与贸易便利化措施,其中不仅涵盖 WTO《贸易便利化协定》中的贸易便利化措施内容,如清关程序和文件要求、透明度、预裁定、贸易流程电子化等,还包括跨境电子商务进口商品关税征收等税收壁垒领域问题。贸易便利化是指国际贸易程序,包括国际货物贸易流动所需要的收集、提供、沟通及处理数据的活动、做法和手续的简化和协调,其涉及的内容十分广泛,几乎包括了贸易过程的所有环节,其中海关与跨境制度是问题的核心,此外还包括运输、许可、检疫、电子数据传输、支付、保险及其他金融要求、企业信息等诸方面。②《贸易便利化协定》于 2017 年 2 月

---

① See Office of the United States Trade Representative, 2021 *National Trade Estimate Report on Foreign Trade Barriers*.

② 参见王勇:《WTO 的贸易便利观与中国的贸易便利化探析》,载《现代经济探讨》2007 年第 2 期。

22日正式生效,是WTO自1995年成立以来达成的首个多边协定,也是最具历史意义和最具商业价值的多边成果。协定的实施将改善全球进出口贸易透明度与可信度,改革边境管理措施,提升贸易与生产效率,并通过对发展中国家与最不发达国家的技术支持、资金援助与能力建设解决不同成员方之间的非对称执行成本与执行能力。《贸易便利化协定》对WTO发达成员与发展中成员来说实现了双赢,即发达成员通过该协定将进一步降低在全球价值链中的贸易成本,从而提高出口商和跨国公司的经营效率;而发展中国家则通过该协定获得了必要的特殊和差别待遇、技术援助和能力建设支持,同时也能从贸易便利化中获得长期的生产与贸易收益。①

一、美国对主要贸易国家和地区的海关壁垒与贸易便利化领域的关注重点

美国与欧盟、巴西、俄罗斯、印度等国家和地区贸易关系密切,美国与这些国家和地区之间的贸易和投资流动是全球繁荣的重要支柱。尽管如此,美国出口商和投资者在进入、维持或扩大这些市场时仍面临着海关程序与贸易便利化领域的持续性壁垒。

(一)美国对欧盟关注情况分析

美国和欧盟成员国拥有世界上规模最大的经济关系。2019~2023年,美国持续对《欧盟海关法典》等欧盟海关法在各成员国的统一实施予以关注(详见表1)。具体而言,美国的关注点主要包括以下几个方面:一是缺乏统一的法律执行机构。尽管欧盟存在普遍适用于所有成员国的海关立法,但各成员国独立设立机构执行欧盟海关法,没有单一的海关机构统一负责各成员国的行政执法。二是缺乏海关监管的互认机制。欧盟立法并未要求一个成员国的海关机构采纳另一个成员国海关机构对商品归类、估价、原产地等领域实质相同问题

① 参见[意]帕特丽夏·索丁、[澳]理查德·庞弗雷特:《贸易便利化》,范炜、梅盛军译,上海人民出版社2015年版,第3~5页。

所做决定。三是欧盟层面机构所作决策缺乏透明度。如果成员国的海关机构以不同方式执行欧盟法律,或者不同意另一个成员国发布的约束关税信息,则可将该问题提交海关法委员会,海关法委员会由成员国代表组成,主席由欧盟委员会的代表担任,但该机构不提供贸易商参与评议机会。四是缺乏用于进行迅速审查和在欧盟层面更正海关行政行为的法院或程序。在多个成员国面临不利海关决定的当事人必须在各成员国分别提出诉讼,且各成员国有关执法审查的规则存在差异。五是欧盟法院判决缺乏时效性。即使海关行政行为争议可以提交给欧盟法院判决并在欧盟范围内具有普遍约束力,但是否将争议提交欧盟法院通常是自由裁量,并烦琐耗时。六是各成员国信息技术基础设施数据标准尚未实现协调一致。目前,各成员国仍使用不同的数据标准,2019 年,欧盟全面实施统一海关数据系统的预期完成日期从 2020 年年底延长至 2025 年年底。对此,美国将继续监测《欧盟海关法典》实施过程,重点关注其对欧盟海关法规定的海关待遇一致性的影响。

表 1 2019～2023 年 USTR 报告美国对欧盟海关壁垒与贸易便利化措施的关注点

国别	序号	2019 年关注点	2020 年关注点	2021 年关注点	2022 年关注点	2023 年关注点
欧盟	1	《欧盟海关法典》等欧盟海关法在各成员国的统一实施	《欧盟海关法典》等欧盟海关法在各成员国的统一实施	《欧盟海关法典》等欧盟海关法在各成员国的统一实施	《欧盟海关法典》等欧盟海关法在各成员国的统一实施	《欧盟海关法典》等欧盟海关法在各成员国的统一实施

（二）美国对巴西关注情况分析

美国对巴西临时进口特定类型商品的文件要求、透明度、暂准进境和经认证的经营者制度、海运和港务税费、快件运输及其关税减免予以关注（详见表 2）。一是针对临时进口特定类型商品（如重型设备）的文件要求繁琐且不一致。这是 2019～2023 年来美国持续关注的领域。二是透明度义务未能完全履行。2019年USTR报告指出,尽管巴西已加入WTO《贸易便利化协定》并在给予WTO的通报表明其将在2019年年底前完成该协定的实施,但在政策文件公布和通知方面仍存在问题。三是海运和港务税费负担较重。巴西港口曾对海运以及港口装卸费征收25%的货主航运税,2022年4月,巴西政府将该税税率从25%降至8%,尽管如此,仍使美国产品相较于南方共同市场的产品处于竞争劣势。四是快件运输及其关税征收存在壁垒。美国快递服务公司因为诸多壁垒在巴西市场面临巨大挑战,包括高关税、只能部分运行的自动快递清关系统,快件运输缺乏关税最低限额豁免。巴西实施的50美元关税豁免仅适用于服务个人的邮政运输。巴西对所有通过简化通关程序进口的商品统一征收60%的关税。简化通关程序将每个进口商每年的商业货运限制在10万美元以内。巴西海关还规定出口快件服务的每次装运价值最高限额为1万美元,进口为3000美元。快递公司可能运输价值更高的货物,但这种货物要经过正式的入境、出境和申报程序。此外,USTR报告指出,巴西努力与美国达成经认证的经营者互认协议,在改善贸易便利化环境方面取得了长足进步,并实施ATA单证册暂准进境制度以便利货物临时入境,但由于缺乏愿意履行国家担保和出证职能的实体,该计划于2022年1月1日停止。

2011年3月19日,美国和巴西签署了一项《贸易和经济合作协定》(ATEC),该协定是美国和巴西之间讨论贸易和投资问题的主要机制。2020年10月19日,美国和巴西通过一项新的贸易规则和透明度议定书,对ATEC进行了更新。新议定书包括海关管理和贸易便利化、反腐败等方面的最新条款。该议定书实施后将减少巴西的繁琐的程序,改善监管程序,为未来更为深入的双边合作奠定基础。①

---

① See Protocol to the Agreement on Trade and Economic Cooperation between the Government of the United States of America and the Government of the Federative Republic of Brazil Relating to Trade Rules and Transparency.

表2 2019～2023年USTR报告美国对巴西海关壁垒与贸易便利化措施的关注点

国别	序号	2019年关注点	2020年关注点	2021年关注点	2022年关注点	2023年关注点
巴西	1	临时进口特定类型商品的文件要求	临时进口特定类型商品的文件要求	临时进口特定类型商品的文件要求	临时进口特定类型商品的文件要求	临时进口特定类型商品的文件要求
	2	透明度				
	3	海运和港务税费	海运和港务税费	海运和港务税费	海运和港务税费	海运和港务税费
	4		快件运输及其关税减免	快件运输及其关税减免		
	5	暂准进境和经认证的经营者制度	暂准进境和经认证的经营者制度	暂准进境和经认证的经营者制度	暂准进境和经认证的经营者制度	

(三)美国对俄罗斯关注情况分析

美国对俄罗斯强制性标签制度、酒精产品进口税收担保、对国内使用进口视听材料的版权使用费关税征收、海关事务的透明度予以关注(详见表3)。一是酒精产品银行保函税收担保金额过高且保函退还存在较长延迟。俄罗斯海关通常要求的银行保函远远超过承保货物的实际纳税义务,尤其是对于低价值产品。俄罗斯法律允许其海关在无法计算实际应付金额的情况下,将银行保函设定为最高应付金额。然而,利益相关者认为其通常已向俄罗斯海关提供了足以计算更准确且通常更低的银行保函金额信息,但并未采用,且银行保函的退款有时会延迟7～9个月。此外,俄罗斯一些海关官员对欧亚经济联盟规则的解释是,既需要欧亚经济联盟银行保函,也需要俄罗斯银行保函,这实际上恢复了俄罗斯在加入WTO谈判期间同意取消的双重银行保函,加重了企业负担。自2021年起USTR报告则未提及该问题。二是透明度义务未能完全履行。俄罗斯没有公布所有海关事务方面的法规、司法决定和普遍适用的行政裁定。此外,俄罗斯海关执法因地区和入境口岸而异,政策的变化可能过于频繁且不可预测,增加了合规成本并导致边境延误。据此,美国敦促俄罗斯,要求其提高这一领域的透明度并确保遵守WTO承诺。三是对国内使用进口视听材料(如电视母带、数字影碟和数字电影包)的版权使用费关税征收金额过高。USTR报告指出,由于版税也要缴纳预扣税、所得税、增值税和汇款税,故俄罗斯海关对国内使用进口视听材料的版权使用费征收关税的做法似乎是一种双重征税。此外,俄罗斯海关不仅根据物理载体媒介的价值,而且还根据媒介上包含的受版权或专利保护的内容的版税价值(受版权或专利保护的作品的授权许可使用的收益价值)来计算关税。这种计算方法会导致关税估值过高。四是强制性标签制度存在诸多风险和壁垒。2019年,俄罗斯开始实施强制性标签制度("跟踪和追踪制度"),该制度最终将要求所有进口和国内生产的商品都张贴带有唯一识别密钥(类似于条形码或快速响应码)的标签,以允许在俄罗斯境内从生产/进口到销售跟踪每一种产品,以打击假冒产品和防止税收欺诈。跟踪和追踪制度最初仅适用于某些行业部门(如鞋类、服装、药品、香水产品),但预计到2024年将适用于在俄罗斯销售的所有产品。为了获得跟踪和追踪制度所述标签,进口商或制造商必须与俄罗斯运营商合作,并向其提供产品的详细信息。运营商将发布由两部分组成的加密标签:识别部分(产品信息和唯一序列号)和验证部分(加密代码)。对此,行业利益相关者对该制度表示严重担忧,包括实施时间较短;俄罗斯政府未提供操作细节;标签所需的详细数据量;披露和滥用根据该制度收集的敏感数据的风险;与国内制造商相比,进口商获取这些标签的程序不同,可能会产生国民待遇和贸易权利问题;以及任意滥用该制度来阻止进口商品的销售。鉴于此,美国将与利益相关者和俄罗斯政府合作,以确保该制度不会对美国出口造成新的贸易壁垒,也不会损害WTO《贸易便利化协定》带来的益处。

从2014年8月开始,俄罗斯对来自美国的进口商品实施了反制裁,以回应美国因其在乌克兰的行动而对俄罗斯实施的制裁,这些反制裁措施给美国企业带来了不确定性。美国政府将继续与商界合作,从更广泛的国家利益出发,分析和评估俄罗斯制裁措施对贸易产生的影响。然而,由于俄乌冲突,美国政府已经减少了与俄罗斯的双边交往,USTR报告提出和解决俄罗斯市场准入壁垒的能力受到严重限制。尽管如此,美国仍在继续努力打开俄罗斯市场,确保美国出口商品和美国企业享受公平待遇。

表3 2019~2023年USTR报告美国对俄罗斯海关壁垒与贸易便利化措施的关注点

国别	序号	2019年关注点	2020年关注点	2021年关注点	2022年关注点	2023年关注点
俄罗斯	1	酒精产品银行保函要求及其退还	酒精产品银行保函要求及其退还			
	2	透明度	透明度	透明度	透明度	透明度
	3	国内使用进口视听材料的版权使用费关税征收	国内使用进口视听材料的版权使用费关税征收	国内使用进口视听材料的版权使用费关税征收	国内使用进口视听材料的版权使用费关税征收	国内使用进口视听材料的版权使用费关税征收
	4		强制性标签	强制性标签	强制性标签	强制性标签

(四)美国对印度关注情况分析

美国和印度于2005年7月发起了贸易政策论坛(TPF),并于2010年3月签署了一项协议,正式将贸易政策论坛确立为美国和印度之间讨论贸易和投资问题的主要机制。美国积极寻求双边和多边机会,以增加进入印度市场的机会。然而,美国出口商继续遇到阻碍其产品进口到印度的重大关税和非关税壁垒。

美国对印度海关估价标准、海关税率稳定性、清关文件要求以及贸易流程电子化和自动化(单一窗口)、国家贸易便利化委员会设立问题予以关注(详见表4)。一是美国出口商对印度在进口交易中应用海关估价标准表示担忧。印度海关官员在销售价格被认为低于普通竞争性价格时拒绝接受进口商品的申报交易价值,从而提高了向印度出口的费用,高于适用关税税率。美国公司在进口计算机设备时也面临着与其使用某些估价方法有关的广泛调查并曾遭受过度搜查和进口商品扣留。此外,通过2017年9月26日第91/2017号海关通知,印度对《2007年海关估价(进口商品价值确定)规则》第10(2)条进行修订,允许在确定进口产品的完税价格时计入运输和保险的实际费用。然而,在运输或保险的实际成本无法确定的情况下,印度继续允许使用假定成本。如印度海关官员确定其无法确定运输成本,为征收关税,在确定进口产品完税价格时,将使用船上交货价(FOB)的20%作为运输成本。针对这些做法,美国表示将继续向WTO海关估价委员会提出质疑。二是海关税率稳定性较差。除了通过年度预算公布之外,印度的海关税率还可以通过《印度公报》上的通知进行临时修改,并且可以提供多种因产品、用户或具体出口促进计划而异的豁免,这使印度海关拥有较为广泛的行政自由裁量权。三是清关文件要求烦琐。印度海关通常需要大量的清关文件,复杂的关税结构也造成了不确定性,导致海关审批延误和货物流动延迟。虽然困难依然存在,但2018年印度政府与出口商联合会合作推出了印度贸易门户网站,提供最新的关税税率等信息。印度政府也致力于提升贸易流程电子化和自动化,通过海关电子商务/电子数据交换网络门户(ICEGATE)实施单一窗口,并提供进口文件的电子存档、电子支付和进出口许可证的在线核实。截至2019年7月1日,ICEGATE成为支付所有中央消费税和服务税的单一综合电子窗口。此外,在加入WTO《贸易便利化协定》后,印度于2016年8月成立了国家贸易便利化委员会。2017年7月,国家贸易便利化委员会推出了印度贸易便利化路线图,促进《贸易便利化协定》在国内的协调和实施。美国和印度于2016年10月和2018年9月举办了关于贸易便利化最佳实践的联合研讨会,参会人员包括印度和美国的行业代表,研讨重点在于加快实施《贸易便利化协定》和实施海关改革以便利贸易。

表4 2019～2023年USTR报告美国对印度海关壁垒与贸易便利化措施的关注点

国别	序号	2019年关注点	2020年关注点	2021年关注点	2022年关注点	2023年关注点
印度	1	海关估价标准	海关估价标准	海关估价标准	海关估价标准	海关估价标准
	2	海关税率稳定性	海关税率稳定性	海关税率稳定性	海关税率稳定性	海关税率稳定性
	3	清关文件要求以及贸易流程电子化和自动化(单一窗口)	清关文件要求以及贸易流程电子化和自动化(单一窗口)	清关文件要求	清关文件要求	清关文件要求
	4	国家贸易便利化委员会设立				

二、美国对中国海关壁垒与贸易便利化领域的关注重点

自2001年中国加入WTO以来,美国对中国的贸易进出口要求更为严格,对中国的经济政策提出更多严厉的要求(详见表5)。同时,USTR每年都发表对中国履行入世承诺情况的年度报告。从总体上来看,USTR一直督促美国政府对中国采取所谓的“责任论”,是中国责任论的倡导者,而其年度报告更是对中国的经济发展充满了戒备状态。自USTR成立以来,因其法律赋予的功能、充足的预算、两党对等、委员们广泛的背景、与特殊利益集团千丝万缕的关系及其反华倾向,USTR对国会和美国总统对华经贸决策发挥了重要的影响。近年来,美国在报告中并未单列中国海关壁垒与贸易便利化措施,但对贸易措施的透明度、通知和评论程序予以关注,这些措施同样属于WTO《贸易便利化协定》中涵盖的贸易便利化措施范畴。

中国在加入WTO协议中反映的核心原则之一是透明度。虽然中

国在加入WTO后,已经在改善透明度方面取得很大进步,但在该领域仍然有许多工作要做。具体而言,美国对于中国透明度义务履行的关注体现在以下几个方面:一是贸易相关措施的发布。根据入世承诺,2006年中国采用了由商务部管理的单一官方刊物来公布所有与贸易相关的法律、法规和其他措施。但USTR报告指出,有些政府机构仍未在该刊物上经常性发布与贸易有关的行政法规和部门规章,并且较少公布同样具有约束力的其他政策措施,如意见、通告、命令、指令和通知。中国也较少在该刊物上公布补贴措施等贸易相关措施。二是通知和评论程序。在入世协定中,中国承诺在实施新的贸易相关法律、法规和其他措施之前,提供合理的公众意见征询期。2008年全国人大制定了法律草案通知和评论程序,并开始定期公布法律草案,征求公众意见;国务院经常(但不定期)公布行政法规草案以征求公众意见;而在发布征求公众意见的部门规章草案时,国务院各部委做法并不一致。USTR报告指出,在2011年5月的中美战略与经济对话会议上,中国承诺出台一项措施,要求在国务院法制办公室网站上公布所有与贸易和经济相关的拟议行政法规和部门规章,且公众意见征询期不少于30天。2012年4月,国务院法制办公室发布了两项措施以履行该承诺。尽管如此,美国认为,中国仍需改进有关公布行政法规和部门规章以征求公众意见的做法,规范并完善具有约束力的其他规范性文件的通知和评论程序。值得一提的是,中国在第一阶段协议中承诺,对于实施第一阶段协议涉及的所有拟议法律、法规和其他措施,公开征求意见的时间不少于45天。自该承诺于2020年2月生效以来,中国一般都提供了所需的45天公开征求意见期,并在美国对第一阶段协议的拟议实施措施规定提出疑问或担忧时与美国开展建设性合作。三是翻译。在入世协定中,中国承诺以一种或多种WTO官方语言,即英语、法语和西班牙语,向各级政府提供所有与贸易相关的法律、法规和其他措施的译文。报告指出,在2014年之前,中国仅将与贸易相关的法律和行政法规翻译成英文,而无其他类型政策措施的译文。在2014年7月的中美战略与经济对话会议上,中国承诺扩大翻译范围至与贸易相关的部门规章。2015年3月,中国发布措施要求在实施前将与贸易相关的部门规章译为英文并予以公布。尽管如此,美国认为实践中中国仍未能及时,即在实施前公布与贸易有关的法律、行政法规及其他规范性文件的译文。四是咨询点。中国在入世协定中承诺建立一个咨询点,对要求在其官方刊物上发表的法律规定相关信息的请求作出回应。然而,中国有时不履行该项义务。美国特别指出,2020年4月,美国提交了一份关于中国五项法律措施的请求,涉及半导体和渔业补贴项目,但中国并未履行信息公布和WTO通报义务,也未按规定做出书面答复。虽然中美在关于中国履行入世承诺问题上的立场相差甚远,但是WTO却对中国履行入世承诺进行了高度评价。

表5 2019~2023年USTR报告美国对中国海关壁垒与贸易便利化措施的关注点

国别	序号	2019年关注点	2020年关注点	2021年关注点	2022年关注点	2023年关注点
中国	1	透明度(贸易相关措施的发布、通知和评论程序、翻译)	透明度(贸易相关措施的发布、通知和评论程序、翻译)	透明度(贸易相关措施的发布、通知和评论程序、翻译)	透明度(贸易相关措施的发布、通知和评论程序、翻译、咨询点)	透明度(贸易相关措施的发布、通知和评论程序、翻译、咨询点)

三、美国的关注热点、主要特征和未来影响

相较于关税壁垒的显性特征,贸易便利化壁垒更具隐蔽性,但后者往往对贸易效率和成本的影响更大。从美国对五个主要贸易国家和地区的关注热点来看,美国所关注的全球贸易便利化领域的对外贸易壁垒主要呈现出如下特征。

(一)美国全面关注各国和地区海关管理体制、规则、程序、技术和标准

从2019~2023年美国的关注热点来看,美国对各国/地区贸易便

利化海关管理体制、规则、程序、技术和标准给予了全面关注。在海关管理体制层面,美国重点聚焦各国和地区海关的执法统一性问题,特别关注《欧盟海关法典》等欧盟海关法在各成员国的统一实施。欧盟内部市场的建成,国际贸易与投资壁垒的降低及保障欧盟贸易便利化环境的迫切需要,使海关逐渐转变角色并开始在供应链中发挥主导作用,欧盟海关制度也根据经济现实情况重塑了海关职责和使命。欧盟现行海关通关制度由欧洲议会和欧盟理事会于2013年修订的《欧盟海关法典》、授权由欧盟委员会于2015年颁布的《欧盟海关法授权条例》和《欧盟海关法实施条例》共同组成,这三个法律文件是规范不同关境区域间欧盟货物贸易的法律框架,对于统一各成员海关立法、执法和司法具有重要作用。然而,USTR报告指出,实践中由于缺乏统一的执法机构、海关监管互认机制以及欧盟层面透明高效的司法审查机制等使其他国家与欧盟各成员开展贸易时面临差异化的海关程序和要求,这在一定程度上构成了贸易壁垒。鉴于各国/地区海关管理和边境保护规则和程序的实施将增强货物通关的可预测性、提升政策透明度,从而进一步促进供应链的稳定性。① 对此,美国强调各国/地区应通过优化关税征收、预裁定、经认证的经营者、暂准进境、海关担保等规则和程序持续降低海关程序的复杂程度,不断提升通关效率。此外,有效的科学技术手段是保障便利贸易的重点,技术除有助于降低成本、清除壁垒,促进商品贸易之外,伴随着物联网、云计算、区块链等新兴信息技术的不断成熟以及网络通信、数字存储等传统技术的日益发展,技术还将解锁新的增长市场,并颠覆全球价值链。② 因而,美国对于各贸易方海关流程的电子化、信息基础设施的互联互通也表示关切,如USTR报告指出欧盟各成员国信息技术基础设施数据标准尚未实现协调一致,对于通关效率造成影响;印度虽然清关文件要求繁琐,

---

① Squalli Jay, Wilson Kenneth, *A New Measure of Trade Openness*, World Economy, 2011, p. 1745 - 1770.

② 参见[比]卢克德·沃尔夫、[巴]何塞比·索科尔主编:《海关现代化手册》,上海海关翻译小组译,中国海关出版社2008年版,第18~20页。

但近年来通过海关电子商务/电子数据交换网络门户实施单一窗口，并提供进口文件的电子存档、电子支付和进出口许可证的在线核实，提升了贸易流程电子化和自动化。

（二）美国重点关注各国和地区WTO《贸易便利化协定》义务的落实

近年来，美国关注热点除涉及进口商品关税征收等传统税收壁垒议题之外，更侧重于聚焦WTO《贸易便利化协定》中的贸易便利化措施内容，涵盖清关程序和文件要求、透明度、预裁定、贸易流程电子化等领域。自协定生效以来，美国USTR报告即开始单列贸易便利化措施，并重点关注各国和地区WTO《贸易便利化协定》义务的落实。但与此同时，仍需引起重视的是，以美国为首的西方国家不会简单满足于WTO原有规则基础上的自由贸易，可能会更在意修改某些现行规则，或增加某些新规则，提高在劳动者权益、环境保护标准、知识产权保护、产业补贴、数据安全等方面更高标准的公平竞争基础上的自由贸易。近年来，区域经济一体化形式迅猛发展，特别是当全球范围的多边谈判难以达成协议，或者世界经济面临波动、贸易保护主义抬头的时候，区域性国际经济组织和区域自由贸易协定成为许多国家或地区促进贸易与投资，巩固国际竞争地位的有力措施。① 而且鉴于后疫情时代的全球贸易新秩序尚未达成重要共识，发达和中等收入经济体也将继续关注双边和区域协定。美国在其所主导制定的高标准自由贸易协定中在WTO《贸易便利化协定》基础之上进一步提升了贸易便利化规则标准，如强调区域内海关标准的一致性、WCO所制定的国际海关软法的约束性义务、更短的快件通关时间要求等，这在我国所签订的自贸协定中均未有涉及。考虑到不少条款的修改或增加具有针对中国的意图，中国也需要不断作出针对性调整并持续提升跨境贸易便利化水平和口岸营商环境。

---

① 参见段小梅等：《新形势下我国开放型经济转型升级研究》，科学出版社2018年版，第114页。

(三)美国持续关注中国透明度义务的履行

中国在加入WTO、不断推进规则衔接、获益于WTO的同时,也频遭贸易摩擦,经历多场诉讼,其中多有涉及透明度条款的争讼。自2017年起至2023年,美国对中国透明度义务履行表现出持续关注。中国加入WTO后积极履行透明度义务,规范各级立法部门的立法行为,并保证立法行为与相关国际义务的一致性。一是提升立法过程的透明度。中国制定并公布实施了《立法法》《行政法规制定程序条例》《规章制定程序条例》,明确法律法规统一实施的规定,并要求坚持立法公开,法律、行政法规和规章草案须按有关规定公开征求公众意见,保障公众通过多种途径参与立法活动。二是指定法律、法规官方出版物并对外公布与贸易有关的法律法规和相关措施。全国人大常委会法工委定期出版《中华人民共和国法律》(英文版),国务院法制机构定期出版《中华人民共和国涉外法规汇编》(中英文对照),商务部在《中国对外经济贸易文告》中定期发布贸易政策。三是指定咨询点。中国分别在商务部和海关总署国际检验检疫标准与技术法规研究中心设立"WTO咨询点""WTO/TBT-SPS通报咨询点",及时回答公众提出的与WTO相关问题,并负责通报中国TBT、SPS措施,解答公众提出的有关技术性贸易措施的问题。四是全面履行通报义务。中国按照要求定期向世贸组织通报国内相关法律、法规和具体措施的修订调整和实施情况。中国提交的通报涉及中央和地方补贴政策、农业、技术法规、标准、合格评定程序、国营贸易、服务贸易、知识产权法律法规等诸多领域。[①] 近年来,中国海关履行透明度义务的程度继续显著提升。立法前征集公众意见的力度有较大提高,信息公开改善较为明显。海关总署网站上线"海关规章库"栏目,为贸易商和其他利益相关方查阅提供了较大便利,且海关规章生效前公布也在2022年全部符合时效要求。但对标WTO《贸易便利化协定》,"评价机会、生效前信息及磋商"条款义务的履行仍是中国

① 参见国务院新闻办公室:《中国与世界贸易组织》,人民出版社2018年版。

贸易便利化和营商环境的短板所在。① 目前海关领域仍存在规范性文件等政策制定中贸易商的参与程度偏低、海关英文网站内容覆盖面和更新及时性不足、规范性文件等政策文件可获得性不高或未能及时公布等问题。相较于《贸易便利化协定》之前的 WTO 文件中的透明度义务,该协定提出了更高的要求,如进一步增加申诉与审查程序的内容;针对食品、饮料、饲料的边境管制与检查增加了通知义务;针对货物进出口清关相关信息的发布,进一步明确了各成员方政府的发布范围;还增加了定期协商的内容。这些内容都是中国海关公布信息时应该特别注意的。②

四、中国应对之策

总体而言,由于政治对经济贸易的干预日益加深,中美经贸关系依然会受到中美整体外交关系的影响,这涉及两国在意识形态、政治制度、地缘政治、宗教人权等方面的立场差异,具有相当的复杂性。从美国国内政治对华态度演进趋势和国际环境变化趋势看,美国不太可能满足于通过谈判获取中国通过增加从美国的进口缩小中美贸易顺差的结果,而会以所谓市场经济标准的结构性改革、公平竞争基础上的自由贸易等为由,促使中国政府在国有企业、产业政策、政府补贴、劳工权利、气候环境、知识产权保护等领域作出进一步改革并减少市场和贸易扭曲的承诺,强化对双边协议实施的监督。从大的贸易平衡角度看,我们应从货物贸易、服务贸易的大视角,以及如何更好服务国内消费升级、产业升级,分析判断有利于我国的综合性双边贸易投资框架和相关谈判议题,寻求更综合的双边利益平衡。③

---

① 参见北京睿库贸易安全及便利化研究中心:《中国贸易便利化 2023 年度报告》,第 2～4 页。

② 参见曾文革、江莉:《〈贸易便利化协定〉视域下我国海关贸易便利化制度的完善》,载《海关与经贸研究》2016 年第 1 期。

③ 参见李双元、李赞:《21 世纪法学大视野——国际经济一体化进程中的国内法与国际规则》,武汉大学出版社 2016 年版,第 96～97 页。

在中美贸易摩擦背景下,实施WTO《贸易便利化协定》无疑将为进一步提升中国的贸易便利化水平和口岸综合治理体系现代化创造新的机遇,同时也可以通过改善其他国家和地区的贸易便利化环境减少中国出口贸易的壁垒与障碍。此外,《贸易便利化协定》的生效和实施以及美国等高标准区域自贸协定中更严格的贸易便利化义务规定也对中国贸易口岸的基础设施、管理模式以及监管部门之间的协同等方面提出了更高的要求。

(一)深化海关改革创新,完善贸易便利化制度

尽管作为成员方需要一揽子接受WTO《贸易便利化协定》的内容,但各成员方都会首先执行本国/地区的相关法律法规,中国也应在遵循协定的基本原则前提下,立法完善国内相关贸易便利化制度。一方面,深化海关改革创新。以落实海关深化改革方案为牵引,不断推动海关改革向纵深发展;深化关检业务融合,将全国通关一体化向全业务领域一体化拓展;稳步推进完善进出口货物"两步申报"、"两段准入"监管作业和"两轮驱动"风险管理等更为便捷高效的口岸通关管理模式。另一方面,修订完善中国《海关法》。目前,中国进出口检验检疫职能已并入海关,在提高中国海关立法透明度和执法一致性的基础上,重新整合边境管理职能,重点加强维护贸易安全与便利的立法、执法。为此,中国应通过《海关法》修订,重新厘定海关职责及管理体制,建立以《海关法》为核心的法律规范体系,使之与新制定的"关税法"以及《国境卫生检疫法》、《进出口商品检验法》等法律在内容上相互补充,共同构成新海关法律制度的总体框架。为适应监管业务和对象的多元化,新海关各层级法律文件在吸收、整合检验检疫规定的基础上,应采取集中统一的立法形式和法律架构,确保执法统一。与此同时,中国贸易便利化的完善也需要相关海关通关国内立法的整理和简化,应进一步清理相关法规政策,在海关贸易便利化的信息公布等制度建设上有所侧重,并适时调整对外贸易等方面的法律,通过简化手续、减免收费以促

进产业升级、扩大国内消费。①

（二）持续对接国际标准，提高透明度义务履行

中国积极参与国际经济治理、扩大开放的过程中，无论在对外经贸交往的何种领域，透明度都是一项核心诉求。首先，中国在保持信息公开渠道稳定性与便利性的同时，应当继续加大规范性文件等政策及相关管理措施内容的公开范围和公开力度，并及时更新海关英文网站法律、法规、公告等法律规定。其次，建立海关和商界协商机制。习近平总书记在党的二十大报告中指出，发展全过程人民民主是中国式现代化的本质要求。中国应当构建多样、畅通、有序的民主协商渠道，在海关立法生效和实施前尽早公布，通过采取公告、征求公众意见和建议、举行公开听证会等方式为进出口贸易商等利益攸关方提供事先咨询和发表意见的机会。同时，重视立法和执法效果评估和反馈，通过行政执法、企业调研、第三方统计、网站留言等渠道收集企业对立法科学性和执法效果的反馈意见，作为相关立法政策后续解释、修订、优化执行的参考。② 在深化国内改革的同时，中国亦应努力推动 WTO 透明度机制改革，保证各成员贸易措施的透明度。美国在针对 WTO 改革建议中提出，WTO 成员必须遵循通报义务。对通报义务的遵从不力使 WTO 缺乏对现有义务的重要执行信息，在一定程度上导致谈判裹足不前。美国建议对未能履行通报义务的成员方追究责任。对此，欧盟也建议所有监督 WTO 各项协定通报义务的委员会定期审议各项通报和成员的总体表现，对故意和长期不履约的成员进行制裁；引入一成员代表另一成员作出的反向通报，加大反向通报针对成员所承担的后果。③ 鉴于此，中国应当重视透明度总体机制的功能价值，借

---

① See Saport C. Paulo, etc, *The Impacts of Trade Facilitation Measures on International Trade Flows*, World Bank Policy Research Working Paper, No. 7367, 2015.

② 参见江小平：《WTO〈贸易便利化协定〉在中国的实施及展望》，载《国际经济合作》2021 年第 2 期。

③ 参见孔庆江主编：《世界贸易组织法理论与实践》，高等教育出版社 2020 年版，第 242 ~ 243 页。

助透明度这一公共机制向外传递自身的贸易立场与主张,通过透明度建立互信基础以维系多边贸易关系,进而提升在贸易体制中的话语权。[①]

(三)聚焦全球互联互通,推进海关国际合作

加强合作不仅是《贸易便利化协定》对各成员方做出的规定,也是海关贸易便利化始终坚持的基本原则。中国应积极参与国际合作,以互利共赢为原则,在尊重国际规则和通行准则的基础上,利用WTO规则搭建的平台,[②]加强中国海关与其他国家或地区海关的交流与合作,实现海关贸易便利化。一是推进中国海关的双边交流与合作。当前中国与"一带一路"共建国家海关双边合作广度和深度还不够,仅与部分沿线国家海关签订合作文件。在WTO《贸易便利化协定》领域缺乏深度交流合作,联合开展风险管理和执法互助还不够深入,促进"一带一路"贸易畅通、营造安全便利的贸易环境还有较大提升空间。除符合国际规则要求之外,为充分发挥我国的主导作用,保障我国经济利益,应在中国已签订自由贸易协定基础上,力图将中国日后签署的其他自贸协定原则内容与中国"一带一路"倡议中的海关框架规定相融合,即中国海关必须与其他国家和地区海关等口岸机构在信息互换、监管互认等领域加强行政互助合作,实现海关间互联互通,消除贸易壁垒,提高共建国家间的贸易便利化水平。[③] 二是扩大中国海关多边与区域交流与合作。一直以来,中国海关致力于执行包括WCO《经修订的京都公约》、WTO《贸易便利化协定》等所倡导的规定和程序,大力推进无纸化进程和单一窗口建设;未来海关可以利用货物放行时间研究(TRS)、协调边境管理(CBM)等国际公认的便利化工具,提高进

① 参见张耀元:《世界贸易组织透明度机制整体改革研究》,载《世界经济研究》2022年第3期。

② 参见刘志云等:《后危机时代的全球治理与国际经济法的转型》,法律出版社2015年版,第69页。

③ 参见王珉:《中国贸易便利化发展战略——基于RCEP成员之间区域自贸协定的比较分析》,载《国际贸易》2021年第2期。

出口贸易有关措施的透明度，主动参与多边合作，借鉴国外海关有效经验，帮助中国企业提高应对抵御突发事件和统筹国际国内两个市场、两种资源的能力。三是深化“三智”合作，开创海关国际合作新局面。“美国海关和边境保护局 2020～2025 战略”“俄罗斯海关 2030 年发展战略”均提出了加强国际合作的战略目标和具体举措。目前，全国海关正认真落实习近平总书记提出的“智慧海关、智能边境、智享联通”（“三智”）重要理念，大力加强智慧海关建设，开展“智关强国”行动。为更好推动“三智”合作新理念落地生根，中国应当树立智能化协同治理的理念，通过深化贸易数字化领域国际合作，推动建立互联互通、实时协作的合作关系，实现全球供应链产业链点对点的无缝管理，促进全球贸易安全与便利。

The US Focus on Customs Barriers and Trade Facilitation Measures and China's Countermeasures

—Based on the USTR National Trade Estimate Report

WANG Min

[**Abstract**] With the conclusion and implementation of the WTO's Trade Facilitation Agreement, the USTR National Trade Estimate Report has been listing measures of customs barriers and trade facilitation since 2017. In the recent 5 years, the USTR Report has described the measures of customs barriers and trade facilitation about more than 60 countries and regions, alongside overall attention to the systems, rules, procedures, technologies, and standards of the customs in these countries and regions. The Report places especial emphasis on the obligations of implementing the Trade Facilitation Agreement (TFA) in these countries and regions, and continues to underscore China's compliance with transparency obligations. Under the backdrop of the Sino-US trade frictions, the implementation of the TFA will undoubtedly present new opportunities to boost China's trade facilitation and modernize the comprehensive port management system. At the same time, the TFA and other high-standard regional trade agreements, including those with the US, impose stricter obligations on trade facilitation, setting higher requirements for China's trade port infrastructure and management models. Therefore, China should deepen customs reforms and innovations, improve trade facilitation systems, align with international standards, fulfill transparency obligations, focus on global connectivity, promote international customs cooperation, and continuously enhance cross-border trade facilitation levels and the business environment at trade ports.

[**Key words**] trade facilitation; Customs; trade barriers; USTR

海关法评论(第12卷)

国门安全与海关法

Border Security and Customs Law

对建立“出入境检验检疫法学”学科的初步思考

——兼论与“海关法学”的融合

王传斌*

[摘 要] 随着出入境检验检疫职能划入海关,建立出入境检验检疫法学学科,开展相应的理论研究和教学实践的必要性日益突出。出入境检验检疫法学的研究对象应当包括中国出入境检验检疫的法律规范、我国缔结或参加的出入境检验检疫国际条约,以及相关的行政法律规范与刑事法律规范。内容框架包括出入境检验检疫法调整范围、法律关系、名录与合格评定依据、检疫准入与行政许可、行政程序、执法文书、法律责任(包括信用责任)、监督管理、法律救济与法治监督、国际检验检疫法、贸易新业态法律适用等。应当将出入境检验检疫法学作为海关法学的子学科,一并开展研究和教学,推进与传统海关法学的融合,建立新的海关法学学科体系。

[关键词] 出入境;检验检疫;法学学科

自2018年“出入境检验检疫”(本文以下简称检验检疫)职能划入海关以来,检验检疫学科教育迈上了新的台阶,2021年上海海关学院

* 王传斌,南京海关进出口食品安全处一级调研员、公职律师。

新增设“海关检验检疫安全”专业为海关高等教育注入了新的内容。随着海关业务改革的不断深化和关检业务的深度融合,海关管理、海关稽查、海关法学等专业都将深度涉及检验检疫内容,可以预见,与检验检疫相关的海关学科将蓬勃发展。笔者认为,“出入境检验检疫法学”是检验检疫的基础学科之一,能夯实相关专业学生及海关人员理论功底,帮助学生将法律理论、管理科学应用于海关执法工作,形成“从业务理解法律、以法律指导业务”的工作习惯,对规范新海关执法将起到重要促进作用。

一、“出入境检验检疫法学”的研究对象与研究方法

(一)研究对象

按照法学原理,检验检疫法学研究对象是检验检疫法律规范所调整的社会关系和行为规范,包括检验检疫部门法的产生、发展历史、调整对象、调整方法、法律规范的结构、渊源、效力范围、解释及其具体适用中应用性、实践性较强的问题。

“出入境检验检疫”本来不是法律概念,中国也没有“出入境检验检疫法”。这一概念是随着1998年国务院机构改革,将进出口商品检验、进出境动植物检疫、国境卫生检疫职能合并,组建出入境检验检疫机构而出现的,从此成为具有中国特色的专用名词和法律概念。不论是从历史角度,还是从2018年新一轮党和国家机构改革部署来看,检验检疫的职能并没有变化,包括进出口商品检验、进出境动植物检疫、国境卫生检疫、进出口食品安全检验。因此,“出入境检验检疫法学”的研究对象是中国进出口商品检验、进出境动植物检疫、国境卫生检疫、进出口食品安全检验行政管理职能范围内所有法律规范所调整的社会关系和行为规范。

从法律体系来看,检验检疫法律渊源可分为五类:第一类,专门规定出入境检验检疫的法律、法规和规章,主要包括现行有效的4部法律(《进出口商品检验法》《进出境动植物检疫法》《国境卫生检疫法》《食品安全法》)、5部行政法规(《进出口商品检验法实施条例》《进出

境动植物检疫法实施条例》《国境卫生检疫法实施细则》《国境口岸卫生监督办法》《食品安全法实施条例》)和62部海关总署部门规章。[①]第二类,与出入境检验检疫直接相关的法律和行政法规,主要包括8部法律(《海关法》《生物安全法》《对外贸易法》《产品质量法》《传染病防治法》《动物防疫法》《环境保护法》《农产品质量安全法》)、7部行政法规(《进出口货物原产地条例》《国际航行船舶进出中华人民共和国口岸检查办法》《化妆品监督管理条例》《植物检疫条例》《农业转

① 这62部海关总署规章名称为:《进口汽车检验管理办法》《供港澳活羊检验检疫管理办法》《供港澳活牛检验检疫管理办法》《出口烟花爆竹检验管理办法》《进境植物繁殖材料检疫管理办法》《进境植物繁殖材料隔离检疫圃管理办法》《进境栽培介质检疫管理办法》《出入境检验检疫报检规定》《进出境集装箱检验检疫管理办法》《出入境检验检疫封识管理办法》《供港澳活禽检验检疫管理办法》《供港澳活猪检验检疫管理办法》《出入境检验检疫风险预警及快速反应管理规定》《出入境快件检验检疫管理办法》《进口许可制度民用商品入境验证管理办法》《进出口商品免验办法》《进境动植物检疫审批管理办法》《国际航行船舶出入境检验检疫管理办法》《进出口商品抽查检验管理办法》《进境动物和动物产品风险分析管理规定》《进境植物和植物产品风险分析管理规定》《中华人民共和国实施金伯利进程国际证书制度管理规定》《出境竹木草制品检疫管理办法》《进境动物遗传物质检疫管理办法》《沙头角边境特别管理区进出物品检验检疫管理规定》《国境口岸突发公共卫生事件出入境检验检疫应急处理规定》《进出境转基因产品检验检疫管理办法》《进境水果检验检疫监督管理办法》《出境货物木质包装检疫处理管理办法》《保税区检验检疫监督管理办法》《进出口商品复验办法》《进境货物木质包装检疫监督管理办法》《国境口岸食品卫生监督管理规定》《进出口煤炭检验管理办法》《出境水果检验检疫监督管理办法》《口岸艾滋病预防控制管理办法》《进口商品残损检验鉴定管理办法》《出境水生动物检验检疫监督管理办法》《进出口商品数量重量检验鉴定管理办法》《出入境检验检疫查封、扣押管理规定》《进出口玩具检验监督管理办法》《中华人民共和国非优惠原产地证书签证管理办法》《进出口饲料和饲料添加剂检验检疫监督管理办法》《供港澳蔬菜检验检疫监督管理办法》《进境动物隔离检疫场使用监督管理办法》《进出口化妆品检验检疫监督管理办法》《出入境人员携带物检疫管理办法》《进口棉花检验监督管理办法》《海南出入境游艇检疫管理办法》《进出境非食用动物产品检验检疫监督管理办法》《出入境特殊物品卫生检疫管理规定》《进出境中药材检疫监督管理办法》《进口旧机电产品检验监督管理办法》《进出境粮食检验检疫监督管理办法》《出入境检疫处理单位和人员管理办法》《国境口岸卫生许可管理办法》《进境水生动物检验检疫监督管理办法》《出入境邮轮检疫管理办法》《进出口工业品风险管理办法》《出入境尸体骸骨卫生检疫管理办法》《进出口食品安全管理办法》《进口食品境外生产企业注册管理规定》。

基因生物安全管理条例》《国务院关于加强食品等产品安全监督管理的特别规定》《危险化学品安全管理条例》)。第三类,与行政相对人权利义务有直接关系的海关总署规范性文件,如实施法定检验的进出口商品目录、落实简政放权及优化营商环境的检验检疫措施等,一般以海关总署公告形式发布。第四类,与检验检疫行政处罚、行政许可、行政强制、刑事责任有关的法律、行政法规,如《刑法》《行政许可法》《行政强制法》《行政处罚法》等。第五类,中国缔结或加入的与检验检疫直接相关的国际规则、公约,主要包括世界贸易组织(WTO)《实施卫生与植物卫生措施协定(SPS)》《技术性贸易壁垒措施协定(TBT)》《装运前检验协定(PSI)》等,国际卫生组织(WHO)《国际卫生条例》,世界动物卫生组织(WOAH)《国际动物卫生法典》《国际水生动物卫生法典》,联合国粮农组织(FAO)所属《国际植物保护公约(IPPC)》《亚太植物保护协定》,国际食品法典委员会(CAC)《国际食品卫生法典》,联合国环境和发展大会《国际生物多样性条约》,国际海事组织(IMO)《船舶压载水和沉积物控制和管理公约》,以及中国政府与其他国家或地区政府之间签订的检验检疫的条约、协定、备忘录等。

(二)研究方法

1. 法学方法

将法学的基本原理与检验检疫法律法规结合起来,从法学理论角度审视检验检疫法律规范、法律关系、法律责任、执法行为、执法程序、法律救济等,针对执法实践中的问题运用法律方法去认识、判断和处理,通过法律推理、法律发现、法律解释、法律论证等,推导出适宜的法律结论。

2. 比较方法

将检验检疫各部法律、法规、规章横向比较,对检验检疫范围、检验检疫程序、法律责任、法律救济进行比较,归纳出共性和个性,指导执法主体和行政相对人依法履行职责、承担义务、享受权利,确保法律实施。

3. 体系方法

检验检疫各部法律、法规均独立存在,有很强的专业特色,同属海关执法依据。这种情况要求将各部法律、法规放在海关法律体系中总体分析和把握，分析其中的逻辑关系，促进形成完整的法律体系。

4. 历史方法

检验检疫的各部法律法规出台时间不一，有的还是20世纪80年代的修订版本，有的虽然已经修订，但局限于个别条款，整体框架和具体条款受制于立法时的历史背景，以当前眼光审视，相当多内容具有滞后性。这就要求我们在开展检验检疫法学研究的过程中，必须采用历史的方法，从当时的立法背景把握法律规范的实质，并根据立法以来中国改革、开放与发展的历程，准确理解法律规范的内涵和要义。

5. 实践方法

检验检疫法学是一门实践科学，所有的法律规范都必须应用于执法实践，而且执法实践历经国家改革开放以来不同发展阶段的经济和法治环境、检验检疫机构设置各异的不同时期。尤其是检验检疫划入海关以后，全新的通关一体化的流程带来了检验检疫实践的重大变革。所以，检验检疫法学研究必须结合海关执法实践的最新要求，将认识、实践、再认识的唯物论方法运用到研究中去。收集执法实践中遇到的问题、疑问、难点，结合执法案例进行实证分析，释明有关法律规范中的法学原理及各方主体的权利义务。

二、“出入境检验检疫法学”的框架及关注要点

随着中国检验检疫事业的快速发展，有学者分别对进出口商品检验、进出境动植物检疫、国境卫生检疫的单个部门法从法学角度开展研究，出版了一系列研究成果。[①] 原国家质量监督检验检疫总局管理检验检疫职责期间（2001—2018年），中国计量学院曾将“出入检验检

---

① 这些成果包括：《进出境动植物检疫法学》（王重高主编，中国政法大学出版社1992年版）、《进出口商品检验行政法学教程》（周臣主编，对外经济贸易大学出版社2005年版）、《检验检疫法教程》（季任天、于俊嶙编，厦门大学出版社2011年版）、《国境卫生检疫法学的理论与实践》（张际文主编，浙江工商大学出版社2013年版）。

疫法学”作为“技术监督法学”的子学科开展教学与科研,并编辑出版了专著。[①] 但笔者认为,该专著仅分章对进出口商品检验法、进出境动植物检疫法、国境卫生检疫法、检验检疫法律责任、国际检验检疫法概要论述,不仅缺少对进出口食品安全监管的论述,而且从法学角度对检验检疫法律规范融合研究存在明显不足。

笔者结合工作中遇到的问题,曾对检验检疫行政处罚、食品安全法与进出口商品检验法的衔接、海关特殊监管区食品安全监管、新海关法定检验检疫目录、进口食品检验检疫证明法律效力、新海关法律关系、进口食品安全监管法律关系等作过初步思考,有了粗浅的认识和体会。[②] 结合目前的执法实践,认为“出入境检验检疫法学”学科至少应当包括以下十二部分内容,并对各部分重点内容做了初步思考。

(一)检验检疫法律调整范围与法律渊源

检验检疫法律调整范围包括海关实施进出口商品检验、进出境动植物检疫、国境卫生检疫、食品安全检验过程中所产生的权利义务关系,检验检疫法是海关实施出入检验检疫监管过程中各类行为规范的总称。检验检疫法律规范的渊源前文已述,不再重复。

由于检验检疫的自然科学属性与行政执法属性很强,为便于学习者理解,在阐述检验检疫的法律渊源时,应适当从自然科学、国家安全、历史发展三个维度概述中国进出口商品检验、进出境动植物检疫、国境卫生检疫、食品安全检验的社会价值和发展历程,分析其在中国特色社会主义法律体系中的位置。

---

① 参见季任天、于俊嶙编:《检验检疫法教程》,厦门大学出版社2011年版。

② 这些研究成果参见:沈义峰、王传斌、胡涛立等编著:《出入境检验检疫行政处罚理论与实务》,法律出版社2015年版;王传斌:《从三起案例再论海关特殊监管区进出口食品安全监管法律制度的改进与完善》,载《上海法学研究》集刊2020年第6卷;王传斌:《对新海关“法检目录”的思考与完善建议》,载《海关与经贸研究》2020年第2期;王传斌:《关于进口食品〈入境货物检验检疫证明〉的法律思考》,载《海关与经贸研究》2021年第2期;王传斌:《论新海关法律关系》,载陈晖主编:《海关法评论》第11卷,法律出版社2023年版;王传斌:《进出口食品安全海关监管行政法律关系暨检验与检疫辨析以海关总署令第248号、第249号为视角》,载《海关与经贸研究》2023年第1期。

（二）检验检疫法律关系

本部分将法律关系理论运用于检验检疫的执法实践，是检验检疫法学学科的理论基础，旨在引导执法者形成法律关系思维习惯和分析方法，提升法律关系理论在立法、执法中的指导作用。检验检疫法律体系由多部相互独立的法律、法规、规章组成，各自形成独立的体系，之间又构成相互关联的整体，只有从法律关系入手才能清晰厘清各法律关系主体的权利义务以及可能承担的法律责任。

本部分应在阐述法律关系基本理论的基础上分析检验检疫法律关系的主体、内容（权利义务）、客体，以及法律关系产生、变更与消灭的条件。

对检验检疫法律关系主体部分既要分析执法主体（海关）及其执法人员资质、权限，又要针对各类不同的行政相对人进行分析，包括进出境人员、进出口商品生产销售运输经营者、进出口商或收发货人、国际交通运输工具经营者、外贸代理商、报关报检代理商、检验机构、检测机构、检疫处理机构等。

在检验检疫法律关系客体部分，应结合法定检验的进出口商品范围、进出境动植物检疫范围、国境卫生检疫范围、进出口食品安全检验范围分析法定检验检疫范围（物），同时对出入境检验、检疫、签发证书、申报、检验检疫处理等过程（行为）进行论述。对出入境人员实施国境卫生检疫时，行政法律关系的客体是国家公共卫生安全及公民生命健康权，这是不同于物、行为、智力成果的一类特殊客体。

在检验检疫法律关系内容方面，应在梳理法律规范的基础上，结合关检融合以来的最新改革成果（如通关一体化、两步申报、两段准入、两区优化、两轮驱动等），分析检验检疫行政主体（海关）和各类行政相对人的权利义务，明晰海关的权力边界、行政相对人的义务范围及相应法律责任。

（三）检验检疫名（目）录与合格评定依据

分析各类检验检疫名（目）录的制定主体、发布程序、法律位阶和法律效力，这些名（目）录包括实施法定检验的进出口商品检验目录、检验检疫机构实施检验检疫的进出境商品目录、检疫传染病名录、监测传染病名录、禁止外国人入境的疾病名录、进境动物检疫疫病名录、进境植物检疫性有害生物名录、进境运输工具动植物检疫疫区名单、禁止携带或寄递进境的动植物及其产品和其他检疫物名录、外来入侵物种名录等。

检验检疫行为的本质是合格评定行为,是依据国家技术规范的强制性要求实施的一种是否合格的判定活动,是技术执法的一种。根据我国技术规范的表现形式,合格评定行为的判定依据包括法律、法规、规章、规范性文件、技术标准(国家标准、行业标准等)、我国参加或签订的国际公约、条约等,特殊情况下还包括对外贸易合同、国(境)外法律法规和标准等。对外贸易合同、国(境)外法律法规和标准是否能继续作为检验检疫执法行为依据需要从中国现代法治层面考量,而不能依据检验检疫执法的传统习惯简单判定。

(四)检疫准入与检验检疫行政许可

本部分首先从《生物安全法》角度阐述检疫准入的法律依据、法律属性,结合国际公约、条约和国际惯例讨论检疫准入的范围、程序和结果,并与对向我国出口食品的国家(地区)食品安全管理体系和食品安全状况评估进行比较,分析其异同点。然后结合检验检疫的法律规范和国家简政放权的最新成果,在《行政许可法》框架内,对现行检验检疫行政许可项目(进出境动植物检疫除害处理单位核准,国境口岸卫生许可,出境特定动植物及其产品和其他检疫物的生产、加工、存放单位注册登记,过境动物,进境特定动植物及其产品检疫审批,特殊物品出入境卫生检疫审批)①的许可条件、程序、监督管理等进行分析,并对完善行政许可程序,尤其是对变更、续展、终止(撤销、吊销、撤回、注销)行政许可等行为,从法律角度提出改进建议。在此基础上,对与行政许可法律性质类似、实践中容易混淆的境外食品生产企业注册登

---

① 参见海关总署门户网站"我要办/行政审批"栏目,http://online.customs.gov.cn/static/pages/alllistitems.html。

记、出口食品生产企业推荐注册、有关企业备案等进行比较，以厘清各自法律属性、实施条件、实施程序、法律后果等方面的区别与联系。

(五)检验检疫行政程序与行政处理

出入境检验检疫行政程序既包括法定程序，也包括正当程序，是关检融合之后执法实践中改革最多、改变最大之处。从法律规范角度看，进出境动植物检疫、进出口商品检验(包括进口食品安全检验)、国境卫生检疫程序是相对独立的，行政相对人的程序义务和程序责任也是独立的。但从新海关执法实践来看，检验检疫与海关执法程序高度整合，并实施了两步申报、两段准入、两区优化、两轮驱动等改革措施，在申报与报检、合格评定(含出口申报前监管、审单放行、风险布控、抽样、检验、检疫、检测、口岸换证、进口目的地查验)、行政处理(行政确认)、检验检疫处理、通关放行、检验检疫行政征收等方面有了全新设计，海关以及行政相对人在各环节的权利、义务与责任都出现了新的变化，有必要从法律层面进行认识。在海关行使检验检疫自由裁量权时，引入正当程序思维也是现代法治应当关注的内容之一，也有必要在适用范围、条件、方法方面作适当讨论。

(六)检验检疫执法文书(证单)

检验检疫执法文书(证单)是检验检疫执法行为的重要载体和具体表现，兼有行政性(行政行为)、技术性(记载进出口商品的技术指标)和商业性(直接或间接影响行政相对人商业利益)，与行政相对人权利义务密切相关。出入境检验检疫法律规范没有对执法文书作出具体规定，现行各类执法文书的种类、格式、评语、权利义务告知等规定散见于有关的规章、规范性文件、操作规程或技术标准中。有些证书是否应当由海关代表国家签发存在模糊空间，实践中往往依据多年形成的工作习惯操作，近年来引发了一些争议，对海关执法严肃性和规范性带来一定影响。笔者认为，有必要对现行检验检疫的执法文书进行梳理，从执法角度进行系统分析研究，帮助海关执法人员深入认识执法文书的法律性质及所包含的权利义务，完善执法文书管理，规范证书签发行为。

(七)检验检疫监督管理

监督管理是中国行政执法领域应用非常广泛的法律概念,在不同的法律规范、语义环境中,监督管理的含义有所不同,检验检疫领域同样如此。本部分首先应从法理角度对“法律监督”作出概念解释,然后归纳检验检疫法律规范相应规定,阐明各类监督管理的法律内涵和法律关系。概述来讲,这些监督管理包括主体备案、场地(所)备案、指定进口口岸、生产流通经营过程监督、技术机构(检验机构、检测机构、检疫处理机构、认证认可机构等)监督、监督抽查(包括目录外进出口商品监督抽查、进出口食品安全监督抽检、进出口食品安全风险监测)、监督检查(执法稽查与核查)等。

(八)检验检疫行政强制

《行政强制法》规定的行政强制包括行政强制措施和行政强制执行两类。由于检验检疫的技术性、专业性和立法的滞后性,检验检疫行政强制散见于不同的法律规范中。本部分应梳理检验检疫行政强制措施的种类和行政强制执行的途径,针对查封、扣押、加施封识、隔离、留验、截留等行政强制措施和申请法院强制执行的适用范围、条件和程序进行归纳,对相类似的检验检疫处理(销毁、退运、捕杀、返工整理、技术处理、禁止入境)等行为进行法律属性甄别,并对修订相关法律规范、改进执法程序、完善行政强制执行途径(如代履行)提出建议。

(九)检验检疫法律责任

出入境检验检疫法律责任包括行政责任和刑事责任,是执法实践中敏感度高、专业特色强、易受关注的领域,也是研究成果最丰富的领域。本部分梳理归纳检验检疫法律规范所设定的各类检验检疫法律责任的适用范围、责任种类,包括违反《进出口商品检验法》《进出境动植物检疫法》《国境卫生检疫法》《食品安全法》的行政违法行为,违反《刑法》构成逃避商检罪,妨害动植物防疫、检疫罪,妨害国境卫生检疫罪,生产、销售有毒、有害食品罪,生产、销售不符合安全标准的食品罪,伪造、变造、买卖武装部队公文、证件、印章罪等行为,以及检验检疫人员滥用职权、徇私舞弊、玩忽职守行政违法或刑事犯罪行为。系统解读法律规范、执法文件、司法解释、司法文件有关规定，从法律责任理论分析各类法律责任的构成、形态、竞合及相应处置方式，丰富和发展既有研究成果，并结合执法案例和司法案例讨论部分执法疑难问题。此外，拟将信用责任纳入法律责任进行研究，分析中国信用管理制度框架下信用责任的法律特点、海关信用管理措施的法律属性，进而对改进海关信用管理制度、将信用责任纳入现有法律责任体系提出建议。

（十）检验检疫法律救济与法治监督

检验检疫法律救济途径除行政执法领域普遍适用的行政复议、行政诉讼外，《进出口商品检验法》规定了复验措施，《食品安全法》规定了复检制度，实践中也有一些疑难问题。本部分在梳理检验检疫行政复议、行政诉讼的适用范围、处理程序基础上，对复验、复检的法律性质、适用范围、与行政复议及行政诉讼的衔接等进行分析，指导海关依法办理法律救济案件，更好地保护行政相对人合法权益。

检验检疫法律规范对投诉、举报作了部分规定，《信访工作条例》《政府信息公开条例》对信访、政府信息公开等作了规定，但由于法律规范之间衔接不够，公众与执法及司法机关的认识存在偏差，在实践中经常出现分歧，应从法律角度对这些法治监督行为进行阐述，分析各法律监督行为的概念、适用范围、处理程序、法律救济途径等，对实践中出现的疑难问题提出指导意见。

（十一）国际检验检疫法及其适用

国际检验检疫法是检验检疫法律规范的重要组成部分，对执法机关、行政相对人权利义务有重要影响。国际检验检疫法在国内的适用分为直接适用、间接适用两种情况，《进出境动植物检疫法》《国境卫生检疫法》对我国加入或缔结的公约、条约、协定的适用也作了专条规定。①

---

① 参见《进出境动植物检疫法》第 47 条："中华人民共和国缔结或者参加的有关动植物检疫的国际条约与本法有不同规定的，适用该国际条约的规定。但是，中华人民共和国声明保留的条款除外。"《国境卫生检疫法》第 24 条："中华人民共和国缔结或者参加的有关卫生检疫的国际条约同本法有不同规定的，适用该国际条约的规定。但是，中华人民共和国声明保留的条款除外。"

本部分对我国加入或缔结的检验检疫公约、条约、协定进行梳理,厘清法律属性、位阶、效力,分析其与检验检疫法律、行政法规、规章的适用规则。

(十二)贸易新业态检验检疫监管法律适用

随着我国改革开放程度的不断深化,近年来在传统对外贸易基础上出现了一些新的贸易业态,包括免税或保税进出口商品贸易、边境商品贸易、海关特殊监管区贸易、跨境电子商务商品贸易、市场采购出口商品贸易、自由贸易试验区进出口商品贸易、自由贸易港区商品贸易等。为了促进贸易新业态的健康发展,国家制定了一系列包括检验检疫监管在内的便利措施或监管政策,与一般贸易监管的法律规范存在很大区别。由于这些新措施、新政策散见于国务院或各部门文件之中,在适用过程中往往会出现一些难点。笔者认为,有必要对涉及检验检疫监管的新措施、新政策予以梳理,分析与现有法律规范之间的关系,从立法、执法角度提出完善建议。

三、"出入境检验检疫法学"教学设计及其与"海关法学"的融合

(一)"出入境检验检疫法学"教学设计

鉴于检验检疫法学兼有法学、自然科学和执法实践的特性,需要一定的理论和专业基础,建议本课程在与出入境检验检疫监管相关专业的高年级或研究生阶段安排,如海关管理、检验检疫安全、海关法学三年级及以上层次。讲授形式既可以采取讲授加讨论的方式安排必修课,也可以按照专题讲座的形式安排选修课程。课程考察则注重实践性,以命题或者自选论题方式撰写课程论文或研究报告,综合评定课程成绩。

(二)与"海关法学"的融合

"海关法学"是我国高等教育对外贸易相关专业的重要学科,也是海关高等教育的精品学科,学科基础理论、教材编著、教学实践都取得了显著成果。2022年,上海海关学院在原《海关法学》教材的基础上,根据关检融合以后的新形势,出版了新的《海关法学》,将出入境检验

检疫职能和相关内容纳入其中,在"海关边境保护法律制度"一章中单独增加"进出口商品检验制度"和"海关检疫法律制度"两节,迈出了出入境检验检疫法学与海关法学融合的第一步。① 因此,"出入境检验检疫法学"已经成为"海关法学"的重要组成部分,既可以将其作为"海关法学"的子学科单独开展教学,也可以与"海关法学"融合成为一门新的"海关法学"开展教学与研究。

笔者认为,"出入境检验检疫法学"与"海关法学"融合的模式应当在海关组织法、海关法律关系、通关法、海关促进法、海关边境保护法律制度、海法立法、海关行政程序法、海关法律责任、海关行政复议、海关行政诉讼、海关行政赔偿方面进行融合,补充检验检疫相关内容。同时,也可以结合本文对"出入境检验检疫法学"的内容设计,同步修订完善现有"海关法学"的结构和内容,优势互补,形成"海关法学"新的理论体系,展现新时代"海关法学"新面貌。

Preliminary Consideration on Establishing the Discipline of "Entry-exit Inspection and Quarantine Law"

—On the Integration with "Customs Law"

WANG Chuanbin

[**Abstract**] With the merger of entry and exit inspection and quarantine functions into the China Customs, there is an increasing need to establish the discipline of Entry-exit Inspection and Quarantine Law and carry out relevant theoretical research and teaching practices. The research scope of Entry-exit Inspection and Quarantine Law should encompass the

① 参见万曙春、娄万锁、吴展主编:《海关法学》,法律出版社 2022 年版,第 257 ~ 265 页。

legal norms governing entry and exit inspection and quarantine in China, international treaties on entry and exit inspection and quarantine that China has concluded or participated in, as well as related administrative and criminal legal norms. The content framework should include areas such as the adjustment scope of entry and exit inspection and quarantine laws, legal relationships, controlled lists and conformity assessment criteria, quarantine access and administrative permissions, administrative procedures, law enforcement documents, legal responsibilities (including credit liabilities), supervision and management, legal remedies and law-abiding supervision, international inspection and quarantine laws, and the application of trade laws to new forms of trade. Entry-exit Inspection and Quarantine Law should be regarded as a sub-discipline of Customs Law, and research and teaching on the two should be conducted together to promote their integration and establish a new disciplinary system for Customs Law.

[**Key words**] entry-exit; inspection and quarantine; discipline of law

进一步加强海关检验检疫行政处罚工作的思考

姜 铭 李 涛 黄 娟*

[摘　要] 检验检疫行政处罚案件是新海关三大行政处罚案件类型之一,对于加强海关监管,制裁违法行为,保护公民、法人或者其他组织的合法权益,维护进出口秩序,保障国门安全具有重要意义,但与走私违规类行政处罚相比,还存在一些不够完善之处。通过检视检验检疫行政处罚工作现状,梳理检验检疫行政处罚管理和办案中存在的问题,有针对性地提出对策建议,期望抛砖引玉,对完善机制、改进工作有所裨益。

[关键词] 检验检疫;处罚;思考

海关实施行政处罚,不仅在于使违法者承担相应的法律责任,更在于保障和监督海关有效实施行政管理职能,推进严格规范公正文明执法。检验检疫行政处罚伴随着新海关新职能而生,与走私违规行政处罚案件、知识产权行政处罚案件并列,成为海关三大类行政处罚案件之一,在实践中,还存在法律依据需进一步完善、管理机制需进一步理顺等问题,需要有针对性地加以改进和完善,加强检验检疫行政处

* 姜铭,济南海关党委委员,副关长;李涛,济南海关法规和综合业务处副处长;黄娟,济南海关法规和综合业务处一级主任科员,海关公职律师。

罚在海关监管中的运用,保障海关检验检疫法律法规贯彻施行到位。

一、检验检疫行政处罚基本情况

(一)内涵与由来

检验检疫行政处罚,即在海关工作过程中查发的涉及检验检疫职能领域的行政处罚。机构改革前,检验检疫行政处罚的正式表述为"出入境检验检疫行政处罚"①。关检融合后,《出入境检验检疫行政处罚程序规定》废止,海关总署为方便区分海关行政处罚的类型,将原"出入境检验检疫行政处罚"称为"检验检疫行政处罚",并简称为"涉检行政处罚"。"检验检疫行政处罚""涉检案件"的提法最早见于《综合业务司、政策法规司关于印发〈海关办理检验检疫行政处罚案件操作规程(试行)〉的通知》(综合函〔2019〕259号)。

(二)案件类型及处罚种类

1. 案件类型

按照业务领域,检验检疫行政处罚一般分为商检类、动植检类、卫检类、食品安全类四大类。

商检类常见案由,包括进出口法定检验商品逃避检验,伪造、变造检验证单、印章、标志、封识,使用未经鉴定或鉴定不合格的出口危险货物包装容器等。

动植检类常见案由,包括动植物、动植物产品和其他检疫物未报检,未依法办理检疫审批手续,擅自将检疫物卸离运输工具或者调离隔离场所,擅自开拆、损毁动植物检疫封识或者标志等。

卫检类常见案由,包括进出境人员不如实申报疫情,瞒报携带禁止进口的微生物、生物制品、血液等特殊物品,入境检疫船舶未悬挂检

---

① 《出入境检验检疫行政处罚程序规定》第2条规定:"公民、法人或者其他组织违反有关出入境检验检疫法律、行政法规或者规章的规定,应当给予行政处罚的,依照本程序规定给予行政处罚。"该规定于2006年1月28日以原国家质量监督检验检疫总局令第85号公布,根据2018年4月28日海关总署令第239号《海关总署关于废止部分规章的决定》废止。

疫信号，入境、出境的交通工具擅自上下人员、装卸行李物品等。

食品安全类常见案由，包括擅自调换经海关监督抽检并已出具证单的出口食品，出口食品生产企业生产的出口食品未按照规定使用备案种植、养殖场原料等。

2. 处罚种类

根据《行政处罚法》和海关检验检疫相关法律、行政法规及规章的规定，检验检疫行政处罚种类有警告、罚款、没收违法所得、责令停产停业、暂扣或者吊销许可证等。各类案件根据案由、案情、案件特点，依据相关法律规定，分别适用相应的处罚种类。其中，商检类案件，常用警告、罚款、没收违法所得；动植检类案件常用警告、罚款、吊销检疫单证；卫检类案件常用警告、罚款、吊销卫生检疫审批单；食品安全类案件常用警告、罚款、责令停产停业、吊销许可证照。

检验检疫行政违法行为，如情节严重的，可能构成犯罪，不得以行政处罚代替刑罚，应当依法移送缉私部门或者地方公安机关处理，相关罪名包括我国现行刑法中规定的逃避商检罪，妨害动植物检疫罪，妨害国境卫生检疫罪，伪造、变造、买卖国家机关公文、证件、印章罪等。

二、检验检疫行政处罚的案件办理及管理现状

（一）法律依据

检验检疫行政处罚是法律赋予海关的职权，实施的法律依据包含法律、行政法规和规章 3 个层级。

法律层面：除《行政处罚法》之外，主要有《进出口商品检验法》（以下简称《商检法》）、《进出境动植物检疫法》（以下简称《动植检法》）、《国境卫生检疫法》（以下简称《卫检法》）、《食品安全法》。

行政法规层面：包括以上四部法律配套的实施条例/实施细则，以及《国务院关于加强食品等产品安全监督管理的特别规定》《进出口货物原产地条例》等。

规章层面：除法律和行政法规外，原质检总局及海关总署还颁布

施行了大量的部门规章,作为检验检疫业务的执法依据,其中很多规章中设置了法律责任条款。有的规章是对法律、行政法规规定的行政处罚行为、种类和幅度作出具体规定,如《进出口食品安全管理办法》对《食品安全法》规定的"未遵守本法的规定出口食品"的具体情形做了细化解释。有的规章则是因法律、行政法规尚未对相关违法行为设定法律责任,为弥补法律空白,按照《行政处罚法》相关规定,对违法行为设定警告或者一定数量罚款。如《进境货物木质包装检疫监督管理办法》规定了"伪造、变造、盗用 IPPC 专用标识的"法律责任,弥补了《动植检法》及其实施条例规定不足的问题。

(二)办理程序

在办理流程上,检验检疫行政处罚案件适用《行政处罚法》关于行政处罚案件办理的一般规定。具体而言,一般程序的案件,基本程序包括:立案、调查取证、审查结果、作出行政处罚、送达处罚决定书、执行等环节,对符合听证条件的案件,在作出处罚决定前,当事人还可以申请听证。简易程序案件,则是由执法人员当场作出处罚决定,签发《当场行政处罚决定书》。

在操作方式上,原检验检疫部门没有专门的信息化办案系统,由办案人员按规定的模板手工制作内部审批文书和外部法律文书,案件结案后,再由办案人员整理案卷材料归档。机构改革后,海关总署要求通过"海关涉检行政案件处置系统"办理案件,同时采取电子档案方式归档,原则上不再制作纸质档案。

在程序规定上,原检验检疫部门依据《出入境检验检疫行政处罚程序规定》办理案件,该规定对管辖、立案、调查、处罚决定、送达、执行等各环节的操作要求都作了详细规定,对文书制作、时限控制、内部审批等也作了细致要求。机构改革后,《出入境检验检疫行政处罚程序规定》废止,2019年12月,为配合"海关涉检行政案件处置系统"的上线,海关总署印发了《海关办理检验检疫行政处罚案件操作规程(试行)》,对系统操作及内部审批流程作了具体规定,但该规程侧重于系统操作层面,对案件办理的实体性要求较少。直至2021年,海关总署出台了新修订的《海关办理行政处罚案件程序规定》(海关总署令第250号),该规定适用于海关所有行政处罚案件的办理,对案件管辖、办案时限、证据、法制审核等要求做了规定,检验检疫行政处罚案件程序要求得到了明确。

(三)管理模式

当前,与走私违规行政处罚案件集中办理模式相比,检验检疫行政处罚职能管理和办理部门相对较为分散。

海关总署层面。在海关总署三定方案的机构职责划分中并未明确检验检疫行政处罚主管部门,2020年海关总署通过内部文件先后明确涉及进出口医疗物资和危险品的案件由缉私部门负责职能管理,对于其他类型的检验检疫行政处罚案件,海关总署则未出台文件明确主管部门。2022年6月,海关总署办公厅印发了《研究加强海关缉私工作专题会议纪要》的通知(署办缉函〔2022〕9号),明确"企管司负责,做好检验检疫行政处罚案件职能管理,压紧压实工作责任,确保全国海关检验检疫行政处罚案件办理正常运转"。据此,海关总署首次明确企管司为检验检疫案件的职能管理部门,但尚无进一步细化和具体的执行规定。

直属海关层面。因机构改革后,海关总署并未明确检验检疫行政处罚的主管部门,各直属海关根据关区实际自行决定职能管理部门,差异比较大,主要由法规部门、缉私部门或企管部门来履行职能管理。2020年海关总署确定涉及进出口医疗物资和危险品的案件由缉私部门负责职能管理后,各直属海关也相应将这两类案件交由缉私部门负责。以济南海关为例,目前除两类由缉私部门主管的案件之外,其他涉检处罚由法规和综合业务处履行职能管理。能够预见,下一步各直属海关也将按照海关总署的最新部署,对检验检疫行政处罚案件的管理和分工作出相应调整。

隶属海关层面。隶属海关是案件的具体办理单位,因并无统一要求,各直属海关关区隶属海关办理检验检疫行政处罚案件情况各不相同。以山东为例,青岛海关三定方案明确由法规部门负责检验检疫案件职能管理,同时,关区各隶属海关基本都设置了法制科,相应地由法制科在上级法规部门的指导下办理案件。济南海关不同,由于关区各隶属海关均未设置法规科室,且各隶属关内部科室设置和涉检案件情况差异较大,故此,由各隶属海关根据实际自行确定办案科室,有的隶属海关交由负责缉私行政处罚案件的稽查科办理,办案人员与走私违规行政处罚等是同一支队伍;有的隶属海关则交由运行监控科、核查科等部门办理,与缉私行政处罚办案人员分属两支队伍。

三、检验检疫行政处罚案件办理存在的问题

(一)法律依据不够完善

1. 法律依据缺乏系统性和逻辑性

相较于《海关法》为"母法",《海关行政处罚实施条例》集中规定法律责任的立法方式,原检验检疫没有统一的检验检疫法,法律责任条款分布在各个不同的法律规范中,在法律、行政法规、规章三种不同的立法层级中,均有关于罚则的具体规定。总体而言,各种处罚依据之间缺乏必要的协调,标准不统一,系统性和逻辑性较为欠缺。

一是法律责任条款规定不够严谨。比如,《卫检法》仅规定了2项法律责任,而与其配套的行政法规《国境卫生检疫法实施细则》则规定了11项法律责任。二者本身是上位法与下位法的关系,按照立法技术规范要求,行政法规的规定应当符合法律规定,但就现行规定来看,上下衔接不够规范、严谨,缺乏逻辑性。二是处罚标准不统一。比如,《商检法》和《动植检法》分别规定了不同的罚款计算方法,商检类案件根据货值计算罚款数额,而动植检类案件则直接规定罚款的上限标准,导致当事人类似的违法行为承担的法律责任差异较大。如以不如实申报法检商品和不如实申报应当检疫的动植物产品为例,《进出口商品检验法实施条例》第45条第1款规定,"法定检验的进出口商品不予报检"处商品货值金额5%以上20%以下罚款;而《进出境动植物检疫法实施条例》第59条规定,"动植物、动植物产品未报检的",处5000元以下罚款。同为不如实报检的违法行为,同样侵犯了检验检疫

管理秩序,仅是报检对象不同,面临的法律后果却很不同,法律规定之间的统一性、协调性不够。

2. 部分法律责任条款规定滞后

作为检验检疫行政处罚的基本依据,《商检法》《动植检法》《卫检法》3 部法律颁布时间均较为久远,且修订不够及时,部分法律责任条款已不适应当前工作需要。

一是有的法律责任条款规定不够明确,执行性不强。如《商检法》规定了"进口或者出口属于掺杂掺假、以假充真、以次充好的商品"的法律责任,但对于如何判断和界定"掺杂掺假、以假充真、以次充好"则没有规定,导致该条款缺乏操作性,产生法律适用困扰。随着全民法治意识提高,行政相对人对海关执法的严肃性和规范性要求越来越高,法律责任条款规定不明确,一线执法人员自由裁量权过大,容易引发执法争议和执法风险。二是有的法律责任还存在立法空白。如《动植检法》及其实施条例规定了"伪造、变造动植物检疫标志"的法律责任,却未规定"使用伪造、变造动植物检疫标志"的法律责任,给企业违规留下可乘之机。实践中,有的企业购买伪造 IPPC 标识的木质包装用于自身货物出口,海关无法给予行政处罚。三是有的处罚幅度不适应经济发展实际。《动植检法》及其实施条例规定的最高处罚为 2 万元以上 5 万元以下罚款,《卫检法》及其实施细则规定的最高处罚为 5000 元以上 3 万元以下罚款。如根据《进出境动植物检疫法实施条例》第 59 条的规定,当事人进口动植物、动植物产品未报检的,可以处 5000 元以下罚款。《动植检法》1992 年实施,根据国家统计局数据,1992 年全国职工年平均工资为 2677 元,5000 元约等于一名普通职工 2 年工资,2021 年全国规模以上企业就业人员平均工资为 88,115 元,5000 元还不到一名普通职工一个月的工资。当前,对于动植检类和卫检类案件,即便违法货值再大、情节再严重,只要不涉及犯罪,海关也只能在现行法律规定的幅度内实施处罚,已严重不适应社会经济发展实际,企业违法成本显著过低,难以产生威慑效果。

(二)办案标准不够细化

海关在办理走私违规行政处罚时,因法律法规规章、规范性文件、总署指导性意见、上级批复、解释较全面,对违法主体、归责原则、处罚幅度及执法细节有较为系统的规定,长久以来已形成比较成熟的执法理念和统一的执法标准。与之相比,检验检疫行政处罚的办案指导规定比较匮乏。实践中,一线执法人员反映最强烈的问题是缺乏明确的行政处罚裁量基准。2020年3月,海关总署下发了《海关国境卫生检疫行政处罚案件处罚幅度参照标准》,规范和统一了卫检类案件处罚幅度适用标准。2020年11月,海关总署下发了《海关总署关于明确查处危险品涉检违法行为有关事项的通知》(署缉发〔2020〕182号),明确了"危险品涉检违法行为"的违法情节认定及处罚幅度适用标准。但除这两类案件外,海关总署尚未针对其他商检、动植检、食品安全等行政处罚案件出台处罚幅度指导性文件,执法人员在过宽的处罚幅度中自由裁量,可能导致执法不统一,存在风险。

(三)职能管理存在短板

为有效发现问题、查漏补缺、防范风险,济南海关对2018年8月以来结案的检验检疫行政处罚案件开展了全面自查,及时发现纠正了执法中的具体问题,也反映出检验检疫行政处罚案件职能管理短板较为突出。

1. 办案系统不够"好用"

"海关涉检行政案件处置系统"自2019年8月20日上线运行以来,至今未进行过升级改造,一些系统功能不能满足实际办案需要。

一是系统中的案由种类"不全面"。有些违法行为的法律责任在系统中没有体现,系统中的案由没有涵盖全部案件情形,办案人员只能选取相类似的其他案由以完成系统流转,导致办案信息不够准确。

二是系统设置的办案程序"不够用"。海关总署新修订的《海关办理行政处罚案件程序规定》,规定了"快速办理"程序,符合特定条件的检验检疫行政处罚案件可以简化取证、审核、审批等环节,通过"快速办理"程序办理。但系统未针对"快速办理"定制专门的审核、审批流程，该程序实际无法应用，这在实际上侵犯和剥夺了法律赋予当事人的重要权利。

三是系统操作“不容易”。系统存在多项操作不友好、不便利的情形，比如与三统一账户衔接不流畅，有的授权账户发生无法正常使用查询、统计功能的情形，有的授权账户发生“电子卷宗”不能完整显示，“当事人缴款凭证”无法成功上传等问题。

办案系统不好用，无法有效落实案件办理的全过程记录要求，直接影响案件统计数据准确性，影响海关行政执法的全过程留痕和可回溯管理，影响海关执法监督、廉政监督的效果，必须尽快加以完善。

2. 考核评价机制不够完善

海关走私违规和知识产权案件，均纳入了“直属海关领导班子年度考核”的内容，走私违规类案件还通过“缉私行政执法检查”开展考核评价。与之相比，海关总署层面对检验检疫行政处罚的监督评价，仅仅体现于内部审计等业务领域，在更广泛的管理和监督层面尚无相关的考核评价标准。

四、完善海关检验检疫行政处罚工作的对策建议

检验检疫行政处罚存在的一系列问题，影响案件办理质量和水平，影响当事人合法权益，影响海关执法的实际效果。应当对症下药，有的放矢，采取针对性措施予以加强和完善，在此，结合工作实际，立足于直属海关层面，对完善检验检疫行政处罚工作提出几点对策建议。

（一）积极作为，推动相关顶层设计进一步完善

1. 积极为重大立法修订建言献策

为深入贯彻落实习近平总书记关于“强化公共卫生法治保障和法律体系建设”①的重要指示批示精神，全国人大常委会全面启动了公

① 习近平2020年2月14日主持召开中央全面深化改革委员会第十二次会议时的讲话指出：“强化公共卫生法治保障，全面加强和完善公共卫生领域相关法律法规建设，认真评估传染病防治法、野生动物保护法等法律法规的修改完善。”

共卫生领域相关立法修法工作,修改《卫检法》和《动植检法》均列入了全国人大立法工作计划。为推动这两部法律的修改,海关总署已多次面向全国海关开展立法调研或征求立法建议,济南海关已先后累计向海关总署报送立法建议30余条。下一步,随着修法进程的不断推进,海关总署或地方政府可能继续针对有关修订内容、修法草案等开展调研或征集意见。作为直属海关,应当积极发挥枢纽作用,广泛了解一线执法情况、全面搜集法律存在的问题,大力开展立法研究,及时反馈翔实的法律修改意见和理由。此外,海关总署拟于"十四五"期间对现行有效海关规章全面实施立法后评估,检验检疫类规章含有大量法律责任条款,开展立法后评估工作时,应当重点研究,发现相关规定与上位法相抵触、缺乏操作性等问题时,及时向海关总署提报修改有关条款的评估意见,推动有关规定修改完善。

2. 努力推动海关总署明确和加强职能管理

检验检疫行政处罚属于严格的法定职权,必须保证严格统一,目前存在的一些问题,很大程度上是因为海关总署职能管理不够明确,各相关司局的工作未形成合力,推进工作的力度不够强。比如,"海关涉检行政案件处置系统"的问题,需要海关总署层面协调系统设计开发人员通过重新设置参数内容、改进流程予以完善。再如,根据2021年《行政处罚法》的相关规定,行政处罚裁量基准应当向社会公布。为推动全国海关执法统一,确保涉检行政处罚办案标准经得起检验,受得起推敲,涉检行政处罚裁量基准不宜由各直属海关自行制定,应当由海关总署统一制定。此外,畅通重大疑难案件的请示汇报渠道,完善案件考评管理等,都迫切需要海关总署相关职能部门出台相应措施予以规范。

2022年3月,按照全国海关强化政治机关建设专项教育活动统一部署,海关总署开展了机构改革以来海关总署机关各部门"三定"规定执行情况评估工作。各部门立足实际,实事求是地向海关总署提出了"进一步优化完善部门'三定'规定,厘清职责边界,明确涉检行政处罚案件职能管理部门"的意见建议。目前,海关总署已明确由企管司负责检验检疫案件职能管理工作，应当把握这一重大进展和契机，建议切实加强与企管司的汇报沟通，及时反映案件办理中遇到的问题和面临的困难，为海关总署尽快理顺案件办理体制机制建言献策，提升案件办理质效。

(二)发挥主观能动性，在直属海关层面规范案件办理

顶层设计的完善不是一蹴而就的。作为直属海关，必须立足实际、主动担当、不等不靠、积极研究，发挥主观能动性，在自身职责范围内出台政策、采取措施，规范关区案件办理，防范和化解执法风险。

1. 针对案件办理疑难问题加大释法力度

检验检疫行政处罚的法律依据不够完善，案件办理容易出现各种问题，需要直属海关加大释法力度，予以准确指导。一是对法律适用疑难加大释法力度。加强对“不如实申报疫情如何理解？”“哪些情形属于未按检疫审批的规定执行？”等类似法律规定不够细化问题的研究，适时指导一线执法。二是对法律责任竞合问题加大释法力度。对于同一违法行为同时触犯两部检验检疫法律规定，或者既违反海关监管规定又违反检验检疫相关规定的情形，要加强案例指导与分析，确保各隶属海关按照不分案处理、一事不两罚等法理原则正确处理。三是对某些法律术语及概念加大释法力度。海关法律与检验检疫法律有些相似用语或概念，意义却不相同，如《商检法》中规定了“货值金额”，《海关行政处罚实施条例》规定了“货物价值”，办案人员若不了解其中的差别，在运用“货值金额”为基础计算罚款数额时，容易出现执法差错。对这类法律用语，必须从立法原意出发解释宣传到位，努力保障基层准确执法。

2. 推动关区执法统一性建设

直属海关层面主动靠前，担当作为，推动关区执法统一性建设，对规范检验检疫案件办理具有重要意义。济南海关积极加强职能管理，多次通过发文、制发协调单、以案释法等各种方式，明确关区检验检疫案件的办案要求，确定“在总署未对涉检行政处罚法律文书的适用、证据标准等相关事项作出细化规定前，比照适用缉私行政处罚的相关文

件规定执行”的工作原则,有力提升了关区案件办理质量和水平。下一步,还要持续加强跟踪问效,对基层反映的普遍性问题,及时加以规范。

(三)推动隶属海关相对集中行政处罚权

从济南海关实际来看,有的隶属海关检验检疫行政处罚与缉私行政处罚办案人员分属两支队伍。两支队伍办理案件,均需要配备符合相应资质①的人员,若人员配置不到位容易引发执法风险,当出现法律责任竞合情形时,还容易出现案前分析研判难、移交难等问题,甚至引起归口不明、推诿扯皮等现象。

2021年《行政处罚法》修订增设了“相对集中行政处罚权”的规定。行政机关相对集中行政处罚权,有利于解决职权交叉、多头执法的问题,对于降低行政执法成本,提高行政执法水平和效率具有重要意义。缉私行政处罚和检验检疫行政处罚除依据的实体法不同外,二者的处罚对象、处罚方式、处罚程序均相同,各隶属海关应当积极整合执法队伍,统筹利用涉检业务人才、法律专业人才和办案能手,集中执法专业力量,在提高办案质效的同时,避免因行政处罚决定审核人员资质问题引发风险。

(四)加强人才培养,强化业务培训

海关一线执法人员的综合素质,直接关系到检验检疫行政处罚案件办理质量和水平。机构改革后,海关行政处罚权的扩张和执法内容的变化对进一步加强队伍建设提出了更高要求。必须采取行之有效的措施,强化法治培训和业务交流制度,进一步增强执法人员的依法行政意识,提高执法人员的分析洞察能力、调查取证能力、适用法律能力和综合协调能力。

一方面,要积极落实“谁执法谁普法”的普法责任制,加强通关、查检、稽查等业务领域执法人员的检验检疫法律法规知识学习,提高执

---

① 《行政处罚法》第58条第2款规定:行政机关中初次从事行政处罚决定法制审核的人员,应当通过国家统一法律职业资格考试取得法律职业资格。

法人员对违法行为的敏感性，确保及时发现各类违法行为线索。另一方面，要加强检验检疫行政处罚办案人员的执法办案理论和实操培训，促进办案人员深刻领会行政处罚的精神实质和内在要求，做到办理案件重实体、重程序、重证据，达到严格公正文明执法与依法保护当事人的合法权益的有机统一。

Further Enhancing the Enforcement of Administrative Penalties in Customs Inspection and Quarantine

JIANG Ming　LI Tao　HUANG Juan

[**Abstract**] Inspection and quarantine administrative penalty cases are one of the three major types of administrative penalty cases in the new customs. They play a crucial role in strengthening customs supervision, sanctioning illegal activities, protecting the legitimate rights and interests of citizens, legal persons or other organizations, maintaining import and export order, and ensuring national security. However, compared with administrative penalties for smuggling violations, there are still some areas that need improvement. By examining the current situation of inspection and quarantine administrative penalties, sorting out the problems in the management and handling of inspection and quarantine administrative penalties, and proposing targeted countermeasures and suggestions, we hope to contribute to the improvement the mechanism and work in this area.

[**Key words**] inspection and quarantine; administrative penalty; thoughts

海关在固体废物行政执法中的困境与应对

胡涛立*

[摘　要]　固体废物经历了允许进口、限制进口到禁止进口的政策转变,海关打击固体废物违法入境的形势愈加严峻。通过从固体废物属性鉴别、责令退运以及行政处罚三个行政执法维度入手,全面剖析了海关执法中面临的行政争议与困境,并通过完善法律体系、参与制定技术规范、建立部门执法协作等方式,实现海关对固体废物行政执法的规范化、科学化与共治化。

[关键词]　固体废物;属性鉴别;责令退运;行政处罚

我国固体废物进口监管政策经历了允许进口、限制进口到禁止进口的转变。①《固体废物污染环境防治法》(2020年修订)规定"国家逐步实现固体废物零进口";《关于全面禁止进口固体废物有关事项的公告》(生态环境部、商务部、国家发展和改革委员会、海关总署公告2020年第53号)规定自2021年1月1日起禁止以任何方式进口固体废物。海关对固体废物的监管,并不会因为全面禁止进口而终止。本

---

* 胡涛立,南京海关法规处副处长。

① 参见侯琼、陈瑛、王芳、李岩、罗庆明:《〈中华人民共和国固体废物污染环境防治法〉修订历程回顾及其意义》,载《环境与可持续发展》2020年第5期。

文将从固体废物属性鉴别、责令退运、行政处罚等三个方面来分析海关当前在固体废物行政执法中面临的争议与困境，并通过问题破解来进一步规范执法，最终实现维护国门安全，保护生态环境的目标。

一、固体废物属性鉴别——主要事实认定之争

固体废物监管工作复杂，原因之一在于主要事实即涉案货物是否为固体废物认定难度大。《固体废物污染环境防治法》规定了“固体废物”的核心特征是“丧失原有利用价值”或者“虽未丧失利用价值但被抛弃或者放弃”。在执法中，判定固体废物不仅取决于执法人员的调查取证，更依赖于专业机构的属性鉴别。

（一）属性鉴别的法律属性争议

《固体废物污染环境防治法》第25条规定：“海关发现进口货物疑似固体废物的，可以委托专业机构开展属性鉴别，并根据鉴别结论依法管理。”从上述规定来看，固体废物属性鉴别是指专业技术机构对样品进行鉴别后得出结论的过程，其不同于海关执法行为，又对执法结果起着重要的影响。由于技术机构仅对样品负责，因此从样品推导至整批进口货物、从鉴别报告结论到作出货物处置以及当事人处理结果，仍然需要海关执法人员通过论证、审核、复查等能动性行为才能实现。

有观点认为海关执法人员不具备专业能力，现场取样环节应当由技术机构完成，属于鉴别程序。笔者认为，海关取样送检，是为后续处置而进行的查明事实和收集证据。鉴别机构接受海关委托，只对样品负责，至于样品是否与涉案货物相对应并非鉴别机构的证明义务。因此，现场取样应当是海关的职责，属于海关执法环节。虽然《关于发布进口货物的固体废物属性鉴别程序的公告》（生态环境部、海关总署联合公告2023年第2号，以下简称《鉴别程序》）规定了可以“由海关联合鉴别机构进行采样”，但鉴别人员作为提供技术服务的专家，主要职责是确保采样方法符合相关标准的技术要求，其不能替代海关执法人员。

(二)样品的代表性争议

《鉴别程序》规定"样品是指从整批进口货物中抽取,并能完整、真实地展示和反映货物属性特征的具有代表性的实物"。具体分为两个层面:一是技术层面,即样品能否完整、真实地反映货物属性特征,这是最常见的争议内容。《鉴别程序》规定了采样要求,如集装箱采集份样数、不同颗粒直径的份样所需的最小份样量等;还有些货物有特定的取制样标准如《再生黄铜原料》(GB/T 38470—2019)。虽然海关在取样记录中有"兹申明,所取样品与申报货物一致,取样具有代表性"的描述,笔者认为,这仅表明当事人对海关现场取样的事实认可,并非对取样具有代表性的技术认可。要想从技术层面尽可能减少争议,应当对取样方法、标准、样品等进行准确、完整地记录。二是事实层面,即样品反映了具体哪批货物的属性特征,该争议主要存在于现场鉴别中。《鉴别程序》规定"对不适合送样鉴别的待鉴别物质、物品,鉴别机构可进行现场鉴别"。实践中,有的现场鉴别只用照片记载了所察看的货物,缺乏具体数量、对应报关单等描述,导致无法反映涉案货物。

(三)鉴别依据的适当性争议

《鉴别程序》规定"依据《固体废物鉴别标准 通则》(GB 34330—2017)对鉴别样品进行固体废物属性判断"。《固体废物鉴别标准 通则》是鉴别固体废物的通用标准,该标准第4条和第5条分别从固体废物来源、利用处置方面规定了鉴别标准。不同技术机构在援引上述条款时会产生分歧,造成同一批样品援引鉴别条款不一致,削弱了鉴别报告的权威性。此外,有些特殊货物如氧化锌、再生铜等,需要结合产品标准来进行判定。实践中,经常有当事人以涉案货物符合商品的品质标准来证明其不属于固体废物。笔者认为,这种观点混淆了固体废物主观上的相对无价值与客观上绝对的"物"的属性。① 固体废物属性鉴别不同于商品品质检验,两者的鉴别目的、鉴别方法不同,有些

① 参见韩子燕:《固体废物进口制度变革:必要性、挑战与应对》,载《华北电力大学学报(社会科学版)》2020年第6期。

固体废物的品质含量并不低于标准,但因为有害元素超标而被判定为固体废物。

(四)鉴别程序的正当性争议

2023年修订的《鉴别程序》明确了复检申请期限,删除了分歧或异议处理程序,进一步完善了鉴别程序,但仍有不足。其一,现场取样没有统一的格式文书,多数海关参考使用化验取样记录单。但是化验取样记录单的设置比较简单,缺乏对取样过程的技术性、标准性描述,导致记录内容简单,无法还原取样过程,难以证明样品的代表性。其二,鉴别结果的告知程序缺失。《鉴别程序》修订后增加了"鉴别报告的公开,执行海关的相关管理要求"。但是,海关并没有"相关管理要求",实践中告知时间、方式和内容也各不相同。笔者认为,鉴别结果及时、完整地告知是对当事人陈述申辩权的合法保障。应当参照《海关进出口货物商品归类管理规定》的规定,即在化验、检验结果作出后的1个工作日内告知,当事人要求提供结果纸本的,海关应当提供。

二、固体废物责令退运——货物处置程序之难

关于固体废物退运的直接法律依据是《固体废物污染环境防治法》第115条:"违反本法规定,将中华人民共和国境外的固体废物输入境内的,由海关责令退运……承运人对前款规定的固体废物的退运、处置,与进口者承担连带责任。"在具体操作中,由于退运的配套规定尤其是程序规定并不完善,导致在执法中存在很多问题。

(一)法律依据不统一

《海关进口货物直接退运管理办法》《海关行政处罚实施条例》分别规定了退运的相关程序。前者适用于固体废物入境尚未办结通关放行手续,实践中占多数;后者适用于办结通关放行手续后的固体废物。笔者认为,是否办结通关放行手续,对作出退运决定以及当事人权利义务并无实质影响,这种区分意义不大。此外,《海关进口货物直接退运管理办法》第6条、第7条分别规定了退运应当"已经海关依法处理""海关根据相关政府行政主管部门出具的证明文书"。有观点认

为“已经海关依法处理”是指海关行政处罚。笔者认为,“依法处理”是一种不规范的表述,退运前进行了必要的调查取证,退运就已满足事实认定清楚、主要证据充分,并不需要其他的行政行为作为前置条件。此外,“相关政府主管部门出具的证明文件”也已不符合海关现有执法职责的规定。因此,上述两个条款都应该作相关修改。

(二)法律文书不规范

针对货物通关放行前或后,海关分别作出《责令直接退运通知书》《责令退运决定书》,两种文书在法律依据、文书内容等都不一致。笔者认为,适用不同法律法规分别作出两种法律文书没有实质意义,在援引法律依据时可以直接援引《固体废物污染环境防治法》;此外,责令退运是一种对实体权利义务的处置,不仅仅是程序性事项告知,应当用“决定书”而非“通知书”。

(三)告知程序不完善

程序正当是行政行为应当遵循的原则之一,退运对当事人的权利义务有重大影响,行政机关在作出决定之前应当告知当事人,充分保障当事人的陈述申辩权。《责令直接退运通知书》设置了当事人陈述申辩意见的相关填写内容,实际上并没有给当事人合理的陈述期限,不是一个完整的告知行为。《责令退运决定书》没有设置当事人陈述申辩意见的相关填写要素,也没有设置独立的责令退运告知书,当事人的陈述申辩权难以得到保障。责令退运中告知程序的缺失,在司法审查中已经遭到了质疑,应当尽快完善。

(四)作出责令退运的期限不明确

海关应当何时作出责令退运决定没有明确要求,致使进口货物处于不确定的状态,不利于社会关系的稳定。海关在实际操作中也会遇到当事人对固体废物属性鉴别申请复检,是否要等复检结果出来后才能作出退运决定,在实践中也有争议。此外,对于当事人怠于退运的法律责任也没有规定,海关缺乏有效的制裁手段。

(五)退运与没收的关系不清晰

《海关法》第82条、第83条规定,对于走私进口货物,由海关没收走私货物、物品及违法所得,可以并处罚款。当事人如果出于故意输入固体废物,但又未达到刑事处罚的标准,从而被认定为走私违规行为,则可能产生法条竞合,即《固体废物污染环境防治法》第 115 条与《海关法》第 82 条、第 83 条的竞合。笔者认为,固体废物属于特殊的禁止进境物,在对货物处置时以保护生态环境为宗旨,以退运为优先。所以,应当以《固体废物污染环境防治法》为特别法,优先适用退运的处置方式。鉴于《海关法》正在修订中,笔者认为应该在相应条款中对固体废物作一个例外规定,以便衔接《固体废物污染环境防治法》的相关规定。

三、固体废物行政处罚——法律责任追究之惑

关于固体废物行政处罚的直接法律依据也是《固体废物污染环境防治法》第 115 条。较之 2016 年《固体废物污染环境防治法》,该条发生了较大变化:一是违法行为的描述删除了"倾倒、堆放、处置"几种行为方式,由具体变为概括,但在正面监管条款中仍然保留了行为方式;二是违法行为的性质由"进口"改为"输入";三是罚款幅度由原来的"可以并处十万元以上一百万元以下的罚款"变成了"处五十万元以上五百万元以下的罚款","可以并处"的裁量行为变成了应当"处"的羁束行为。上述改变,体现我国对固体废物的监管更严,罚责更重。

(一)正面监管规定与责任条款的关系

《固体废物污染环境防治法》第 23 条规定:"禁止中华人民共和国境外的固体废物进境倾倒、堆放、处置。"通常理解为该条款是正面监管规定,明确了禁止性行为。第 115 条属于法律责任和处置条款。这两个法律条文的关系,有观点认为第 23 条规定的倾倒、堆放、处置三种禁止性行为,是输入固体废物违法行为的构成要件。也有观点认为,第 23 条只是列举了三种行为,并不能理解为违法行为的构成要件。从立法本意来看,国家对固体废物是从严监管"零进口";从法律责任来看,第 115 条规定了将境外的固体废物"输入"境内就应当承担法律责任。笔者赞成第二种观点,即海关打击的违法行为是将固体废物从境外输入,只要有输入的行为或者后果都可能构成违法。第 23

条规定的是固体废物进境后行为人不得倾倒、堆放、处置,强调的是入境后的行为,这两条侧重的时间节点不同,从而导致行为方式有别。

(二)海关与地方政府部门处罚权的关系

《固体废物污染环境防治法》第117条规定:"对已经非法入境的固体废物,由省级以上人民政府生态环境主管部门依法向海关提出处理意见,海关应当依照本法第一百一十五条的规定作出处罚决定……"有观点认为,生态环境主管部门向海关提出处理意见,是海关对已经非法入境的固体废物作出处罚决定的前提条件。笔者并不赞成,理由如下:其一,第115条规定了海关对违反规定入境的固体废物实施处罚,并未区分固体废物的入境状态。实践中,对于海关自行查获的已经入境的固体废物,可以直接立案调查,启动处罚程序,不需要由生态环境主管部门提出处理意见。其二,第117条的规定,更多适用于已经入境的固体废物且海关没有直接查获的情形。在此种情况下,一则需要由生态环境部门向海关提供违法线索,二则需要相关证据如固体废物鉴别报告的移交。该条款最终落笔在海关依据第115条的规定作出处罚,因此对于生态环境部门的处理意见更倾向是一种执法中的协作机制,而非职责分工。

(三)行政处罚裁量标准的不完善

《固体废物污染环境防治法》规定的法律责任是"五十万元以上到五百万元以下的罚款",跨度很大,容易导致裁量不合理、执法不统一的情形。2021年7月15日实施的《行政处罚法》规定"行政处罚裁量基准应当向社会公布"。2022年7月29日,国务院办公厅《关于进一步规范行政裁量权基准制定和管理工作的意见》规定了"到2023年底前,行政裁量权基准制度普遍建立"。该意见首次从国家层面对建立健全行政裁量权基准制度作出全面、系统的规定。海关总署制定的未对外公开的固体废物处罚幅度参照标准,已经不符合现行法律要求。

四、应对:构建依据完善执法规范的多部门联动机制

海关固体废物行政执法过程中存在诸多困境,通过完善法律体

系、参与制定技术规范、建立部门执法协作等方式，可以更好地为海关执法提供制度保障、技术支撑与地方支持，实现海关对固体废物行政执法的规范化、科学化与共治化。

一是完善法律体系，为规范执法提供完备的制度保障。目前，海关执法困境主要体现在现有制度供给不能满足执法实践需要。因此，完善法律体系，是应对之策的第一步。首先，法律层面上，借助《海关法》修订，增加对打击固体废物违法行为的特别关注，规定固体废物退运的处置方式并提高处罚幅度，与《固体废物污染环境防治法》形成有效衔接，避免存在法律冲突。其次，法规规章层面，统一《海关行政处罚实施条例》与《海关进口货物直接退运管理办法》中的退运程序，不作是否通关放行与否的区分，规范执法文书，增加告知环节，同时完善对作出责令退运以及退运期限的规定，加大不予退运的法律责任。最后，规范性文件层面，在现有固体废物处罚幅度参照标准的基础上，按照法律规定的程序和形式，重新制定裁量基准并对社会公告。

二是积极参与技术规范的制修定工作，建立跨部门执法需求反馈机制。固体废物属性鉴别是海关执法的重要支撑，而技术规范又是属性鉴别的重要支撑。一部技术规范，由主管部门制定，鉴别机构适用，海关根据鉴别结论再作出行政处理，从制定出台到实现社会管理功能，跨越了多个部门。由于固体废物涉及的产品来源和再利用情况复杂，很多再生原料缺乏国家或行业通行的标准规范，还有些标准欠缺合理难以操作，容易引发属性鉴别争议。鉴别机构应当重视鉴别标准的适用、鉴别方法的选择，对鉴别过程进行质量控制，对数据进行完整性验证，并在报告上注明信息来源。① 目前固体废物属性鉴别机构中海关所属的技术机构占据绝大多数。海关应当加强与鉴别机构、标准制定部门的沟通，及时将执法中发现的技术标准问题反馈给鉴别机构或者制定部门，积极推动相关技术标准完善，推进固体废物鉴别的科

---

① 参见李许、冯均利、曹丹、李政军、宋保靓：《固体废物检验鉴别活动中风险和机遇的应对》，载《质量安全与检验检测》2022 年第 3 期。

学化、合理化。

三是建立部门协作与共治机制,加大后续处置力度。海关只是在固体废物监管上的一个环节一个部门。对无法退运的固体废物,海关需要及时移交地方政府,协助做好无害化处置;对于已经入境的固体废物,需要加强与地方主管部门的联合执法,完善案件线索与证据移交程序。无论是从国家对固体废物的宏观监管来看,还是海关在进口环节打击固体废物入境来看,海关都需要加强与相关主管部门的协作配合,形成打击固体废物违法行为的共治合力。

The Dilemma of Customs Enforcement in Solid Waste and Its Response

HU Taoli

[**Abstract**] With the shifting policies regarding the import of solid waste, from allowance to restriction and to ultimately prohibition, Customs enforcement against illicit entry of solid waste has become increasingly severe. This paper comprehensively analyzes the administrative disputes and difficulties faced by Customs enforcement from the perspectives of solid waste identification, mandatory return abroad, and Customs administrative penalties. It proposes measures such as improving the legal framework, participating in the formulation of technical standards, and establishing interdepartmental enforcement cooperation to achieve standardized, scientific, and collaborative Customs control of solid waste.

[**Key words**] solid waste; identification; order to return abroad; administrative penalty

HS 编码申报错误导致的“应检未检”行为之法律责任分析

俞　悦　程　璐*

[摘　要]　2018 年质检总局出入境检验检疫管理职责和队伍划入海关总署以后，商品检验的管理和运行机制发生了较大变化，进出口货物收发货人在向海关进行申报时，将应当申报在法检范围内商品的 HS 编码错误申报为无须实施法定检验的 HS 编码而导致的违法行为应如何认识和处理的问题，相比以往而言相对突出。从海关法与商检法的关系、归类行为的高度专业性特征、相对人在业务办理中的信赖利益保护等角度出发，可以看到现有规定存在不尽合理之处，需要在探究立法本义的基础上，通过在立法中明确表述违法行为的主观构成、建立首违免罚特别机制、明晰法检目录内商品之涉检特征的申报要求等方式，更为妥善地解决问题。

[关键词]　HS 编码；申报错误；法定检验

《进出口商品检验法》（以下简称《商检法》）颁布实施以来，对加强进出口商品检验工作，提升进出口商品总体质量水平，维护社会公共利益和消费者合法权益，促进我国对外贸易的顺利发展发挥了重要作用。但随着我国进出口贸易的蓬勃发展以及国家政府职能转变，特

*　俞悦，湖州海关办公室主任；程璐，杭州海关进出口食品安全处副处长。

别是在2018年国家质量监督检验检疫总局的出入境检验检疫管理职责和队伍划入海关总署以后,货物进出境管理体系发生了巨大的变化。实践中,存在进出口货物收发货人在向海关进行申报时,将应当申报在法检范围内商品的HS编码错误申报为无须实施法定检验的HS编码,从而导致必须经商检机构检验的进口商品未报经检验而擅自销售或使用,或者必须经商检机构检验的出口商品未报经检验合格而擅自出口的情形(以下简称"应检未检"),由于原海关对HS编码归类准确与否的关注度和专业度明显强于原商检机构,使原本不易被发现的上述问题变得更为多见,加上海关稽查制度对相对人历史进出口行为的关注和规范强度较大,企业对同一商品HS编码的反复错误申报被查发时往往已经累积了相当的货值,从而可能遭到金额过于巨大的没收违法所得及处罚。

在行政处罚领域,传统观点认为我国长期采用单一的"客观违法归责原则",亦即只要违法行为符合法律规定的客观构成要件即可予以处罚,而无须考虑其主观上是否存有故意或者过失[①],因此在执法实践中,认为只要"应检未检"的情形客观存在,就应当实施处罚的观点较为普遍。即使在2021年7月15日起施行的修改后的《行政处罚法》第33条第2款规定"当事人有证据足以证明没有主观过错的,不予行政处罚",即推定过错的归责原则被立法认可以后,由于当事人在错误申报HS编码的情况下一般难以举证证实无主观过错,仍极易遭到处罚。但无论是从HS编码正确申报所需要的较高专业技能要求,还是《商检法》及其实施条例的立法本意,抑或海关和原商检机构合并后通关作业改革实践等多方面来看,将仅因HS编码申报错误导致的"应检未检"进行处罚是否合理合法,是一个值得探讨的问题。

---

① 参见杨东升、刘恺:《论行政处罚主观过错归责原则——〈行政处罚法〉(修订二审稿)第31条评析》,载《南昌大学学报(人文社会科学版)》2020年第6期。

一、从海关法与商检法的关系来看,HS编码申报错误导致的“应检未检”不宜适用商检法进行规制

(一)海关法与商检法一元化视角分析

2018年3月,党的十九届三中全会通过《深化党和国家机构改革方案》,将国家质量监督检验检疫总局的出入境检验检疫管理职责和队伍划入海关总署,当年7月31日,海关总署发布消息,自2018年8月1日起,“海关进出口货物将实行整合申报,报关单、报检单合并为一张报关单。此次整合申报项目是关检业务融合标志性的改革举措,将改变企业原有报关流程和作业模式,实现报关报检‘一张大表’”①。

根据上述“整合申报”的逻辑,我们首先尝试用海关与商检合二为一的一元化视角来分析因HS编码申报错误导致的“应检未检”行为——既然基于海关法的报关行为与基于商检法的报检行为在工作程序上已合二为一,当事人只需要面对同一个执法机关,申报“一张大表”,那么当事人自然有理由相信其向该执法机关的申报行为是同时履行涉及海关法和商检法的所有义务,既然如此,只要当事人向海关申报了进出口货物报关单(无故意伪瞒报),至少在法理上已经满足了“向海关申报”的法定义务。

现有的通关实践中,商检法意义上的检验程序是否启动,由海关内部系统控制的流程决定而非由当事人的特别申报启动,对于社会公众包括进出口贸易的参与对象来说,缺乏足够的选择权和知情权——大多数情况下,无论当事人对进出口货物的其他项目如何申报,海关是否启动检验程序只取决于当事人申报的HS编码;反之,非法检商品错报法检HS编码则会错误启动检验程序(由于在法检目录以内的商品以外,还有国家法律、行政法规、规章规定应当实施出入境检验的其他进出境商品,这些商品需要在申报时对特殊项目具体进行选择以便

---

① 《海关总署:关检融合“整合申报项目”介绍》,载中央人民政府网,http://www.gov.cn/xinwen/2018-07/31/content_5310821.htm。

确定是否属于应当检验)。在这样相对复杂的管理逻辑之下,是否启动商检法意义上的检验程序非简单的"报检"概念所能涵盖,即使对外贸易经营者对自身进出口的商品本身应具备专业的判断力,要求其准确识别进出口商品是否需要接受海关依据商检法实施的检验管理似乎仍有苛责,尤其是在进出口货物收发货人仅就其进出口货物的HS编码申报不尽准确而导致"应检未检"的情况下,不宜用商检法上"未报检"的理由对当事人做行政法意义上的负面评价。

(二)海关法与商检法二元化视角分析

当然,从目前的法律规范来看,尽管海关和检验检疫队伍已经合并,职责已经合二为一,但海关法与商检法却仍然是两部相互独立的部门法,在这个角度上,我们也可以换一种思路,将海关法与商检法两个法律体系做二元结构理解。

根据《进出口关税条例》第3条之规定,"国务院制定《中华人民共和国进出口税则》(以下简称《税则》)、《中华人民共和国进境物品进口税税率表》(以下简称《进境物品进口税税率表》),规定关税的税目、税则号列和税率,作为本条例的组成部分",既然《进出口税则》的法律性质是《进出口关税条例》的一个部分,其中的HS编码自然也是《进出口关税条例》视野下的法律规范。同时,《进出口关税条例》第1条即明确,"根据《中华人民共和国海关法》的有关规定,制定本条例",因此,HS编码显然是海关法律体系中的规范。在二元论的背景设定之下,海关法和商检法是两个完全不同的法律部门,相应的配套规范特别是专业性规范也应该是相对独立的,HS编码这一明显属于海关法律体系特有的专业性规范,至少不宜简单地被移植到商检法的规范范畴之中。

当然,我们可以用商检法的实施与海关法密切相关,"必须实施检验的进出口商品目录"在关检合并以前就是原质检总局和海关总署共同发布,关检合并以后为海关总署发布,目录中也明确载明HS编码等理由来解释为何商检法的规范可以直接引用HS编码的相关规范。但我们应回归到必须检验的进出口商品,究竟是以HS编码为基础进行管理,还是以商品本身的属性和品类进行管理这一根本问题——如在濒危物种、危险化学品等领域的管理中,其必须实施检验的范围和HS编码就不存在联系(上文所述法检目录以外,国家法律、法规、规章规定应当实施出入境检验的进出境商品之一部分),这也充分说明商检法所依据的管理底层逻辑应以商品性质为基础,而非直接以HS编码为基础。"法检目录"的法律定位应为"确定法定商检和入境验证商品范围,提供法定检验商品与HS编码对照"①,HS编码并非确定法检的法律依据本身。

众所周知,确定正确的HS编码之归类行为是海关法领域内的专业技术性问题,且并非尽合理注意义务即可确保正确,在此逻辑之下,HS编码申报错误所导致"应检未检",在海关法律体系有关于这一行为的专门违法性评价的前提之下(《海关行政处罚实施条例》中有关于HS编码申报错误影响监管秩序的规定),显然不宜扩大衍生至由商检法进行重复评判,哪怕商检法的处罚更重。

二、对HS编码申报错误导致的"应检未检"进行处罚有违行政法基本原则

(一)归类行为的高度专业性对违法行为的构成具有较强的阻却性

在海关关税行政中,HS编码的确定亦即商品归类属于其中技术性最强的一部分。② 归类制度来源于《商品名称及编码协调制度公约》,公约本身就是各国相互博弈协调的产物,掺杂着政治、经济因素,并非必然稳定、合理的,而仅仅是一个依照包括世界海关组织关于税则的商品及品目注释、我国关于税则的本国子目注释、海关总署关于商品归类的行政裁定、商品归类决定等在内的一系列依据,并结合归类规则,综合推导出的逻辑结果,由于专业技能、归类技术、时代背景

① 王传斌:《对新海关"法检目录"的思考与完善建议》,载《海关与经贸研究》2020年第2期。

② 参见陈映川:《论商品归类中纳税人的"无过错推定权"》,载陈晖主编:《海关法评论》第4卷,法律出版社2014年版。

的不同,推导过程很有可能会出现非唯一的结论,现行立法事实上也已承认了这一点——《海关进出口货物商品归类管理规定》(海关总署令第252号)第23条规定,“海关总署发现商品归类决定需要修改的,应当及时予以修改并对外公布”,第24条规定“海关总署发现商品归类决定存在错误的,应当及时予以撤销并对外公布”,这样的规定显然意味着,即使是海关总署发布的有确定性法律效力的商品归类决定,仍有可能存在错误。

因此,从违反行政法之行为的主观构成要件来看,我们发现面临的问题有一个很重要的焦点,即在违反行政法律规范并应当遭致行政处罚的行为中,一般相对容易推定的相对人存在的主观过错,由于商品归类需高度专业性的特殊情况,导致在HS编码申报错误时难以得出相对人存在主观过错的推论,导致即使是“推定过错”的归责方式在此简单适用仍将对相对人带来不公①。因此在HS编码申报错误的情形下,除非执法者有理由证实当事人对HS编码的申报错误存在故意或者重大过失,否则当事人几乎无须举证就可说明自己不具备逃避商品检验的主观过错,因为准确确定HS编码实在是一个太过专业,明显超出进出口货物收发货人能够据以准确判断“商品是否涉及法定检验”这一问题所需要的知识和能力范围。

(二)对连续性HS编码申报错误导致的应报检未报检行为进行处罚有违信赖利益保护原则

“信赖利益保护原则”是意为:“非因法定事由并经法定程序,行政机关不得撤销、变更已经生效的行政决定;因国家利益、公共利益或者其他法定事由需要撤回或者变更行政决定的,应当依照法定权限和程序进行,并对行政管理相对人因此而受到的财产损失依法予以补偿。”②进出口货物收发货人从向海关申报启动货物的进出口手续,到

---

① 参见俞悦、杨旭:《税则号列申报不实行为之法律责任合理化设定》,载《上海海关学院学报》2011年第1期。

② 国家司法考试辅导用书编辑委员会主编:《2012年司法考试辅导用书》(第2卷),法律出版社2012年版,第534页。

办结手续货物被放行及结关,全过程处在海关的控制之下,在其对法律和政策的掌握远远不及海关的情况下,只要未刻意伪瞒报以达到改变 HS 编码逃避商品检验的目的,海关一旦接受申报并放行货物,进出口货物收发货显然有理由相信海关已经确认该进出口活动的合法性,并据此安排后续行为。海关在后续管理过程中发现由于 HS 编码申报错误导致应当启动的检验程序未启动,若要按照"应检未检"的规范予以处罚,显然违背信赖利益保护的原则。

若我们坚持应对 HS 编码申报错误导致"应检未检"结果发生的行为进行处罚,则很有可能陷入一个悖论——若进出口货物收发货人首次申报即因 HS 编码错误申报而被认定违法,则有适用《行政处罚法》第 33 条第 1 款"初次违法且危害后果轻微并及时改正的,可以不予行政处罚"的可能性;若进出口货物收发货人长期多次以同样的错误 HS 编码申报,最后一次方被海关发现而一并查处,显然难以认为"初次",但该收发货人长期以错误的 HS 编码向海关申报而海关从未指出其错误,那么海关持续多年的接受申报并放行货物的执法行为究竟是否值得其信赖呢?

三、从立法原意来看,HS 编码申报错误导致的"应检未检"之违法构成应需以故意为主观要件

(一)《商检法》与其实施条例的相关法律责任条款之对比分析

我们知道,进口商品自然不是为了销售就是为了使用,申报出口亦必然为了出口商品,因此,违反《进出口商品检验法实施条例》第 45 条的行为背后,必然存在违反《进出口商品检验法实施条例》第 42 条、第 43 条的情形,而在第 45 条和第 42 条、第 43 条法律责任设定一致的情况下,这样的区分究竟有何必要?较为合理的解释是,立法者并非仅将违反《商检法》的行为主体限定于直接参与进出口贸易的收发货人等对象,而是从商品生产、销售、使用的安全角度,将管理对象范围设定在所有与进出口商品有关的主体视野之中(例如,明知为未经进出口商检程序甚至是明知为不合格的商品而进行销售使用或出口的

情况,即使行为主体未参与进出口行为,亦应受到《商检法》意义上的惩罚),《进出口商品检验法实施条例》第45条仅规范直接参与进出口行为的主体,而第42条、第43条则涵盖所有相关主体,上述条款均为《商检法》第32条的情形之具体化描述。从《商检法》规定的当事人之义务条款的表述来看,这样的推断并不缺乏条文支撑——《商检法》第5条规定,“列入目录的进出口商品,由商检机构实施检验。前款规定的进口商品未经检验的,不准销售、使用;前款规定的出口商品未经检验合格的,不准出口”。该条款规范的对象显然为商品本身而并非特定主体对象,相对应的是,在《商检法》第11条“本法规定必须经商检机构检验的进口商品的收货人或者其代理人,应当向报关地的商检机构报检”和第15条“本法规定必须经商检机构检验的出口商品的发货人或者其代理人,应当在商检机构规定的地点和期限内,向商检机构报检”的表述中,则只针对直接参与进出口行为的主体(《进出口商品检验法实施条例》的表述方式与《商检法》上述条文保持了一致)。

以前述理解,《进出口商品检验法实施条例》第42条、第43条涉及的违法主体为不特定对象,若不考虑主观方面的因素,而是简单以结果论,显然会无限扩大交易参与者的合规风险,很显然,作为逃避商检之行为并不知情的善意第三人而言,要求其对相关商品之《商检法》意义上的合法性承担责任,是明显缺乏合理性的。而这一问题,若加之以主观过错作为违法行为的构成要件,则问题会非常容易解决——若有理由证实相对人出口未经报检的商品或销售使用未经报检的进口商品并无逃避商检方面的过错,则可因无主观过错而免责。

但实际上,从法条的对比来看,在构成《进出口商品检验法实施条例》第42条、第43条的情形中,可能连“过失”都可免责。因为第45条对直接办理进出口手续的进出口商品收发货人采取了“不如实提供进出口商品的真实情况”“不予报检,逃避进出口商品检验的”的表述,明显对于其违法构成有主观故意的要求,相比之下,如对其他相对未直接参与进出口手续办理的生产、销售、使用人,构成违法若无须主观故意要求,则显然是权责不平衡的(在进出口货物收发货人兼具出口人或者销售使用人身份的情形之下,对"应检未检"实际发生的环节之违法构成需要存在主观故意,而对附属的销售使用或出口行为则无须主观故意即可构成,显然也是不合情理的)。同理,在《商检法》第32条的理解上,对于该违法行为的构成,亦应具备主观上的故意,实际上,在有关《商检法》释义的著述中,就有对该条款之主观构成的详细表述——"行为人主观上有逃避商品检验的故意"①。

(二)与《税收征收管理法》的对比分析

实际上,在海关法律体系以外,以HS编码为基础进行管理的行政法律部门,除了《商检法》以外,事涉出口退税的《税收征收管理法》也是一个重要的领域,由于财政部和税务总局在发布的有关出口退税率的规范中,对于退税率的规定与法检目录采取了完全相同的列举方式,即以"商品名称"和"HS编码"并举方式,标注具体的退税率,这样的管理模式也就意味着,如果出口货物的发货人对于HS编码的申报出错且影响了出口退税特别是多退税款,明显可能同时违反《税收征收管理法》的规定。

当然,在这个问题上,《税收征收管理法》的表述相对而言更为简单和清晰,其第66条规定"以假报出口或者其他欺骗手段,骗取国家出口退税款的,由税务机关追缴其骗取的退税款,并处骗取税款一倍以上五倍以下的罚款",这一规定明显表达了立法者的意图,即有主观故意骗取出口退税的方才进行处罚,仅因HS编码申报错误而导致的多退税款的情形,无论是理论还是实践,都不会受到处罚,实际上这一条款的表述方式采用的"假报""骗取"等表述,与《进出口商品检验法实施条例》第45条之"不如实""逃避"的表述异曲同工。尽管《税收征收管理法》与《商检法》为两部完全不相干的法律规范,但就以HS编码作为管理技术基础的角度而言,这样的比较应具有重要的参考借鉴意义。

---

① 卞耀武、葛志荣:《中华人民共和国进出口商品检验法释义》,法律出版社2002年版,第75页。

如果我们再来看处罚的力度,则责任轻重的差异更趋明显。按照《税收征收管理法》的规定,骗取出口退税行为的罚款金额为骗取税款的一到五倍,我们暂以10%的出口退税率差异进行计算,罚款金额应为申报货值的10%~50%,而在《商检法》的处罚幅度中,按照处罚货值的5%~20%,似乎《商检法》处罚较轻,但我们不得不考虑《商检法》的罚则中,罚款只是“并处”,其核心更在于“没收违法所得”,相较之下,《商检法》的处罚金额可达到货值的105%~120%,明显重于《税收征收管理法》,而就两部法律保护的法益而言,仅因HS编码申报错误导致可能发生的实际危害而言,《税收征收管理法》所保护的退税涉及的资金安全实际受损的可能性应大于《商检法》所保护的“社会公共利益和进出口贸易有关各方的合法权益”“人类健康和安全”“保护环境”“防止欺诈”之法益实际受损的可能性。因此,在《税收征收管理法》明确需要当事人故意方构成违法的情况下,如果《商检法》将当事人在非故意情况下造成的“应检未检”亦评价为违法,显然存在严重的不平衡,也会与《行政处罚法》第5条“行政处罚遵循公正、公开的原则。设定和实施行政处罚必须以事实为依据,与违法行为的事实、性质、情节以及社会危害程度相当”的规范相冲突。

四、逃避商品检验的法律责任之重构

(一)在《商检法》及其实施条例的立法中进一步明晰违法主观构成应为故意

对于应当接受法定检验的进出口商品,而实际上未接受检验监管的,应在《商检法》及其实施条例的立法中明确具有故意,方才构成违法,具体而言,在《商检法》第33条,《进出口商品检验法实施条例》第42条、第43条的表述中,可直接明确地加入“因进出口收发货人的不如实提供进出口商品的真实情况,逃避进出口商品检验”等表述,以避免认识上可能产生的差错。

(二)建立基于归类差错之特殊性的首违免罚特别机制

《行政处罚法》第33条第1款确立了首违免罚机制,对“首”之意涵存在三种理解：一是违法行为发生的首次；二是被行政主体发现的首次；三是被行政主体发现的首次且为违法行为发生的首次，即双重首次。“首违不罚”之“首”应当作第三种理解①。但在归类行为的高度技术性特点，进出口货物收发货人又是逐批向海关申报，接受海关监管的情况下，以行政主体发现的首次且为违法行为发生首次的双重首次标准，在海关执法实践中似相对其他行政违法而言过于苛刻，毕竟对于无主观逃避商检故意的进出口货物收发货人而言，其自然希望有这样的双重首次免罚机会存在，但实际上其首次错误申报的税号一方面已经向海关申报，而海关实际上极大概率又不会发现这样的错误，若因此而失去双重首次的机会对当事人而言并不公平。更何况前文已述，当事人在长期多次错误申报 HS 编码后货物得以被放行，其越有理由信赖海关的执法行为。因此，在海关执法中应就 HS 编码申报错误导致的违法行为，设立首违免罚特别机制，即明确以被海关发现的首次作为首违免罚适用情形。

（三）明确法检目录内商品之涉检特征的申报要求

对于必须经过商检机构检验的商品，在保留现有以 HS 编码为基础的管理模式的基础之上，应加大对于商品涉检要素规范申报的立法要求，即在依赖商品归类作为判定是否需要涉及检验的同时，从《商检法》第 4 条对其立法目的的阐述——“保护人类健康和安全、保护动物或者植物的生命和健康、保护环境、防止欺诈行为、维护国家安全的原则”出发，对于相关商品为何需要法定检验，以何标准判断是否需要法定检验，涉及检验的要素如何确定等规则，有更为透明、更成体系的阐释，以提高社会公众和进出口行为的参与者，进出口商品的销售使用和生产者对其商品是否涉及、是否可能涉及法定检验的意识程度和可掌握程度。同时，在申报环节，制定更为细化的申报规范，就上述是否可能涉检的要素予以明确；在申报系统中设置更为智能和友好的涉检

① 参见江国华、丁安然：《“首违不罚”的法理与适用——兼议新〈行政处罚法〉第 33 条第 1 款之价值取向》，载《湖北社会科学》2021 年第 3 期。

要素问答式申报提示功能,以减少因当事人专业知识受限而导致的"应检未检"情形发生。

Legal analysis of HS Code Misdeclaration Leading to Non-inspection of Goods Subject to Inspection

YU Yue　CHENG Lu

[**Abstract**]　After the responsibility of entry-exit inspection and quarantine was transferred to customs in 2018, there have been significant changes in the inspection of import and export goods. When the consignee or consignor of import and export goods declares to the customs, they may mistakenly declare the HS code of the goods that should be inspected according to the law with an HS code that does not require inspection. How to handle the illegal activities caused by this situation is a quite prominent issue. From the perspectives of the relationship between customs law and import and export commodity inspection law, the technical nature of classification, and the protection of trust interests of involved parties, it is evident that the current regulations have some unreasonable aspects.. Therefore, it is necessary to explore the original intention of legislation and address this issue more appropriately by clearly defining the subjective elements of the illegal behavior, establishing a first-offense exemption mechanism, and specifying the declaration requirements for goods subject to inspection.

[**Key words**]　HS code; misdeclaration; statutory inspection

内地与澳门进口食品监管制度比对分析研究

刘 红 刘国栋 游 洪 刘 穗 梁智慧 王紫娟*

［摘 要］ 澳门在吸收内地及国际先进做法的基础上，建立了与本地相适应的进口食品监管制度，但澳门与内地食品监管制度还是有明显区别，表现在食品进口前、进口时、进口后三个环节。澳门与内地同属粤港澳大湾区，两地亟须监管制度改革，实现食品进出口便利化，形成事前出口方按照进口方的标准要求实施监管，事中进口方实施口岸快速放行，事后流通领域监管部门落实后续监管的适应大湾市场一体化和食品高效便捷流动的监管机制。

［关键词］ 粤澳两地；食品监管；海关制度；规则对接

澳门特区90%以上的食物依赖进口，确保食品安全是保障澳门社会繁荣稳定、人民安居乐业的重要基础，也是澳门历届政府的施政重心。多年来，澳门特区政府吸收内地及国际先进经验，逐步建立了适应自身实际的食品安全监管制度。这些制度在法律法规层级设置、监管体系架构等方面与内地相似，在标准体系、检疫准入要求等方面与内地有一定

* 刘红，海关总署广东分署副主任；刘国栋，广东分署检验检疫工作处处长；游洪，广东分署检验检疫工作处处长，二级调研员；刘穗，广东分署检验检疫工作处副处长；梁智慧，广州海关进出口食品安全处副科长；王紫娟，广东分署检验检疫工作处四级主任科员。

差异。通过开展异同比对分析,可为内地进一步完善进出口食品安全治理体系,推进粤港澳大湾区规则对接和高质量发展提供参考借鉴。

一、主要监管机构及法规标准

澳门负责食品安全监管的主要部门是市政署,其他相关部门包括卫生局、经济及科技发展局、旅游局、消费者委员会等部门。特区政府在2013年颁布了《澳门特别行政区食品安全法》,澳门食品安全监管部门职能也进行了相应调整,法律中列明与食品安全有关的权限集中由市政署行使,市政署负责统筹食品安全的监督管理工作;经济及科技发展局负责食品工厂牌照签发、预包装食品标签标识监管、进口烟酒准照签发等;旅游局负责签发和旅游相关的酒店、餐厅、酒吧的牌照;消费者委员会负责为消费者提供消费领域内的咨询及投诉服务、消费者教育、争议调解与仲裁、调查研究、物价跟踪等工作。卫生局、旅游局、经济及科技发展局在制定食品安全标准、巡查及检测方面负有向市政署提供协助的特别义务。

澳门的食品安全法规体系主要分为法律和行政法规两个层级,食品安全标准以行政法规形式颁布。主要包括《澳门特别行政区食品安全法》《澳门特别行政区对外贸易法》《澳门特别行政区卫生检疫及植物检疫》等法律法规。标准方面,除1992年颁布的《澳门特别行政区食品标签法》外,有关的食品安全标准基本在2013年后制定。经过多年发展,已制定了《食品中禁用物质清单》《奶类食品中致病性微生物限量》《食品中重金属污染物最高限量》等13个标准。这些法律和标准初步形成了极具澳门特色的食品安全监管政策。

二、澳门对进口食品的监管制度

(一)进口前主要监管制度

1. 准入管理

澳门食品准入管理主要体现在两方面:一是准照制度。通过准照制度对进口食品进行分类准入管理,该措施主要针对产品品种,不涉及具体出口国(地区,下同)和企业。根据《澳门特别行政区对外贸易法》,澳门对《第209/2021号行政长官批示》附表二《出口表及进口表》所列商品实施管制,进出口该表格中的货物,需要预先获得进口准照或出口准照,有效期30日。根据《出口表及进口表》,进口活动物、肉类及杂碎、水生动物及水产品、婴儿配方奶粉及液体奶、烟酒等食品,需预先申请进口准照。其中,活动物、肉类及杂碎等向市政署申请,婴儿配方奶粉及液体奶向卫生局申请,烟酒向经济及科技发展局申请。二是随附官方证书制度。进口商须随附来源国家官方出具的《卫生检疫证书》或《植物检疫证书》正本。

内地对进口食品准入资质的管理措施与澳门有一定差异,不但涉及具体品种,还涉及具体出口国,相较而言更严格、更系统。具体体现在两方面:一是食品安全管理体系审查制度,对出口方政府官方食品安全管理体系进行评估和审查,通过双边议定书或备忘录等形式明确进口食品检验检疫要求,明确出口方政府应当履行的责任。海关对境外体系审查涉及肉类、粮食、乳品、水产品等食品,范围较广。二是随附官方证书制度,出口方政府按照与海关共同确定的食品安全要求和证书格式用语,在实施有效监管的基础上出具官方证明文件,为产品背书。

2. 检疫防控

澳门结合自身实际,建立了动植物检疫制度。根据《澳门特别行政区对外贸易法》,澳门对《第209/2021号行政长官批示》附表三《须接受卫生检疫/植物检疫的货物表》所列货物实施动植物检疫,包括活动物、水产品、肉类及食用杂碎、乳制品、幼童配方奶粉、雪糕、肥料等。进口该类货物前,需提前向市政署申请预约检疫。

内地农业经济和农村人口占比高,为保护农牧渔业生产,内地实施严格的动植物检疫制度。海关依据《进出境动植物检疫法》设立了进境动植物源性食品检疫审批制度,要求肉类、乳品、粮谷、中药材等进口企业在与外方签订合同前办理检疫审批。

3. 企业管理

澳门对企业落实主体责任的管理主要体现在两方面:一是受管制

外贸活动登记制度。个人企业或公司在进口受准照制度管理的货物(如进口烟酒等)前需进行登记,获取"受管制外贸活动登记编号"。二是内地种植场、养殖场和生产企业认可制度。内地供澳食品农产品种植场、养殖场和生产企业应经内地海关备案以获得供澳资质。

内地高度重视企业主体责任落实,采取多项措施约束企业生产经营行为,为督促责任落实创造了较为完善的制度环境。一是境外生产企业注册管理制度,根据《进口食品境外生产企业注册管理规定》,我国对所有食品生产企业实施注册。其中,肉类、乳品、水产品等18类食品采用"官方推荐注册"的模式,其他食品采用程序较简化的"企业自行申请"模式。目前已有约8万家境外生产企业注册①。二是进出口商备案制度。要求境外出口商或代理商、境内进口商进行备案。目前,已有约7万家境内进口商、22万家境外出口商或代理商备案②。三是进口商对境外食品生产企业审核制度。要求进口食品的进口商对向其供货的境外出口商、生产企业进行审核,督促贸易伙伴按照我国食品安全标准开展生产经营活动。四是信用管理制度。将进出口生产经营企业统一纳入海关信用管理,实施差别化监管,鼓励企业按有关规定加强自检自控,提升食品安全管理水平。对符合条件的认证企业给予通关、税收和监管等方面的便利。

(二)进口时主要监管制度

1. 口岸检验检疫及风险管控

口岸环节是澳门对进口食品管控的重点,澳门建立了进口申报、检验检疫以及风险监测及预警控制制度。具体包括:一是进口申报及随附合格证明材料制度。进口时需向海关和市政署申报,并随附官方证书、产地证明、检测报告等文件。二是现场查验制度。市政署进行现场查验的时候,重点核查运输车辆铅封号、检查车辆温度,查验货物

---

① 海关总署:进口食品境外生产企业注册信息,载 https://ciferquery.singlewindow.cn/。

② 海关总署:进口食品化妆品进出口商备案系统,载 http://ire.customs.gov.cn/。

状况、核查货证是否相符等。三是卫生检疫及植物检疫制度。通过随机抽样、分批或市政署指定的其他方式进行。卫生检疫由兽医或相关技术员执行,并由稽查人员协助,措施包括行政监控、现场技术检查及实验室监控等;植物检疫由植物病理学家、昆虫学家、生物学家或相关技术员执行,并由稽查人员协助,措施包括行政监控、现场技术检查及实验室监控等。对不合格产品采取包括禁止入境、退运、销毁、施加强制隔离期、特别处理、消毒、杀灭虫鼠、销毁动物等措施进行处置。四是风险监测及预警控制制度。市政署在食品生产经营(包括进口)过程中,对致病性微生物、污染物、有毒有害物质及因素进行风险监测及评估,相应采取预防及控制措施并向公众发出警示。

内地海关围绕"监管"的职责定位,设计了科学、严密的进口食品口岸监管制度,有效防范风险流入境内。一是进口食品检验检疫申报制度和进口商随附合格证明材料制度,要求进口商进行申报,并对风险较高或有其他特殊要求的食品(如婴幼儿配方乳粉)在进口前进行检验,并提交合格申明材料。二是口岸检验检疫制度,制定国家进口食品口岸监督抽检计划,根据监督抽检结果等因素进行合格评定。三是风险监测制度,对进口食品中的潜在风险进行监测。四是风险预警及快速反应制度,对进口食品中发现的潜在风险,及时发布预警,采取快速反应措施,消除风险。

2. 指定场地管理

澳门设立了指定监管场地制度。根据《澳门特别行政区卫生检疫及植物检疫》(第15/2022号行政法规),须接受卫生检疫及植物检疫的货物在接受海关检查后,应连同有关对外贸易的法律法规所规定的文件,运往关口、批发市场或市政署预先指定的地点进行检疫。其中,接收、储存、分销及销售的蔬菜、活禽鸟及小品种的供食用的活动物、蛋类,以及屠宰禽鸟必须在批发市场内进行卫生检疫和植物检疫。

内地同样设立了指定监管场地制度,设立的依据为《进出境动植物检疫法》等法律法规。要求特定进境高风险动植物及其产品必须在满足动植物疫病疫情防控需要的指定监管场地实施监管,目前涉及的产品包括肉类、冰鲜水产品、粮食等9类。

(三)进口后主要监管制度

1. 流通领域风险监测

除了在口岸执法外,澳门还建立了流通领域风险监测制度,作为口岸监管的补充,主要有3类:恒常食品检测、时令食品调查和专项食品调查。恒常食品检测是市政署依据近段时间流通市场食品种类和特点制定的监测计划。包括“常规食品调查”及“食肆食品调查”计划。目的是评估市面上销售食品的风险和卫生状况。抽样的范围包括超市、杂货店、百货公司、餐饮场所、网店及外卖店等。每个季度大概抽样800~900个,检测结果按季度公布,年度报告在第二年2月公布。时令食品调查主要是针对贺年食品、粽子和月饼等应节食品进行监测。专项食品调查目的是主动查找特定食品中可能存在的食品安全风险。监测品种和项目根据综合风险程度、社会关注度、市民饮食习惯和曾经是否发生过食品安全事故4方面确定。涉及品种包括火锅食品、谷类制品、葡语国家食品等。内地采取管理的方式,在流通领域这一环节,食品安全风险监测由市场监管部门实施。

2. 溯源管理

为督促企业严格落实主体责任,做好溯源管理,澳门主要设立了2项制度:一是溯源管理制度。进口商要落实好溯源管理要求,做好货物流向登记。二是不合格食品召回制度。其又分“自愿召回”和“命令召回”2种。在召回过程中,市政署负责监督整个召回行动,食品生产经营者负责实际召回工作,并及时向市政署汇报进展,召回行动结束当日起,3日内,提交《食品回收报告书》。

内地的溯源管理制度与澳门类似。一是进口和销售记录制度。结合“进出口商备案系统”,在进口商完成备案后,要求其做好进口或销售记录的维护工作,确保来源可溯、去向可查。二是召回制度。要求进口商根据实际风险情况对其进口全部产品或某批次产品主动召回,及时控制危害,若未依照相关规定履行召回义务的,相关部门责令其召回。

三、内地与澳门法规标准比较分析

内地与澳门法规标准既有相似之处，也有区别。相似之处主要体现在法律法规层级设置、食品监管体系架构等方面。区别在于：

一是监管机构职能设置不同。根据《澳门特别行政区食品安全法》，澳门市政署履行了绝大部分食品安全监管职责，包括进口后流通领域风险监测等工作。而内地进口食品在口岸环节和流通领域环节主要由海关和市场监管部门分别负责。

二是标准体系不同。澳门至今只发布了 13 个食品安全标准。部分安全标准覆盖面也不同，如，澳门农残标准涵盖了 225 种农药，而内地涵盖了 564 种农药。而且，内地食品安全标准体系经过多年发展，已经形成了包括食品安全国家标准、地方标准、团体标准的多层次标准体系。

三是检疫准入要求不同。澳门对部分产品，如进口活动物、肉类、婴儿配方奶粉等实施进口准照制度，进口蔬菜等植物源性食品无须准照。澳门的准照制度考量了检疫风险，但没有建立系统的基于风险评估基础上的检疫准入制度。而内地对肉类、粮食、乳品、水产品等高风险食品实施严格的检疫准入制度，考量因素既包括具体品种，还包括来源地等。

四是对出口食品的管制不同。澳门有关食品安全的法律法规中对出口食品并无管制条文。而内地《食品安全法》明确规定出口食品生产企业应当保证其出口食品符合进口国（地区）的标准或者合同要求。出口食品生产企业和出口食品原料种植、养殖场应当向国家出入境检验检疫部门备案。

四、海关监管制度创新建议

结合粤港澳大湾区的实际，为推进海关制度创新，促进粤港澳大湾区规则对接和进出口食品监管一体化，建议引入“联合监管”的理念。

一是成立大湾区食品安全事务协调机构。参照内地《食品安全法》中食品安全协调机制建立原则,成立由内地与港澳立法、标准制定、检验检疫、市场监管、认证认可等管理部门共同参加的大湾区食品安全管理委员会,为实现一体化融合发展提供组织保障。

二是建立大湾区食品安全合作监管制度。在不妨碍执行各自法律的原则下,继续深化双边食品安全监管交流合作,增进双边食品安全监管体制机制了解。适时总结提炼,开展复制推广,引入“联合监管”的理念,三地有关部门按照事前、事中、事后三个环节共同落实有关合作监管机制。

三是建立大湾区食品安全合作监管正面清单制度。联合制定实施合作监管的食品品种正面清单。对本地原产食品,由出口方按照进口方标准要求实施监管,重点落实企业备案、日常监管、风险监测等要求。进口方对随附官方卫生证书食品实施风险监测,查验无异常的,抽样后直接放行。对国外进口并拟从内地输往港澳或港澳输往内地的食品,输出方按输入方标准要求实施监管,重点落实检疫准入、境外生产企业注册、监督抽检等要求。输入方实施随附证明文件核查及风险监测,查验无异常的,抽样后直接放行。

四是建立食品安全风险信息通报与协同处置机制。建立食品安全风险信息通报平台,对食品安全风险信息实施统一集中管理和分发。建立协同处置机制,对不合格食品开展协同处置,共同防范风险。

五是建立大湾区食品安全监管信息平台。以“三智”(智慧海关、智能边境、智享联通)倡议为指导,构建内地与港澳共同参与的食品安全信息交换和数据对碰平台,强化信息互换、监管互认、执法互助的力度,加大对存在食品安全问题、假冒伪劣食品的执法的力度。

A Comparative Analysis of Imported Food Supervision System between Chinese Mainland and Macao

LIU Hong LIU Guodong YOU Hong LIU Sui
LIANG Zhihui WANG Zijuan

[**Abstract**] Macao has established an imported food supervision system that is adapted to the local market based on the absorption of advanced practices from Chinese mainland and the international community. However, there are still significant differences between the food supervision systems in Macao and Chinese mainland, particularly in the three stages of pre-import, import, and post-import. As both Macao and Chinese mainland are part of the Guangdong-Hong Kong-Macao Greater Bay Area, it is crucial for both regions to reform their regulatory systems to facilitate food import and export. This includes implementing pre-export supervision based on the import side's standard requirements, enabling fast clearance at ports for importers, and ensuring post-import supervision in the circulation. These efforts aim to adapt to the integration of the Greater Bay market and establish an efficient and convenient regulatory mechanism for the flow of food.

[**Key words**] Guangdong and Macao; food supervision; customs system; rules alignment

海关法评论(第12卷)

关税法律问题

Legal Issues of Tariff Law

让技术褪去神秘　让企业拥有预期

——从减少关企纳税争议的角度谈优化海关税收征管制度

廖　佳*

［摘　要］　税收征管是最易引发纠纷的海关执法领域之一，其执法质效和规范化水平直接影响到公众对海关执法水平和口岸营商环境优劣的感知。鉴于此，结合具体案例梳理分析找出现行海关税收征管领域存在的关企主要争议点，即对归类、价格、原产地等征税要素的认定争议，对征税相关时间节点的认定争议和对商品编号的认定争议等，并提出鼓励社会成立第三方关税技术服务机构、明确关税技术审核程序，增设追补税时效中止和终止规定、明确海关对“海关发现之日”的告知义务；明确商品编号的管理部门和方式等改进建议，以期用减少关企纳税争议优化海关税收征管相关制度。

［关键词］　纳税争议；关税技术审核；时间节点

税收征管作为海关执法最易引发纠纷的领域之一，其执法质效和规范化水平直接影响到公众对海关执法水平和口岸营商环境优劣的感知。而优质高效的口岸营商环境是海关推动更大范围、更宽领域、

* 廖佳，重庆海关法规和综合业务处一级主任科员。

更深层次对外开放,助力构建新发展格局的重要抓手。鉴于此,文章选取海关执法最易引发纠纷的领域之一——税收征管为切入点,通过梳理分析现行法规制度和具体执法案例,找出当前税收征管领域存在的关企主要争议点和执法难点,并从减少关企纳税争议的角度提出一些改进思路和建议,以期为完善海关税收征管制度和助力打造市场化法治化国际化口岸营商环境尽一份力。

一、关税技术审核——理解困难的征税基础频引争议

确定货物、物品的归类、完税价格和原产地,是海关征税的重要前提,也是众所周知的三大关税技术性难题。为规范相关管理,在《海关法》、《进出口关税条例》(以下简称《关税条例》)等法律、行政法规和海关相关国际贸易协定、条约之外,海关专门制定了关于归类、完税价格和原产地的规章和大量规范性文件,但因认定标准的模糊性、程序约束的欠缺和关税技术审核本身的复杂性,导致关税技术审核问题争议频发。

(一)认定标准模糊引发争议

以价格申报为例,虽然《海关审定进出口货物完税价格办法》(以下简称《审价办法》)中尽可能详细地列举了各种估价方法,但对一些涉及分摊、技术难度较大的,如特许权使用费等,或者未明确列明的一些跨境费用,企业未申报或者申报的与海关计算的不一致的,是否按照违法行为对待,缺乏统一的认定标准。

再看归类申报,《海关行政处罚实施条例》第15条规定的处罚前提是归类未申报或者申报不实,未申报易于判定,但申报不实的概念模糊,而对外的海关各类执法文件中均无申报不实的判定依据,仅在内部文件《2号行政解释》中,列举了应当认定为申报不实的5种情形,且不讨论内部文件能否作为执法依据的问题,该解释中列举的情形如“明确列名”,何为“明确列名”本身就是一个主观判断的概念。

申报不实与单纯的技术性申报错误的界限模糊,结果却天差地

别。申报错误只需修改错误项,补征 1 年税款,申报不实需追征 3 年税款,还将面临行政处罚和缴纳滞纳金等,这导致海关和管理相对人争议不断。①

(二)欠缺程序约束引发争议

现行关税技术审核规定普遍将规范重点放在审核主体、审核内容、违规责任等实体方面,对审查程序、期限、企业异议处理和权利救济等程序规定较少,引发诸多对海关执法程序合法性的质疑。

以某关区原产地对外核查为例,经办关员历时 3 年多次发起对外核查,回复的函件结果有说证书为伪造,也有说证书为官方签发的,多次反复,海关认定证书为伪造要求企业补税,企业则认为证书为真实拒绝补税,争执不下。

归类的程序性问题更是常见。《海关法》、《关税条例》、《海关进出口货物商品归类管理规定》(以下简称《归类管理规定》)等法律、行政法规、海关规章均未明确归类的程序约束问题,仅以内部文件的形式,规定了内部人员寻求归类技术支持的方式,对外的归类争议处理程序、时间期限、企业救济等均无规定。导致海关对于企业因商品归类问题而作出补税决定、处罚决定等具体行政行为,常只以"归类错误"为执法依据,而没有书面的、详细的归类依据和理由,也没有企业质疑和磋商等救济程序,企业只能被动接受海关归类结果,当事人的知情权和申辩权都得不到保障,使海关执法程序受到质疑,公信力受到一定影响。

(三)规则本身的复杂性引发理解争议

以商品归类为例。商品归类是一门分类的学问,主要依赖于归类人员对分类规则,即《进出口税则》《进出口税则商品及品目注释》《进出口税则本国子目注释》中规定的目录条文和归类总规则、类注、章

---

① 如《福建科宏生物工程股份有限公司诉中华人民共和国海沧海关等复议案》[(2017)闽02行初50号]等。

注、子目注释以及其他归类注释的理解①,在对自然界中存在的初级产品或是发展相对成熟已形成普遍共识的商品,如动植物产品、纺织品等进行理解时,一般争议较少;但在对近年来生产、发明的新型产品,尤其是具有多种功能的机电产品等的理解上,不同人可能会出现不同认识,各国对同一商品认定存在争议到世界海关组织进行争议解决的案例并不少见。可以说,有的归类本身就是一种观点妥协的结果,难以得出统一的答案。

二、时间节点——应明未明的权利义务起止点多发纠纷

明确征税起止时间、扣除时间、海关发现时间等,是界定关企双方权利义务期限的重要环节,但海关现行税收征管相关制度中,对追、补税期限内的时效中止和"海关发现之日"等部分时间节点规定不够清晰,因此导致的执法争议已成为海关和行政相对人最常见的执法争议之一。

(一)追、补税期限的时效中止争议不断

1.内部文件能否作为执法依据引争议

海关现行法律、行政法规及规章对追、补税期限的规定均未涉及时效的中止,但实际执法中海关长期根据《1号行政解释》对追、补税期限内的海关审查期间进行扣除。根据《立法法》相关规定,没有上位法为依据,部门规章不得设定减损公民、法人和其他组织权利或者增加其义务的规范。② 期限的扣除将延长行政相对人承担海关义务的时

---

① 《海关进出口货物商品归类管理规定》第2条:本规定所称的商品归类,是指在《商品名称及编码协调制度公约》商品分类目录体系下,以《中华人民共和国进出口税则》为基础,按照《进出口税则商品及品目注释》、《中华人民共和国进出口税则本国子目注释》以及海关总署发布的关于商品归类的行政裁定、商品归类决定的规定,确定进出口货物商品编码的行为。

② 2015年《立法法》第80条第2款:部门规章规定的事项应当属于执行法律或者国务院的行政法规、决定、命令的事项。没有法律或者国务院的行政法规、决定、命令的依据,部门规章不得设定减损公民、法人和其他组织权利或者增加其义务的规范,不得增加本部门的权力或者减少本部门的法定职责。(2023年修正后,本条规定在第91条第2款)

间，对其权益构成实质性影响，《1 号行政解释》作为未对外公开的海关内部文件，能否作为期限扣除的执法依据存在争议。在对外的《海关补征税款告知书》中，海关引用的都是法律、行政法规或海关规章的条款，并不能说明追、补税期限的问题。企业和社会律师时常质疑海关执法的合法性。①

2. 扣除期限的争议

在 2021 年 7 月 15 日《行政处罚法》和《海关办理行政处罚案件程序规定》（以下简称《程序规定》）实施前，《1 号行政解释》规定能扣除的四种期间，均无明确时间限制，扣除半年、一年是常事，时间跨度二年以上的积案，也不是少数。这导致海关实际的追、补税时间远超《海关法》第 62 条规定的，缴纳税款或者货物、物品放行之日起一年内补征，三年内追征，行政相对人长期处于对不确定法律关系的担忧中，影响其经营、生活。

目前行政处罚中的侦查、调查期限在《程序规定》中已有明确规定，相对来说时间可预期。目前仍无明确规定的稽查和税收核查期限，已逐渐成为关企争议的新焦点，亟待出台明确的限制规定。以某稽查案件为例，2020 年 5 月 1 日开始稽查，2022 年 8 月底才得出稽查结论，时间跨度达 28 个月。还有前文提到过的原产地对外核查案件，从立案到制发处罚决定书的时间跨度长达 6 年。按照该类期限扣除，将企业履行海关义务的期限从 3 年延长到 9 年，对社会关系和法律关系的稳定性存在较大影响。

再者，对企业而言，除保税及特定减免税货物以外，海关放行后即可对货物自行处置，对货物放行后进行销售或加工生产获得的利润有着固定预期，且海关税费可能是其进行进出口贸易商业谈判的基础之一。如果追、补税期限不可预期，企业很难通过常规的贸易手段，如将之作为成本转嫁给贸易后续方或是调整采购计划等来降低损失等，这

---

① 如《山东宏信化工股份有限公司与中华人民共和国江阴海关、中华人民共和国南京海关行政复议一审案件》[（2017）苏 01 行初 521 号]等。

导致海关后续的追、补税差额通常只能由进口货物的收货人、出口货物的发货人或是进境物品的所有人来承担,这可能使企业更注重短期利润,或是降低对海关审查的配合度,不利于企业稳定经营和交易安全,也不利于海关监管措施的前推后移。达不到国务院要求的提升贸易便利化,优化口岸营商环境的效果。

(二)"海关发现之日"如何认定引争议

海关发现少征或者漏征税款之日是判定能否进行追、补税的重要时间节点,也是滞纳金征收的截止点,对事实认定和法律适用至关重要。但由谁发现、如何确定并固定"海关发现之日",相关法律、行政法规、海关规章均无明确规定,这也引发了一系列的关企争议。

例如,某海关通过单证复核发现企业归类申报存疑后,4次要求企业补充资料,3次申请归类专业认定并移交缉私部门,这些时间最长间隔达15个月,以不同的节点为海关发现之日,得出的结论差异巨大,对"海关发现之日"的确认亟待明确。

(三)海关作业期间企业如何申报存争议

关税技术审查、调查、稽查等海关作业通常需要一段时间才能得出最终结论,在此期间企业如按照原来的申报方式继续申报,可能被海关认定为继续犯;如按照海关初步认定的新方式申报,可能最后认定原申报并无错误,新申报需修改相关单证增添企业负担;且可能出现因海关审查时间过长而超过补税期限,出现空档的情形。

以前文的稽查案例为例,海关2020年5月1日开始稽查,2022年7月30日得出"申报错误、补税1年"的稽查结论,对2020年5月2日至2021年7月30日期间申报的货物,有观点认为,按照《海关法》规定已不能补税,但2019年5月1日至2020年4月30日期间申报进口的货物,却可以在扣除稽查期限后补税,也有观点认为,自海关稽查作业开始后的时间均可补税。执法统一性受到影响。

三、商品编号——定位不明的申报基础惹争议

《进出口税则》规定的只有8位税号和关税税率,但报关实践中企

业申报需填写10位商品编号,《归类管理规定》只说明“同一商品编码项下其他商品编号的确定,按照相关规定办理”①,这个“相关规定”具体在哪里查询,出现异议由谁负责解释不够明确,海关内部时常出现责任划分争议,让一线执法人员和进出口企业处理困难。

而海关出版社、经济出版社等均会印发包含9、10位商品编号的《海关进出口税则》,海关和企业均长期使用该类参考书作为归类的依据,该类出版物的法律效力如何,9、10位商品编号能否以此为申报标准,缺乏明确规定。近期已出现多起因该类出版物印刷错误导致的归类理解和申报错误案件,如何定性亟待明确。

四、从减少关企纳税争议的角度优化海关税收征管相关制度

《贸易便利化协定》规定,每一成员应以非歧视和易获取的方式公布进出口程序、申诉程序、征收规定等,以便政府、贸易商和其他利益相关方能够知晓。法治不仅要实施,更要以公众看得见的方式实施。减少关企纳税争议,优化法治化营商环境、提高贸易便利化程度,不仅要优化实体法律规则,更要强化程序正义。

(一)优化关税技术审核相关制度

海关关税技术审核业务的封闭性和唯一性,不仅加重了海关自身的责任和负担,也引发了诸多社会的误解和诟病。提升海关法治化水平、推动优化跨境贸易营商环境,有必要掀开海关关税技术审核的神秘面纱,让海关关税技术审核的规则和流程更透明,让更多人理解、参与和研究海关关税技术审核规则。《法治政府建设实施纲要(2015-2020年)》指出“加强行政程序制度建设,严格规范作出各类行政行为的主体、权限、方式、步骤和时限”。关税技术审核作为行政审核的一种,也应有明确的审核主体、审核范围、审核方式、审核步骤和审核时限。

---

① 《归类管理规定》第27条:本规定所称商品编码是指《进出口税则》商品分类目录中的编码。同一商品编码项下其他商品编号的确定,按照相关规定办理。

1.统一追、补税期限,限制技术审核期限和次数

关税技术审核规则复杂,客观上难以用通俗易懂且没有理解歧义的规定来明确判断对错,关企对追补税认定争执不下的主要原因在于差异巨大的后果,故建议将追补税期限统一规定为3年,以缩小结果差异来降低对过程认定的争议。

同时,关税技术审核需依赖于企业提供的商品资料,不同资料可能得出不同认定结论,为保持审核的稳定性和严肃性,建议限制海关审核期限和次数,明确企业应提供真实完整全面的资料,超出期限提供的,不予认可。

《行政复议法》规定的审查期限为常规60日,可延长不超过30日。《行政处罚法》规定的常规办理期限为立案之日起90日内,法律、法规、规章另有规定的,从其规定。《行政许可法》规定的常规办理期限为20日,联合办理、集中办理的最长可延长到60日。[①] 关税技术审核虽然专业性较强,但其作为行政行为的一种,从行政效率和立法惯例的角度而言,其办理期限和审核次数也应有相应的限制,且从公平原则和比例原则来看,关税技术审核的期限和次数不宜与其他行政行为差异过大。

故,建议规定:关税技术审核应当在海关收到企业完整资料之日起60日内审结,问题疑难复杂需提请关税技术委员会表决的,可延长30日。需要企业补充资料的应一次性告知需补充的资料内容,补充资料次数不得超过二次。

2.明确关税技术审核程序

以商品归类为例,建议在对应规章中增设海关对企业归类等技术问题申报存疑时的处理程序和争议处理规则。可参考《审价办法》中的质疑、磋商、审定程序,规定以下内容:

海关对申报商品归类的真实性、准确性有疑问时,应当制发《海关商

---

① 2023年《行政复议法》第62条,2021年《行政处罚法》第60条,2019年《行政许可法》第42条。

品归类质疑通知书》，书面告知纳税义务人或者其代理人质疑的理由，纳税义务人或者其代理人应当自收到《海关商品归类质疑通知书》之日起10个工作日内，书面提供相关资料或者证据，证明其归类真实、准确。

海关审核前款资料后，认为仍存疑的，应当制发《海关归类磋商通知书》，纳税义务人或者其代理人自收到通知之日起5个工作日内与海关进行磋商。磋商不能达成一致的，海关可审查认定进出口商品归类。

纳税义务人或者其代理人对海关归类结果不服的，可向上一级海关申请归类复核或者行政复议，对复核或复议结果不服的，可提起行政诉讼。

纳税义务人或者其代理人超过规定期限提供前款资料且无正当理由的，或是放弃提供资料的，视为放弃磋商，认可海关审核认定结果。

海关审查确定进出口商品归类后，应当出具《海关商品归类告知书》，就如何确定进出口商品的归类作出书面说明，并明确告知企业申请归类复核、行政复议或者提起行政诉讼的权利和渠道。

3. 鼓励社会成立第三方关税技术服务机构

独木难成林，降低海关执法压力、提升执法统一性，优化海关关税审核相关制度，仅靠海关自身的力量远远不够，建议提升制度开放性，强化社会合作，让更多人理解、参与和研究海关关税技术制度规则，共同助力国际海关税收征管规则往对中国和中国企业发展更有利的方向修改和转化。

建议借鉴《全球贸易安全与便利标准框架》中关于“海关与贸易界的合作”的相关理念，鼓励社会成立类似于“会计师事务所”“律师事务所”的第三方关税技术服务机构，提供系统、专业的关税技术相关政策研究和咨询服务，并借鉴《进出口商品检验法》中对第三方检验机构的采信管理①，采信符合一定条件的第三方关税技术服务机构出具的

---

① 2021年《进出口商品检验法》第6条第3款：对本条第1款规定的进出口商品检验，商检机构可以采信检验机构的检验结果；国家商检部门对前述检验机构实行目录管理。

关税技术认定结果。在发生关企争议时,企业可通过第三方机构进行关税技术审核确认,通过拓展参与和救济渠道,打破对规则封闭性的质疑,提升关税技术审核的社会认知度和制度公信力。

同时鼓励各行业协会、商会成立行业关税技术认定研究中心,对本行业相关产品和技术变化与现行关税技术认定规则存在的不协调、不一致的方面进行研究、论证,提出改进建议和制度优化方向,并与海关形成反馈合作机制,共同推动企业合规管理和国际关税技术认定规则的修改和转化,从而降低关企纳税争议。

(二)时间节点——给予企业清晰明确的预期

1. 在《海关法》中新增追、补税时效中止和终止相关规定

海关审查客观上需要一定的时间,这段时间用于确认企业行为是否合法,不占用具体追溯时间符合国际通行做法,欧盟等境外海关法律中均规定了追税时效的中止,如《欧盟海关法典》规定:复议期间,行政相对人陈述、申辩等的自海关告知行政相对人之日至海关给予的行政相对人发表意见的时间结束之日,期限暂停计算。[①] 但以内部文件的形式规定,不符执法依据公开、透明、合法原则,易引发执法争议,建议在《海关法》中新增追税时效中止相关规定。如规定,下列期间应当在追、补税期限内予以扣除:一是海关对纳税义务人是否违反海关监管规定进行的调查、侦查和稽查期间;二是涉及境外协助开展税收核查的期间等。

同时,从社会和法律关系的稳定性角度考虑,期限不宜无限期延长,域外海关相关法律制度对期限的延长也有终止性规定,如《欧盟海关法典》规定:任何海关债发生之日起3年期满后,不得向海关债务人制发缴款书。如果海关债的发生原因是一项会导致刑事诉讼的行为,前述3年期限,可依照成员国法律最短延长至5年,最长至10年。[②]

---

① 参见海关总署国际合作司编译:《欧盟海关法典》,中国海关出版社2016年版,第69~70页。

② 参见海关总署国际合作司编译:《欧盟海关法典》,中国海关出版社2016年版,第69~70页。

且控制时效,也有利于督促海关尽快执法,提升行政效率。以某关区为例,2018 年至 2021 年 7 月 15 日《程序规定》生效前的涉税行政处罚案件平均调查、侦查期间为 160 日,最长为 729 日,200 日及以上的案件占总案件数的 27.1%,365 日及以上案件占总案件数的 4.1%。新法实施后,平均办理调查、侦查期间下降为 120 日,最长为 215 日,时间限制效果明显。

根据《程序规定》,调查、侦查期间本身已经规定了"公告、检测、检验、检疫、技术鉴定、复议、诉讼"的扣除。稽查无明确办案期限规定,对外税收核查仅在部分协定中有明确时间期限规定,为避免多重扣除和无限期扣除,建议借鉴《欧盟海关法典》关于期限终止的规定,新增期间扣除的终止规定。

目前海关办理行政处罚案件规定的一般办理期限为 6 个月,确有必要延长的,可延期不超过 6 个月。案情特别复杂或者有其他特殊情况的,经直属海关负责人集体讨论决定后可继续延长。① 但从《行政处罚法》的立法精神和优化营商环境的总体发展基调来看,期限不能无限期延长,设定最长扣除期限 2 年较为合理。已有规定的对外税收核查,规定的期限普遍在 1 年内,如中国—东盟全面经济合作框架协议规定的为 270 日内,中国—新西兰自贸协定规定的是 6 个月内,区域全面经济伙伴关系协定(RCEP)规定的为 90 日。举重以明轻,暂无期限规定的稽查期间的扣除,也不应超过前述期限。

故,建议在《海关法》中增设规定:追、补税扣除期间最长不得超过 2 年。

---

① 《海关办理行政处罚案件程序规定》(海关总署令第 250 号)第 76 条,海关应当自行政处罚案件立案之日起 6 个月内作出行政处罚决定;确有必要的,经海关负责人批准可以延长期限,延长期限不得超过 6 个月。案情特别复杂或者有其他特殊情况,经延长期限仍不能作出处理决定的,应当由直属海关负责人集体讨论决定是否继续延长期限,决定继续延长期限的,应当同时确定延长的合理期限。上述期间不包括公告、检测、检验、检疫、技术鉴定、复议、诉讼的期间。在案件办理期间,发现当事人另有违法行为的,自发现之日起重新计算办案期限。

2. 明确“海关发现之日”的认定方式

实践中海关发现违法行为的情形除了自行发现之外,还可能存在相关机关移送、第三人举报、当事人主动投案等情形。“海关发现”形式多样、情况各异,难以一一列明,而产生争议的主要原因在于关企对各自权利义务起止点的不同认定,故建议明确海关发现企业存在违规行为时,应以一定的形式记录、固定证据,不涉及案件机密的情形下,海关可以书面形式告知行政相对人,以达成对时间节点的统一认识,避免在后续追补税或是复议诉讼时发生争议。如规定:海关发现行政相对人有可能违反海关监管规定的行为的,应固定证据并以统一的格式留档;海关未留档的,以最先可明确认定的时间为海关发现之日。

例如,某企业于2018年4月1日向海关申报进口一批打印设备,同日缴纳税款40万元后货物放行。2021年3月28日,海关发现该批货物可能存在特许权使用费未申报,可能涉及少缴税款10万元,3月29日海关制发价格补充申报通知书说明海关发现的问题并要求企业补充资料,则海关发现之日为2021年3月29日,未超过3年追征期限。同等情形,如海关发现后未固定证据,而是于2021年3月29日作为案件线索移交,因超过《行政处罚法》规定的2年追溯时效,不予立案,退回后已到2021年4月1日,则已超过3年追征时效,不能再追征税款。

3. 明确海关审查期间企业的申报问题

海关审查期间,企业行为性质并未定性,从有利于维护法的稳定性和行政管理秩序的角度,建议明确:企业如有进出口需求,仍按照原申报方式和内容进行申报,待海关审查结束后,根据审查结论进行退补税等后续处理,此期间的行为不认定为违反海关监管规定的行为或是走私行为,同时,因海关审查已经是发现企业申报可能存在违规行为的标志,即使最后因审查时间问题导致未审查的后续批次超过了追补税期限,审查期间的申报货物也应按照最后的认定结论全部进行追补税。

以前文提到过的稽查案例为例,海关2022年7月得出“企业税号申报错误,补征一年税款”的稽查结论后,2020 年 6 月至 2022 年 7 月期间,企业按照原税号申报的进口货物也应按照新的税号进行改单补税,即使 2020 年 6 月至 2021 年 7 月期间的单证已超过 1 年补征期限,但不认定为违反海关监管规定的行为。

(三)商品编号——明确主管部门、一口对外

以 10 位商品编号进行申报,是海关的监管规定。无论海关内部各部门的权责如何划分,均不应以此为由影响行政相对人的申报或是让相关法律关系处于互相推诿、一事一议的不稳定状态中。故,建议明确 10 位商品编号的具体申报依据,指定一个主管业务部门由其牵头协调、汇总内部其他业务部门和其他机关的商品编号拆分需求,并统一对外发布和解释。

从实际运用来看,《海关进出口税则》等工具书是目前对 10 位商品编号罗列最明确、最全面的,也是海关审核和企业申报的主要参考依据,建议从节约执法成本和提升执法效率的角度出发,明确该类工具书具有法律效力,以便合理界定企业责任,企业依照该类工具书所载内容进行申报出现错误的,如企业能证明其不存在主观过错(如明知道书出错,仍按照错误内容进行申报等),则可根据《行政处罚法》不予行政处罚等①。

同时,为保证申报行为的严肃性,海关可通过立法加强对第三方出版社的管理,对出版内容多次出现错误或出现重大错误的,海关可责令其整改或予以罚款等。

五、结语

公开公正、权责明晰的税收征管法律制度是海关执行税收监管的前提,也是纳税义务人履行义务的前提,转变固有执法理念、提升制度

① 2021 年《行政处罚法》第 33 条:违法行为轻微并及时改正,没有造成危害后果的,不予行政处罚。初次违法且危害后果轻微并及时改正的,可以不予行政处罚。当事人有证据足以证明没有主观过错的,不予行政处罚。法律、行政法规另有规定的,从其规定。对当事人的违法行为依法不予行政处罚的,行政机关应当对当事人进行教育。

透明性和执法结果的可预期性,是降低关企纳税争议、优化海关税收征管执法的法律效果、政治效果、社会效果的有效路径。

Let Technology Dispel the Mystery and Enable Businesses to Have Expectations

—Optimizing Customs Revenue Collection from the Perspective of Reducing Tax Disputes between Customs and Business

LIAO Jia

[**Abstract**] Tax collection and administration is one of the most controversial areas of customs law enforcement. The quality, efficiency and standardization of its law enforcement directly affect the public perception of customs law enforcement and the port business environment. In view of this, the paper combs through and analyzes specific cases to find out the main disputes existing in the field of current customs tax collection, namely, the disputes over the identification of tax elements such as classification, valuation and origin, the disputes over the identification of tax-related timelines and the disputes over the identification of commodity HS codes. It also proposes to encourage the establishment of third-party tariff technical service institutions, clarify the tariff technical review procedures, add provisions on the suspension and termination of the time limit of tax recovery, and clarify the obligation of customs to inform the "date of customs discovery", and clarify the regulatory office and methods of commodity HS codes, in order to optimize customs tax collection by reducing tax disputes between customs and business.

[**Key words**] tax dispute; tariff technical review; timeline

镍铁企业“走出去运回来”征管制度创新研究

陈绿薇　张伟颜　周恩芳　郑玉萍　刘晓玲　吴宗飞*

［摘　要］ 为解决我国镍资源产业发展瓶颈，“走出去运回来”成为中国镍铁企业重要的战略选择之一。镍铁企业通过“走出去”对外投资，将部分镍铁“运回来”，有效缓解了我国镍资源紧缺局面。镍铁企业“走出去运回来”存在镍铁的定价机制不一、海关价格审查确定有困难以及未来供应链有安全隐患等问题，需要在战略层面研究如何调整税收政策，优化海关征管，支持企业拥有更多定价话语权，同时也要引导企业规范贸易行为，使企业能高质量持续发展。

［关键词］ 镍铁；走出去运回来；税收征管；制度创新

“走出去运回来”战略是国家新发展格局双循环战略的重要内容。我国是全球最大镍消费国，镍资源储量和产量都不富裕，对外依存度高。为解决镍资源发展瓶颈，“走出去运回来”成为国内主要不锈钢企业重要的战略选择。调研发现，77 家进口主要企业均有诉求，期盼海关结合国内形势及镍企业实践，有针对性帮助企业走过“危机”。海关

* 陈绿薇，海关总署税收征管局（广州）二级总监；张伟颜，海关总署税收征管局（广州）征税一处二级高级主管；周恩芳，海关总署税收征管局（广州）征税一处科长；郑玉萍，福州海关关税处一级高级主管；刘晓玲，福州海关关税处科长；吴宗飞，福州海关隶属宁德海关三级主办。

征管工作,对我国镍铁企业“走出去运回来”的战略影响重大。对此,海关总署税收征管局(广州)深入调查研究货物贸易模式与定价机制的实质,在此基础上,并提出新时期调整国家税收政策、优化海关征管制度等意见建议,意义重大。

一、镍铁企业“走出去运回来”的现状

(一)镍铁企业“走出去运回来”,助力我国钢铁行业落实“国内国际双循环”

我国镍资源储量仅占全球5%,原料对外依存度超过90%。近年来,在构建以国内大循环为主体、国内国际双循环相互促进的新发展格局,国家大力推进“走出去运回来”战略背景下,青山控股、德龙镍业、冶金科工等十几家铁镍企业积极行动,投资开发镍铁项目高度集中在印尼,其中以青山控股和德龙镍业规模最大。除部分在当地直接冶炼不锈钢外,其他镍铁基本“回运”国内,有效缓解了国内镍资源的匮乏。海关统计数据显示,2022年我国“走出去运回来”模式下进口镍铁占镍铁进口的91%,绝大部分来自印尼。

(二)镍铁企业“走出去运回来”,助力我国钢铁行业镍资源供应链、产业链安全稳定

镍铁是制造不锈钢和新能源电池产业最重要的原材料之一,我国镍矿石资源稀缺,主要从印尼进口镍矿石提炼加工。2019年7月印尼政府决定自2020年1月1日全面禁止镍矿石出口。受此影响,目前国内部分镍矿石来源已转至菲律宾、新喀里多尼亚等国家和地区。现阶段印尼官方只禁止出口镍矿石,没有禁止镍铁和含镍的不锈钢出口,因此青山控股等“走出去”企业生产的镍铁产品得以运回,禁令的颁布目前并未使我国镍供应遭受重大冲击。同时,青山控股等企业提前布局,从集中到分散,不断完善全球制造和供应链,除了在印尼进行产业转型升级外,在印度、越南、墨西哥、马来西亚等多国新建、扩建了工厂,积极稳妥开发境外铁矿石资源。“走出去运回来”的镍铁拓宽了镍资源进口渠道,优化供给结构,确保了国内镍铁供应链、产业链的安全稳定。

（三）镍铁企业“走出去运回来”，助力我国钢铁行业建功“双碳”时代

钢铁行业是能源消耗高密集行业，在碳达峰、碳中和形势下，其减排压力大。镍产品单位排放量在10～16吨二氧化碳当量，且镍铁的碳排放量是精炼镍的16倍以上。镍铁生产线布局在外，客观上有利于绿色发展。据统计，我国2019年从印尼进口镍矿石2412万吨，2020年至今进口为0，取而代之的是镍铁的进口。

鼓励镍铁企业“走出去运回来”镍铁势在必行，利于长远，减少对进口镍矿石的依赖，有助于促进降低能源消耗总量和碳排放量，更有利于减少环境污染。

二、镍铁企业“走出去运回来”存在的问题

（一）“运回来”镍铁的定价机制业内意见不一

镍铁主要有两种定价模式：一种为传统定价模式，镍铁（含镍大于20%）的定价主要是直接采用（或参考）伦敦金属交易市场（LME）镍金属价格指数加减升贴水后确定；另一种模式直接采用（或参考）国内以“铁合金在线”“我的钢铁”“上海有色网”为代表的相对稳定的镍铁定价基准（或价格指数）为基础进行确定，此模式下主要为印尼镍含量较低的NPI镍铁。由于镍铁和纯镍在生产上相互可替代，两者处于镍金属价值体系框架内，从趋势上来看，国内镍铁价格指数与LME镍金属价格指数两者走势基本一致，相关性较高，LME镍价格指数的涨跌需一定时间才传导至国内镍铁。由于LME镍的金融属性远大于它的商品属性，国际上的金融事件、货币政策、突发事件等都会对其价格造成实时且较大影响，因此涨跌幅度不稳定。而NPI镍铁主要用于钢厂冶炼，价格相对稳定，波动幅度不大，更能真实反映市场供求关系。

对镍铁的定价基准，是直接采用（或参考）LME镍价格指数定价还是参照国内“我的钢铁”“铁合金在线”等网站上的镍铁价格指数，哪个对国内企业发展更有利，企业意见不一。部分企业认为进口镍铁

供应商均为境外供应商,在国际贸易中LME镍价格指数影响力以及说服力较国内网站镍铁价格指数更强;以赴印尼投资“走出去运回来”为代表的镍铁企业则表示参照国内第三方网站镍铁价格指数对国内企业发展更为有利,该类企业认为其从印尼运回的为镍含量较低的NPI镍铁,其商品属性较多,与金融属性较强的伦镍相比,无论是其生产工艺、镍品位还是各自生产终端成品的价值等都相差甚远,同时若采用LME镍价格指数,难以体现“走出去运回来”中方价格主动权的优势。

(二)“运回来”镍铁的关联交易价格审查确定存在困难

调研发现,“走出去运回来”进口镍铁贸易模式主要有4种,如图1所示。按2020年自印尼“走出去运回来”进口镍铁总量计算,在4种模式中,第①种模式为主(约占85%),第②、③种模式为辅(约占13%),第④种模式目前还较少(零星),即目前“走出去运回来”镍铁主要以投资方自用为主。从图1可知,“运回来”镍铁的贸易模式大部分为关联交易,目前海关在对其完税价格进行审查时,主要遇到买卖双方是否存在特殊关系难以确定、测试价格难以确定及审价尺度难以完全统一等三方面的难题。

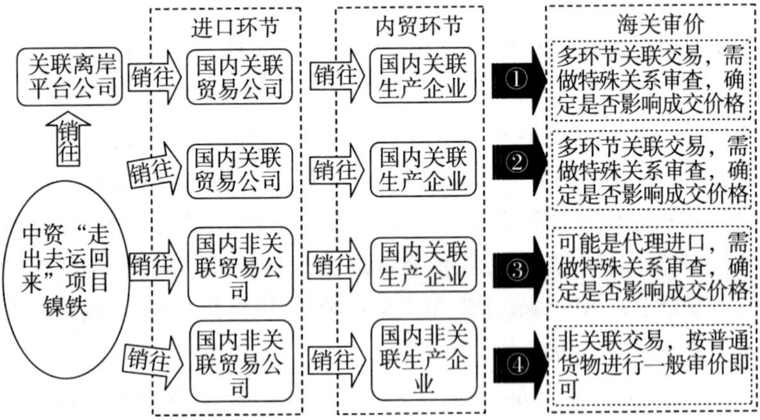

图1 “走出去运回来”进口镍铁贸易模式

一是“走出去运回来”镍铁的交易有多重复杂性，部分跨国公司并不直接在内部公司之间进行交易，而是通过贸易商、代理公司等签订进口合同，投资项目在境外，海关很难获取其海外投资的费用及构成、成本的分摊、投资回报方式等信息，仅仅从申报及随附单证也难以发现买卖双方存在特殊关系。

二是“走出去运回来”镍铁定价模式不一，不同企业有不同的定价模式，同一企业也有采用不同定价模式。既有直接采用（或参考）LME镍金属价格指数为定价基准，也有直接采用（或参考）国内以铁合金在线等国内镍铁价格指数为定价基准，经深入调查发现运回来的镍铁基本上为关联交易。根据现行《海关审定进出口货物完税价格办法》（以下简称《审价办法》），买卖双方存在特殊关系，必须进行价格测试和销售环境测试。但独立第三方可比价格、合理的销售环境均难以找到，海关对其完税价格的审定受到影响。同时，随着中国市场需求的不断扩大，部分国内权威专业机构发布的镍铁价格指数越来越多地得到贸易商的认可，直接采用（或参考）上述机构发布的镍铁价格指数的交易逐渐增多，但对于此类采用国内权威专业机构发布的价格指数为定价基准的贸易模式是否属于现行《审价办法》及释义中所认定的贸易惯例，目前尚存在不同观点。

三是“走出去运回来”镍铁进口环节情况复杂。进口数量大、合同执行期限长、进口口岸多，同一合同项下的进口货物存在不同时间、不同口岸进口，在当前一体化通关模式下，尽管税收风险处置指令统一下达，但是各口岸海关对完税价格的审定仍难以达到完全一致。

（三）“走出去”镍铁企业投资地区集中度高，未来供应链、产业链安全隐患需高度关注

“走出去”企业投资开发镍铁项目七成左右集中在印尼，随着项目逐渐投产，2020年印尼镍铁产量首次超过我国，成为全球第一大镍铁供应国。目前印尼政府已开始限制新增镍铁产能，引导资本向高冰镍、硫酸镍及动力电池方向转移，试图全面提升产业结构，打造动力电池及新能源汽车产业链。据印尼政府推算，按目前的开发进

度,印尼的红土镍矿资源仅够维持20年。更值得关注的是,近期有报道称印尼政府将对镍铁设置出口禁令或者征税,将限制低于含镍量40%的镍铁出口。镍铁资源供应国产业政策不稳定,对持续稳定维持我国镍资源需求提出很大挑战,我国镍铁相关产业的供应链将会受之影响。

三、镍铁企业"走出去运回来"的策略

(一)继续鼓励引导走出去,打破镍资源进口渠道单一集中局面

针对目前我国镍铁资源供需较大缺口、进口地区比较集中的局面,我国镍铁企业"走出去"在全球更宽广、更多样化的布局需要前瞻性的引导和政策支持,以化解产出国政策变化对我国镍相关产业供应链的不利影响。借助"一带一路"国家政策支持,充分发挥企业主观能动性,继续实施"走出去"发展战略,采取切实有效措施维持境外镍铁资源开发基地,拓展新领域,以保证未来我国镍资源的持续稳定供应。可以引导国内企业走出去,包山包矿,就近将低端产能转移至非洲、东南亚等国家,同时引导产业合理升级,技术引入低碳模式的流程工艺。在产业布局引导的基础上,鼓励企业"走出去"并不断给予政策上的支持,其中包括法律政策上的支持,也包括税收政策支持以及各类境外投资补贴、补助、金融支持等。

(二)尊重贸易实际,鼓励"走出去运回来"的企业获得更多定价话语权

近年来,我国紧缺大宗资源性商品定价权之痛已影响国内贸易发展格局,"走出去"战略是获取国际贸易价格话语权的重要路径。由于"走出去运回来"货物买卖双方属于典型的特殊关系,现行《审价办法》规定必须对其进行价格和销售环境测试,在上述优惠政策实施较长时间以来,"走出去运回来"货物存在可比价格难以找到和销售环境无法合理的问题,导致优惠政策操作性不强、成效欠佳。随着我国"走出去"企业规模的发展壮大,我们欣喜地看到"走出去"企业投资开发镍铁项目对回运镍铁有更多的定价主动权。海关作为管理部门,建议

在尊重贸易实际的前提下，按照其不同的定价机制分别参考国际、国内价格行情，相同类似货物价格等多重资料相互佐证，对镍铁进行价格测试以审查确定其完税价格。如确属跨国公司内部交易且没有测试价格的情况下，海关可要求相关企业提供第三方会计师事务所的转移定价文档等，审查其利润水平与同行业（同级别企业）销售同类货物的利润水平是否相符，确定其是否符合行业的正常定价惯例，以综合审查“走出去”企业回运货物完税价格的合理性，确保海关审价的客观、公正。同时，为解决海关对“走出去运回来”新型定价模式的价格审核的困扰，建议制订“走出去运回来”镍铁海关审价操作指引，对内明确操作规程，对外发布公告，依法助力提升“走出去”企业运回物资定价的话语权。

（三）落实“源头治理、行业规范”，引导行业自律，提高纳税遵从

针对上述“运回来”镍铁进口存在特殊关系难以认定及估价尺度统一性等问题，应通过集约化管理、行业规范等提升管理质量。一是备案管理。海关通过落实属地纳税人管理制度，建立属地企业档案，针对复杂贸易模式，参照公式定价备案的做法，对“走出去”企业长期合同进行集中备案审核管理，掌握其海外投资、回报方式、贸易模式和定价机制及其海外投资的费用等信息。通过备案，进一步清晰其交易模式，以便于审查其交易双方是否存在特殊关系以及特殊关系是否影响完税价格等，同时也为有条件的直属海关开展价格预裁定夯实基础。二是统一监控，集中处置。海关税收风险防控部门建立模型监控评估运回物资的税收风险情况，指导备案海关以合同为单元统一进行价格质疑和销售环境审查，实现审价的集约化管理，统一执法尺度。三是源头治理，行业规范。在摸清运回镍铁对外投资、贸易方式、定价机制及化解管埋风险的前提卜，引导企业合规申报，从源头上化解税收风险，规范行业，提升海关管理效能。

Research on Innovative Duty Collection and Management System for Ferro Nickel Enterprises from the Perspective of the "Going out and Bring Back Strategy"

CHEN Lvwei ZHANG Weiyan ZHOU Enfang
ZHENG Yuping LIU Xiaoling WU Zongfei

[**Abstract**] To address the development bottleneck of nickel resources industry in China, the "going out and bringing back strategy" has become an important strategic choice for Chinese ferronickel enterprises. By investing overseas and shipping back ferronickel, these enterprises effectively alleviate the shortage of nickel resources in our country. However, this strategy presents new challenges such as diverse pricing mechanisms for ferro nickel, difficulties in determining customs value, and potential security risks in future supply chains. It is necessary to study how to adjust tax policies at the strategic level, optimize duty collection and management, support enterprises in having a greater voice in pricing process, and also guide enterprises to improve their compliance in trade, so as to enable them to achieve sustained high-quality development.

[**Key words**] ferro nickel; going out and bringing back strategy; innovation of duty collection and management system; institutional innovation

原产地累积规则在RCEP中的运用及对中国的启示

殷 敏 丁伊琳*

[摘 要] 《区域全面经济伙伴关系协定》(RCEP)的原产地累积规则不仅统一简化区域价值成分标准,扩大累积适用范围限制,降低原产资格获得门槛,而且规定了区域累积规则与关税减让安排的对接,开放度高,包容性强,成员国进出口贸易更为便利,尽享优惠红利。通过对照《北美自由贸易协定》(NAFTA)、《美墨加三国协议》(USMCA)、《全面与进步跨太平洋伙伴关系协定》(CPTPP)、中国—东盟自由贸易协定(Free Trade Agreement,FTA)等原产地累积规则,总结出现存在区域价值成分(Regional Value Content,RVC)针对性、灵活性较弱等问题,对区内企业和海关的管理提出高标准、严要求,实操中存在困难,并对此次提出我国未来FTA谈判需要坚持的战略方向以及相应完善路径。

[关键词] RCEP;区域累积规则;区域价值成分标准;关税减让

截至目前,RCEP已在15个国家全面正式生效。累积规则(Cumulation)作为原产地规则的辅助规则之一,既是确定自由贸易协定成员国贸易产品"法定国籍"的主要工具,也是成员国间贸易流向与决策的基本门槛。RCEP虽在累积标准、区域价值计算成分标准以及

* 殷敏,上海政法学院教授;丁伊琳,绍兴市住房和城乡建设局信访法制处科员。

与关税减让制度的关联内容上有所创新,统一的规则和扩大的市场准入将稳步减少区域内的非关税壁垒,可为成员国之间的贸易、投资领域带来相应好处,促进亚太区域经济协调化发展。[①] 但不可忽视随之带来的不确定性,在各成员方评估确定原产地资格时可能会产生严重的技术实施问题以及优惠侵蚀等潜在漏洞,给海关和企业提出了更高的挑战。因此,为营造良好有序的国际贸易环境,对 RCEP 原产地累积规则的深入研究在理论和实践层面都具有十分重要的价值。

一、RCEP 原产地累积规则标准的认定及发展趋势

(一)RCEP 原产地累积标准的确定

由于现行 FTA 中一般不会明确写明具体累积规则类型,故多年来累积规则的分类一直处于非常混乱的局面。综观相关文献,发现不同学者对于累积规则的分类存在显著分歧,对于不同概念给出的定义存在明显差异。[②] 国际上一般以世界海关组织发布的《原产地手册》(Origin Compendium)为基准。该手册没有采用纷繁复杂的累积概念,而是选择从客体范围(材料、加工)和地域范围(FTA 成员方、非 FTA 成员方的其他国家/地区)分为四类:第一类为 FTA 某一成员方的原材料被视为原产于生产最终产品的另一成员方,根据适用国家的数量分为双边累积(=2)和区域累积(>2);第二类为在 FTA 某一成员方进行的所有生产阶段都可算作制造原产产品的合格操作,被视为发生在生产最终产品的另一方,称为完全累积,允许汇总在不同国家进行的不同制造操作;第三类为与最终进口国有优惠贸易安排(或在原产地条款中被特别提及,有国家要求不同 FTA 间必须包含相同的原

---

① Cyn-Young Park et al., *The Economics of Conflict and Cooperation in the Asia-Pacific: RCEP, CPTPP and the US-China Trade War*, East Asian Economic Review, Vol. 25, No. 3, p. 233 – 272 (2021).

② 除了常见的单边累积、双边累积、完全累积的基本三分法外,还有学者额外提出对角累积、地区累积和完全累积(孟国碧,2008),区域累积、斜边累积和扩展累积(国家质量监督检验检疫总局通关业务司等,2016),甚至还有对角完全累积的概念(李海莲,2019)。

产地规则)的第三国(非 FTA 成员国)的原产材料被视为原产于生产最终产品的 FTA 缔约国,称为对角线累积;第四类为在与最终进口国有优惠贸易安排的第三国(非 FTA 成员国)进行的生产,被视为发生在生产最终产品的 FTA 成员国内。① 因分类简洁明确,放宽对最终产品的认定标准,极大地降低了原产资格获得门槛,因此备受青睐。

根据以上区分标准,NAFTA 第 401 条、USMCA 第 4.2 条、CPTPP 第 3.2 条从原材料获得或生产的地域入手,采取了包括区域累积、完全累积在内的累积标准,累积开放程度高,而中国与智利、新西兰、柬埔寨等多国签订的 FTA 基本采用的是双边累积。其中,虽中国—东盟 FTA 中文文本用语为"完全累积",具体类型学界尚存争议,但大部分学者选择将其归为双边累积,提出"完全"是就地域标准而言,与强调客体标准的"完全累积"本质不符。②

RCEP 第 4.1 条则突破了中国的既有路径,采取了区域累积标准,扩大了累积适用范围限制,明确域内成员国对于产品加工增值部分累积价值总和超过 40% 即视为具有原产地资格,改变过去传统单一供应商的被动模式,修改为 15 个缔约方自愿挑选的主动模式,鼓励支持缔约国的企业在区域内能够共享生产原材料等资源,突破了以往国家间不能跨协定累积规定的束缚。

(二)RCEP 累积标准呈现扩张趋势

一方面表现为累积程度的深化趋势。根据第三章第 4.2 条的规定,RCEP 将在生效之日起五年内考虑扩大累积的适用范围,包括"所有生产和货物的增值",正式向完全累积靠拢。而且,中国于 2021 年 9 月宣布正式申请加入 CPTPP 并提交书面信函。③ RCEP 作为中国通向

---

① World Custom Organization, *WCO Origin Compendium*, May 2017, p. 37 - 43.

② 参见崔凡:《〈区域全面经济伙伴关系协定〉原产地累积规则辨析》,载《上海对外经贸大学学报》2021 年第 4 期。

③ 参见商务部:《中方正式提出申请加入〈全面与进步跨太平洋伙伴关系协定〉(CPTPP)》,载中央人民政府网,http://www.gov.cn/xinwen/2021-09/16/content_5637879.htm。

CPTPP 的关键性一步,也正是中国未来原产地累积规则迈向 CPTPP 高标准完全累积的重要佐证。

另一方面表现为地域范围的包容性。2012 年《关于启动 RCEP 谈判的联合声明》中设置了开放性参加谈判条款以及加入条款,允许任何从未参加过 RCEP 谈判的东盟自贸区伙伴国家或地区在遵守一定条件的基础上共同加入谈判,纵使谈判完成,也允许相关国家或其他外部经济体国家参与进来。① 虽印度在谈判过程中因为种种原因于 2019 年 11 月退出 RCEP,其余 15 个成员国仍承认印度是一个有价值的原始参与者,依旧欢迎印度继续回归队伍,一同加强合作,使全球经济能够从疫情带来的危机中尽快恢复。② RCEP 充分考虑了成员国经济发展的差异性,注重不发达国家发展需求的多样性,将经济发展水平具有差异性和多样性的国家和地区凝聚在一起,从谈判伊始就展现开放和包容特性,加强协定本身的影响力,不仅为生效之后的执行与协调沟通铺平道路,更是对其他 FTA 筑起的贸易壁垒、宣扬的贸易保护主义和大国单边主义的有力回击。③

(三)开放式累积规则对企业和政府提出更高要求

原产地累积规则的逐步放开对成员国政府的海关部门、对试图抓住 FTA 红利的中小微企业提出了更高的管理要求。现如今由于多哈回合的停滞不前,国际统一化原产地累积标准的缺乏,越来越多的国家都采取"孤立"地与他国协商制定 FTA 的方式以扩大本国贸易。伴

---

① 《关于启动〈区域全面经济伙伴关系协定〉谈判的联合声明》(Joint Declaration on the Launch of Negotiations for the Regional Comprehensive Economic Partnership),载中国自由贸易区服务网 2020 年 11 月 10 日,http://fta. mofcom. gov. cn/rcep/rceppdf/xy_cn. pdf。

② Dipanjan Roy Chaudhury, *RCEP urges India to return to negotiating table as Covid – 19 wrecks economies*, The Economic Times (Apr. 30, 2020), https://economictimes. indiatimes. com/news/economy/policy/rcep-urges-india-to-return-to-negotiating-table-as-covid – 19 – wrecks-economies/articleshow/75477407. cms? from = mdr.

③ 参见刘瑛、夏天佑:《RCEP 原产地特色规则:比较、挑战与应对》,载《国际经贸探索》2021 年第 6 期。

随着不同原产地规则影响的扩散化和范围的重叠化，容易产生系统不兼容的问题，从而形成“意大利面碗效应”(Spaghetti Bowl/ Noodle Bowl)，造成市场的进一步分裂化，增加政府执行负担以及企业交易成本，并对协定提供的优惠性福利以及对区域、全球经济贸易往来产生不利影响。

原产地规则行政要求的遵守与否是FTA贸易优惠利用率高低的决定性因素之一。[①] 对于海关部门而言，若管理薄弱，将很难有能力执行好复杂的原产地规则，容易造成颠覆贸易自由化进程的后果，这对于该国或地区内外事务的管理与执行提出了更高、更严苛的要求，从而陷入恶性循环，对区域乃至全球的经贸往来产生不利影响。[②] 对于企业而言，对FTA重视程度低、专业程度欠缺、了解不充分、不同FTA利用水平的不平衡和利用情况不均衡等因素都会使实践效果大打折扣。[③] 复杂的规则和行政负担则可能会成为压垮中小微企业的最后一根稻草。鉴于不同协定之间采用计算方式的差异性和使用标准的复杂性，中小微企业欠缺专业人才去深入挖掘各个FTA的优惠福利，国家也缺乏相关的解释性条例予以带动，这极大地降低了中小微企业对于FTA利用的积极性，容易让企业深陷泥潭而难以自救。因此，如何降低企业交易成本，减少政府执行负担就成为各国所要思考的问题。

二、RCEP区域价值成分标准的优化

区域价值成分标准作为优惠贸易安排下原产地规则管理中的重要标准，具体是指根据货物从一国或地区出口到另一国家或地区的份

---

① Pramila Crivelli et al., *Using Utilization Rates to Identify Rules of Origin Reforms: The Case of EU Free Trade Area Agreements*, EUI Working Paper RSC, 2021, p. 1 – 6.

② Olivier Cadot et al., *The Origin of Goods Rules of Origin in Regional Trade Agreements*, Oxford University Press, 2006, p. 266 – 267.

③ 参见杭州海关课题组：《逆全球化背景下提高我国自贸协定(FTA)利用率的对策研究——以杭州关区进出口企业为样本》，载《海关与经贸研究》2019年第5期。

额大小,通过计算公式来决定是否达到给予市场准入优惠的规定标准。[①] 实践中各国为了方便进出口商计算,均根据缔约方发展阶段、贸易习惯等因素采用了相对灵活的计算方式。[②]

(一)RCEP区域价值成分标准的简化处理

RCEP统一RVC计算标准的方式可谓是突破性进步。相较NAFTA第402条,RCEP赋予了进出口商可自行通过交易价格法(Transaction Value Method)或净成本法(Net-Cost method)计算RVC的权利,计算公式的简洁可以避免复杂的计算流程,提高贸易效率。但同时也规定了在交易价值不可接受等六种情况下必须采用净成本法(第5款),暗含两种计算方法的使用顺序(第6款),将净成本法作为最后使用方法进行了详细规定(第8款)。该规定虽保障了当事方的维权路径(第7款),但不可否认复杂的计算方法势必会增加中小微企业的管理成本,对自贸区内贸易流动形成隐形壁垒。同样,CPTPP选择延续TPP传统原产地规则,允许进出口商根据产品特点、基于不同材料选择适用重点价值法(Focused Value Method)、减量法(Build-down Method)、增量法(Build-up Method)、净成本法。看似多元化选择的背后,实则暗藏严苛要求,容易分散不同国家在国际贸易中的比较优势,不符合国际分工的比较优势理论,从而影响成员国发挥竞争优势。再对比修订前后的中国—东盟FTA,计算公式中分子发生明显变化,考虑到进出口商从正面计算"非CAFTA的材料价值+不明原产地的材料价值"过于烦琐,计算环节容易出错,于是在修订后变为从反面情况着手,采取"FOB离岸价格-VNM非原产材料价值"让计算更加便捷,但实务中操作的难度极大,FOB价值、VNM价值可能会因为部分主体记录工具的落后以及记录内容的不完整导致最终计算环节难以继续,故在进出口实践中争端发生率较高。

---

① Walter Goode, *Dictionary of Trade Policy Terms Six edition*, Cambridge University Press, 2020, p. 426.

② 参见赵世璐、李雪松:《后TPP时代FTA原产地规则国际比较与我国应对策略研究》,载《国际商务研究》2022年第2期。

RCEP的创新式路径使进出口商更加简洁明了地适用协定,无须因为选择公式的先后顺序而苦恼,也无须为不同产品如何适用不同的计算公式绞尽脑汁。RCEP在延续中国—东盟FTA规定的基础上,丰富了RVC计算标准,让企业可通过VOM原产材料价值、直接经营费用成本等五大部分在内价值的总和来计算RVC含量,同时在后续程序性内容以及最低信息要求中配备了相对完整的规定,让出口商的产品更容易满足附件一具体产品原产地规则的要求。[①] 两种方法各有优势,方便进出口商根据自身需求选择合适的计算方法。"二选一"计算方式的处理对于进出口商是极为有利的,企业可以根据从供应商处接收到的产地信息来选择使用何种计算方法,能够更灵活地利用市场准入优势,不仅提高了进出口双方之间的贸易效率,而且也有利于提高国家海关等执行部门解决纠纷的沟通效率。

(二)RCEP区域累积成分标准的多边主义因素

纵观北美自由贸易区内原产地规则内容的发展,堪称"当今世界上最为严格和复杂的原产地规则"的NAFTA第四章规定容易在自贸区内形成隐形壁垒。当成本大于FTA所带来的效益时,逐利最大化的企业转而会选择放弃相关优惠关税待遇,恰恰是这一点成为北美原产地规则的硬伤。[②] USMCA注意到了过去计算方法的缺陷,于是选择在第四章花了九成篇幅提出用负面清单来覆盖原有六种限制情形;通过要求75%的汽车内容必须在北美制造,增加劳动价值含量要求(Labor Value Content,LVC)将原产地规则的严苛适用更推上了一层台阶,以此来鼓励美国制造业和区域经济增长,充分保护自贸区内供应商的利益,区域保护主义逐渐凸显。[③]

---

① Jong Woo Kang et al., *Regional Comprehensive Economic Partnership Overview and Economic Impact*, ADB BEIEFS, No. 164, p. 2－3 (2020).

② 参见中华人民共和国海关总署关税征管司编著:《原产地知识普及读物》,中国海关出版社2011年版,第102～105页。

③ 参见何蓉、连增、郭正琪:《美墨加协定(USMCA)对原产地规则的修订及其影响分析》,载《区域与全球发展》2019年第6期。

RCEP并非像其他学者所言是对单边主义的贯彻,也没有与多边化的目的背道而驰。① 从谈判伊始,RCEP就一直追求区域多边化,同时坚持东盟的中心地位,在促进贸易、服务和投资的自由流动的同时也有助于东盟的一体化进程。涉及实质性贸易规则制定的原产地累积规则不仅有利于东盟成员国,也有利于其他贸易伙伴。由于在生产加工过程中原材料以及劳动力资源的吸引力,RCEP原产地区域累积规则确保了只要符合附件一要求的出口商就可以获得优惠待遇,有助于加强东盟的内部整合,释放经济潜力。相比之下,RCEP 40%的数值大大降低了原产地标准的满足要求,让区内出口生产商更容易利用规则享受优惠关税等政策红利。② 累积规则的突破让原本可能不属于原产地的原材料或中间品在RCEP中也能被计算在内,有助于为各缔约国出口商创造机会,鼓励各成员国企业域内生产和加工,激励更多的产品和服务能够进入区域价值链,加强成员国之间的资源共享能力,让贸易变得更简单,充分发挥了"软化剂"功效,对恢复疫后全球贸易需求至关重要。③

虽不如CPTPP般全面,但RCEP也代表了经济多边主义的一次重大复兴。④ 通过降低贸易成本和简化规则的方式,试图来重组全球供应链,不仅通过鼓励成员国之间贸易合作以扩大互利共通的多边合作空间,还有利于改善全球经济治理体系,关系着全球贸易体系的未来。

---

① Chien-Huei Wu, *ASEAN at the Crossroads: Trap and Track Between CPTPP and RCEP*, Journal of International Economic Law (Oct. 5, 2019), https://papers.ssrn.com/sol3/papers.cfm?abstract_id=3464941.

② 参见袁明兰、张小玲:《RCEP签署带来的机遇、挑战及中国的策略选择》,载《价格理论与实践》2021年第1期。

③ 参见汪沛:《RCEP原产地规则差异比较》,载《中国海关》2021年第8期。

④ Fukunari Kimura et al., *Regional Comprehensive Economic Partnership (RCEP): Implications, Challenges, and Future Growth of East Asia and ASEAN*, ERIA (Mar. 14, 2022), https://www.eria.org/publications/regional-comprehensive-economic-partnership-implications-challenges-and-future-growth-of-east-asia-and-asean/.

（三）区域价值成分标准指向性、灵活性、协调性有待强化

RCEP中行业通用性的RVC计算标准使该制度缺乏明确的指向性，灵活性、协调性有待加强。RCEP虽将汽车整车及零部件的RVC要求与其他产品进行统一化40%处理，避免给缔约国施加过多计算压力，但过低的标准可能会让中国汽车企业在区域内国家的市场份额易受到域外国家中间品贸易的影响，对于汽车零部件制造市场提出了更高的技术制造和产品创新要求。①

细看NAFTA和USMCA，两者都对汽车行业和纺织品行业的原产地规则进行特殊化规定，针对不同产品单独限定。例如，USMCA规定对于乘用车、轻重型卡车整车只能采用净成本法，而对于零部件则是两种计算公式均可采用，并对于生产车型所使用的原材料含量和地区都予以限定，甚至还对每种车型的LVC标准提出不同水平要求。也正因为对于两大行业适用的不同标准，北美自贸区内的汽车销售更为便利，增强了北美汽车生产的国际竞争力。② 无独有偶，CPTPP的四种计算标准中也是单独列出仅适用于汽车产品的净成本法，并在第3.9条将这一方法扩大适用到了特定汽车材料领域。但是，在修订后的中国—东盟FTA以及RECP等一系列中国商谈签订的FTA原产地规则中几乎很难看到有区分特定行业的影子。伴随着以美国为主导对“中国制造”的抵触，贸易保护主义再度兴盛，在这种背景下采取对所有行业“一视同仁”的做法将弱势产品同其他优势产品放在同一个国际贸易舞台上同台竞技，很大程度上会削弱国家的保护力度，弱者更弱、强者更强的局面使协定红利更加难以彰显，容易产生贸易摩擦，还不利于引导国家重点行业的发展和国内产业结构的调整优化。③

① 参见孙丽、图古勒：《国际经贸规则重构对我国汽车产业的影响及对策——机遇USMCA、CPTPP和RCEP的分析》，载《亚太经济》2021年第3期。

② 参见何蓉、连增、郭正琪：《美墨加协定（USMCA）对原产地规则的修订及其影响分析》，载《区域与全球发展》2019年第6期。

③ 参见赵世璐、李雪松：《后TPP时代FTA原产地规则国际比较与我国应对策略研究》，载《国际商务研究》2022年第2期。

累加法的灵活增加会对区内企业提出更高标准、更严格的要求。具体怎样才能够完善企业内部规章制度的同时,有效降低产品成本实现利润最大化,并与原材料供应厂家之间建立良好的信息沟通共享渠道机制,尽可能享受政策红利,成为区内企业当下应该着重关注的问题。[①]

三、RCEP 区域累积规则与关税减让安排的对接

除 RCEP 第三章内容以外,第二章第6条中也包含了原产地累积制度的内容,规定了成员国之间的关税差异情形。[②] "关税差异"的概念最初由印度提出,目的是解决对一些区域经济共同体作出的差别关税承诺可能导致的规避问题,后由于一些区域共同体认识到制定该规定的重要性,因此仅针对有限数量的税目商品达成了妥协。[③]

(一)RCEP 关税减让开放程度提高

成员国对90%以上货物"逐步归零"的承诺正是 RCEP 协定高水平、高质量的呈现。[④] 在关税逐步下调阶段结束时,RCEP 大部分货物关税将降至零,这一承诺将带来关税成本的大规模降低,对于受疫情影响最严重的亚洲中小企业来说是利好的。

一方面,表现为对大规模进出口贸易的期待。相较中国原先与其他国家签订的 FTA 文本,RCEP 下中国对伙伴国家产业链的需求是有针对性地添加,为了让更多行业可以加入进来,与多国主要进出口商

---

① 参见韩剑、杨凯、邹悦悦:《自由贸易区提升战略下 RCEP 原产地规则利用研究》,载《国际贸易》2021年第3期。

② 参见崔凡:《〈区域全面经济伙伴关系协定〉原产地累积规则辨析》,载《上海对外经贸大学学报》2021年第4期。

③ Fukunari Kimura et al., *Regional Comprehensive Economic Partnership (RCEP): Implications, Challenges, and Future Growth of East Asia and ASEAN*, ERIA (Mar. 14, 2022), https://www.eria.org/publications/regional-comprehensive-economic-partnership-implications-challenges-and-future-growth-of-east-asia-and-asean/.

④ 参见中国商务部:《商务部国际司负责人解读中国—马尔代夫自由贸易协定》,载中国自由贸易区服务网,http://fta.mofcom.gov.cn/article/chinamedf/chinamedfnews/201712/36400_1.html。

品市场准入开放程度也都是前所未有的。例如,针对供电不足导致工业发展迟缓的菲律宾则是增加了工业副产品、机电产品等领域,加强双方的经贸结构互补性;针对农业发展欠缺优势条件的日本出口覆盖范围扩充了部分蔬菜以及水产品等农产品领域,深度加深两国在农产品领域的合作,使未来中日自贸区的建立如虎添翼。[①]

另一方面,双边谈判中的关税减让安排下展现出 RCEP 成员方自主性的高度协调。相较而言,NAFTA、USMCA 采用了统一标准,一步到位;[②]CPTPP 在纳入原 TPP 协议中关税成果的基础上,将为所有部门 99% 的关税细目提供全面关税减免的统一关税承诺;[③]中国—东盟 FTA 选择单独对接、区别正常和敏感类产品不同标准,逐步到位;RCEP 采用双线并进手段,即充分考虑不同经济体的利益诉求,允许缔约方根据自身需求采取适合的关税承诺表模式,一种是中日韩泰等七国采用"国别关税减让",选择针对相应产品制定不同表格或增加备注的方式;另一种是包括澳文柬缅在内的八国采用一张减让表完全覆盖的"统一关税减让"方式,在规定时间内逐步实现承诺。[④]

（二）RCEP 对关税减让的包容程度加强

不同于国际主流 FTA,RCEP 在用各国规定的关税承诺表内容的基础上特别放宽了适用条件,即将针对仅使用其他缔约方生产的货物,只要出口方的生产工序符合第五款规定的微小加工（第二款）或是针对关税承诺表所列货物在符合附加要求（第三款）的情况,均予以适用成员国承诺的优惠关税待遇（见图 1）。但针对第三款的规避措施,中国、泰国、

---

① 参见张金萍、李晓滕:《RCEP 助力构建中日自由贸易区》,载《商业经济》2022 年第 4 期。

② 参见罗刚:《自由贸易区法律制度比较研究——以中国—东盟自由贸易区为视角》,载《云南大学学报（法学版）》2007 年第 4 期。

③ *About tariff elimination under the CPTPP*, Government of Canada (Mar. 7, 2022), https://www.international.gc.ca/trade-commerce/trade-agreements-accords-commerciaux/agr-acc/cptpp-ptpgp/tariff-elimination-droits_de_douane.aspx? lang = eng.

④ 参见刘春勇:《RCEP 货物贸易规则和关税减让安排政策解读及建议》,载中国自由贸易区服务网,http://fta.mofcom.gov.cn/inforimages/202109/20210917163112745.pdf。

越南等八个国家在附件一关税承诺表中额外对部分敏感产品增设了高门槛,即针对附录所列原产货物,明确规定应当根据 RVC 计算标准,出口方生产原产货物的增值部分不得低于货物本身价值的 20%,对累计范围予以限制,以此避免出现利用区域累积规则来规避高关税的情形。例如,柬埔寨某汽车制造厂希望通过进口原产于中国、韩国和日本的汽车零部件来享受 RCEP 关税待遇。按照这一要求,柬埔寨的劳动力成本和当地材料组成在汽车离岸价格中至少包含 20% 的附加值,这对于柬埔寨要求过高,商业上不仅不可行,而且会造成沉重的行政负担。①

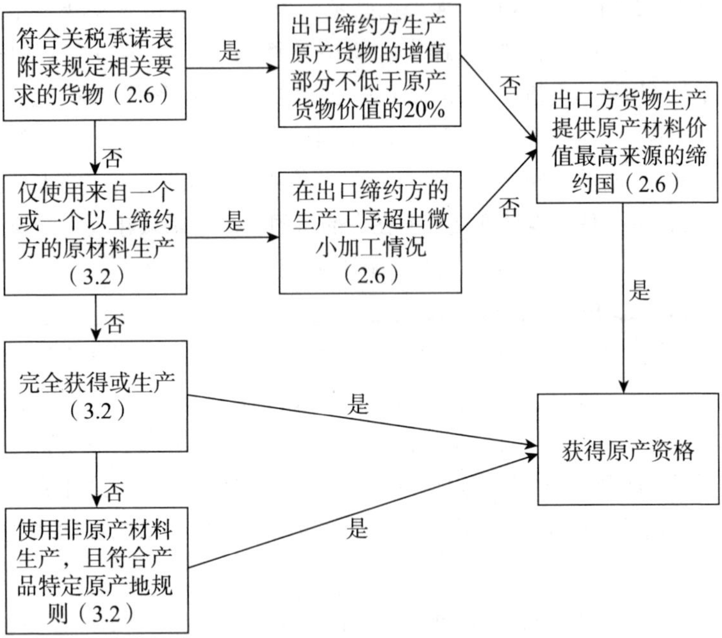

图 1 RCEP 获得原产资格货物的条件汇总

注:内容系根据 RCEP 第二、三章及附录文本制作而成,括号内数字乃对应条款数。

---

① Pramila Crivelli & Stefano Inama, *A Preliminary Assessment of the Regional Comprehensive Economic Partnership*, ADB Briefs, No. 206, January 2022, p. 10.

即使根据前两款规定未认定原产国，RCEP 依旧还是在第四款中明确了对于为出口方货物生产提供原产材料价值最高来源的缔约国给予提供原产认定的资格。这一规定表现出了 RCEP 对于高关税国家将产品运往低关税国家进行加工处理以规避高关税、获得原产资格的现象给予了一定容忍限度，体现出了协定本身高度的包容特性。

（三）RCEP 下关税减让与累积规则重叠带来的贸易转移问题

截至 2023 年第一季度，我国企业利用 RCEP 规则享惠出口货值共 2975.9 亿元，享惠进口货值 835.5 亿元，减让税款 20.3 亿元，可享受进口国关税减让 25.1 亿元。[①] 毫无疑问，RCEP 的生效对成员国产生了巨大的经济影响。其中包含的关税减让条款和原产地累积规则将降低出口商品和中间产品的价格，促进成员之间的出口，让企业能够享受更大生产规模经济好处的同时，但也容易导致贸易转移效应（Trade Diversion）的发生。[②] 贸易转移是指来自非协定成员国的生产商通过将货物事先转运至低成本的协定成员国内，通过该转运以获得协定规定优惠准入的现象，这一现象将会严重影响国际货物贸易的正常秩序。美日两国曾为了解决这一问题，在缔约中加入了对部分商品严格的限制性原产地累积规则。以日本对服装的限制性原产地规则为例，该规则明确要求从纺纱、织布到最终服装制作的三重转变过程必须全部在伙伴国境内进行，日本计划允许在印度尼西亚、菲律宾、马来西亚等部分东南亚国家之间进行累积。[③] 此种严格的原产地规则不仅会对中小国家造成歧视，而且若按照此种高度限制性规定，只要原产地规则中存在允许区域成分的叠加累积，未来实践发展就可能会使

---

① 参见罗珊珊：《RCEP 对 15 个签署国全面生效 为区域经济一体化注入强劲动力（经济新方位）》，载《人民日报》2023 年 6 月 7 日，第 03 版。

② See Robert Stehrer & Nina Vujanovic, *The Regional Comprehensive Economic Partnership (RCEP) Agreement: Economic Implications for the EU27 and Austria*, FIW Policy Brief, No. 54, January 2022, p. 5.

③ See Olivier Cadot et al., *The Origin of Goods Rules of Origin in Regional Trade Agreements*, Oxford University Press, 2006, p. 307 - 308.

原产地规则对于中间产品的态度朝着越来越严格的一端靠拢,从而要求成员方提供的产品有越来越高的附加值,对于成员国出口商来说,肩上负担越来越重。因此,为了充分发挥FTA原产地累积规则给缔约国带来的优势,需要保证累积范围的适度扩张性。

此次RCEP除了双方商定的逐步取消关税和壁垒之外,原产地规则的灵活适用也使区域产业链供应链的管理更加容易。① 随着成员间贸易联系的加深,东亚地区在制造业方面的比较优势和安排多国供应链的优势将得到进一步发挥,一定程度上能够缓解原产地规则的保护主义倾向。② 然而,累积规则作为"RCEP加强区域价值链潜在催化剂之一",其潜力的释放可能会因为关税差异的问题而被削弱。③ 伴随着我国劳动力水平的提高以及东南亚国家制造业成本降低带来的价格优势影响,我国纺织业、家具制造业等产业外溢现象已越发明显。④ 实操中对于区域累积规则以及关税减让安排的重叠交叉部分应当如何理解并运用仍有一定难度。虽然协定将许多农产品和政治敏感商品完全排除在关税减免之外,但此等规避行为的大肆开展终将会限制国家长期的经济利益。⑤ 如何才能探索出一个降低博弈成本、赢得利润最大化的方式,还需要展开对市场的深入研究。但不可否认,RCEP终将凭借其大的地理覆盖面以及宽松的原产地规则成为区域贸易合作

---

① 参见中国商务部国际贸易经济合作研究院:《区域全面经济伙伴关系协定对区域经济影响评估报告》,载中国国际贸易促进委员会南京市分会网,http://ccpit.nanjing.gov.cn/zggjmycjwyhnjfh/202201/t20220105_3252285.html。

② See Erlinda M. Medalla, *Rules of Origin: Regimes in East Asia and Recommendations for Best Practice*, Philippine Journal of Development, No. 35, Vol. 2, p. 29 – 49 (2008).

③ See Pramila Crivelli, Stefano Inama, *A Preliminary Assessment of the Regional Comprehensive Economic Partnership*, ADB Briefs, No. 206, January 2022, p. 10.

④ 参见信息服务部:《订单外溢 产业外移!? 东南亚国家出口新一轮加速开启 外贸企业如何应对?》,载中国国际贸易促进委员会浙江省委员会网,http://www.ccpitzj.gov.cn/art/2022/5/10/art_1229557691_33970.html。

⑤ See Benjamin Kostrzewa et al., *RCEP: What does it mean for future Asia-Pacific trade and U. S. companies operating in the region?*, JDSUPRA (Jan. 26, 2021), https://www.jdsupra.com/legalnews/rcep-what-does-it-mean-for-future-asia-2449212/.

中的主要驱动力,未来伴随着成员国之间关税的逐步取消,其在全球经济贸易合作中的角色分量将越来越重。

四、RCEP 原产地累积规则对中国的启示

(一)明确未来中国 FTA 谈判需坚持的战略方向

多边贸易体制的出现是顺应了世界经济发展的必然选择。[①] RCEP 作为一个涵盖人口之多、涉及规模之大的超大型 FTA,恰恰就是中国试图在全球范围内努力打造自贸区网络、坚持多边经济体系最有力的证明。此次重点关注的原产地累积规则正是对当下货物贸易最新发展以及自贸区域内对外经贸规则的重大调整。[②] 这为未来我国与其他国家或地区进行贸易协定谈判奠定了基础,进一步提升了我国对外自贸协定的缔结质量。

1. 强化 RCEP 与“一带一路”的对接

鉴于 RCEP 成员间经济体制、发展水平等的差异,试图为不同经济发展水平的国家提供一个开放式良好发展环境面临着多重阻碍。考虑到东盟 10 国既是 RCEP 又是“一带一路”倡议的重点区域,诸多参与国均属于发展中国家,因此加强两者互相连接必不可少,为制度的实施与完善提供许多有益经验。中国应该积极借助此次 RCEP 带来的有利东风,大力推进在区域内国家重点货物贸易项目与规则和标准的对接。

2022 年 1 月 1 日 RCEP 正式生效,中国与“一带一路”共建国家进出口贸易往来比以往更加紧密。考虑到区域内的经济多样性,未来 RCEP 与“一带一路”将会面临更多挑战。对此,不仅可以通过对标

---

① 参见国新办:《〈中国与世界贸易组织〉白皮书(2018 年 6 月)》,载中华人民共和国国务院新闻办公室网 2018 年 6 月 28 日,http://www.scio.gov.cn/ztk/dtzt/37868/38521/index.htm。

② 参见海南省绿色金融研究院:《RCEP 对海南“一负三正”清单调整机制的影响分析》,载中国自由贸易区服务网,http://fta.mofcom.gov.cn/article/rcep/rcepgfgd/202108/45638_1.html。

RCEP 相关规定,与“一带一路”共建国家进一步协商并完善已有自贸协定中不相适宜的规定,分阶段、分领域、分步骤逐步推进,还可通过建立区域贸易关税制度的长效解决机制,推进货物贸易便利化与投资透明化发展,助推国家经济体制改革。①

2. 利用 RCEP 作为加入 CPTPP 的契机

原产地规则力求反映 CPTPP 国家的供应链和生产过程。② 疫情背景下,各国边境封锁、限制人员流动以及其他公共卫生限制措施导致国际供应链中断,各项措施带给企业的风险和成本也不断增加。大量新出台的保护主义措施也进一步拖累了全球贸易发展势头。来自疫情的更高风险将诱使大多数跨国公司进行数字化创新和智慧化转型,这对地区价值链产业活动以及企业产业链的疫后恢复工作提出了更高的要求。③ 如何能够在最大限度获得优惠关税待遇资格的同时保障好签署国各自部门利益,争取成员方的支持必不可少,需要各国在谈判桌上的有效沟通。而 RCEP 的签署恰好证明了中国已经做好了准备。

中国作为 2020 年全球经济正增长的唯一经济体国家,④希望可以借助 RCEP 以及 CPTPP 两大平台的影响力来扩大与成员方之间的贸易往来,为疫后经济复苏注入新动力。对国家而言,需要在明晰原产地规则的基础之上,有效行使行政自由裁量权,最大化衔接不同 FTA

---

① 参见袁明兰、张小玲:《RCEP 签署带来的机遇、挑战及中国的策略选择》,载《价格理论与实践》2021 年第 1 期。

② See Collins C Ajibo et al., *RCEP, CPTPP and the Changing Dynamics in International Trade Standard-Setting*, Manchester Journal of International Economic Law, Vol. 16, No. 3, p. 425 – 440 (2019).

③ See Shandre Mugan et al., *Impacts of the Regional Comprehensive Economic Partnership on ASEAN and ASEAN Least Developed Countries in the Post-pandemic Recovery*, Economic Research Institute for ASEAN and East Asia Policy Briefs, No. 2021 – 01, p. 3 – 5 (2021).

④ 参见杨文佳、陈昊:《观察|2020 年我国 GDP 突破百万亿:里程碑　新起点》,载中央纪委国家监委网,http://v.ccdi.gov.cn/2021/01/19/VIDELcPMS8aZdSig13ftC2kH210119.shtml。

的原产地规则,优化手续成本,允许企业自主选择适用内容,寻找最优解,提高参与积极性;对企业而言,需要在做好不同协定规则解读的同时,将加大研发创新型投入、升级完善产业链、提高竞争力作为重中之重,避免陷入成本泥潭,方便未来加入更高标准的 CPTPP 后有一个充分明确的实践目标。因此,加大国内法律法规与国际经贸规则的主动对接必不可少。

(二)构建高度灵活的原产地累积规则体系

1. 制定针对性强、行业特色性明显的原产地累积规则

总结中国 FTA 原产地累积规则的发展趋势,最初中国—东盟 FTA 采用单一从价百分比标准,存在很大的局限性,虽可减少或避免税号表程序制定过程中的繁琐,但落后于多标准的国际发展趋势。[①]此后,中国在谈判方向上慢慢采用从税则归类改变标准与从价百分比标准结合或选择单独适用模式,渐渐又采用加工工序标准等作为辅助标准,甚至在部分 FTA 中增加了对于特定货物的原产地规则的特殊规定以方便出口商根据具体情况采用相对应的适宜标准。例如,中国—瑞士 FTA、中国—澳大利亚 FTA 专门规定化学品章节;中国—马尔代夫 FTA 针对部分重点农产品设定严格标准;[②]中国—柬埔寨 FTA 则就纱线、服饰等纺织行业规定了额外加工工序规则,并在 RVC40% 的基础上施加生产工序的地域限制。

为打破中国在有关原产地规则的国际谈判中的被动局面和尴尬境地,中国需要积极掌握主动权,主动制定原产地累积规则的 FTA 示范文本。具体可以根据对外贸易的实际发展情况,将计算标准作出明显区分,针对不同发展成熟度的产业行业的特殊敏感类型产品采取定性定量分析,根据实际情况的变化循序渐进、逐步优化。例如,可以学

---

① 参见罗先云:《原产地规则的法律问题研究》,中国政法大学出版社 2014 年版,第 167~168 页。

② 参见中国商务部:《商务部国际司负责人解读中国—马尔代夫自由贸易协定》,载中国自由贸易区服务网,http://fta.mofcom.gov.cn/article/chinamedf/chinamedfnews/201712/36400_1.html。

习CPTPP从计算方法和标准数值两方面入手,对RVC计算方法灵活变通,分梯度降低或提高标准百分比;学习USMCA从加大重点扶持产业入手,在聘用劳工、自主技术等方面提高计算货物生产加工工序累积程度上的比重等。这样既能够帮助解决地方就业难,保障弱势行业和中小微企业能够持续运转,又能鼓励企业自主创新,促使中国在“中国智造”的道路上越走越远,为中国顺利加入CPTPP创造良好条件。

2. 加强国内法原产地规则与FTA内容的对接

在20世纪90年代,原产地证书在进出口贸易中扮演着重要证明角色,中国紧跟趋势制定了相关原产地规则,但仅仅停留在形式上,分别于1986年和1992年颁布《海关关于进口货物原产地的暂行规定》(已失效)和《出口货物原产地规则》(已失效),不仅将进口货物和出口货物分别规定,采取不同适用标准,而且两份文件的制定机关不同,立法层级也存在差异,可见当时并没有对进出口货物的原产地规则适用问题给予重点关注。2001年入世之后,为适应国际贸易新形势,积极履行成员义务,国务院于2004年颁布《进出口货物原产地条例》,废止原有规定,将进出口管理合并处理,在立法层级上也做了统一,可谓是一大进步。虽然该条例的出台在当时具有标志性意义,但内容方面还是存在明显问题,适用范围也是对《原产地规则协议》的基本照搬,规定粗略含糊,未照顾到全国不同地方的标准适用性,缺乏实用性。后国务院2019年的修订也只是对其中四条内容做了简单修改,并没有解决本质问题。① 此外,海关总署曾于2008年年底审议通过《海关进出口货物优惠原产地管理规定》用于规范优惠贸易协定下的进出口货物,但存在货物原产资格认定难、区域价值成分标准计算公式单一等问题,表述也难逃原则性和概括性的窠臼。为与RCEP原产地规则配套使用,2022年11月海关特颁布《进出口货物原产地管理办法》,主要内容是对RCEP第三章的转化适用,其中除了格式修改外看不出有

① 《国务院关于修改部分行政法规的决定》(国务院令第709号)第17条。

何更为细致的规定。

为弥补制度缺失、模式脱节可能带来的风险,中国若继续通过国务院修订原有原产地条例的方式进行管理,不仅立法层级较低,所发挥的作用与期待不成比例,还容易受到累积规则未来逐步放开的影响,长尾效应不明显。对此,中国应在总结不足的基础上,结合已签FTA原产地规则的特性,由全国人大常委会制定一部新的进出口货物贸易管理法,积极构建具有中国特色的原产地规则体系,将原产地标准、原产地实施程序等具体板块的内容和流程标准化、体系化,填补并细化进出口货物优惠原产地管理的空白部分,处理好原产地规则与实操的结合内容。例如,可以对标RCEP放开第3章第2条的原产货物认定标准,明确第3章第3条货物完全获得条款"其他天然生成的物品"的适用范围,放宽相应认定资格;或是从细节入手,明确税则改变标准、区域价值成分标准及制作加工程序标准等实质性改变标准的适用条件和具体要素组成,让进出口商更为明晰货物的适用范围,从而构建一套结构脉络清晰完整的原产地累积规则。此外,针对中国与其他国家签订FTA的不同内容,海关总署等相关部门可以出台专门解释性规定,在线上和线下设置专门平台针对企业疑虑作出明确回复,为区内利益起到屏障保护作用,让中小微企业放心大胆地选择适用最新协定,从而助推经济的进步与繁荣。

(三)充分调动中小企业的参与积极性

1. 理性认识原产地累积规则在国际经贸实践中的关键位置

为了让企业充分享受RCEP关税减让带来的福利,鼓励区域内成员国企业之间的贸易往来,各国都在积极开展宣传,加强培训,帮助企业充分理解相关制度规定。RCEP生效后,面对各地方和企业在利用相关优惠政策时存在的困惑,中国商务部等六大部门印发了《关于高质量实施区域全面经济伙伴关系协定(RCEP)的指导意见》,重点围绕制造产业竞争力、制定国际标准、完善营商环境等六大问题共提出了三十条举措,为各地方不同行业、企业经营和更快适应区域市场提供指引。除了给予政策上面的指导外,商务部还在全国各地开展专题培训,针对不同省市地区的企业介绍RCEP整体情况和货物服务贸易规则,从客观理性角度出发,结合当地产业发展特色以及贸易架构等分析对外贸易企业可能会遇到的机遇与挑战,①并在培训基础上编写了RCEP专题培训教材②,让企业熟悉并积极投入参与到累积规则的具体运用以及原产地证书的申请等与实务息息相关的诸多事宜,指导企业塑造更强的转型升级紧迫感,以期未来能够更好、更充分地参与国际合作和竞争,获得伙伴国家或地区的高度认同感。③

2. 加强海关部门的管理水平和带头作用

为搭建一个有利于中小企业走出去的平台,除了需要从实质层面统一原产地累积规则外,海关部门的自身建设也需要同步跟进。边境海关程序效率的提高也会分别对企业的出口业绩和全球价值链的深入参与产生直接和间接的影响。④ 考虑到中国中小微企业数量庞大的特点,很难借鉴新加坡市场准备援助计划(The Market Readiness Assistance)⑤的经验通过外部顾问这一角色帮助企业驾驭FTA。为了让市场发挥资源配置关键性作用,明晰政府海关部门的职责权限,加强海关对企业的带头示范作用,就必须借助政府力量尽可能对想要产品走出国门的中小微型企业提供帮助,改善整体营商环境。

为充分衔接原产地累积规则与自贸区实践,将协定红利落实到每

---

① 参见商务部国际司:《商务部举行第3期全国RCEP系列专题培训》,载中国自由贸易区服务网,http://fta.mofcom.gov.cn/article/zhengwugk/202206/48980_1.html。

② 参见商务部国际司:《〈区域全面经济伙伴关系协定〉(RCEP)专题培训教材》,载中国自由贸易区服务网2022年5月20日,http://fta.mofcom.gov.cn/zwgkp/rcep.html。

③ 参见中国政府网:《李克强主持召开国务院常务会议 听取区域全面经济伙伴关系协定生效实施国内相关工作汇报等》,载中央人民政府网,http://www.gov.cn/premier/2021-02/03/content_5584654.htm。

④ See Ana Margarida Fernandes et al., *The Economics of Deep Trade Agreements*, CEPR Press, 2021, p. 73.

⑤ See Wong Meng Yew et al., *Of RCEP, business, and a less messy bowl of noodles*, The Business Times (Feb. 9, 2021), https://www.businesstimes.com.sg/opinion-features/columns/rcep-business-and-less-messy-bowl-noodles.

一家企业身上,提高对外开放的水平和质量,海关部门应当提高重视程度,提前做好准备并积极部署。程序方面,要利用好推出的"RCEP原产地管理信息化应用项目",根据用户实际需求升级迭代版本,旨在最大限度地完善原产地签证操作程序,提高手续办理效率,降低制度性成本,将智慧政府形象投射到国际贸易的方方面面,为企业提供真正的程序便利。具体内容方面,则需要开展广泛调研,根据各行各业的不同要求详细记录管理区域内企业对外进出口的相关数据,了解分析该区域内 FTA 利用率的具体情况,收集运行过程中存在的问题,一举三得,不仅可以提升海关原产地管理能力,而且可以加强对本国企业的监督管理,以便未来在与成员国的交流合作上把握先机,未来还可以结合全国各个自贸区和自贸港的相关运行规则,为企业充分参与国际竞争提供指导,由小及大,为区域行业发展、主导产业建设以及自贸区和自贸港未来的开放型经贸发展导向提供一臂之力。①

3. 提升企业自身管理建设水平

产业转移现象导致当下市场竞争力度加强,国内部分产业本身原先所具有的优势也被慢慢削减,竞争压力巨大。但企业产品竞争力的博弈离不开企业自身建设的完善。考虑到自贸伙伴的关税减让可以增强企业出口产品在目标市场的价格优势,在面对 RCEP 高度包容性的关税减让情况时,企业应当做好深入评估,将关税减让作为竞争优势纳入经营策略调整和对外商务谈判当中,与贸易伙伴协商采取何种方式能够共享协定红利;针对协定利用效率低的现状,企业应当完善选贤任能机制,对招聘员工定期开展培训,或是与高等院校专家学者合作,在企业内部成立相应研究小组,获得更具有专业性和针对性的指导,及时跟进最新政策规定,真正吃透 RCEP 优惠政策,解决企业难认知、难把握、难决策的问题,提高协定利用效率,这对于企业风险管理方案的制定和执行上颇有用处,以帮助中小微企业掌握在激烈竞争

---

① 参见黄少宣、刘云亮:《RCEP 视角下中国特色自由贸易港税收制度建构研究》,载《海关与经贸研究》2022 年第 5 期。

环境下的生存之道。在前述措施的基础上,企业的重中之重还是要加强创新投入力度,深度挖掘本地区域的产业园或集群优势,利用好“本地化”合作空间①,筹专人、集众智自主钻研产品,优化产业结构,增加产品附加值,提升“中国智造”的国际竞争力,把主动权的缆绳慢慢拉回并攥紧在自己手中。

Application of Cumulative Rules of Origin in RCEP and Implications for China

YIN Min DING Yilin

[**Abstract**] The cumulative rules of origin in the Regional Comprehensive Economic Partnership Agreement (RCEP) not only unify and simplify the regional value component standards, expand the restrictions on the scope of application of accumulation, and lower the threshold for obtaining the origin qualification, but also provide for the connection of regional rules on cumulation and tariff concession arrangements. This ensures a high level of openness and inclusivity, enabling member countries to enjoy easier import and export trade and the benefits of preferential treatment. By comparing cumulative rules of origin in NAFTA, USMCA, CPTPP, China-ASEAN FTA and other regional agreements, this study highlights issues such as the lack of pertinence and flexibility in the regional value content. It also emphasizes the need for higher standards and stricter requirements for enterprises and Customs, which may pose practical difficulties. In light of these findings,

---

① 参见商务部国际司:《〈区域全面经济伙伴关系协定〉(RCEP)专题培训教材》,载中国自由贸易区服务网 2022 年 5 月 20 日,http://fta.mofcom.gov.cn/zwgkp/rcep.html。

this study puts forward strategic directions and corresponding improvement paths that China should adhere to in future FTA negotiations.

[**Key words**] RCEP; regional rules on cumulation; regional value content; tariff concessions

海关法专题研究

Specific Research on the Customs Law

法律方法论视角下规范海关执法的思考

李见伟*

[摘　要]　执法是一门具体的实践性科学,是一种适法性判断活动,掌握一定的执法方法有助于法律适用效果的良好实现。特别是机构改革后的新海关,业务类型增多,监管职责扩大,业务融合及制度立改废力度空前强大,新形势下执法难度和风险越来越高,通过法律发现、法律推理、法律解释、法律论证等法律适用方法快速找法、精准适法,将事实与法律连接,运用三段论获得结果,更具有指引、控权、说服价值,有利于及时化解执法中的难题。

[关键词]　法律方法;三段论;法律发现;法律解释;法律论证

在科学上,方法是指这样一种路径,它以理性的,因而也是可检验的和可控制的方式导向某一理论上或实践上的认识,或导向对已有认识之界限的认识①。执法是一门具体的实践性科学,是一种适法性判断活动,应用法律实际上就是要依据事实和法律规定作出法律判断。法律方法包括法律发现、法律推理、法律解释、法律论证、价值衡量等,掌握法律方法在准确找法、用法,在规制自由裁量权,在执法结果的适

---

*　李见伟,南宁海关法规处副处长,公职律师。

①　参见[德]齐佩利乌斯:《法学方法论》,金振豹译,法律出版社2009年版,第1页。

当上具有较强的指引、控制和说服作用。海关执法专业性较强,特别是党的十九大以后,原出入境检验检疫职能划入海关,海关职责、执法类型增加,业务融合及制度立改废力度空前强大,面对新制度、新业务、新岗位,执法的难度和风险越来越高,对海关执法人员利用法律方法及时有效化解执法纠纷提出了新要求。海关执法人员掌握一定的法律适用方法就等于获得了良好的执法工具,对于正确执法有着较大的意义。从探寻找法、用法的方法入手,结合海关当前执法中呈现的方法缺失问题,结合具体案例分析法律方法作用于海关执法的路径及运用技巧,见微知著,为进一步提升海关执法能力提供实践性建议。

一、法律方法论概念内涵及之于海关行政执法的意义

法律方法论是一门服务于法律适用的科学,在执法过程中指引执法者正确寻找并适用法律,控制执法者任意擅断,辅助执法者作出公正的判断。

(一)法律方法论的概念内涵

方法论是哲学发展到一定阶段后出现的一种理论形态,在哲学中专指认识世界和改造世界的根本方法,是人们用什么样的方式、方法来观察事物和处理问题。[①] 法律方法是指法律职业者(或称法律人)认识、判断、处理和解决法律问题的专门方法。[②] 所要解决的主要问题是怎样在法律适用中准确地理解法律的内涵、立法目的、精神,从而在裁判活动中准确地适用法律。[③] 有关法律方法的学说就是法律方法论。

对于法律方法,理论上存在广义和狭义两种理解,狭义的理解认为,法律方法是在判断某一事实应当适用哪一法律时,对法律的认识和解释;广义的理解认为,法律方法除了包含狭义的理解之外,还有对

---

① 参见沈志先主编:《法律方法论》,法律出版社2014年版,第2页。

② 参见张文显主编:《法理学》,高等教育出版社、北京大学出版社2007年版,第272页。

③ 参见王利明:《法学方法论》,中国人民大学出版社2011年版,第26~29页。

已经存在的法律进行续造或者发现新法律。然而无论是广义还是狭义理解,法律方法其实都是一个运用规范、逻辑、经验、智慧、技巧,甚至包括情感、价值、心理等综合思维,以形成对法律的判断的方法论。从这个角度看,法律方法论的研究范围主要包括:(1)一般的法律如何向具体的判断转化,如:法律解释、法律推论;(2)如何针对个案寻找恰当的法律,如:法律发现、法律论证;(3)如何准确地理解法律和表述法律,如法律修辞、价值衡量;(4)如何规范地分析法律问题。简言之,即如何根据法律思考并赋予事实以法律意义的活动。具体来说,法律方法论在宏观方面要研究法律思维方式,在微观层面研究具体的法律方法。从更宏观的角度看,法律本身所具有的规则和程序就是一种法治的方法。①

具体而言,在处理案件的过程中,运用一定形式逻辑,应用法律对案件进行处理,对客观的事情通过法律进行肯定或者否定的判断,而且这种判断并不是一成不变的,而是会随着客观事实的变化和应用法律阶段的不同,接连不断的发生肯定或者否定的判断,这是一个往复循环的过程。而这个过程中法律人的思维形式,是一种法律推理。简言之,应用法律就是作出判断,它最终表现为法律的判决和裁定、公安机关和检察院的法律决定、行政决定(包括复议、处罚等)、仲裁机关的仲裁裁决等。② 法律判断中常见的形式逻辑表现形式就是三段论,即找法、用法。找法即建立适用的法律规范或建构大前提;用法即分析、研究依据法律可以认定的事实或建立小前提,将相关法律规范适用于本案事实(或称涵摄、连接)作出结论。实际上,海关执法就是执法人员根据现行法律结合不同类型的执法事项依据三段论作出不同的判断行为。法律解释是指解释主体对法律文本进行理解和说明的活动。法律解释方法是指法律解释的思路、方式和程序。它明确了按照什么样的方式理解和阐释法律,并填补法律漏洞。狭义的法律解释方法包

---

① 参见陈金钊主编:《法律方法论》,北京大学出版社 2013 年版,第 40～41 页。

② 参见郑永流:《法律方法阶梯》(第 3 版),北京大学出版社 2015 年版,第 35 页。

括文义解释、论理解释(包括历史解释、体系解释、目的解释等)和社会学解释。在法律适用过程中,找到法律规范是大前提,确认案件事实是小前提,两者同时具备就能得出最后的法律决定。但是无论是大前提还是小前提,都是要通过法律解释才能够形成的。法律论证则是通过一些根据或者理由证成某一观点是正确的、正当的、准确的。法律论证更侧重于证明结论的正当性。价值衡量或利益衡量则是一种创造性法律思维方法,它主要发生在解决疑难案件的时候。因为疑难案件往往发生利益的冲突较大,法律人在面对、处理这些难题的时候,是作为中立的裁决方,充分考量社会环境、经济状况、价值观念等具体因素,通过一定的方式或者途径对比案件中发生的冲突的利益,并按照一定的价值取向进行权衡,从而发现、创设或选择可适用于个案的裁判规范,使法律的形式正义与个案的实质正义得到共同实现。以上其实只是从不同角度对法律方法具体内容进行有区别的分析,实践中它们是紧密联系在一起并相互支撑的。①

(二)法律方法运用之于海关执法的意义

应用法律实际上就是要依据事实和法律规定作出法律判断,海关执法人员掌握一定的法律方法就等于获得了良好的执法工具,对于正确执法(或作出法律判断)有着较大的实质意义。

1.指引价值。法律的最高价值就是公平正义,执法的终极目标也是追求公平正义,法的公正性要求针对不同的情形做出不同的反应。然而,客观情况千变万化、社会关系纷繁复杂,法律就是从这些千变万化、纷繁复杂中高度抽象出来的,这决定了法律的特征之一就是普遍性。法律所具有的普遍性特征,意味着法律往往更关注事物的共性,而不是个性。也就是说对于需要适用法律的对象,法律也常常只关注它的一般性,这种一般性往往也适用于其他事物,但是对于它的特殊性,则可能不太关注甚至直接忽略。因为,法律的普遍性决定了它是一种普遍适用的规则。但是,忽略了适用对象特殊性而直接适用法

---

① 参见沈志先:《法律方法论》,法律出版社2014年版,第4~5页。

律，有可能导致某一个案件的结果是不公正的。指引价值是指方法论可以指导执法者遵循正确的程序和方法进行裁判，从而依法作出公正的裁判结论。方法论的指引价值可以从两个方面理解。一方面，可以指引执法者正确地依据个案的事实，寻找与事实最密切的法律规则，得出妥当的裁判结论，从而实现法律适用的精细化、准确化、统一化。另一方面，有助于引导执法者依据正确的思维方式，寻找法律的路径，解释法律的步骤和方式，确定事实要件的基本步骤、作出价值判断所要遵循的必要规则、论证的基本程序和方法等，从而为执法者提供一系列法律适用的方式方法。如，体系解释的方法，从法律条文所在制度文本以及对应上位法体系出发，对法律条文予以准确理解。

2. 控权价值。法学方法论不仅为执法者提供了一种可供操作的裁判方法，而且为控制执法者的自由裁量活动、保障执法者准确适用法律、依法公正裁判提供了一定的规范基础。主要体现在：第一，三段论为执法者准确适用法律提供了可供操作的框架。执法者不仅应该严格按照逻辑推理的方式得出裁判结论，而且其必须从现有法律体系中寻找可供适用的裁判依据，并从特定的法律事实出发确定与案件最密切联系的规则，最终将案件事实与特定的法律相连接，以得出妥当的裁判结论。第二，在找法的过程中，作为裁判依据的法律规则必须是明确的、清晰的。为此，执法者必须通过寻找一套共识的解释方式和规则来解释现有的法律。第三，在适用三段论的过程中，执法者必须通过价值判断，使裁判结论符合公平正义等价值要求。因为价值判断本身具有主观性，所以，方法论就有必要确立价值判断的规则，以保障执法者准确进行价值判断、依法进行裁量。第四，说理论证是保障裁判正当性和说服力的重要途径，整个三段论的运用和法律解释的过程，都应伴随着说理论证。如果执法者不阐明事实是如何认定的、法律是如何寻找的、结论是如何得出的，就可能导致执法者武断执法。

3. 说服价值。说服价值是指通过自觉运用法学方法论，使整个裁判过程的正当性得以充分展示，从而使双方当事人和社会公众都能够接受并信服裁判结论的合理性及正当性。执法判断应当是一个说理的过程,一个公正的执法决定,不仅需要准确认定事实,而且要强化对法律适用的说理,这需要通过运用方法论来强化决定中适用法律的说理。法律论证是关于裁判说理的基本技巧,在论证过程中,执法者不仅应通过逻辑方法的运用来保证决定的逻辑一贯性,而且要借助社会学、经济学、情理等法外因素,来增强决定的说服力。

二、海关执法中呈现的法律方法适用缺失问题

结合办理的行政复议、行政诉讼案件以及日常研究论证的法律适用疑难问题,发现海关执法中法律方法缺失问题主要有以下几个方面。

(一)执法中缺乏运用法律发现方法的意识

如某公司不服F海关不予受理直接退运行政诉讼案。某公司向F海关申请直接退运其进口的货物,F海关接到申请后过了一年,依据三年前已经废止的规章向某公司送达《进口货物直接退运不予受理通知书》。经查,F海关执法人员在办理业务中不知此项业务制度已变更,又缺乏找法意识,凭固有经验执法,以致出现执法依据错误。

(二)执法中不会运用法律方法找不对法的问题

例如,钱某不服某海关行政处罚决定行政复议案中,钱某学生从澳大利亚给其邮寄一串11克沉香木手链,查验时发现,该沉香木手链属于限制进境物品,需办理相关海关手续,遂移交缉私部门处理。缉私部门依据《海关行政处罚实施条例》第19条第4项的规定,对钱某作出予以行政警告处分,并没收该物品,钱某不服提出行政复议。依据《海关法》第51条,邮寄限制类物品,应当告知物品所有人在规定期限内办理海关手续,如进境物品所有人在海关规定期限内未办理海关手续,声明放弃物品,由海关依照《海关法》第30条的规定处理。本案在没有通知当事人办理海关手续的情况下,直接扣留没收该物品,并对物品所有人予以警告处罚,是典型的找不对法、适用依据错误的例子。

(三)适用时不会建构法律规范的问题

即不会运用法律解释方法,结合法律上下条文、总则分则内容以

及现有法律体系的历史沿革等因素，建构所适用的法律规范。例如，某公司向D海关申报进口一票山竹果，申报时，报关人员在报关单“许可证号”栏未填写内容，在该票报关单表体的许可证号录入时将“许可证号：PA001”错误填写为“PA002”，该“许可证”实为“进境动植物检疫许可证”。D海关认为该公司申报的该票货物许可证对应申请单位与报关单收货人、销售合同对外签约方不一致，该公司行为构成申报不实，影响国家许可证件管理，遂适用《海关行政处罚实施条例》第15条第3项“影响国家许可证件管理”和第17条规定，对该公司进行处罚。实际上，该公司所涉检疫许可证申报不实违反的是进出境动植物检验检疫的相关规定，应根据《进出境动植物检疫法》及其实施条例等相关规定予以处罚。尽管2018年海关机构改革后，检验检疫相关职责归入海关职权范围，但是不能想当然地一律适用《海关行政处罚实施条例》予以处罚，因为《海关行政处罚实施条例》于2004年制定，制定时没有将检验检疫违规行为纳入其适用范围，在制定机关国务院没有作明确解释的情况下，不能因机构改革，《海关行政处罚实施条例》的适用范围就自然扩大到机构改革后海关职责涉及的所有行政处罚案件，选择适用《海关行政处罚实施条例》要充分考虑其制定的历史沿革等因素，不能仅仅从规定的字面文义来适用。

（四）法律事实认定不清问题

例如，某公司申报进口一批货物，委托甲报关公司报关并移交所有材料，因申报不实，移交某隶属海关缉私部门处理。该海关认为，某公司作为进口货物的收货人，未按照规定向第三人提供所委托报关事项的全部真实情况，甲报关公司，对委托人提供情况的真实性未尽到合理审查义务，致使发生品名、税则号列申报不实情形，二者构成违反海关监管规定行为，影响国家税款征收。分别对某公司及其主管人员、甲报关公司予以行政处罚。但经行政复议发现，之所以出现申报不实，是因甲报关公司在申报过程中存在工作疏忽，不了解该项进口货物归类所依据的规范性文件所致。本案对收发货人和报关公司各处罚款，实则是没有剔除案件的不相关因素，没有查清案件事实的具体表现。

(五)适法结果不合理问题

例如,许某从外国购买刀架邮寄进境,经查验发现是鹿角制品,属于禁止进境的物品,所在口岸海关遂作出销毁的处理决定。许某不服就该案进行了行政诉讼。许某认为,根据《进出境动植物检疫法》第29条第2款规定,携带、邮寄禁止进境的物品,作退回或者销毁处理,不是一律予以销毁,海关在可以作出退回处理的情况下,径行销毁侵犯了其合法权益。从规定上来看,退回或者销毁是两种可选择的处理方式,没有明确的先后顺序,海关作出销毁的决定并不违规,但是根据执法合理性之“损害利益最小化”,以及从降低行政执法成本的角度出发,在没有经作出退回不能而直接选择销毁处置形式,有失执法的合理性。

三、海关执法法律方法适用路径分析

根据前述执法经常使用的三段论思维模式,做好海关执法工作的基础就是找法用法。如何找?如何用?简析如下。

(一)找法方法的运用

找法方法即法律发现方法,即使遇到不懂的业务问题,只要会找法,就不会出现找不到或找错依据的问题。

1. 熟悉现行的海关法律体系。学法知法是准确找法的基础性要求,只有熟悉法律,才能精准找法。要对当前的国家法律体系有基本了解,对现行海关法律规范体系特别是本业务岗位条线的法律制度要熟练掌握。

2. 确定法律事实。确定法律事实是法律发现的前提。因为各方的关注点不尽相同,不可避免地会对案件事实形成不同的看法,而且这种看法可能存在很大的差异,由此案件事实往往会成为争议的焦点。但是法律事实与客观事实不同,客观事实更多的是一种生活事实,而法律并不是对所有生活事实进行一一规范。所以,成为小前提的案件事实是需要经过甄别的。执法者需要按照法律规范,找到与之对应的法律事实,即生活事实要成为法律事实,需要经过一定的过程。在这个过程中,执法者应当将无法与法律规范对应的生活事实剔除,此后再将有法律规范对应的事实进行整理,从而再提炼出案件中的法律事实。

3. 法律发现的基本路径。首先,根据不同的法律关系类型来选择不同的法律规范,如判断其是申报不实还是违反了减免税设备监管规定抑或构成走私行为。其次,通过体系思考选择法律规范,如把握不同层级法律规定之间的条文、法律的总分结构,把握法律条款先后适用的顺序,考察法律规范的积极要件和消极要件,把握条款之间的结合,排除与案件的事实要件缺乏对应性的规范。体系思考不仅要思考可供适用的规则,还要在体系思考中不断排除不应当适用的规则。最后,通过规范检索确定相关大前提。借助海关业务规范性文件、北大法宝等相关法律法规检索系统,依据面临的执法情事所属的业务类型及确定的事实对可供适用的法律规则进行检索验证。在规范检索的过程中,法律规范选择可以按照“规则先于原则、程序法先于实体法、上位法先于下位法、特别法先于一般法”的顺序进行①。

4. 法无规定情况下的发现。首先,从案件的事实出发,运用多种法律解释方法,结合法律原则予以具体化解释;其次,结合最高人民法院对类似案件的司法审判要旨,结合海关总署编发的行政复议行政诉讼指导案例及对类似案件的批复精神等拟制出法律规范;再次,按照法律漏洞填补规则,根据国家政策、立法目的等创造性寻找适用的具体的法律规范;最后,及时将发现的问题逐级请示海关总署,以对同类型的业务执法问题予以统一规范并在立法层面予以逐步完善。

(二)法律规范(大前提)的建构

通过法律发现检索出若干法律规定,但并不能直接适用,因为大前提的寻找过程并不是简单的法条的寻找,而是依据特定的案件事实确定与该事实最密切联系的规则。

---

① 参见陈金钊:《法律方法论》,北京大学出版社2013年版,第89页。

1. 确定要适用的法律规定。根据检索到的法律条文或规定,按照基本法律优先适用、上位法优先于下位法、新法优于旧法、特别法优先于一般法、法律文本优先于法律解释、强行法优先于任意法等原则确定要适用的法律规定。

2. 建构法律规范。根据案件的具体情形,建构适用本案的具体(或特殊)法律规范,这一过程就需要借助法律解释来完成。

3. 要保证大前提的准确性。必须通过解释将大前提的含义加以明确,精确地阐释其准确的内涵,验证并确定其是否可适用于特定的案件。

(三)大小前提的连接

连接就是将大前提和小前提结合的过程,是将规范和事实结合的过程。连接是一个循环往复的过程,当然,这个过程是需要运用到相关的方法进行的。在确定用于三段论推理的大、小前提过程中,执法者很难瞬间对两个前提作出准确认定,而是需要不断思考、往返循环,在事实与法律之间来回认识、判断、选择。因为对事实的认定,可能会随着证据的变化而不断产生新的认识,从而能够不断接近客观存在的、已经发生过的事实,而对事实的认识又会影响法律的适用;反之,对于法律适用的选择,也会反过来影响执法者对事实的认识和判断。所以,连接的整个过程,是需要在事实与规范之间不断深化、接近、归拢的过程。连接的无效性常常包括两个问题:一是没有找到准确的法律规范,出现张冠李戴的情况;二是在准确找到法律规范之后,没有对法律规范作出准确的解释,此时虽然可能形成连接,但是在结果上可能会出现问题。

(四)结论的可验证性

结论的可验证性是指推理过程和裁判结论可以为社会一般人所理解,并且可以验证其裁判结论的正确与否,即在同样的法律和事实背景下,其他理性人也能够在三段论推论框架下推导出相同的法律结论。相反,如果该结论无法由其他理性人根据形式逻辑等方法推导出来,则结论的真实性有待进一步检验。可验证性要求执法者的裁判是以三段论为分析框架，围绕事实和法律，在事实和法律互动的基础上形成最终的结论。此外，结论的可验证性还表现在不违背基本生活经验，如果按照三段论推理的结论违背人们根据普遍生活经验得出的结论，则结论的真实性也值得怀疑。

（五）海关执法法律方法适用注意事项

1. 法律方法运用以尊重现行法律为前提。执法人员在适用法律过程中，应当将法律作为最高规范，在法律的框架范围内解决适用中出现的问题。

2. 执法中三段论推理需反复适用。一般来说，三段论在简单案件中是能够直接适用的，其中的过程无须复杂的价值判断，但是在一些疑难案件中，特别是在大前提和小前提都难以确定的情况下，即使是有经验的执法者，也可能要多次适用三段论才能得出适当的结论。

3. 法律方法的运用以提高法律方法适用的自觉性和品质为基本路径。当前，海关执法人员对法律方法掌握的程度不高，有的执法人员对于法律方法并无具体认识，有的只是根据长期积累的执法经验不自觉地运用法律方法，需要不断加强对法律方法的训练，提高适用的自觉性和品质。

四、海关执法法律方法适用案例解析

（一）基本案情

某公司 2012 年进口减免税设备一批，合计申报货值人民币 1400 万元。该减免税设备由该公司物流部负责办理减免税手续和报关进口，设备由公司的生产部使用，主管领导为厂长燕某。2015 年，该公司因资金周转出现困难将上述减免税设备向中国银行某分行进行抵押贷款 1300 万元，2016 年该公司还清贷款并办理解押手续。2017 年，所在地海关发现了该公司擅自将减免税进口设备抵押贷款事宜。同年 12 月，所在地海关对其予以立案调查，认定该公司未经海关批准擅自将在海关监管期内的减免税设备抵押贷款违反海关监管规定，并对其作出罚款 13 万元的决定，认定该公司财务部经理张某负有主管责任和直接责任,对其予以警告。张某不服提起行政复议。

(二)该案法律适用方法路径解析

1. 处理事实和提出案件问题。案件事实:该公司未经海关批准将减免税设备向银行进行抵押贷款。案件问题:该公司的行为是否违反海关监管规定、是否具有可罚性。

2. 寻找规范。按照上述事实,可以查找的规定有《海关进出口货物减免税管理办法》及《海关行政处罚实施条例》第18条第1项、第32条,《海关法》第37条第1款、第86条第10项以及《海关计核违反海关监管规定案件货物、物品价值办法》中关于减免税设备违规抵押案值计核的相关规定。

3. 分析事实构成。一是该公司的减免税设备于2012年进口,监管期限为5年,2015年抵押贷款时,还在海关监管期限内;二是该公司减免税设备在监管期限内抵押贷款没有经海关同意;三是该公司在海关发现前,已办理抵押贷款解押手续;四是该公司减免税设备抵押贷款时,减免税设备仍用于原定用途,且积极配合海关纠正违法行为。

4. 法律规范的建构。根据查找规定,未经海关许可,将减免税设备抵押,处货物价值5%以上30%以下罚款,有违法所得的,没收违法所得;对其主管人员和直接责任人员予以警告,可以处5万元以下罚款,有违法所得的,没收违法所得。具有减轻处罚情节,处货物价值1%至5%以下的罚款。

5. 大小前提的连接。将本案法律事实涵摄于建构的法律规范之下,即该公司违规将减免税设备抵押,具有减轻处罚情节,对其处货物价值1%以上5%以下罚款,对其主管人员和直接责任人员予以警告,可以处5万元以下罚款,有违法所得的,没收违法所得。

6. 结论的妥当性。根据《海关计核违反海关监管规定案件货物、物品价值办法》规定,该案违法货物价值计核为600万元,即对该公司罚款在6万元至30万元之间,对该公司处以13万元罚款在处罚幅度范围内,但是结合该公司对减免税设备的管理职责及主管领导,把张某同时认定为主管人员和直接责任人员,在事实认定上还不够清晰。

习近平总书记指出,人民群众对美好生活的向往,就是我们奋斗的目标。必须牢牢把握社会公平正义这一法治价值追求,努力让人民群众在每一项法律制度、每一个执法决定、每一宗司法案件中都感受到公平正义①。执法机关在执法中,既要避免把法律看作一成不变或者必有唯一答案的教条,将执法的过程视为简单对照法条得出结论的投币般的操作规程;同时也要避免无视法律的基本要求或合理含义随心所欲地适用法律的情形。法律方法,我们不仅要学懂弄通,更要懂得好好地运用它。熟练掌握运用法律方法不仅仅能够提高适用法律条文的准确性,还能够更好地实现执法目的,使两者得到严丝合缝的连接,在法律框架下作出为社会广泛接受的执法行为。法律方法是有效提高解决社会生活中各种各样问题的方法,但也不是万能的。它解决的主要是个案中,事实与法律规范之间的不对称问题,无法解决社会生活中的所有问题。

Thoughts on Regulating Customs Enforcement from the Perspective of Legal Methodology

LI Jianwei

[**Abstract**] Law enforcement is a concrete and practical science that involves making judgments in accordance with the law. With the new customs administration after the institutional reform, there is a wider range of operations and expanded regulatory responsibilities. The integration of functions and the reform and abolition of systems have reached an unprecedented scale. Under these new circumstances, the difficulty and risk associated with law enforcement have increased

① 参见习近平:《加强党对全面依法治国的领导》,载《求是》2019 年第 4 期。

significantly. By employing legal discovery, legal reasoning, legal interpretation, and legal argumentation, among other legal application methods, it is possible to quickly identify legal solutions, apply the law accurately, establish a connection between facts and the law, and use syllogism to arrive at results. This approach offers guidance, control, and persuasive value, enabling timely resolution of challenges in law enforcement.

[**Key words**] legal methods; syllogism; legal discovery; legal interpretation; legal argumentation

直属海关规章制度体系建设路径初探

福州海关法规处课题组*

[摘　要]　直属海关规章制度要给依法行政定规矩、划底线，真正成为规范行为的评判标准、解决问题的执法依据、推动工作的制度支撑，必须要相互衔接、逻辑严密、形成体系，须在摸清底数，找准问题的基础上，重点在加强顶层设计、规范制度程序、严格合法审查、加强执行监督、引入信息化管理等方面下功夫。

[关键词]　海关法；直属海关；规章制度体系；建设路径

海关制度创新和治理能力建设是国家治理体系和治理能力现代化的重要组成部分。实践中针对如何发挥制度优势，并将制度优势更好地转化为海关治理效能，实现各项事务治理制度化、规范化、程序化，是摆在新海关面前亟须研究解决的一项新课题。课题组结合福州海关规章制度建设实践及集中清理工作中发现的共性问题，对下一步完善直属海关规章制度体系建设路径提出了一些意见建议。

---

* 课题组成员：林健夫，福州海关法规处处长；孙雪琴，福州海关法规处四级调研员；黄毅祥，福州海关法规处二级主任科员；陈寒融，福州海关法规处三级主任科员；黄强，福州海关隶属榕城海关一级主任科员；刘景添，福州海关隶属南平海关四级主办；周靓倩，福州海关隶属南平海关一级行政执法员。

一、完善直属海关规章制度体系的必要性和重要意义

(一)是落实习近平法治思想的重要举措

党的十八大以来,以习近平同志为核心的党中央从坚持和发展中国特色社会主义的全局和战略高度,创造性地提出了全面依法治国的一系列新理念新思想新战略,要求要"加快形成完备的法律规范体系、高效的法治实施体系、严密的法治监督体系、有力的法治保障体系"①。在贯彻落实上,习近平总书记强调,法治政府建设是重点任务和主体工程,要率先突破,起到示范带动作用。

完善直属海关规章制度建设就是其中一项落实习近平法治思想的重要举措。直属海关根据各自不同的地域性特征、业务性特点完善海关规章制度体系,是将习近平法治思想融入内部管理与业务执法工作中去,把与海关相关的国家行政法规政策具体化、实践化、本土化。通过细化权责清单,明确职责分工,严格执法责任,消除权力寻租空间,形成适应本关区的执法操作规范与管理制度指导业务工作与日常管理,在依法行政的同时实现有为善治。

(二)是推进新海关治理体系和治理能力建设的要求

国家治理体系和治理能力现代化是中国特色社会主义发展的必然要求。海关是国家政治机关,推进海关制度创新和治理能力建设是国家治理体系和治理能力现代化的重要组成部分,也是新海关适应国家现代化总进程的应有之义。机构改革以来,通过加强顶层设计,海关改革构架已经确立,但在业务流程再造、管理机制重构、系统整合优化等方面的"化学反应"还不够充分,这在一定程度上影响了新时代新海关治理体系和治理能力建设。

完善直属海关规章制度体系建设,是实践探索中积累的宝贵经验与工作之需,是建设法治国家、法治政府、法治社会赋予新海关的重要

---

① 引自《中共中央关于坚持和完善中国特色社会主义制度 推进国家治理体系和治理能力现代化若干重大问题的决定》。

使命任务。通过完善直属海关规章制度体系建设,进一步理顺职责关系,优化职能配置,能够促进海关制度创新、职能转变、权力约束,充分发挥制度的治理效能,实现"管得住、放得开、效率高、成本低"监管通关服务,不断提升海关制度创新和治理能力建设水平,推动新时期海关工作全面协调可持续发展。

(三)是配套新海关法律体系建设的关键环节

自机构改革以来,海关总署通过有关法律法规的立改废释,逐步建立起以《海关法》为核心的新海关法律体系。但这类法律法规大都立足国家的宏观角度,偏重围绕海关及其相对人的权利与义务来制定规则,对具体业务的操作指导与管理机制涉及较少,无法全面、细致、准确、适时地指导基层海关的日常监管与服务工作。尤其随着国际全球化的加快,我国进出口贸易监管面临着诸多新形势和新问题,诸多直属海关根据口岸工作实际,不同程度地开始探索与创新监管模式,也急需相关规章制度予以适时指导与规范。

直属海关紧贴口岸工作实际,能够迅速地收集口岸需求与总结经验,通过完善规章制度的方式指导实际业务工作,更好地满足基层工作需求,既是对新海关法律法规及海关总署规章制度等上位规定的细化,提高法律法规适用中的正当性和实效性,还可以检验国家硬性法规的落实情况和实施效果。当直属海关规章制度试行一段时间后,若能具备普遍适应性与大范围可行性,直属海关还可以通过立法建议等方式反馈给上级部门,通过制修订法律法规、海关规章等形式予以固化,进而反哺并推进新海关法律体系的进一步完善。

(四)是新时期复杂形势与基层执法的客观需要

海关既身处国门安全防控的"第一线",又承担着促进高水平开放高质量发展的重要职责。当前国内外形势不容乐观,海关身处的环境复杂多变。要充分发挥海关处于国内国际双循环相互促进重要交汇节点的作用,就必须在充分分析研判国内外形势的基础上,探索建立既符合客观实际又能实现海关治理灵活高效的运行机制。

为适应新的形势要求,尽管海关总署、直属海关每年制订出台的规章制度不少,但尚未形成一个相对系统完备、协调统一的制度体系,如对规章制度的制定、管理、评估、清理机制等还不够完善,执法依据跟不上执法形势变化成为困扰基层执法的问题之一。另外基层执法不规范的现象也时有发生,部分关警员对于执法依据、标准、程序没有严格把握或者存在不同解读,甚至出现同一关区内各隶属关之间执法尺度不一、自由裁量过大等情况。要规制这种执法随意性就迫切需要一套行之有效的规章制度体系,用统一明确的执法指引以避免执行偏差的发生,因而完善各直属海关规章制度建设就显得尤为重要。

二、直属海关规章制度体系建设中存在的共性问题

通过规章制度的集中清理,摸清底数,找准问题,是完善海关规章制度建设的一项基础性工作。机构改革后,海关总署组织对新海关法律法规及规章进行了数次集中清理,新海关现行有效的法律有"3 +4"部,行政法规 23 部、海关规章 176 部,对这几个数字很多海关人如数家珍,但是若问现行有效的规范性文件有多少份?内部规章制度有多少份?可能无一人能作答。老海关人可能对 2003 年海关总署从原"海关业务规范性文件系统"清理出来的"9797"份文件这一数字印象更为深刻。

为进一步巩固机构改革成果,2021 年福州海关结合关区业务改革需要和现场执法需求,组织开展了集中清理、修订完善规章制度并修订《福州海关岗位操作手册》的工作,经过为期四个月的集中清理,共清理出现存规章制度 567 份,经认真研究并广泛征求意见后,决定废止规章制度 291 份,一揽子修改 12 份,计划单独修订 35 份,保留 229 份,在此基础上还编写完成了《福州海关岗位操作手册(2021 版)》,并初步搭建了可在线查阅关区现存有效的规范性文件、规章制度及岗位操作手册的管理应用。

结合前期调研及本次规章制度集中清理和岗位操作手册更新工作,对当前直属海关制度建设可能存在的普遍性和典型问题做了以下几方面梳理、探究和总结。

（一）制度设计上的合法性问题

一是合法性审查缺失。多数规章制度在制定过程中缺失合法性审查环节，仅部分规章制度在必要时以平行送阅相关部门征求意见或部门会签等形式进行实质上的法律审查，但由于缺少专门环节，同时也缺乏具体、明确的细化要求与标准，重大行政决策合法性审查这一重要制度还未得到较好的落实。在合法性审查缺失的情况下，规章制度在制定环节就有可能出现错误或瑕疵，如在规章条款中引用已经失效的文件依据，或把不属于海关职责的内容写入制度内，以致执法边界不明，"管了不该管的事项"等。

二是应公告未公告。《海关立法工作管理规定》（海关总署令第180号）明确规定，涉及当事人权利义务具有普遍约束力的文件应当制定海关规范性文件并以公告形式对外发布，但个别内部规章制度在无上位法依据的情况下为行政相对人新增了权利义务，也未以公告形式对外发布，亟待进一步规范。另外，因原检对规范性文件的界定和管理模式不同，部分涉及检验检疫业务的规范性文件也存在未以公告形式对外发布的情形。

（二）制度制定上的科学性问题

一是重内容轻立法技术规范。推进"立法精细化"是当前提高立法质量的关键，体现为参与各方在立法活动中均须共同遵循统一的结构体例和行为规范，即符合相应的立法技术规范要求。但长期以来，直属海关在制定规章制度时，更多关注和考量的是制度内容本身，而对文字表达、文本格式和行文规范更多依赖于公文核稿，而不是遵循或参考已有的立法技术规范要求，导致制度结构体例混乱、用词不规范、表达不严谨，甚至出现表述歧义，实践中难以准确适用。

二是"求大求全"，内容大量重复上位规定。为避免同类法律规范的无意义重复，《海关立法工作管理规定》对直属海关制发规范性文件的情形作了限定，其一，本关区特有的情况；其二，根据海关总署规范性文件制定的涉及行政相对人权利、义务的具体操作规程。但在实操中，我们会时常看到，部分规章制度为"求大求全"，或是出于方便关警员执法参阅的善意考虑,在内容上大量重复、照搬上位规定,而对结合实际提出具有关区特色、提升业务操作指导性和针对性方面的细化条文反而考虑较少。

三是部分征求意见未起到实质作用。征求意见是规章制度起草制定过程中广泛吸取各方意见、建议和要求的一项程序性工作,既可反映和体现各方要求、利益和意愿,也能增强制度的可行性和实施有效性。但目前直属海关规章制度在制定过程中的征求意见尚未引起足够重视,很多单位要么未反馈意见,要么反馈无意见,要么反馈的是经办个人意见,另外因缺少与社会公众或制度利益相关者的外部交流互动机制,难以在制度中体现出多元的利益诉求,也导致制度出台后的实施效果大打折扣。

(三)制度管理上的系统性问题

一是无计划、无立项,制定较为随意。"倒逼型"改革是机关内部规章制度发展的共性问题,海关也不例外。直属海关制定规章制度的驱动力,通常源自上级部门政策或要求而统一推进,或由业务职能部门基于条线特色或需要而"单兵突进"。无计划、无立项,规章制度订立随意现象时有所见,不仅反映在规章制度的出台较为仓促,条文较为粗糙或表述随意,甚至个别制度同法律法规不一致,或者制度之间相互"打架"等问题,亦损害了制度的权威性和严肃性。

二是"各自为政",缺少统筹协调。立法统筹协调机制有利于预防和解决不同利益主体的立法冲突。直属海关规章制度的制定主体以各部门为主,在业务流程设计上往往需要对涉及部门结合部职责问题进行明确,这就需要相应的统筹协调机制。但目前尚无文件对规章制度管理职能的归属或是牵头部门以及制定部门、审核部门职责等予以明确,存在责任主体不明晰、"结合部"处理出现冲突等问题。另外个别部门在业务改革或机构改革中或因撤销、合并等原因不再存续,也使这部分规章制度长期处于无人维护、无人解释、无人清理的状态。

三是管理分散,查阅效率低下。由于"政出多门",且缺失统一的信息化管理平台,长期以来直属海关规章制度的管理都较为分散,尤其是伴随机构改革、岗位调整、人员流动,不仅关警员对本关规章制度有哪些、有多少的基数不掌握、不了解,在需要查阅时也常常“无迹可寻”,或是在政务信息网通知、收发文系统、数字档案、业务文件查询系统等路径多头查找。即便顺利查阅找到后,对那些出台时间较为久远的规章制度,是否曾修订、被废止或仍然有效也心中存疑,急需的文件往往需要费尽周折、多方打探后才能得到有效确认。

(四)制度运行上的有效性问题

一是制度运行评估机制缺失。立法后评估是对规章制度的制度设计、实施效果以及面临的新问题进行量化“体检”,对于完善规章制度及规章实施机制具有重要意义。但实操中由于缺乏刚性的评估机制和具体的评估程序和标准,直属海关鲜有部署开展此项工作。规章制度本身设计是否合理?可操作性和可执行效果如何?是否切实解决了基层遇到的执法疑难问题?是否与新情势不符需要修订完善?这些问题皆因规章制度“跟踪”评估机制的缺位,致使部分规章制度在实施不久后就饱受诟病,甚至被“束之高阁”。

二是“立改废”不及时。规章制度的及时制定、修改、废止、解释,可以使各项制度更具针对性、可操作性和科学性。但实践中个别起草部门对“随立随清”的制度要求还不够重视,导致部分规章制度出现应修未修、应废未废、已废再废、已修改废止但未及时注明有效性等问题,极易误导基层执法。此外已制定的规章制度在修改、废止等程序上也存在不规范的情况,如修改时未按照原有的制定程序办理,废止时未制发关级文件明文废止,仅以政务信息网通知代替关发文等。

三是“试行”或“暂行”制度长期存续。“试行”“暂行”制度通常是在某一特定时期,对某一改革创新试点工作或阶段性工作作出的相关规定。经过一段时间的运行,随着改革创新出现的一些新情况、新问题,需要根据实施情况进行废止或修订完善,否则这项制度可能会“不合时宜”。经评估需要继续实施的,应当按照程序制发正式制度。此次清理中就发现个别标明“试行”“暂行”的规章制度长期存续,始终未根据实际需要调整形成正式制度。

三、完善直属海关规章制度体系建设的相关建议

直属海关规章制度体系建设是一项复杂的系统工程,要以全面深化改革和满足执法需求为导向,紧紧围绕社会主义现代化海关发展要求,力求把"以人民为中心"的发展思想、落实上级部署要求、满足执法需求、符合基层期盼有机统一起来。严格遵循三项原则,统筹顶层设计和分层对接;着力强化四个意识,坚持系统思维和底线思维;切实落实五个操作,坚持目标导向和立足实际,统筹制度创新和制度运行。

(一)遵循三项原则

原则是经过长期经验总结所得出的合理化现象,是做人行事所依据的基本准则。完善直属海关规章制度体系建设,应当遵循"构建系统完备、科学规范、运行有效的制度体系"①的原则要求。

1. 系统完备是制度运行的前提。直属海关的规章制度要注重整体协调和价值统一,突出关联耦合和系统集成,密切与上位法规和规章制度的无缝衔接,做好对上位规定的承接落实,补齐制度短板,填补制度空白,形成全方位、多层次、立体化的制度框架,实现对执法领域和非执法领域的全覆盖。

2. 科学规范是制度运行的保证。直属海关规章制度要以上位法规和上位规章制度为依据,遵循法定职权,遵守规定程序,格式体例规范统一,制度设计科学合理,避免出现超越权限损害管理相对人权益,脱离实际增加渎职侵权风险,程序不当引发行政执法纠纷,制度不衔接形成管理盲区等问题。

3. 运行有效是制度运行的目标。要遵循需求导向,坚持管用、够用、好用的制度评价标准,不断优化制度供给。要力戒形式主义和贪大求全,无意义地照搬照抄,以文件落实文件,只求制度上墙、不求制度落地的不良倾向。要加强制度运行监控,及时优化调整,确保制度

---

① 引自《中共中央关于坚持和完善中国特色社会主义制度 推进国家治理体系和治理能力现代化若干重大问题的决定》。

出台能对路子,接地气,见实效。

(二)强化四个意识

意识来源于实践,是实践经验的概括和总结,又指导和决定人的行为。党的十九届四中全会要求"各级领导干部要切实强化制度意识",这个"制度意识"具体可细化为制度尊崇意识、制度创新意识、制度优化意识、制度执行意识。

1.强化制度尊崇意识。大力提高对直属海关规章制度地位、作用和执行必要性的思想认识,在想问题、做决策时应当自觉对标党纪党规、法律法规和海关各级规章制度,始终保持对制度的敬畏之心,严守纪法的红线,不越制度的雷池,真正让制度内化于心,外化于行。

2.强化制度创新意识。直属海关规章制度体系建设要将推动改革落地见效摆在更加突出的位置,使各项改革举措良性互动、统筹推进。要进一步处理好"守正"和"创新"的辩证关系,既维护制度体系的稳定运作,又改革不适应实践发展的旧制度,不断构建新的体制机制,有序推动海关制度体系行稳致远,成熟完善。

3.强化制度优化意识。要注重规章制度建设的质量,不断优化制度供给,立良法,定良规,行善治。规章制度出台前,要遵循科学决策的要求,充分调研、全面思考、反复论证,防止制度执行过程中出现系统性风险问题,提升制度的权威性和稳健性。建立健全制度运行中的评估机制,在制度执行过程中不断优化调整,提升规章制度的可行性和适用性。

4.强化制度执行意识。制度的生命力在于执行,应当把提高政治站位与强化制度执行有机结合起来,不断加强制度执行的刚性约束。海关各级干部尤其领导干部更要带头维护制度的权威性和严肃性,做制度执行的表率。要加强制度执行的监督,建立妨碍制度执行的问责机制,违反制度规定踩"红线"、闯"雷区"的要零容忍,发现一起、查处一起,确保制度出台一个、落实一个,推动制度落地落实。

(三)落实五个操作

直属海关规章制度要给依法行政定规矩、划底线,真正成为规范行为的标尺、解决问题的依据、推动工作的支撑,必须要相互衔接、逻辑严密、形成体系,重点在加强顶层设计、规范制度程序、严格合法审查、加强执行监控、引入信息化管理等方面下功夫。

1. 加强顶层设计。通过对制度关联性的研判,努力做到全局和局部相统筹、治本和治标相兼顾、守正和创新相促进。一是要找准定位。直属海关规章制度向上承接海关总署的各项制度法规,向下对接基层一线,是海关总署顶层设计在基层落地实施的桥梁。直属海关规章制度建设必须把握好这一定位,跟进海关总署制度建设的节奏和步伐,及时补位,做好衔接落实和细化实施,将海关总署的制度要求转化为管用适用的具体管理要求和实施规定。二是要摸清底数。直属海关规章制度普遍存在起草部门多元,年代跨度长,清理不及时等问题,因此定期集中清理,摸清家底,理清存量,是规范规章制度管理、构建完整制度体系的一项基础性、常态化工作。三是要建章立制。通过为制度定标准、立规矩,以制度管理制度,改变多头管理、各管一段的无序状态,实现集约化制度管理。2021年福州海关结合关区执法实践并借鉴兄弟海关的经验做法,起草制发了《福州海关规章制度管理办法》,明确了规章制度管理的职责分工、制发、修订程序、立法技术要求,提高福州海关规章制度质量和效能。

2. 规范制度程序。通过规范规章制度立项、起草、制定、签发、修订、废止程序,进一步加强源头治理,提高制度供给的质量水平。一是严格制度立项。明确制度立项的标准和要求,多方评估,审慎论证,避免轻率盲动,草率上马。二是细化技术标准。参考立法技术性规范,明确规章制度起草的技术标准和质量要求,确保制度结构严谨,行文规范,条理清晰,内容完备。三是坚持开门立制。广泛征求基层意见,吸纳基层创新成果,将顶层设计与基层实践有机结合。有序扩大社会公众参与海关立法和制度建设的影响。四是完善规章制度的起草、审核、签发、评估、修订、废止等程序规定。打通管理回路,形成制度闭环。

3. 严格合法审查。全面推行规章制度合法性审核机制,是推进依法行政、建设法治海关的必然要求,有利于从源头上防范执法风险的发生、促进严格规范公正文明执法。一是完善审核机制。建立由法规或综合部门牵头协调、相关业务职能部门各司其职、共同参与,前置审核与后续评估相结合的规章制度合法性审查机制,确保制度依法合规。二是明确审查职责。由起草部门组织内控前置审核,业务结合部事项相关部门共同参与,疑难事项吸纳公职律师、法律顾问介入,重大规章制度实施集体会审制度,规范性文件实施备案审查制度,层层把关,共同筑牢法治审查的防火墙。三是明确审查标准。进一步细化合法性审查标准,完善审查技术规范,从直属海关的权限、程序、内容三个方面严格进行审查:决策或者制定主体是否合法、是否超越法定职权;内容是否违反相关法律法规及其他上位规定;是否违法设立行政许可、行政处罚、行政强制、行政征收、行政收费等事项;是否存在减损公民、法人和其他组织合法权益或者增加其义务的情形;是否存在无依据增加本部门权力或者减少本部门法定职责的情形。

4. 加强执行监控。加强制度运行的事后监控,构建制度设计与制度执行间的良性反馈机制,实现对制度运行的动态跟踪和持续优化。一是实施制度有效期制度。对试行(暂行)类制度设定试运行有效期,有效期届满前,应当启动制度评估程序,经评估需要继续实施的,重新制发正式制度。不需要继续实施的,自动失效,以刚性手段实现制度的动态更新。二是落实制度执行中的监督反馈机制。各职能部门要对本业务条线规章制度执行情况进行常态化检查指导,动态掌握制度运行中存在的问题,对于制度执行、落实不到位情况及时督促纠正,对实践证明不合时宜的制度及时修订和纠偏,实现顶层设计与基层实践的良性互动。三是健全制度清理的长效机制。坚持随立随清,起草部门在起草规章制度时,同时对与之相关的现行规章制度提出废止或修改的清理意见,坚持动态修订和集中清理相结合,对背离上位法规定,比形势滞后,与实践脱节的规章制度,及时进行立改废释,避免出现不合时宜、无法实施的制度“僵尸”。

5. 引入信息化管理。借助信息技术手段,破除内部管理壁垒,对提升直属海关规章制度管理效能意义重大。一是推动系统整合共享。海关政务信息化体系已日趋完善,在完善直属海关规章制度管理上,如能有效推进政务信息化系统的整合共享,可以切实避免重复建设、资源浪费。二是搭建统一平台。可以借鉴海关业务标准化规范和海关总署业务规范性文件查询系统的建设规范,搭建统一的直属海关规章制度在线检索数据库,把原有分散、碎片化的规章制度整合起来,将清理后现行有效的规章制度逐步入库,方便文件的查询、管理和监督。三是实行集约式管理。分类收纳规范性文件、规章制度、岗位规程等,实现对制度种类、内容、存废情况、修订沿革等项目的多字段检索和动态更新,为制度执行者提供权威、准确、全面的参考依据。

小智治事,大智立法。海关要以习近平法治思想为引领,进一步完善直属海关规章制度体系建设,持续不断地推动新海关制度创新和治理能力建设,为坚持和完善中国特色社会主义制度、推进国家治理体系和治理能力现代化作出海关应有的贡献。

Preliminary Exploration of the Development Path of Rules And Regulations in Regional Customs

Research Team of Legal Affairs Office of Fuzhou Customs

[**Abstract**] The establishment of rules and regulations in regional customs is essential for ensuring law-based administration, providing standards for behavior, serving as the legal basis for law enforcement to solve problems, and offering institutional support for work promotion. It is crucial to establish an interconnected and logically rigorous system. This requires a clear understanding of the fundamentals and a focus on strengthening top-level design, standardizing procedures, conducting strict legal reviews, enhancing implementation supervision, and introducing information-based management.

[**Key words**] Customs law; regional customs; rules and regulations; development path

新形势下海关监管货物法律制度研究

闫振国　徐　璐*

[摘　要]　海关监管货物作为我国海关对进出境货物实施监督管理的专用术语,有其特殊的法律含义。伴随着海关机构改革和业务改革的不断深化,海关监管的内涵与外延客观上已经发生变化,导致实务中对于海关监管货物相关法律制度的理解与适用也出现了多重困境。从传统海关监管货物相关规定出发,在阐述海关监管货物的概念、立法目的、特点、范围基础上,重点对海关监管货物的发展与适用困境进行分析,并提出改革相关法律制度的粗浅建议。

[关键词]　海关监管;放行;改革

海关监管货物作为我国海关对进出境货物实施监督管理的专用术语,具有特殊的法律含义,在海关法律体系下,某一货物属于海关监管货物则负担特定的海关监管要求,如果行政相对人未按规定管理、使用、处置相关货物,将面临不利的法律后果。因此,准确界定海关监管货物,并明确其负担的监管要求和法律责任,对于海关执法实践具有重要作用。伴随着海关机构改革和海关业务改革的不断深化,海关监管的内涵客观上已经发生变化,对于海关监管货物的理解也出现了分歧,现行《海关法》关于海关监管货物的制度设计已经逐渐难以适应

---

* 闫振国,海关总署政策法规司复议应诉处一级主任科员;徐璐,青岛海关法规处复议应诉科科长、一级主任科员,公职律师。

形势变化,为了统一认识、指导实践,需要在《海关法》修订时作出回应。

一、海关监管货物概述

(一)现行《海关法》关于海关监管货物的规定

1. 关于海关监管货物的定义

现行《海关法》在第九章附则部分第100条规定:"海关监管货物,是指本法第二十三条所列的进出口货物,过境、转运、通运货物,特定减免税货物,以及暂时进出口货物、保税货物和其他尚未办结海关手续的进出境货物。"

《海关法》第23条规定:"进口货物自进境起到办结海关手续止,出口货物自向海关申报起到出境止,过境、转运和通运货物自进境起到出境止,应当接受海关监管。"

2. 关于海关监管货物负担的法律义务

《海关法》第37条规定:"海关监管货物,未经海关许可,不得开拆、提取、交付、发运、调换、改装、抵押、质押、留置、转让、更换标记、移作他用或者进行其他处置。……人民法院判决、裁定或者有关行政执法部门决定处理海关监管货物的,应当责令当事人办结海关手续。"

《海关法》第38条第1、2款规定:"经营海关监管货物仓储业务的企业,应当经海关注册,并按照海关规定,办理收存、交付手续。在海关监管区外存放海关监管货物,应当经海关同意,并接受海关监管。"

3. 违反相关义务需要承担的法律责任

《海关法》第38条第3款规定:"违反前两款规定或者在保管海关监管货物期间造成海关监管货物损毁或者灭失的,除不可抗力外,对海关监管货物负有保管义务的人应当承担相应的纳税义务和法律责任。"

《海关法》第86条规定:"违反本法规定有下列行为之一的,可以处以罚款,有违法所得的,没收违法所得:……(十)未经海关许可,擅自将海关监管货物开拆、提取、交付、发运、调换、改装、抵押、质押、留置、转让、更换标记、移作他用或者进行其他处置的;……(十二)经营海关监管货物的运输、储存、加工等业务,有关货物灭失或者有关记录不真实,不能提供正当理由的;……”

《海关法》第82条规定:“违反本法及有关法律、行政法规,逃避海关监管,偷逃应纳税款、逃避国家有关进出境的禁止性或者限制性管理,有下列情形之一的,是走私行为:……(二)未经海关许可并且未缴纳应纳税款、交验有关许可证件,擅自将保税货物、特定减免税货物以及其他海关监管货物、物品、进境的境外运输工具,在境内销售的;……”

(二)传统意义上海关监管货物的概念、立法目的及特点

虽然现行《海关法》第100条看似规定了海关监管货物的含义,但是由于该条仅是对海关监管货物范围的概括,而且存在循环定义问题,并未抽象出海关监管货物一般的概念、属性特点、制度目的等。相关研究文章中也多是引用法条原文,目前仅见到海关总署政策法规司原副司长成卉青曾对海关监管货物进行抽象定义,他认为,“海关监管货物是未完全办结海关进出境手续(即未完成进境或出境的法律过程、一定意义上说,处于‘国境内关境外’)、有关经营人、所有人及其代理人对海关负有法定义务的货物,是不能自由处置,即物权受到一定限制、暂时不能完全适用民事、商事法律的货物”①。此外,有观点对海关监管货物的制度目的进行了简要论述,认为“海关监管货物性质的确定及其监管制度立法目的,从海关根本职能出发,应主要集中在两个方面:一是禁止不符合准入要求的货物进入境内;二是保障国家税款的安全。因此,进口货物在办结海关手续前需要接受海关监管,在防止不符合准入要求的货物进入境内这个问题上,是一种实体上的拦截;而在保障国家税款安全方面,则更多是将监管货物作为一种物权的担保”②。

结合上述定义、立法目的的论述和前述相关法律规定,传统海关

① 成卉青:《海关法与海关执法研究论文集》,中国海关出版社2009年版,第103页。

② 俞悦、严德龙:《“两步申报”模式下海关监管进口货物之权力边界的探讨》,载《海关与经贸研究》2020年第6期。

监管货物主要具有以下三个特点。

1. 海关手续尚未完结。应当说海关手续尚未完结是海关监管货物最明显的特点，正是由于手续未完结，因此相关货物仍然处于被海关监管的状态。这里所说的海关手续在传统意义上主要是缴纳税款、提交许可证件等可以解除海关监管的法定程序，未完结主要包括两种情况：一种是正常进出口环节通关放行手续尚未完结，仍存放在海关监管作业场所内的进出口货物；另一种是虽然已办结进出口环节通关放行手续，但因货物自身保税、减免税等特性，仍需要按照规定的时间、地点、用途等接受海关后续监管，办理相应后续监管手续的货物。即使人民法院或其他国家机关处置海关监管货物，也应该责令当事人办结海关手续。

2. 货物完整权能受到一定限制。对于海关监管货物，虽然相关企业拥有货物的所有权，但是由于相关货物仍有包括税款、贸易管制等方面的海关手续没有完结，企业并不享有货物所有权的完整权能，不能对货物自由处置，尤其是行使包括抵押、转让等在内的使用权、处分权方面受到严格限制，需要提前获得海关的准许。有观点从海关监管货物价值角度分析，认为由于其全部价值应该包括进口税款价，而税款属于国家所有，由海关征收，所以货物部分所有权属于海关所有。① 由于海关监管货物的最终流向并非均为境内，税款是否需要最终缴纳是一种不确定的状态，我们倾向于这种权能的限制主要是从物权担保角度出发，而非从共有角度。

3. 违法处置将受处罚。为保障国家税款安全和贸易管制政策的有效实施，法律规定对海关监管货物负有保管义务的人应当承担相应的纳税义务和法律责任，同时对违法处理海关监管货物的，根据行为具体情况，按照"走私""违反海关监管规定"作行政处罚，情节严重构成走私罪的追究刑事责任，同时，不免除纳税、提交许可证件及其他单

① 参见尹凌云：《三资企业破产案件中海关监管货物的处理》，载《山东审判》1996年第3期。

证等义务。

(三)传统意义上的海关监管货物范围

结合现行《海关法》第23条和第100条以及其他相关规定,实践中传统意义上的海关监管货物主要包括表1所示的7种。

表1 传统海关监管货物类型

序号	海关监管货物类型	海关监管期间
1	一般进口货物	自货物进境起到办结海关手续止
2	一般出口货物	自货物向海关申报起到出境止
3	过境、转运、通运货物	自货物进境起到出境止
4	特定减免税货物	自货物进境起到监管期限届满(船舶、飞机:8年;机动车辆:6年;其他货物:3年)
5	保税货物	自货物进境起到出境,或者转为一般贸易进口止
6	租赁进口货物	自货物进境之日起至租赁结束办结海关手续之日止
7	其他尚未办结海关手续的货物	自货物进境起到办结海关手续止

二、海关监管货物的发展与适用困境

(一)海关监管货物的发展

1.机构改革对"海关监管"时空范围前推后移。2018年3月13日,根据党中央机构改革决定,出入境检验检疫管理职责和队伍划入海关总署,机构改革后,海关的职责任务更重、监管链条更长,这尤其体现在海关监管时空客观的扩大上,也使实际受海关监管的货物范围扩容,主要包括两种情况。

一是监管的前推。例如,海关可以根据《进出境动植物检疫法实施条例》的相关规定,对动植物及其产品实施境外预检、监装或者产地疫情调查;海关可以根据《进出口商品检验法》的相关规定,对重要进口商品和大型成套设备,收货人应依据对外贸易合同约定在出口国装运前进行检验、监造或监装；以及海关在属地查检作业中对相关货物开展的“出口申报前监管”。

二是监管的后移。最具代表性的是根据《进出口商品检验法实施条例》第16条规定，法定检验的进口商品通关放行后20日内，收货人应当向出入境检验检疫机构（海关）申请检验，未经检验的不准销售使用。

2. 全面深化业务改革将“实货放行”与“海关监管”脱钩。2019年3月，海关总署印发《海关全面深化业务改革2020框架方案》，推动以“两步申报”“两轮驱动”“两段准入”“两类通关”“两区优化”等为主体，涵盖其他配套制度的业务改革。在此背景下，海关放行制度发生了较大变化，“实货放行”作为海关监管结束标志的逻辑架构被彻底改变。

一是“两步申报”带来的变化。“在海关监管进口货物的过程中，传统意义上的海关手续，包括相对人的申报、海关的审单、查验、征税等，其后的‘放行’，一般应可被理解为海关监管行为的终结节点。”[1]而根据《海关总署关于开展“两步申报”改革试点的公告》（2019年第127号公告）等相关规定，企业第一步概要申报后，虽然经海关同意即可提离货物，但是在运输工具申报进境之日起14日内，需要补充提交满足税收征管、合格评定、海关统计等整体监管需要的全面信息及单证完成完整申报，并办理缴纳税款等其他通关手续，在此之前相关货物仍然处于应受海关监管而未结关的状态，使货物“口岸提离”或者传统意义上的“实货放行”不再是解除海关监管的标志。

二是“两段准入”带来的变化。与“两步申报”改革相类似，根据《海关总署关于分段实施准入监管加快口岸验放的公告》（2019年第160号）等相关规定，海关总署对进口货物实施分别为“货物准予提离”“货物准予销售或使用”的分段准入监管模式，对于“无海关检查要求”“仅有口岸检查要求且已完成口岸检查的”“仅有海关目的地检查要求的”“既有海关口岸检查又有目的地检查要求，已完成口岸检

---

① 俞悦、严德龙：《“两步申报”模式下海关监管进口货物之权力边界的探讨》，载《海关与经贸研究》2020年第6期。

查,或经进口货物收货人或其代理人申请在进境地口岸合并实施且已完成相关检查的"四种情形,凭海关通知货物准予提离进境地口岸海关监管区。但在准许提离后,并非所有货物均可以由企业自由处置,对于有海关目的地检查要求、属于监管证件管理、需进行合格评定的三种情形,分别需要海关完成目的地检查、核销相关监管证件、完成合格评定程序后,货物方可准予销售或使用。按照《海关"两段准入"监管作业改革实施方案》,在"两段准入"改革模式下"口岸放行"包括"无布控放行""合规放行""附条件提离""转场检查""转目的地检查"等多种类型,货物是否仍需要完成后续的海关监管手续,在大多数情况下已经完全不妨碍货物的口岸提离,"实货放行"与海关监管实质上的关联已经非常松散。

(二)海关监管货物制度的适用困境

在机构改革叠加全面业务深化改革的大背景下,其他海关监管模式也有新的发展与变化,对海关监管货物制度的理解和适用陷入多重困境,主要表现为以下几个方面。

1."海关监管"是"依照《海关法》监管"还是"由海关这一部门进行监管"?

虽然"海关监管"一词在海关日常工作中频繁出现,但是与"海关监管货物"相同,其本身亦无明确的法律规定。有学者从范围角度认为"顾名思义,监管就是监督和管理。根据海关法及相关法律法规,海关监管对象包括进出境运输工具、货物、物品的监管,对海关监管场所的管理以及对报关企业和报关人员的监管"①。也有从法律性质角度认为"海关监管,是指海关代表国家依照海关法律、法规对进出境运输工具、货物和物品实行监督管理,从而能直接或间接产生法律后果的行政行为,所以说海关监管是一种行政行为"②。《海关总署职能配置、

---

① 王丽英:《海关行政处罚研究》,复旦大学出版社有限公司2017年版,第102页。

② 石洋主编:《中华人民共和国海关法》(修订版),中国科技文化出版社2017年版,第63页。

内设机构和人员编制规定》中海关监管工作包括:制定进出境运输工具、货物和物品的监管制度并组织实施。按规定承担技术性贸易措施相关工作。依法执行进出口贸易管理政策,负责知识产权海关保护工作,负责海关标志标识管理。组织实施海关管理环节的反恐、维稳、防扩散、出口管制等工作。制定加工贸易等保税业务的海关监管制度并组织实施,牵头审核海关特殊监管区域的设立和调整。根据现行《海关法》第2条之规定,传统的海关监管似乎有广义和狭义两种理解:在广义上,海关是国家的进出关境监督管理机关,这里的监督管理是一种包含所有海关职能的集合,包含了打私、征税、企管、稽查等在内的大监管;而在狭义上,海关监管主要是指对于进出境运输工具、货物、物品的实际监管,主要由各级海关口岸监管部门负责管理,属于海关四项传统职能之一。但是,机构改革后,无论是从广义还是狭义角度来看,海关监管的职责和对象范围客观上都更广了,这也导致对于"海关监管"出现了不同的理解。一种观点认为"海关监管"应该严格限定在"依照现行《海关法》所进行的监管",而另一种观点则认为应该理解为"海关这一国家机关或部门进行的监管",需要目的地检验的货物则完全符合第二种理解和前述"海关监管货物"的三个特点。虽然对于"海关监管"的两种理解都有其出发点和道理,但是却直接影响到对企业自行处置相关货物等行为的定性和处置,也在海关系统内引发了广泛讨论。①

---

① 对于货物从口岸提离海关监管作业场所到目的地检验结束前,是否属于《海关法》规定的"海关监管货物",海关总署政策法规司相关专家曾经在海关法治论坛中明确:"根据《海关法》的规定,进口货物自进境起到办结海关手续止,出口货物自向海关申报起到出境止,过境、转运和通运货物自进境起到出境止,应当接受海关监管。海关监管货物,未经海关许可,不得开拆、提取、交付、发运、调换、改装、抵押、质押、留置、转让、更换标记、移作他用或者进行其他处置。根据《进出口商品检验法实施条例》的规定,法定检验的进口商品应当在收货人报检时申报的目的地检验,海关总署可以根据便利对外贸易和进出口商品检验工作的需要,指定在其他地点检验。由此可见,《海关法》与《进出口商品检验法实施条例》的相关规定,是有关货物进口两个业务环节,不宜将需要目的地检验的货物视同于《海关法》规定的海关监管货物。"但是论坛中亦有诸多相反观点。

2. 办结海关手续究竟指什么手续?

《海关法》第100条在对海关监管货物作出解释时,除了具体列明了的类型外,还用“其他尚未办结海关手续的进出境货物”进行了兜底。而对于何为“办结海关手续”或者何为“海关手续”并无明确的规定或解释。比如,有的进口货物存在应税特许权使用费,但相关费用可能需要进口货物在境内完成实际销售后才能最终确定,根据相关规定,纳税义务人应在每次支付后的30日内向海关办理申报纳税手续,如果这里的申报纳税手续是海关手续,那么是不是意味着在特许权使用费未完全缴纳前该进口货物也属于海关监管货物?如果认为这一手续不属于海关手续,似乎不符合一般人的一般理解。又如,按照《海关对出口监管仓库及所存货物的管理办法》的相关规定,出口监管仓库本身就是对已办结海关出口手续的货物进行存储、保税物流配送、提供流通性增值服务的,既然是已办结海关手续,那么相关货物是否属于海关监管货物而需要接受海关监管?除了以上问题之外,在机构改革和全面深化改革之后,对于“海关手续”的理解变得越发复杂,仍以口岸提离后需要海关目的地检验的货物为例,究竟应以货物口岸提离手续还是以最终完成目的地检验手续作为办结海关手续的标志,会导致对某一货物在特定时间节点内是否属于海关监管货物得出不同结论。

3. 无法自由处置的“放行”是否还是“放行”?

“放行货物,就是指海关在对进出口货物查验后,在有关的单证上签印放行,以表明海关监管的结束。放行是海关监管的最后一个环节,意味着海关现场监管可以解除。”①传统意义上的“放行”,一般应可被理解为对货物实货的口岸放行,而且实货放行和报关单放行以及结关基本上是一致的,也是货物由海关监管转变为不再受海关监管的标志,出口货物则是先报关单放行,然后实货放行、结关。但是如前所述,机构改革叠加全面深化业务改革后的“放行”,已经改变了这一制

---

① 卞耀武主编:《中华人民共和国海关法释义》,法律出版社2001年版,第69页。

度逻辑,在各种内外部文件、海关作业系统、单一窗口系统中“放行”被大量、不统一地使用。比如,在《海关“两段准入”监管作业改革实施方案》中出现了“口岸放行”“无布控放行”“合规放行”“特定附条件放行”“结关放行”等表述,在关于“两段准入”的配套培训课件、操作说明中的“放行一”“放行二”等表述。在海关H2018通关管理系统中一票被命中目的地检验的货物,会先后出现“单证放行”“货物放行”“结关放行”等三种不同的“放行”;而在单一窗口企业端则先后显示“海关无纸验放查验通知书(放行)”“海关已放行:报关单项下货物准予提离,但在接到海关放行或结关通知前不得销售或使用”“海关已结关:报关单已结关”等回执信息,从这些信息可以看出,“放行”已经由原来传统意义上海关监管的结束发展为在不同情形下有不同的内涵①,那么当企业收到报关单项下货物准予提离的“放行”信息,但同时又备注“在接到海关放行或结关通知前不得销售或使用”时,这种放而不行的“放行”已经背离了传统海关法体系下的立法本意。

4. 其他一些与海关监管相关的货物法律性质问题

除了前述提及的三类典型问题之外,在海关实际监管工作中,还可能出现其他几种相对特别的货物类型,似乎也超出了传统“海关监管货物”制度调整的范畴。

(1)出境加工货物。“出境加工”与普通的加工贸易进料加工等“两头在外”的模式正好相反,是指我国境内符合条件的企业将自有的原辅料、零部件、元器件或半成品等货物委托境外企业制造或加工后,在规定的期限内复运进境并支付加工费和境外料件费等相关费用的

---

① 目前海关的“放行”主要可以分以下几类:(1)指货物提离口岸监管作业场所的实货放行(如“两步申报”概要申报阶段的放行、“两段准入”第一段放行)。(2)指办结涉海关通关手续的报关单放行(如“两步申报”中完整申报后的放行)。(3)指全部涉关涉检手续完成后的结关放行(如“两段准入”目的地检查后的放行)。(4)指涉原海关通关手续完成的放行(如《进出口商品检验法实施条例》中通关放行后20日内,收货人应当向出入境检验检疫机构申请检验)。(5)指涉检疫程序完成后的放行(如《进出境动植物检疫法实施条例》中的检疫放行)。

经营活动。由于货物的加工制造等环节在国外,实际上除了原材料出口和制成品进口环节之外,海关并无法对出境加工货物进行过程性的管理,但是为了规范监管,海关对该模式也专门制定有规范性文件,并对出境加工货物进行账册管理,而且根据监管需要,也可以对开展出境加工业务的企业开展稽核查,但是对于该类货物是否属于海关监管货物则无明文规定。

(2)综合保税区内的非传统保税货物。主要又有两种类型:一是委托加工货物,即由综保区外企业提供的由区内企业利用监管期限内的免税设备进行加工的货物,主要为委托加工的料件(包括来自境内区外的非保税料件和区内企业保税料件)、成品、残次品、废品、副产品和边角料等。二是海关特殊监管区域"仓储货物按状态分类监管"制度下的以非报关方式进入特殊区域的非保税货物,区内企业经营非保税仓储货物需要海关的核准,海关可以对进出区非保税货物进行抽查。这两类货物都属于特殊区域内非传统的保税货物,但是同时海关又在一定程度上进行了实际监管,但是否属于海关监管货物并不明确。

(3)海关已放行但未提离海关监管作业场所的货物。实践中还有一种比较常见的情况,即货物虽然已经收到海关放行指令,但因非海关原因,企业长时间未将货物提离海关监管作业场所。例如,近期在"口岸危险品综合治理"专项行动中,对于长期未提离的危险品,部分海关不得不通过海关发布微信公众号、国门时报等媒体发布告示督促进口危险品收货人尽快办理提离手续。对于此类货物,海关究竟应否承担监管职责以及承担何种监管职责都无定论。

三、相关建议

海关监管货物的相关制度设计在很长一段时间内与海关监管实际相符,尤其是《海关法》第37条关于不得擅自处置的规定以及相关法律责任条款的设置,很大程度上保障了国家税款安全和贸易管制效果。但是,随着海关机构改革和全面业务深化改革的不断推进,"海关监管货物”以及与之相关的“海关监管”“海关手续”“放行”等的内涵与外延实质上均发生了较大变化，目前的制度设计已经无法满足实践需要，也难以实现逻辑自洽。而且，对海关监管货物的相关限制性规定在法律实践中往往被认为是“管理性强制性规范”而非“效力性强制性规范”，不仅难以阻断当事人擅自处置相关监管货物时民事行为的有效性，还容易产生排除其他监管部门监管的理解，导致海关在安全生产等工作中承担不必要的责任。在《民法典》施行后大力提倡“物尽其用”、鼓励商品流通的背景下，现行《海关法》是否仍需要保留对海关监管货物严格的限制性条款，似乎也有进一步探讨的空间。因此，有必要在下一步《海关法》修订的过程中，对相关制度设计进行改革和完善，对此提出几点粗浅建议。

（一）取消“海关监管货物”相关表述

目前《海关法》修订相关研究工作正在紧锣密鼓进行中，在《海关法》与《进出口商品检验法》等四法三条例调整范围相对泾渭分明的情况下，海关执法过程中沿用各部法律对于海关相关监管职能的规定分别予以执行，将海关监管货物严格限定为机构合并前传统范围有其合理性。而一旦下一步修订《海关法》时将检验检疫等明确纳入海关职能条款，那么无论是在实践中还是法律中，海关监管货物以及相应的处置限制条款、法律责任条款都难以做到逻辑上的周延。如果沿用传统海关监管货物的内涵，则与海关实际监管职责和实践不符，会出现应该接受海关监管的货物并非“海关监管货物”的矛盾；如果对内涵进行相应扩充，则相关的监管、限制措施等又存在交叉或者不符合立法本意的情况。而纵观其他行政机关，鲜见有对其负担相应监管职责对象明确为“某某监管货物”的实例，也并不影响行政机关的依法履职。因此，建议在《海关法》修订时，探索取消“海关监管货物”等相关表述，或者根据实际需要对相关货物表述为未完税货物、未经检验货物等，同时明确规定相关进出口货物在规定的时间节点所应负担的缴纳税款、提交许可证件、接受检验检疫等法律义务以及违反相关义务的法律责任，以解决目前对海关监管货物的理解和适用困境。

(二)重构海关放行制度

由于"放行"制度与"海关监管"紧密相连,而目前海关监管实践中的"放行"与现行《海关法》"放行"制度已经完全脱节。因此,在取消海关监管货物规定的同时,建议对海关"放行"制度进行重构,主要思路如下:一是以货物提离海关监管区取代口岸实货放行,避免货物"放而不行"的矛盾;二是仅保留货物最终办结所有的涉关、涉检等通关手续的"结关放行",或者直接用"办结海关通关手续"取代"结关放行";三是探索清理"报关单放行""单证放行"等海关在相关业务系统、文件中自行拟制的并无明确的法律依据或实际法律意义的其他"放行"。

(三)创新海关监管手段

为了避免取消海关监管货物制度可能造成的监管风险,建议进一步强化海关监管手段的创新。一是积极推广多元化税款担保措施,以保障保税货物或者其他未完税货物的税款安全,而且在税款担保的前提下探索放宽对企业相关货物抵押、融资租赁等处置的限制,提升货物的流转和利用效率。二是对于一些大型保税设备、减免税设备等未完税货物,探索创新货物公示制度,使善意受让人、担保物权人有正规的途径和渠道查询货物的物权是否完整,同时可以阻断善意取得,为海关正当行使撤销权、实现税收优先权提供保障。三是对于确实需要强化实货监管的货物,建议借助科技手段,通过应用智能关锁、卫星定位、实时监控等方式提升实际监管效能,降低监管风险。

A Study on the Legal Framework for Cargoes under Customs Control in the New Context

YAN Zhenguo XU Lu

[**Abstract**] Cargoes under customs control, as a special term in China Customs control of import and export goods, hold a distinct legal significance. Alongside the continuous deepening of customs organizational and operational reforms, there have been objective changes in the nature and scope of customs control, leading to multiple challenges in the understanding and application of the legal framework concerning the regulation of cargoes under customs control. This paper begins by elucidating the concept, legislative objectives, characteristics, and scope of cargoes under customs control based on the traditional provisions pertinent to customs regulations. It then focuses on analyzing the development and challenges associated with the application of control over such cargoes, while also offering preliminary recommendations for reforming the relevant legal framework.

[**Key words**] customs control; release; reform

海关预裁定法律制度检视及其完善

王　平　李　娜*

[**摘　要**]　目前，中国海关事务裁定法律制度包括海关行政裁定制度和海关预裁定制度。检视海关行政裁定与海关预裁定制度并作异同比较，有助于行政相对人全面了解海关事务裁定法律制度并在实际关务活动中助力合规管理。结合工作实践，针对海关行政裁定与海关预裁定法律制度实施中存在的不足，提出完善海关事务裁定法律制度的若干对策建议，助推良好营商环境的持续构建。

[**关键词**]　海关；行政裁定；预裁定；检视与完善

现阶段，中国海关事务裁定法律制度包括海关行政裁定制度和海关预裁定制度。海关行政裁定制度系《海关法》确立的一项法律制度；预裁定制度作为《贸易便利化协定》所确定的一项海关事务，在对外贸易中是国际通行的贸易便利化措施。《贸易便利化协定》旨在打造更加公平、协调、透明、可预见的通关环境。预裁定制度的实施，不仅解决了企业通关中面临部分进出口法律法规适用结果不可预知的问题，也有助于海关执法规范统一，进而推动监管效能的全面提升。结合中国海关改革实践，深入研究《贸易便利化协定》有关预裁定制度具有积极意义。

* 王平，福州海关口岸监管处二级调研员；李娜，福州海关关税处科长。

一、海关行政裁定与海关预裁定法律制度的演进

海关行政裁定制度作为2000年《海关法》大修中创设的一项新的海关法律制度，旨在保证对外贸易的可预见性和海关执法的统一性。现行《海关法》第43条第1款规定：海关可以根据对外贸易经营者提出的书面申请，对拟作进口或者出口的货物预先作出商品归类等行政裁定。海关行政裁定制度明确了海关行政裁定的申请人资格、发布人资格、普遍适用性和公开性等原则①。为配合中国加入世界贸易组织，2001年12月，海关总署以署令第92号形式发布《海关行政裁定管理暂行办法》。

顺应《贸易便利化协定》的实施以及我国与其他国家（地区）签署的"自由贸易协定"，对标国际规则，2017年12月，海关总署令第236号发布《海关预裁定管理暂行办法》，旨在促进贸易安全与便利，优化营商环境，增强企业对进出口贸易活动的可预期性。作为配套管理措施，海关总署发布2018年第14号公告，就海关归类、价格和原产地预裁定实施的有关事项作出规定；并制定了《海关预裁定操作规程》。回望海关预裁定工作实践，商品归类、价格、原产地预裁定管理较为成熟，"海关总署规定的其他海关事务"预裁定实施效果不明显。作为海关监管方式的创新之举，预裁定制度适应通关一体化改革要求，将海关对相关涉税要素的审查确认前置于企业申报之前，简化通关流程，提高通关效率，对于进一步改善营商环境、提高贸易自由化便利化水平具有重要意义②。2021年11月1日起施行的《海关进出口货物商品归类管理规定》除第2条提及"商品归类的行政裁定"外，第20条进一

---

① 《海关法》第43条是关于海关行政裁定制度的条款，旨在创设海关的行政裁定制度，明确了海关行政裁定的申请人资格、发布人资格、普遍适用性和公开性等原则。详见卞耀武主编：《中华人民共和国海关法释义》，法律出版社2001年版，第143页。

② 海关总署《关于〈海关预裁定管理暂行办法〉的备案报告》（海关规备字〔2018〕3号）附件2"关于《中华人民共和国海关预裁定管理暂行办法》的说明"。

步明确了商品归类可提请行政裁定、预裁定两种方式[①]。2019年3月新修订的《进出口货物原产地条例》除第12条提及"原产地预确定"外,第15条亦明确根据对外贸易经营者提出的书面申请,海关可以依据《海关法》第43条的规定,对将要进口的货物的原产地预先作出确定原产地的行政裁定,并对外公布。系统梳理海关行政裁定与海关预裁定制度并作异同比较,有助于行政相对人全面了解海关事务裁定法律制度并在实际关务活动中助力合规管理(详见表1)。

表1 海关行政裁定与海关预裁定异同比较

类别	海关行政裁定	海关预裁定
规章名称	《海关行政裁定管理暂行办法》	《海关预裁定管理暂行办法》
立法依据	《海关法》	《海关法》以及有关法律、行政法规和我国政府缔结或者加入的有关国际条约、协定
立法目的	便利对外贸易经营者办理海关手续,方便合法进出口,提高通关效率	促进贸易安全与便利,优化营商环境,增强企业对进出口贸易活动的可预期性
定义	海关行政裁定是指海关在货物实际进出口前,应对外贸易经营者的申请,依据有关海关法律、行政法规和规章,对与实际进出口活动有关的海关事务作出的具有普遍约束力的决定	《海关预裁定管理暂行办法》未作定义。仅表述为"在货物实际进出口前,海关应申请人的申请,对其与实际进出口活动有关的海关事务作出预裁定,适用本办法"
裁定主体	行政裁定由海关总署或总署授权机构作出,由海关总署统一对外公布	预裁定机关为直属海关,各直属海关的关税职能部门具体承办(注:归类、价格、原产地预裁定)

---

① 《海关进出口货物商品归类管理规定》(海关总署令第252号)第20条规定:收发货人或者其代理人就其进出口货物的商品归类提出行政裁定、预裁定申请的,应当按照行政裁定、预裁定管理的有关规定办理。

续表

类别	海关行政裁定	海关预裁定
裁定范围	(1)进出口商品的归类; (2)进出口货物原产地的确定; (3)禁止进出口措施和许可证件的适用; (4)海关总署决定适用《海关行政裁定管理暂行办法》的其他海关事务	(1)进出口货物的商品归类; (2)进出口货物的原产地或者原产资格; (3)进口货物完税价格相关要素、估价方法; (4)海关总署规定的其他海关事务
申请人	在海关备案的进出口货物经营单位。 申请人可以自行向海关提出申请,也可以委托他人向海关提出申请	预裁定的申请人应当是与实际进出口活动有关,并且在海关备案的对外贸易经营者
裁定对象	《中华人民共和国海关法释义》:应为与拟作进口或者出口的货物有关的进出口行为或其他交易行为,而不是任何假设的进出口行为或其他交易行为	《海关预裁定管理暂行办法》第2条:对其与实际进出口活动有关的海关事务作出预裁定
提交申请时限	货物拟作进口或出口的3个月前向海关总署或者直属海关提交书面申请	申请人应当在货物拟进出口3个月之前向其备案地直属海关提出预裁定申请。 特殊情况下,申请人确有正当理由的,可以在货物拟进出口前3个月内提出预裁定申请
作出裁定时限	海关应当自受理申请之日起60日内作出行政裁定	海关应当自受理之日起60日内制发《预裁定决定书》
适用对象	海关作出的行政裁定自公布之日起在中华人民共和国关境内统一适用	预裁定决定仅适用于申请预裁定的对外贸易经营者,其他企业不能直接适用,但在从事相关贸易活动中可以参考借鉴有关预裁定决定(注:援引自《解读〈中华人民共和国海关预裁定管理暂行办法〉在线访谈》,海关总署网站2018年4月20日)

续表

类别	海关行政裁定	海关预裁定
适用效力	具有普遍约束力	申请人在其有效期内进出口与该决定列明情形相同的所有货物
溯及力	无溯及力	无溯及力
有效期	海关作出行政裁定所依据的法律、行政法规及规章中的相关规定发生变化,影响行政裁定效力的,原行政裁定自动失效	预裁定决定有效期为3年。 预裁定决定所依据的法律、行政法规、海关规章以及海关总署公告相关规定发生变化,影响其效力的,预裁定决定自动失效
救济方式	进出口活动的当事人对于海关作出的具体行政行为不服,并对该具体行政行为依据的行政裁定持有异议的,可以在对具体行政行为申请复议的同时一并提出对行政裁定的审查申请。复议海关受理该复议申请后应将其中对于行政裁定的审查申请移送海关总署,由海关总署作出审查决定	申请人对预裁定决定不服的,可以向海关总署申请行政复议;对复议决定不服的,可以依法向人民法院提起行政诉讼

二、海关行政裁定与海关预裁定法律制度实施中存在的不足

海关行政裁定制度①体现了立法者借鉴国外海关先进经验、创设中国海关事务裁定法律制度的前瞻意识。海关预裁定制度作为《贸易便利化协定》的一项重要举措,在提高通关效率、降低贸易成本等方面的积极作用显而易见。检视海关行政裁定与海关预裁定法律制度的实施效果,既有商品归类、价格、原产地预裁定等实践成效,也存在一些不足。

---

① 海关行政裁定制度(customs administrative rulings),是一种在借鉴国外先进经验的基础上建立的海关行政管理法律制度,通过有关当事人依据一定的程序要求海关对有关海关法律的适用问题作出在一定范围内具有普遍约束力的解释,从而保证海关法律制度实施的可预见性、统一性、透明性。详见卞耀武主编:《中华人民共和国海关法释义》,法律出版社2001年版,第143页。

(一)海关行政裁定法律制度实施不尽理想

中国加入世界贸易组织后,除修订法律、行政法规外,还发布了大量与对外贸易有关的部门规章及规范性文件,管理规定更趋公开、透明。然而,面对涉外法治相关法律、行政法规和规章有关规定的适用与理解,行政相对人未充分借助海关行政裁定法律制度并最大限度实现对外贸易可预见性等情形依然不同程度存在,既影响通关速度,也增加贸易成本。对标国际先进做法,2000 年修改《海关法》时创设了海关行政裁定法律制度,其丰富含义始终"养在深闺人未识"①。2002 年起实施《海关行政裁定管理暂行办法》至今已逾 20 年,从公开渠道可以查询获得的海关行政裁定实例仅有 20 余例,且多集中在商品归类等海关事务,尽管该办法第 3 条明确行政裁定的海关事务还包括"禁止进出口措施和许可证件的适用"。基于并非所有的法律问题均在成文的法律规范中作出明确规定,面对国际贸易禁限管理等部分涉外法律法规的理解与适用存在不同认知等问题,鲜见行政相对人运用申请行政裁定的方式助其合规管理并使其进出口贸易更具预见性。

面对各直属海关贸易管制执法疑难问题"下情上达",海关总署贸易管制职能管理部门自 2000 年 3 月起连续十余年不间断签发数百份《海关总署进出口商品监管证件问答书》,及时解决了通关业务现场遇到的各类"禁止进出口措施和许可证件的适用"等贸易管制疑难问题,在某种程度上也相对缓解了行政相对人就禁限管理等贸易管制疑难问题法律适用提请海关行政裁定的刚性需求。前些年,《海关总署进出口商品监管证件问答书》制度不再推行,可海关执法实践中遇到的贸易管制疑难问题并未消减。笔者在业务工作中就曾多次引导企业就其归类产生的禁限管理疑难问题提请海关行政裁定,以期"一劳永逸"地解决进出口贸易管制中同样存在的普适性问题,然而,行政相对

① 官慧君:《行政裁定——海关新姿态——海关总署政法司副司长孟杨专访》,载《中国海关》2002 年第 3 期。

人最终并未循此途径并付诸实施,海关行政裁定程序繁琐且提请"禁止进出口措施和许可证件的适用"之行政裁定尚无先例可循是否为其中重要因素尚不得而知。复盘《海关行政裁定管理暂行办法》实施至今,行政相对人从未就"禁止进出口措施和许可证件的适用"提请海关行政裁定,的确值得立法部门和执法部门在部门规章立法后评估环节进行深入检视。

(二)海关预裁定实操与《贸易便利化协定》要求尚有差距

《贸易便利化协定》第一部分第3条"预裁定"范围除货物的税则归类及货物的原产地外,还鼓励各成员提供包括"成员认为适合作出预裁定的任何其他事项"等其他有关事项预裁定[①]。《海关预裁定管理暂行办法》第3条除明确申请人可以就商品归类、原产地、价格申请预裁定外,其兜底条款"海关总署规定的其他海关事务"也列入了可申请预裁定范围。海关总署公告2018年第14号仅就海关归类、价格和原产地预裁定申请人资格、申请期限、申请书提交方式、预裁定决定作出、预裁定终止、预裁定撤销及适用文书等作出规定,该公告附件1《中华人民共和国海关预裁定申请书》也仅有"商品归类""价格""原产地"这三种适用选项。此外,《海关预裁定操作规程》亦仅就海关总署关税司负责全国海关预裁定职能管理的归类、价格和原产地预裁定申请的受理、预裁定审核和决定作出、预裁定决定的效力和作用、预裁定决定的复核和维护、争议处置等作出具体规定。

综观海关总署公告2018年第14号[②]及《海关预裁定操作规程》第3条规定,上述两文仅就海关归类、价格和原产地预裁定作出明确规定,而对"海关总署规定的其他海关事务"如何申请预裁定并未提及,无形导致近年来作出的海关预裁定皆集中于与税收征管有关的归类、价格、原产地等方面。"海关总署规定的其他海关事务"虽为《海关预

---

① 参见兰楚豪、潘仁麟:《中美海关预裁定法律制度及其实务比较分析》,载陈晖主编:《海关法评论》第10卷,法律出版社2021年版,第286页。

② 海关总署公告2018年第14号附件1《中华人民共和国海关预裁定申请书》也仅列商品归类、价格、原产地三种格式。

裁定管理暂行办法》确定可就海关事务申请预裁定的范围,然而,这一部门规章并未就“海关总署规定的其他海关事务”究竟还包含哪些可申请预裁定的海关事务作出进一步的明确规定,加之既有细化海关预裁定的海关总署公告这一规范性文件及操作规程仅就海关总署关税司负责全国海关预裁定职能管理的归类、价格和原产地预裁定作出具体规定,要申请“海关总署规定的其他海关事务”预裁定缺乏可操作的规范性文件。海关总署公告 2018 年第 14 号及《海关预裁定操作规程》仅规定归类、价格、原产地三项海关预裁定申请事项与《海关预裁定管理暂行办法》中有关“海关总署规定的其他海关事务”可申请裁定事项不完全衔接值得关注。

(三)“禁止进出口措施和许可证件的适用”等海关事务裁定刚需不容忽视

《海关行政裁定管理暂行办法》第 3 条适用范围包括“(三)禁止进出口措施和许可证件的适用”,其附件《中华人民共和国海关行政裁定申请书》格式 3 即为“禁止进出口措施和许可证件的适用”的专用行政裁定申请书。除禁止进出口管理措施外,目前,进出口环节保留验核的 41 种监管证件中与贸易管制有关的监管证件多达 30 种(注:其余 11 种监管证件涉及检验、检疫)。此外,海关进出口货物报关单对应的监管方式多达 100 余种,而规制包括许可证件在内的各类监管证件管理的货物进出口管理办法等部门规章一般仅就证件申领、签发等作出程序性的原则规定,并未逐一对应各贸易方式(报关单上的海关监管方式)作出细化规定,除非在该部门规章中明确规定任何方式进出口均需领证。依据《对外贸易法》第 15 条的原则性规定,贸易渠道禁止进出口管理措施大都以《禁止进/出口货物目录》形式发布公告周知,除此之外,仍有部分禁止进出口管理货物是以法条而非目录形式加以呈现,如公安部、海关总署、原国家工商总局联合发布的《关于依法严厉打击走私、制造、销售仿真枪违法犯罪活动的通知》(公通字〔2002〕5 号)规定:禁止以任何贸易方式进口仿真枪。而将标有“二战”时期日本零式战斗机和纳粹德国战斗机标记的货物[①]、带有“DARKIE”文字和其他丑化黑人的文字或图形的商品[②]按禁止进出口货物进行管理,把海关监管工作中遇到的执法实践问题以请示方式提请海关总署会同商务部有关部门加以明确。此外,针对以玩具用途出口的“二战”时期武器模型是否属于禁止出口货物问题,经海关总署会商商务部后作出批复:所述有关玩具未明确纳入《禁止出口货物目录》,如企业提供的用途证明文件说明上述玩具拟用于教具、展示或道具等类似宣教用途的,应确定为不合理用途,可以认定其属于《对外贸易法》第 15 条规定的适用范围[③]。上述批复系海关监管的执法依据,然而,却又是以文件而非公告的形式制发,多数行政相对人并不了解这些规定。如果有行政相对人就此提请海关行政裁定或预裁定,类似问题通过行政裁定或预裁定方式加以解决,不仅对企业合规管理具有关境内统一适用的示范效应,而且对企业开展对外贸易更具“可预见性”。由此可见,在整合海关行政裁定与海关预裁定法律制度之前,行政裁定中“禁止进出口措施和许可证件的适用”等海关事务具有不容忽略的适用刚需而非“可有可无”。

---

① 《海关总署关于对标有“二战”时期日本和德国军队战斗机标记的玩具监管问题的批复》(署法〔2000〕815 号)明确:标有“二战”时期日本零式战斗机和纳粹德国战斗机标记的货物,属于《对外贸易法》第 17 条(2022 年《对外贸易法》修正后为第 15 条——笔者注)规定的禁止进出口货物,海关发现后,不得放行。

② 《关于 DARLIE 商标产品进口问题的批复》(政法函〔2005〕9 号)明确:“DARKIE”文字和其他丑化黑人的图形、文字具有对黑人的种族歧视性质。根据《对外贸易法》和《货物进出口管理条例》的有关规定,带有上述文字或图形的商品,国家禁止进出口。

③ 《海关总署关于“二战”时期武器模型出口问题的批复》(署法函〔2010〕555 号)明确:目前,所述有关玩具未明确纳入商务部会同我署等有关部门公布的《禁止出口货物目录》,如企业提供的用途证明文件说明上述玩具拟用于教具、展示或道具等类似宣教用途的,应确定为不合理用途,可以认定其属于《对外贸易法》第 16 条(2022 年《对外贸易法》修正后为第 15 条——笔者注)规定的适用范围。请你关进一步向出口经营者核实其出口用途,提供出口用途证明文件,并向其说明因实际出口用途与其提供的证明文件不符而产生的相关责任由企业自行承担。

（四）涉及检验检疫事务提请海关预裁定情形值得探索

2018年，根据《深化党和国家机构改革方案》，出入境检验检疫管理职责和队伍划入海关总署。出入境检验检疫执法[①]涉及国境卫生检疫、进出境动植物检疫、进出口商品检验、进出口食品检验监管等多项专业性强的业务。随着关检业务的深度融合，上述涉及出入境检验检疫事务如何及时纳入海关预裁定范围值得认真研究。既有的预裁定范围包括"海关总署规定的其他海关事务"，也为涉检业务预裁定预留了可操作空间。当然，相对于"海关总署规定的其他事务"这一表述，直接明晰将涉及出入境检验检疫事务列为海关预裁定事项之一，更便于进出口企业对涉检法律、行政法规、规章及规范性文件有关规定的准确适用提请预裁定。

（五）海关预裁定制度实施中企业"获得感"有待增强

以目前企业需求及签发数量最大的归类预裁定为例，当前的归类预裁定服务与制度设计的目标仍存在一定距离。

一是信息化系统尤其是海关预裁定在线申请及便利检索电子系统有待升级完善。目前企业提交预裁定申请可通过中国电子口岸或"互联网＋海关"渠道提交，但该申请模块仅可实现简单的"提交—反馈"闭环，智能检索等功能相对缺乏，智能查询历史归类决定等信息功能尚不完善，企业申请界面有待优化。此外，直属海关关税职能部门在预裁定受理、审核等过程中，常需要与企业反复沟通，而与预裁定申请直接关联的沟通途径尚不够便捷智能，极大制约了预裁定效率，也一定程度上影响了企业的"获得感"。

二是预裁定实操与企业的合规管理诉求尚有差距。"推进属地纳税人管理制度"是当前海关税收征管改革的重要内容，其中强调"加强通关前关税技术服务，优化海关预裁定工作，增强企业合规申报纳税的便利性和可预期性"。由于预裁定工作对专业技术水平要求较高，

---

① 涉及检验检疫的主要法律包括《国境卫生检疫法》《进出境动植物检疫法》《进出口商品检验法》《食品安全法》，以下简称涉检"四法"。

现阶段海关从事预裁定工作的人力资源有限,海关预裁定能力建设与企业合规管理诉求的匹配度仍有提升空间。

三、海关预裁定法律制度立法完善对策建议

党的二十大强调,推进高水平对外开放,加快建设贸易强国。不断完善海关预裁定法律制度,将进一步增强企业对进出口贸易活动的可预期性,既顺应通关一体化改革需要,又契合海关工作服务新发展格局要求,助力促进外贸保稳提质,对维护贸易安全与便利、方便合法进出、降低贸易成本、提高通关效率等具有积极作用。

(一)统筹考虑《海关法》涉及海关事务裁定法条的修订

《海关法》有关海关事务裁定法条与《贸易便利化协定》中"预裁定"如何更紧密衔接值得关注。针对现行《海关法》第43条仅述及"商品归类等行政裁定"之情形,建议修订该条款时充分借鉴《贸易便利化协定》的要求,统一表述为"海关预裁定",同时在原海关行政裁定的基础上对海关预裁定范围进行整合,统一以"预裁定"方式加以规制,明晰界定其包括商品归类、价格、原产地及其他海关事务,便于行政相对人就与对外贸易有关的海关事务提请预裁定。从中国作为世界第一的货物贸易大国审视,倘若在海关预裁定制度顶层设计中能进一步考量对提请预裁定的申请人资格所作的限制,将更好地回应《贸易便利化协定》第3条"预裁定"中有关申请人[①]包括"任何具有合理理由的人员或其代表"这一界定。这不仅会显示中国海关履行《贸易便利化协定》、在预裁定方面制定更高标准的实践探索,而且也充分考虑对外贸易的可预见性及降低贸易成本等企业诉求。以海关预裁定方式及时回应企业"如何准确适用法律、行政法规、规章及规范性文

---

① 《贸易便利化协定》第3条"预裁定"之"定义和范围"明确:(c)申请人指出口商、进口商或任何具有合理理由的人员或其代表。(d)一成员可要求申请人在其领土内拥有法人代表或进行注册。在可行的限度内,此类要求不得限制有权申请预裁定的人员类别,并应特别考虑中小企业具体需要。这些要求应明确、透明且不构成任意的或不合理的歧视。

件有关规定”这一诉求，必将大大助推进出口企业合规管理。此外，重新修订《进出口货物原产地条例》时，亦有必要将第12条“原产地预确定”统一修改为“原产地预裁定”，以保证法律、行政法规及规章间的衔接。

（二）对海关行政裁定与海关预裁定规章进行整合修订

及时对《海关行政裁定管理暂行办法》与《海关预裁定管理暂行办法》进行整合修订并将规章名称改为《海关预裁定管理办法》，建议对海关事务裁定按重要领域及其他疑难复杂事务与一般事务加以区分，构建总署、直属海关两个层级的海关事务裁定体系。鉴于以禁限管理为主要内容的进出口贸易管制海关执法涉及相关法律、行政法规以及操作性强的部门规章多达数十部，还包括相当数量的规范性文件，因其管理范围宽泛、管理目录较多、管理要求复杂，包括禁止进出口措施和许可证件在内的所有贸易管制措施适用宜由海关总署作出裁定，必要时会商主管部委确定。修订现行《海关法》第43条时，将禁止进出口措施和许可证件等适用之海关事务裁定增列为具体例举范围，固然能使法条更加明晰；囿于制定或修订法律时要求法条简练表述，难以逐一具体罗列时，则需考虑在整合修订《海关预裁定管理办法》中具体将“禁止进出口措施和许可证件等适用”列为可申请预裁定的范围。借《海关预裁定管理办法》有关预裁定范围的细化，统筹考虑部门规章与《海关法》有关预裁定法律制度之间的有机衔接。

（三）综合考量对海关预裁定适用范围作进一步明确

对标《贸易便利化协定》预裁定范围，中国海关预裁定法律制度除商品归类、价格、原产地外，还应充分考虑该协定有关“成员认为适合作出预裁定的任何其他事项”之条款，并将包括禁止进出口措施和许可证件的适用、关税减免要求的适用等其他事项纳入海关预裁定范围。现行《海关预裁定管理暂行办法》可申请预裁定的范围虽有“海关总署规定的其他海关事务”兜底条款，然而，远不比《海关行政裁定管理暂行办法》第3条中“禁止进出口措施和许可证件的适用”的表述更为直接。目前，海关总署关税部门负责商品归类、价格、原产地职能管理;综合业务部门负责货物(含技术)进出口禁止、限制职能管理。《海关预裁定管理暂行办法》等部门规章和配套公告以及《海关预裁定操作规程》等规范性文件皆由海关总署关税司主导发文,关税职能管理作用发挥较为充分。本轮《海关法》修订如以海关预裁定取代海关行政裁定,而例举事项又仅表述为商品归类、价格、原产地等预裁定事务,且对"海关总署规定的其他海关事务"未作进一步解释,无疑将影响行政相对人合理提出"禁止进出口措施和许可证件的适用"这一原《海关行政裁定管理暂行办法》所确定的既有海关事务裁定申请。此外,鉴于进出口环节保留验核的监管证件既包括进/出口许可证、两用物项和技术进/出口许可证等许可证件,也包括进口药品通关单、进口兽药通关单、技术出口合同登记证等监管证件,而《海关行政裁定管理暂行办法》第3条适用范围"禁止进出口措施和许可证件的适用"难以涵盖除许可证件以外的其他进出口监管证件管理范围,建议在整合修订《海关预裁定管理办法》并新增预裁定适用范围时,将原行政裁定事项之"禁止进出口措施和许可证件的适用"改为"禁止进出口措施和许可证件等适用",为行政相对人可能对进出口货物是否属于其他监管证件管理货物提请贸易管制措施适用等海关事务裁定预留空间。

(四)适时考虑将涉及检验检疫事务新增纳入海关预裁定范围

基于关检机构合并、关检业务深度融合,执行涉检"四法"及实施《技术性贸易壁垒》《实施动植物卫生检疫措施的协议》等国际规则,从检验检疫执法角度审视,亦有必要将海关预裁定范围扩大至出入境检验检疫事务,同时区别不同涉检具体事务进一步明确由海关总署抑或直属海关作出预裁定的层级。如涉及卫生检疫的特殊物品、动植物及其产品以及其他应检物、食品、化妆品、危化品等检验检疫事务,企业在办理进出口业务前如能通过预裁定实现对商品属性、适用范围、检验检疫标准等判定,可极大降低企业涉检合规申报风险。

(五)持续推进海关预裁定"数字化"管理

在"信息共享"方面,一是将可供企业便捷查询的归类信息系统

(归类一指通)与企业运用端系统(海关"互联网+平台""单一窗口")等加以对接,实现实时的互联互通,便利企业在申报端可充分使用已公布的归类决定等信息资源。二是积极探索推进属地纳税人管理信息平台的建设。鉴于涉税的归类等预裁定事务已具有一定的实践基础,且预裁定申请是向企业备案地海关(属地海关)提出,未来在构建全国统一的属地纳税人管理信息平台时将预裁定模块纳入其中,不仅顺应海关预裁定"数字化"管理,也有助于进一步优化预裁定线上申请、审核、决定签发等流程,提升企业在线申请海关预裁定的便捷化"获得感"。海关归类的专业性决定了归类预裁定人力资源紧张,在履行执法职责的同时,难以兼顾进出口企业对归类等预裁定服务享有良好的用户体验之诉求①,因此,海关除与报关协会加强协作、注重培养预归类中介服务人员、从源头全面提升企业归类申报水平外,还需充分借助科技手段持续推进海关预裁定"数字化"管理与智能化应用,全面提升包括预裁定在内的通关前关税技术服务质量。

Inspection and Improvement of the Customs Advance Ruling Legal System

WANG Ping　LI Na

[**Abstract**] At present, China Customs affairs ruling legal system coexists with customs administrative ruling system and customs advance ruling system. Examining the similarities and differences between customs administrative ruling and customs advance ruling system is helpful for administrative counterpart to fully understand the legal system of customs

---

① 参见廖春华、曾淑蓉:《关于加强尊重归类先例制度建设　夯实"四维"税收风险防控基础的思考》,载《协调制度研究与商品归类》2022年第3期。

affairs ruling and facilitate compliance management in actual customs activities. Based on work practices, several countermeasures and suggestions are proposed to improve the legal system of customs affairs rulings, addressing the deficiencies in the implementation of the customs administrative ruling and customs advance ruling frameworks, and promoting the continuous construction of a favorable business environment.

[**Key words**] Customs; administrative ruling; advance ruling; inspection and improvement

从促进贸易便利化角度谈优化海关预先确认相关制度

廖　佳[*]

[摘　要]　海关事务预先确认制度能让进出口企业尽早明晰所需手续和贸易预期，及时调整贸易动向，促进跨境贸易便利化。但该制度在中国实施20余年，适用并不广泛，未达到预期效果，故通过综合分析中国海关现行关于预先确认制度的相关规定，并与国际条约、协定中的相关规定作对比分析，找出其不够畅通、便利的方面，如申请程序过于烦琐，申请范围、申请人资格条件、时间等要求过高，关企双方权责不够明晰导致实际运用效果不佳等，并提出将预先确认制度统一为预裁定制度，根据实际需求拓展制度适用范围、强化对企业信赖利益的保护、增设罚则和对审核人员的容错机制等改进措施，以期让制度能从"能用"到"好用"。

[关键词]　海关预先确认制度；扩充适用范围；明晰权责

海关各项业务制度的繁简、对货物国际流动的干预程度大小直接影响到跨境贸易便利化水平。为尽可能简化和协调各国海关的制度，世界海关组织和各国海关做了大量工作，其中推进海关事务预先确认制度，让进出口企业尽早明晰贸易所需手续和预期，在促进贸易便利

* 廖佳，重庆海关法规和综合业务处一级主任科员。

化中起着举足轻重的作用。论文通过分析中国现行海关事务预先确认制度的运行情况,查找其存在的不够完善的问题,并结合国际公约、条约相关要求,借鉴国际公约、条约先进经验,从促进贸易便利化的角度提出一些针对性的立法建议。

一、国际公约、条约相关规定

(一)国际预先确认制度的历史沿革

自 20 世纪 60 年代开始,美国海关预先确认制度开始形成。1973 年缔约的《关于简化和协调海关事务制度的国际公约》(International Convention on the Simplification and Harmonization of Customs Procedures,也称《京都公约》)第一次以国际公约的形式确立了预先确认制度,称为"有约束力的裁定"(binding rulings)①;2017 年生效的《贸易便利化协定》(Trade Facilitation Agreement,TFA)将预先确认制度命名为"预裁定"(advance ruling)。

全球各地海关预先确认制度的名称和范围有细微区别,如美国海关称为"行政裁定"(administrative ruling)②,日本海关称为"事前教示回答",欧盟海关则称为"约束性信息制度"。

(二)《京都公约》相关规定

《京都公约》是世界海关组织(World Customs Organization,WCO)四大支柱性公约③之一,是当今世界上唯一全面规范海关制度和做法标准的国际性法律文件,也是各个国家和地区为促进和便利贸易发展

---

① 参见海关总署国际合作司等译:《关于简化和协调海关制度的国际公约(京都公约)》,法律出版社 2001 年版。

② 参见兰楚豪、潘仁麟:《中美海关预裁定法律制度及其实务比较分析》,载陈晖主编:《海关法评论》第 10 卷,法律出版社 2021 年版,第 286 页。

③ 参见海关总署国际合作司编译:《关于简化和协调海关制度的国际公约(京都公约)总附约和专项附约指南》,中国海关出版社 2003 年版"编译者的话":其他公约是《商品名称和编码协调制度公约》《关于防范、调查、惩处违反海关法行为的海关行政互助公约》《关于暂准进口的海关公约》。

而制定本国(地区)海关制度的重要标准①。其总附约标准条款9.9规定“应有关的人请求,海关在掌握必要信息的条件下应发布具有约束力的裁定”。

对应指南对裁定的种类、申请形式和内容、通知时限、货物取样、时效、使用和废止等作了详细说明。《京都公约》项下的海关裁定事项包括税则归类、原产地和估价。申请需使用书面形式,并至少包含申请人联系信息、货物所有情况、前期进口同类货物的具体情况,办理货物通关手续的海关办事机构等。海关作出的裁定应采用标准格式以书面形式告知申请人,裁定应有一定的有效期。进出口商可以凭裁定减少其货物的通关手续。裁定的废止缘由则有申请人提供的相关内容不正确、不完整,或是裁定与国内机构或有关的海关、经济同盟所采取的新措施或司法裁决相矛盾。

《京都公约》未对规定申请人具体范围和身份要求、信息是否公开做具体限定。关于海关裁定的救济则在第10章统一规定了国家立法应规定对海关事务有权申诉。最初的申诉应当向海关提出,上诉人有权继续向独立机构进一步申诉,并最终向司法机关提出诉讼。

(三)《贸易便利化协定》相关规定

《贸易便利化协定》则将海关预先确认制度命名为“预裁定”,并在第一部分的第3条对预裁定的定义、申请人和申请事项范围、受理、效力和时效、通知要求、权利救济、信息要求等进行了规定。

《贸易便利化协定》将预裁定定义为货物进口之前海关依申请提供的书面决定。尽管定义限定为进口,但依据后续法条对申请人身份范围的规定,预裁定事务也包含出口。申请人指出口商、进口商或任何具有合理理由的人员或其代表,同时规定成员方可在不构成歧视的情形下对申请人身份进行进一步限制。申请事项范围包括必须提供的税则归类、原产地预裁定,以及鼓励提供的审价方法、减免税适用、

① 参见海关总署国际合作司编译:《关于简化和协调海关制度的国际公约(京都公约)总附约和专项附约指南》,中国海关出版社2003年版,“编译者的话”。

关税配额适用及其他海关认为适合作出预裁定的任何事项。海关作出预裁定,拒绝作出预裁定,撤销、修改及废止预裁定均需书面通知申请人。预裁定作出后应该在一段合理时间内有效,除非支持预裁定的法律、事实或情形已改变。

《贸易便利化协定》在权利救济和信息要求方面规定较为详细。除传统的司法救济外,协定还要求成员方提供对预裁定或对撤销、修改或废止预裁定的复审。信息方面则规定了以公开为原则兼顾商业保密的要求。

二、中国海关预先确认制度的相关规定

(一)中国海关预先确认制度的由来

中国海关自2000年开始探索确立预先确认制度。2000年2月24日海关总署发布《海关进出口商品预归类暂行办法》①;2000年7月8日修正的《海关法》增加了“行政裁定”相关规定②;2001年海关总署发布《实施对进口货物的原产地预确定制度有关事项公告》③;2002年1月1日《海关行政裁定管理暂行办法》④施行,2005年3月1日《海关进出口货物征税管理办法》⑤施行,正式形成行政裁定和原产地预确定、价格预审核、预归类制度(以下简称“三预”制度)并行的架构。2018年2月1日《海关预裁定管理暂行办法》⑥和《关于实施〈中华人

---

① 海关总署令第80号,已废止。

② 2000年《海关法》第43条:海关可以根据对外贸易经营者提出的书面申请,对拟作进口或者出口的货物预先作出商品归类等行政裁定。进口或者出口相同货物,应当适用相同的商品归类行政裁定。海关对所作出的商品归类等行政裁定,应当予以公布。

③ 海关总署公告2001年第17号,已废止。

④ 海关总署令第92号发布,根据2023年3月9日海关总署令第262号修正。

⑤ 海关总署令第124号发布,根据2010年11月26日海关总署令第198号第一次修正、2014年3月13日海关总署令第218号第二次修正、2017年12月20日海关总署令第235号第三次修正、2018年5月29日海关总署令第240号第四次修正。

⑥ 海关总署令第236号发布,根据2023年3月9日海关总署令第262号修正。

民共和国海关预裁定管理暂行办法〉有关事项的公告》[①]施行,“三预”制度废止,行政裁定和预裁定制度并行。

根据2000年4月25日全国人大法律委员会关于《海关法修正案(草案)》修改情况的汇报可知,新增行政裁定制度是为了借鉴国际上关于主管部门依申请预先确认归类等商品信息的先进经验,提高通关效率,保证执法的统一性,增强可预知性[②]。虽然法律依据和名称不一,具体适用也有所区别,但行政裁定制度、“三预”制度和预裁定制度,实质上都是在进出口货物实际通关前对进出口贸易涉及海关要素进行事前确认,并作出有约束力的裁定,以节省后续通关时间、提高通关效率的制度。为表述方便,后文讨论中将之统称为“预先确认制度”。

(二)中国海关预先确认制度现行规定

鉴于“三预”制度已废止,此处不再讨论,仅对现行有效的行政裁定和预裁定制度作对比研究。

1.行政裁定制度相关规定

中国海关将行政裁定定义为“海关在货物实际进出口前,应对外贸易经营者的申请,依据有关海关法律、行政法规和规章,对与实际进出口活动有关的海关事务作出的具有普遍约束力的决定”。裁定适用归类、原产地确定、禁限措施和许可证适用及其他海关总署认为可以适用的海关事务。申请人应为在海关注册登记的进出口货物经营单位,申请应以书面形式在实际进出口前3个月提出,并提供申请人基本情况、货物具体情况、裁定事项、预计进出口日期和口岸及海关认为需要说明的其他情况。

行政裁定由海关总署或其授权机构受理,海关受理、作出、撤销裁定均应书面通知申请人。申请人资格不符、申请内容与实际进出口活动无关、申请期限不符合要求、相同海关事务已有有效行政裁定或其

① 海关总署公告2018年第14号。

② 全国人大法律委员会(2018年更名为全国人大宪法和法律委员会)关于《中华人民共和国海关法修正案(草案)》修改情况的汇报,2000年4月25日第九届全国人民代表大会常务委员会第十五次会议,全国人大法律委员会副主任委员周克玉。

他明确规定或海关认定的其他不予受理的情形的,海关可不予受理申请。

对涉密信息,申请人可书面申请海关保密。行政裁定的权利救济分为针对具体行政行为的复议和针对行政裁定本身的审查申请,未明确诉讼相关问题。

2. 预裁定制度相关规定

中国海关现行制度中未给出对预裁定的明确定义。其适用范围为进出口货物归类、原产地确定、进口货物完税价格相关要素、估价方法及海关总署规定的其他事务。申请人应为在海关注册登记且与实际进出口活动有关的对外贸易经营者,申请同样应以书面形式在货物拟进出口前3个月提出,并提供申请人基本情况、货物具体情况、裁定事项、预计进出口日期和口岸及海关认为需要说明的其他情况。

预裁定由申请人注册地直属海关受理,海关受理、作出、撤销预裁定均应书面通知申请人。申请人资格不符、申请内容与实际进出口活动无关、申请内容与期限不符合要求、相同海关事务已有明确规定或同一申请人的同一事项已有受理中的预裁定的,海关不予受理申请。

对涉密信息,申请人可书面申请海关保密。预裁定的权利救济需先复议后诉讼。

三、中国海关现行预先确认制度运行中存在的不够便利的主要问题

(一)审核层级过高、程序过于烦琐,实际运用效果不佳

1. 申请、审核程序过于复杂,不便于实际操作

行政裁定需由海关总署或其授权机构受理,且审核要求非常严格。预裁定的审批流程相对简便,由直属海关受理。但具体操作中,审批流程仍较为繁琐,如企业在海关受理前后的撤回申请均需要海关审批同意,一份预裁定仅能针对一种征税要素进行申请,如需对多种要素进行预裁定,需提出多次申请等。截至2022年9月,行政裁定制度运行22年,仅作出12份裁定,2018年以后未作出过行政裁定,从未

作出过涉及“禁止进出口措施和许可证件的适用”的行政裁定[①]；预裁定制度运行4年，全国海关共作出3500余份商品归类预裁定，1500份商品价格预裁定[②]，签发数量约为行政裁定的400倍，但该数据与全国海关每年数以千万计的报关单数相比，几乎不值一提。

2. 执法和维权成本高昂，不利于制度推广

按照目前的规定，海关预先确认制度复议均需要海关总署受理，诉讼需到海关总署所在地的中级人民法院，对于非京籍企业而言，维权成本高昂。复议、诉讼受理部门调取证据、了解案情等也多有不便，有碍制度进一步推广。

（二）申请范围、申请人资格条件、时间等要求过高，导致适用困难

1. 申请人身份范围限制过严导致适用领域窄

海关现行预先确认制度对申请人身份限制较多，行政裁定的申请人需为在海关注册登记的进出口货物经营单位，预裁定的申请人需为与实际进出口活动有关并在海关注册登记的对外贸易经营者。这导致商品的实际生产者和消费使用单位等其他相关经营者不能申请预先确认，与《贸易便利化协定》规定的“出口商、进口商或任何具有合理理由的人员或其代表”不符，且大量有需求的相关人不能享受制度红利。

2. 申请时间的要求不能满足国际贸易实际需求

《贸易便利化协定》仅规定相对人应在实际进出口前向海关提出预先确认申请，并未限制提前的期限。但中国海关的行政裁定与预裁定均要求在货物拟进出口前3个月提出申请，而当今国际贸易周转速度快，不少企业实行零库存的物流理念，提前3个月确定各合同要素，不便于其灵活应对市场变化，不能满足当下企业的实际需求。

3. 预先确认事务范围不能满足进出口企业实际需求

行政裁定包括的四类海关事务，进出口商品的归类、进出口货物

① 海关总署网站，http://www.customs.gov.cn/，查询时间2022年9月20日。

② 数据来源：海关总署归类管理系统、价格管理系统，查询时间2022年9月20日。

原产地的确定、禁止进出口措施和许可证件的适用、海关总署决定适用本办法的其他海关事务,其中第三类事务涉及生态环境、商务、发改委等政府部门职能交叉,第四类需要海关总署另行发文确认,实践中均未适用。预裁定规定的归类、价格、原产地预裁定与海关总署决定适用的其他事务,实践中适用较多的仅有归类和价格预裁定,其实质仅是税收要素的事前确认,禁限措施、许可证以及机构改革后检验检疫措施涉及的制度等均无法适用。但禁限措施、许可证和检验检疫等领域存在非常多的可以事前确认的企业理解难点。以危险化学品的商品检验为例,海关检验的依据之一《出入境检验检疫机构实施检验检疫的进出境商品目录》以商品归类编码为标准,而《危险化学品目录》以产品的成分含量以及危险性质为标准,二者并非一一对应,存在危险化学品和非危险化学品共用同一个商品编码的情形,也存在《危险化学品目录》中一类危险化学品涉及的具体产品对应的商品编码可能有多种的情形,进出口企业往往难以自行确定申报商品是否属于危险化学品、是否属于法定检验商品,如果报错,进出口企业可能需承担不合法申报,逃避检验的不利后果,不利于促进贸易便利化。

(三)关企双方权责不够明晰导致实质性运用效果不佳

1. 预先确认制度公信力不够,未达到实际便利效果

一是预先确认后并无通关便利优惠。实践中,企业即使做了预先确认,在通关中也没有任何的便利或是优势,在通关或是后续稽核查中也需进行审核,另行调整税款的情况也屡见不鲜。以某关区的归类预裁定为例,企业以该归类预裁定在另一关区佐证商品归类的正确性后,出于风险控制和对相关规定理解差异等原因,在另一关区问询后,该关直接撤销了该预裁定,预裁定的权威性和公信力被削弱。

二是裁定的失效和撤销随意性过高。根据现行规定,海关总署应当定期公布自动失效的行政裁定,预裁定自动失效的,无通知相关规定,申请人需自行实时查询海关相关政策变化,对企业要求过高,达不到便利的目的。且现行关于撤销的规定,未区分企业责任和海关责任,一旦出现裁定错误,均一撤了事,企业合理合法的信赖利益得不到

保护，且可能引发复议、诉讼纠纷。

2. 对风险管理的担忧导致实际适用存在困难

归类、价格、原产地等预先确认事项，均具有一定的技术难度，不同经办关员可能对于商品信息和技术规则的认知程度不同，各关区、同关区各业务部门之间的分工和信息掌握程度也存在区别，可能出现企业将预先确认作为一种逃避、推卸责任的手段的情形。以某企业的稽查案件为例，其因归类问题在 A 关区被稽查后，用尚未申报的同种货物向 B 关区的关税部门申请归类预裁定，海关不同部门之间特别是跨关区的不同部门之间目前并无官方、统一的信息交流机制，系统审核也存在时间差，一旦关税部门得出与稽查不一致的结论，企业将以此与海关谈判，后续处理将极为被动。还有企业试单，如将同样的商品以不同的品名在不同关区申请预裁定以选取低税率税号、借海关之力逃税等。而目前的海关预先确认制度不够完善，对法律责任的规制均只在申请人提供虚假、不实资料方面，且宣示作用大于实际作用，难以规制试单等新发情况，海关基于风险防控的目的从严审理预先确认申请，也使制度实际运用效果未达到促进贸易便利化的目的。

3. 海关的无限责任制导致真正的问题得不到解决

预先确认制度立足于事前，海关无法验核实货，主要凭申请人提供的资料做判断，描述方式和侧重点等影响巨大，且本身的专业性、技术性较强，确认不准确的情况在所难免。但海关作业面临内外各种审计、督察等，一旦出现确认不准确，经办关员可能面临严重后果，这导致海关在审核时需慎之又慎，尤其是面对企业真正觉得疑难、可能存在不同理解或争议的商品确认事项，可能会进行“软化”“异化”处理，回避真正的问题，不便于制度作用的进一步发挥。

四、从促进贸易便利化角度优化中国海关预先确认制度

（一）统一海关预先确认制度、简化程序，降低办理和维权成本

1. 将预先确认制度统一为预裁定制度

从前文分析可知，预先确认制度中行政裁定制度在实践中基本不

用,建议从节约执法成本和提升执法效率的角度出发,将事前确认制度统一为预裁定制度。在法律层面,将《海关法》第43条关于“行政裁定”的表述修改为预裁定,在规章规范性文件层面,将《海关行政裁定管理暂行办法》与《海关预裁定管理暂行办法》整合为《海关预裁定管理办法》。

同时,现行预裁定制度仅针对某个进出口企业的某种商品一事一裁,需大量审核人员和行政成本,建议将行政裁定中的普适性裁定理念融入预裁定中,将预裁定分为总署层级的普适性预裁定和直属海关层级的具体行政行为预裁定。对多家企业提出预裁定申请或是各裁定领域存在理解歧义或是较大争议的问题,由海关总署或其指定的经办部门作出预裁定,在全国范围内针对该类商品统一适用。对其他的预裁定申请则由各直属海关作出,针对申请人的申请商品单独适用,关区业务量大、技术力量较强的,具体行政行为类预裁定可试点由直属海关授权的隶属海关作出。

2. 简化预裁定申请和确认程序

优化预裁定程序,合并海关预裁定办理系统,通过“互联网+”或是“单一窗口”统一对外,申请人对同一批商品需申请多项海关事务预裁定的,仅需提出一次申请,选择需裁定具体事项即可;对不同商品申请同一类别海关事务预先确认的,可在一次申请中同时提出。优化审批程序,设置撤回程序,对企业中途撤回申请的可直接终止办理无须海关审批,缩短办理流程所需时间。

3. 增设预先确认复审制度,丰富申请人维权渠道

如前所述,因复议、诉讼均须由总署所在地相关部门办理,一旦出现争议,维权成本较高,故建议参考《贸易便利化协定》中关于“复审”的相关规定,增设预先确认制度同级复审制度。申请人对预先确认结果不服的,可向原申请海关申请复审,原申请海关应根据回避规定设置专门的复审结构安排具备专业知识的复审人员进行复审。

(二)根据实际需求拓展制度适用范围

1. 扩大申请人范围

实践中,除进出口收发货人外,实际生产者、消费使用单位等也广

泛存在获知货物所涉税证信息的需求。建议按照《贸易便利化协定》的规定,扩大预裁定申请人范围,取消“经海关备案的对外贸易经营者”的限制,只要申请人能证明其申请事项与实际进出口活动有关即可,以达到真正推动贸易便利化的作用,扩大制度红利的覆盖面。

2. 放宽时间限制

3个月的时间要求主要是给予海关经办人员一定的处理期限,实践中除存在重大疑难需提请税管局专业技术支持的外,基本都能在1个月内处理完成。建议参考《贸易便利化协定》的规定,对企业申请时限不做强制要求,但明确海关审核所需期限,企业申请过晚,实际进出口时预裁定决定尚未作出的,按照未申请状态申报即可,由企业自行判断选择。同时参考行政复议期限的设置,将办理期限分为常规办理期限和特殊办理期限,如规定:预裁定应在1个月内作出,商品存在疑难复杂无法在规定期限内作出的,可延长1个月。

3. 扩大预先确认范围

如前文所述,先行预先确认制度仅用于税收要素的确认已不能满足实际需求,建议扩大其适用范围。一是强化与主管部门的配合,将贸易管制和许可证件的适用预裁定落到实处。二是商品检验检疫业务中能提前确认的事项,如某种商品的检验检疫属性和要求、某种商品是否属于危化品、是否需要法定检验等,纳入预裁定范围。从而有效解决当前存在的商品检验检疫领域,尤其是危险化学品领域不合规申报、各海关执法不统一问题,实现关企双赢。

(三)明晰海关与申请人双方权责,让便利落到实处

1. 强化对企业信赖利益的保护,体现制度优势

制度要深受欢迎并被广泛适用,必须具有较好的稳定性、约束性和公信力。故建议强化对企业信赖利益的保护,对经预先确认的商品减少或者免除通关事中审核,降低稽核查等事后审核频次;同时强化预先确认制度的失效管理,尤其是强化裁定失效的通知义务和撤销裁定的审查义务。

裁定失效的通知义务。根据正当程序原则,行政机关作出行政行

为应当说明理由,并告知行政相对人权利,特别是作出影响其权益的行为,应当听取其意见。故建议规定因裁定所依据的法律法规发生变化,影响其效力的,由裁定机关宣布失效并及时通知申请人。

撤销裁定的审查义务。根据信赖利益保护原则,行政行为一经作出,非经法定事由和法定程序,不能随意撤销,尤其是行政相对人的受益性行政行为,事后即使发现违法或者对行政机关不利,只要行为不是因为相对人的过错所造成的,行政机关也应当采取足够审慎的态度去考虑撤销,只有在该行政行为的瑕疵足以影响到实质处理结果时,才采用撤销的方式进行纠错。故建议参考《行政许可法》相关规定,对撤销行为进行区分,对因申请人提供虚假、不完整资料等造成的需撤销裁定,裁定机关应当立即撤销已生效的裁定且经撤销的裁定自始无效;对因海关原因造成裁定需撤销的,裁定机关在撤销前应预告知申请人,且申请人依据裁定作出的进出口行为有效,不受海关后续政策变更的影响、也不受追税期限等限制。裁定的撤销均应告知申请人,且自申请人收到告知之日起生效。

2. 完善法律责任,以重罚引导规范适用

海关对预先确认制度的管理主要在于让制度切实为企业服务,控制企业试单、限制企业利用海关规则逃避责任等方面,且根据《立法法》相关规定,对增加企业责任、减少企业义务的,应在法律行政法规中予以明确或授权,故建议在《海关法》和《海关行政处罚实施条例》中增设预裁定相关法律责任。如规定:企业获得预裁定决定后需依据预裁定进行申报,申报内容与预裁定决定在归类、价格、原产地等主要内容方面不符的,按照报关单申报不实有关规定办理;企业申请预裁定后,未使用预裁定号申报的,应当向海关说明原因,两次无故不使用预裁定号申报的,1 年内禁止企业申请预裁定;将企业预裁定申请和使用情况列入信用管理范围,对多次申请预裁定不执行或实际申报内容与预裁定内容差异较大的,加大事中审核和事后稽核查力度。以提升后果的严重性,引导企业主动规范适用预先确认制度。

3. 增设对审核人员的容错机制,让制度有需求即可用

无论是已经纳入预先确认范围的归类、价格、原产地认定等征税要素确认,还是进出口商品检验检疫条件的确认,均存在较高的技术和审核难度,海关审核人员要面对成千上万的商品,客观上难以达到对每一种都了如指掌、审核结果绝对正确。审计、监督的目的是避免违规作业,而不是让经办人员不敢作业,故建议增设对审核人员的容错机制,参考《海关法》对报关人员的合理审核义务相关规定,规定海关审核人员对申请资料尽到了合理审核义务的,即使最终认定结论与裁定结果不符,也不用承担责任。通过转化责任导向引导经办人员敢作为、善作为,让预先确认制度真正有需求即可用。同时,通过开展内部业务培训、邀请行业协会、企业技术专家授课等形式,提升经办人员专业技能,提升确认准确度。

(四)推动试点预先确认社会化服务

放宽适用条件后,可能面临有限的执法资源和执法成本与执法效率间的矛盾,建议试点引入预先确认社会化服务,鼓励社会成立类似于"会计师事务所""律师事务所"之类的第三方海关事务预先确认机构,并借鉴《进出口商品检验法》中对第三方检验机构的采信管理①,采信符合一定条件的第三方海关事务预先确认机构出具的认定结果。企业可通过第三方机构进行海关事务预先审核确认,在缓解执法资源压力的同时推动更多社会力量参与研究海关相关制度,提升海关制度的透明度和公信力。

五、结语

畅通国内国际双循环,首先要畅通"交汇枢纽"海关的各项制度。海关预先确认制度作为世界海关组织大力推广的海关手续简化协调

---

① 2021年《进出口商品检验法》第6条第3款:对本条第1款规定的进出口商品检验,商检机构可以采信检验机构的检验结果;国家商检部门对前述检验机构实行目录管理。

措施,更需要根据具体情况进行转换和本土化,让其能在服务国内进出口企业中更好地发挥优势作用,更好地促进跨境贸易便利化。好制度需要能执行,海关预先确认制度不仅要能用,更要好用,才能更好促进跨境贸易便利化。

Optimization of Customs Pre-Determination Systems from the Perspective of Promoting Trade Facilitation

LIAO Jia

[**Abstract**] The pre-determination systems of customs affairs enable the importers and exporters to adjust trade trends in time by making the necessary procedures and trade expectations clear for them as soon as possible, thus promoting the cross-border trade facilitation. However, the system is not widely applied and has not achieved the expected effect even though it has been implemented in China for more than 20 years. Hence, this paper attempts to find out the unsmooth and inconvenient aspects through a thorough analysis of the relevant provisions of the current China Customs pre-determination system and a comparative analysis with the relevant provisions in international treaties and agreements, such as overly complex application procedures, high requirements for application scope, applicant qualifications, and timeframes, as well as the lack of clarity in rights and responsibilities between customs and enterprises, which has led to poor practical application. The paper also proposes to unify the pre-confirmation systems into Advance Ruling, expand the scope of application of the system according to actual needs, strengthen the protection of the trust interests of enterprises, add penalties and fault-tolerant mechanism for auditors and other improvement measures so as to make the system from "usable" to "user-friendly".

[**Key words**] Customs pre-determination system; expand the scope of application; clarify rights and responsibilities.

试论海关放行制度的法律解构及重构

王洪波*

[摘　要]　放行制度是我国海关监管的基本制度之一,而全面深化改革以及机构改革使得原有制度面临较多问题,《海关法》修订需要对此予以回应和完善。为探究制度实质及本义,有必要回顾我国海关放行制度立法沿革;为拓宽制度国际视野以及探索前瞻方向,选择了《京都公约》以及欧盟、美国海关的放行制度予以比较。立足于新形势下我国海关放行制度面临的问题,从海关放行的法律性质、适用对象、适用前提、时空范围、实质意义、法律后果等多个维度予以法律解构,由此分析对比两种制度重构思路,否定取消放行的激进化重构思路,主张对现有海关放行制度予以优化式重构,在《海关法》修订中增加放行的名词释义,完善相关制度衔接等。

[关键词]　海关;放行;解构;重构

一、我国海关放行制度的立法沿革

我国早在1951年颁布的《暂行海关法》第四篇规定了"进出口货物的报验、征税、保管和放行",在第六篇规定了"进出国境人员及其行李物品的放行"。《暂行海关法》第146条规定:"进口货物,于办清海关手续后,应凭海关签印的提货单或准单放行。"第147条规定:"出口

* 王洪波,青岛海关法规处四级调研员,公职律师。

货物,于办清海关手续后,应凭海关签印的装货单或准单装运。”第 148 条规定:“进出口应税货物,除经海关总署特许者外,应于交纳关税及其他由关代征的税捐或不低于上项税捐总额的保证金后,方得由关放行。”由此,“放行”作为一项海关基本制度被确定下来,基本规则一直沿用至今。

1987 年制定的《海关法》对放行制度进行了一系列修改完善,其中第 18 条第 1 款规定了“不予放行”①、第 20 条规定了“签印放行”②、第 31 条③和第 37 条第 2 款规定了“物品放行”④、第 39 条规定了“减征或免税放行”⑤、第 44 条规定了“追补征时效起算”⑥等,这些放行相关条款内容,在此后历次《海关法》修改中均未作改动。1988 年我国加入《关于简化和协调海关业务制度的国际公约》(以下简称《京都公约》),2000 年修正的《海关法》吸收了《京都公约》相关内容,如在第 45 条增加了与放行相关的“稽查时效起算”⑦、第 66 条第 1 款和第 3

---

① 1987 年《海关法》第 18 条第 1 款规定:“进口货物的收货人、出口货物的发货人应当向海关如实申报,交验进出口许可证和有关单证。国家限制进出口的货物,没有进出口许可证的,不予放行,具体处理办法由国务院规定。”

② 1987 年《海关法》第 20 条规定:“除海关特准的外,进出口货物在收发货人缴清税款或者提供担保后,由海关签印放行。”

③ 1987 年《海关法》第 31 条规定:“邮运进出境的物品,经海关查验放行后,有关经营单位方可投递或者交付。”

④ 1987 年《海关法》第 37 条第 2 款规定:“进出境物品的纳税义务人,应当在物品放行前缴纳税款。”

⑤ 1987 年《海关法》第 39 条规定:“下列进出口货物、进出境物品,减征或者免征关税:……(三)在海关放行前遭受损坏或者损失的货物……”

⑥ 1987 年《海关法》第 44 条规定:“进出口货物、进出境物品放行后,海关发现少征或者漏征税款,应当自缴纳税款或者货物、物品放行之日起一年内,向纳税义务人补征。因纳税义务人违反规定而造成的少征或者漏征,海关在三年以内可以追征。”

⑦ 2000 年《海关法》第 45 条规定:“自进出口货物放行之日起三年内或者在保税货物、减免税进口货物的海关监管期限内及其后的三年内,海关可以对与进出口货物直接有关的企业、单位的会计帐簿、会计凭证、报关单证以及其他有关资料和有关进出口货物实施稽查。具体办法由国务院规定。”

款增加“担保放行”[①]等条款。现行《海关法》对上述“放行”相关条款内容均未作调整。另外,在《进出口关税条例》《海关事务担保条例》《海关稽查条例》《海关行政处罚实施条例》《知识产权海关保护条例》《海关统计条例》等行政法规,以及大量的海关规章中,“放行”表述被广泛使用。

无论是《暂行海关法》,还是《海关法》,以及行政法规、海关规章等,都未明确解释“放行”的含义、性质等,但在卞耀武主编的法律释义丛书《中华人民共和国海关法释义》中认为“放行货物,就是指海关在对进出口货物查验后,在有关的单证上签印放行,以表明海关监管的结束”[②]。传统意义上的海关手续,包括行政相对人的申报、海关的审单、查验、征税以及其后的“放行”,除保税货物、减免税货物、暂时进出口货物和其他尚未办结海关手续的货物以外,“放行”一般标志着海关通关监管的结束。

随着《海关法》的修改,目前已经形成了单证放行、不予放行、免税放行、担保放行等配套制度,究其实质,就是通过放行结束通关阶段的海关监管,从而明晰相关法律责任以便利贸易。海关放行作为实施贸易管制、统计、追补税款、稽查、当事人物权处分的重要节点,关系当事人重要权利以及相关法律责任的区分。无论国内立法,还是国际立法,都对放行制度给予了足够重视。

二、国际条约及域外海关的放行制度

(一)《经修正的京都公约》

1999年通过、2006年生效的《关于简化和协调海关制度的国际公约修正案议定书》(以下简称《经修正的京都公约》),集世界各国海关

---

① 2000年《海关法》第66条第1款规定:“在确定货物的商品归类、估价和提供有效报关单证或者办结其他海关手续前,收发货人要求放行货物的,海关应当在其提供与其依法应当履行的法律义务相适应的担保后放行。法律、行政法规规定可以免除担保的除外。”第3款规定:“国家对进出境货物、物品有限制性规定,应当提供许可证件而不能提供的,以及法律、行政法规规定不得担保的其他情形,海关不得办理担保放行。”

② 卞耀武主编:《中华人民共和国海关法释义》,法律出版社2001年版,第69页。

先进管理制度之大成,其中"总附约"包括最基础的海关制度和做法及定义,要求缔约方加入时必须接受总附约,并不得对其中的标准条款作出保留。我国于2000年作为缔约方签署该公约。该公约对海关放行的规定主要有:

1."总附约"中设立专章,对"放行"等基础性海关用语予以定义,"放行系指海关准许通关货物由有关的人处置的行为"①,强调了放行系海关准许行为,放行对象是通关货物,以及放行后货物处置权等。

2."总附约"第3章"通关与其他海关手续"中专设"货物放行"一节,规定了海关立即放行的条件、税费担保放行情形、税费以外的如货样化验分析、需提供详尽技术资料或者听取专家意见的非禁限类货物担保放行、违法行为的担保放行等4个标准条款②,其目的显而易见,均是要求缔约方尽可能地加快货物放行,符合担保条件的,海关不应等到税费征收、技术、行政或者司法处理程序结束后才放行货物。

3."总附约"第3章的"适用于被授权人的特别制度"中设立一项过渡性标准条款,对于符合海关规定标准的被授权人,包括在遵守海关规定方面有良好记录和具有完善的商业记录管理系统的,海关应根据所提供的能够识别货物并足以使日后最终完成货物申报的最少信息的情况下,先予放行货物③。我国海关在深化改革中推行的"两步申报"制度与此项规定相符。

4."货物放行"(release of goods)与"自由流通货物"(goods in free circulation)存在区别。前者是指通关后的货物可以由有关的人进行处

---

① 海关总署国际合作司、上海海关高等专科学校、世界海关组织研究中心译:《关于简化和协调海关制度的国际公约(京都公约)》(中英文),法律出版社2001年版,第55页。

② 参见海关总署国际合作司、上海海关高等专科学校、世界海关组织研究中心译:《关于简化和协调海关制度的国际公约(京都公约)》(中英文),法律出版社2001年版,第61~62页。

③ 参见海关总署国际合作司、上海海关高等专科学校、世界海关组织研究中心译:《关于简化和协调海关制度的国际公约(京都公约)》(中英文),法律出版社2001年版,第60页。

置,例如暂时进口货物,通关放行后在规定时限内仍需要复运出境;后者"系指可不受海关限制而予以处置的货物"[①],相当于我国《海关法》中办结海关手续的货物,放行后取得完全的物权处分权,可以自由流通。

(二)欧盟海关法典

《欧盟海关法典》由欧盟委员会依照《欧洲联盟条约》规定,对出入欧盟关境的货物制定总的规则及监管程序。《欧盟海关法典》的"立法说明"中强调"欧盟的基石是海关同盟"[②]。其主要放行制度有:

1. 立即放行。根据《欧盟海关法典》第194条规定,如果货物已符合所办理的海关监管程序的规定条件且货物不属任何禁止或限制措施管制,海关当局应在审单(或者不审单)后立即放行货物。同一票报关的所有货物应在同一时间被放行。

2. 担保放行。根据《欧盟海关法典》第195条规定,货物以缴纳海关债项下进口或出口关税税款或提供担保为条件放行,按某项海关监管程序监管的货物如果发生海关债,货物在缴纳海关债项下进口或出口关税或提供担保后才能被放行。海关当局如果根据货物所申请办理的海关监管程序的规定,要求提供海关债担保,该货物在此类担保提供以前不得按该项海关监管程序放行。在特定情况下,对申请关税配额的货物,不得以提供担保为条件放行。如果已提供总担保,海关当局放行货物不得以担保为条件。[③] 这些担保放行制度基本与我国《海关法》规定相符。

3. 不得放行。《欧盟海关法典》在第198条1(b)款中规定了货物

---

① 海关总署国际合作司、上海海关高等专科学校、世界海关组织研究中心译:《关于简化和协调海关制度的国际公约(京都公约)》(中英文),法律出版社2001年版,第86页。

② 海关总署国际合作司编译:《欧盟海关法典》,中国海关出版社2016年版,第5页。

③ 参见海关总署国际合作司编译:《欧盟海关法典》,中国海关出版社2016年版,第106页。

不得被放行的原因：因报关人原因在海关当局规定的时限内无法对货物进行或继续进行查验；未提供货物申请办理的海关监管程序规定应提供的文件；没有在规定时限内缴纳或提供应缴纳或应担保的进口或出口关税或担保；货物应受禁止或限制规定管制等。我国《海关法》同样有"不予放行"规定。

4. 放行后海关处置。根据《欧盟海关法典》第 198 条规定，对于货物放行后在合理时限内未被提取、货物放行后发现不符合放行条件、按规定被放弃上交国家的货物，海关可以没收或变卖、销毁或处置①。

（三）美国海关法典

美国海关法律制度主要来自《美国联邦法典》第 19 编"美国海关及对外贸易法典"、《联邦法规汇编》第 19 卷以及有关海关事务判例。有关放行制度主要有：

1. 货物放行。"美国海关及对外贸易法典"第 4 章"1930 年关税法"第 1484 条(c)款规定了"货物放行"，海关可根据规定准许货物办理报关手续并批准放行，任何海关关员不负责向任何人交付按该行政规章规定放行的货物。②

2. 立即交付制度。《美国联邦法典》第 19 编第 1448 条(b)款规定，"授权财政部长制定行政规章，规定对易腐烂货物和其他必须立即交付的货物，可在办理正式报关手续前发放特别放行许可"。立即交付的货物包括从加拿大或墨西哥陆路运输的货物以及用于消费的新鲜水果或蔬菜、美国政府机构的货物、展会商品、分装货物、配额货物、海关总部特别批准的货物等。③ 进口商应当在货物或部分货物立即交付后的 10 个工作日内，提交规定的文件，并缴纳估算关税。如果货物根据立即交付的程序被放行后，却发现是违禁货物时，口岸海关关长

---

① 参见海关总署国际合作司编译：《欧盟海关法典》，中国海关出版社 2016 年版，第 106 ~ 107 页。

② 参见国家口岸管理办公室编译：《美国海关及对外贸易法典(上) - 美国海关法典》，中国海关出版社 2015 年版，第 123 页。

③ 参见周阳：《美国海关法律制度研究》，法律出版社 2010 年版，第 121 ~ 124 页。

应当立即予以召回。

3. 线性放行(line release)制度。这是一种专门为了放行多次重复的货物而设计的自动化系统,适用于海关所认定的属于多次重复与高额数量的进口商货物。线性放行程序只能在海关批准的场所内使用。某些特定高风险的场所即便已经获得海关批准适用线性放行程序,但海关仍然可以拒绝对某些特定货物适用线性放行,除非该货物的承运人加入了"陆路边境承运人行动计划"(land border carrier initiative program)。[①] 该制度类似我国海关实行的货物集中申报模式[②]。

4. 扣留或放行的决定。《美国联邦法典》第19编第1499条(c)款规定"从货物交由海关查验次日起5天(包括周末及节假日)期限内,海关应认定货物是否放行或扣留。5天后未放行的货物应被视为扣留货物。海关决定扣留货物后,应在5天(包括周末及节假日)以内通知进口人或其他关系(指与扣留货物有关系)人。除法律另有规定以外,被扣留货物可予扣押、没收"。海关应当在被扣留货物提供查验之日起的30日内作出是否许可进口的最终决定,进口商可以对此提出复议。一旦与扣留有关的法庭行动开始后,除非海关提出充足的证据,证明进口商未能满足进口许可的条件,否则法庭将批准实施适当的救济,包括但不限于取消扣留货物并予以放行的命令[③]。

三、新形势下我国海关放行制度面临的问题

随着全国通关一体化、"两步申报""两段准入"等改革深化,同时

---

① 参见周阳:《美国海关法律制度研究》,法律出版社2010年版,第126~129页。

② 《海关进出口货物集中申报管理办法》第2条规定:"本办法所称的集中申报是指经海关备案,进出口货物收发货人(以下简称收发货人)在同一口岸多批次进出口本办法第三条规定范围内货物,可以先以《中华人民共和国海关进口货物集中申报清单》(见附件1)或者《中华人民共和国海关出口货物集中申报清单》(见附件2)(以下统称《集中申报清单》)申报货物进出口,再以报关单集中办理海关手续的特殊通关方式。"

③ 参见周阳:《美国海关法律制度研究》,法律出版社2010年版,第119页。

叠加机构改革带来的海关监管内涵外延的变化，对原有的海关放行制度带来较大的冲击。

（一）放行的表述及涵义不统一

检验检疫法律法规中存在“放行”的不同表述：将传统的海关放行表述为“验放”，如《进出境动植物检疫法》第15条[①]、第21条[②]；同时，还规定了检验检疫业务本身的放行，如《进出境动植物检疫法实施条例》第27条规定的“检疫放行”[③]、第35条规定的“验证放行”“换证放行”[④]。《海关法》中的“放行”意味着海关通关监管的结束，而检验检疫法律法规中的“放行”通常指检验检疫工作的结束，二者之间存在程序、时点、法律责任等方面的差异。机构改革后，同一体系中的法律存在不同含义的“放行”，无疑会影响海关整体制度的合理性，且对海关执法造成困扰。

（二）难以适应深化改革的需要

一是《海关法》第29条“签印放行”的规定[⑤]与通关无纸化改革现状不匹配，目前海关放行已取消了书面签印，放行通知均已通过国际贸易“单一窗口”等信息化系统完成。二是海关全面深化改革以来，

---

① 《进出境动植物检疫法》第15条规定：“输入动植物、动植物产品和其他检疫物，经检疫合格的，准予进境；海关凭口岸动植物检疫机关签发的检疫单证或者在报关单上加盖的印章验放。输入动植物、动植物产品和其他检疫物，需调离海关监管区检疫的，海关凭口岸动植物检疫机关签发的《检疫调离通知单》验放。”

② 《进出境动植物检疫法》第21条规定：“输出动植物、动植物产品和其他检疫物，由口岸动植物检疫机关实施检疫，经检疫合格或者经除害处理合格的，准予出境；海关凭口岸动植物检疫机关签发的检疫证书或者在报关单上加盖的印章验放……”

③ 《进出境动植物检疫法实施条例》第27条规定：“输入动植物、动植物产品和其他检废物，经检疫合格的，由口岸动植物检疫机关在报关单上加盖印章或者签发《检疫放行通知单》……”

④ 《进出境动植物检疫法实施条例》第35条规定：“经启运地口岸动植物检疫机关检疫合格的动植物、动植物产品和其他检疫物，运达出境口岸时，按照下列规定办理：……（二）植物、动植物产品和其他检疫物从启运地随原运输工具出境的，由出境口岸动植物检疫机关验证放行；改换运输工具出境的，换证放行……”

⑤ 《海关法》第29条规定：“除海关特准的外，进出口货物在收发货人缴清税款或者提供担保后，由海关签印放行。”

"放行"已经由传统意义上相对明确的放行、海关通关监管结束,延伸为不同情形下的不同特点,通常意味着某一海关作业流程的结束(可以有多个放行节点),如在"两步申报"通关模式①下,"完整申报"的放行,以及"附条件提离"的放行,均在货物提取离开海关监管区的货物放行后,需要再次单证放行的形式化放行,已经不同于传统的一次放行流程。三是机构改革以后,海关监管职责更多、监管链条更长,货物放行已不局限于单证放行、货物放行,又出现较多的后续监管中的放行,比如依照《进出口商品检验法实施条例》第16条②规定,进口的法定检验商品在货物放行后,对于存在目的地检查要求或者需进行合格评定的,完成后凭海关的结关放行通知准予销售或使用。由此,如果在"两步申报"的两次放行基础上,叠加目的地检验后的放行,理论上可能会出现三次放行情况,如此繁杂纠结的状态显然与改革目的相悖。

(三)放行的法律程序不规范

目前海关放行大多是通过国际贸易"单一窗口"或者"互联网+海关"一体化网上办事平台等信息系统发送相关电子通知,存在以下问题:一是《海关法》并未规定电子放行,存在于法无据的风险。二是海关放行与否影响当事人重要权利,理应经过告知送达程序,而电子送达一般应经受送达人书面确认同意③,需要当事人在"单一窗口"协议

---

① 参见海关总署公告2019年第127号中"两步申报"的内容:"在'两步申报'通关模式下,第一步,企业概要申报后经海关同意即可提离货物;第二步,企业在规定时间内完成完整申报……"

② 《进出口商品检验法实施条例》第16条第1款规定:"法定检验的进口商品的收货人应当持合同、发票、装箱单、提单等必要的凭证和相关批准文件,向报关地的出入境检验检疫机构报检;通关放行后20日内,收货人应当依照本条例第十八条的规定,向出入境检验检疫机构申请检验。法定检验的进口商品未经检验的,不准销售,不准使用。"

③ 参见最高人民法院《关于适用〈中华人民共和国民事诉讼法〉的解释》第136条规定:"受送达人同意采用电子方式送达的,应当在送达地址确认书中予以确认。"《行政处罚法》第61条第2款规定:"当事人同意并签订确认书的,行政机关可以采用传真、电子邮件等方式,将行政处罚决定书等送达当事人。"

中对此确认同意，同时，执法实践中多是收发货人的代理人接受和传递海关放行信息，但相关委托代理授权往往缺失。三是为关检业务融合需要，在海关 H2018 系统或单一窗口企业端，海关放行的流程信息或回执信息存在多种情况，例如“单证放行”“结关放行”“报关单放行”“提货放行”“报关单担保放行”“放行回执：报关单项下货物准予提离，但在接到海关放行或结关通知前不得销售或使用”等，导致出现可能多次“放行”却“放而不行”的矛盾，不仅容易造成当事人理解错误，影响通关效率，甚至可能影响对相关违法行为处理的正当性。

（四）影响相关法律责任界定

一是《海关法》与检验检疫法律法规均规定了未经同意擅自处置进境货物行为的法律责任，如《进出口商品检验法实施条例》[①]规定了需要目的地检验的进口商品未经检验并擅自销售、使用情事的罚则，《进出境动植物检疫法实施条例》[②]规定了未经海关同意擅自将进境动植物、动植物产品运递情事的罚则，这两类违法情形都可能在海关放行后发生，执法实践中存在是否可以将其视同《海关法》规定的“海关监管货物”并适用《海关行政处罚实施条例》第 18 条[③]处罚的争议，

---

① 《进出口商品检验法实施条例》第 16 条第 1 款规定：“法定检验的进口商品的收货人应当持合同、发票、装箱单、提单等必要的凭证和相关批准文件，向报关地的出入境检验检疫机构报检；通关放行后 20 日内，收货人应当依照本条例第十八条的规定，向出入境检验检疫机构申请检验。法定检验的进口商品未经检验的，不准销售，不准使用。”第 42 条规定：“擅自销售、使用未报检或者未经检验的属于法定检验的进口商品，或者擅自销售、使用应当申请进口验证而未申请的进口商品的，由出入境检验检疫机构没收违法所得，并处商品货值金额 5% 以上 20% 以下罚款；构成犯罪的，依法追究刑事责任。”

② 《进出境动植物检疫法实施条例》第 60 条规定：“有下列违法行为之一的，由口岸动植物检疫机关处 3000 元以上 3 万元以下的罚款：(一)未经口岸动植物检疫机关许可擅自将进境、过境动植物、动植物产品和其他检疫物卸离运输工具或者运递的……”

③ 《海关行政处罚实施条例》第 18 条第 1 款规定：“有下列行为之一的，处货物价值 5% 以上 30% 以下罚款，有违法所得的，没收违法所得：(一)未经海关许可，擅自将海关监管货物开拆、提取、交付、发运、调换、改装、抵押、质押、留置、转让、更换标记、移作他用或者进行其他处置的……”

尤其是《进出境动植物检疫法实施条例》规定的处罚幅度较轻,以致对相同性质的违法行为,当事人所负法律责任却相去甚远。二是根据《海关法》第62条[①]、《进出口关税条例》第51条[②]的规定,对于从海关放行之日起补征或者追征税款的,如果出现"两步申报"、附条件提离模式下二次放行的情形等,如何界定海关追补税款时效尚未明确,存在行政争议隐患。三是由于《海关法》未明确海关查验时限以及"不予放行"后海关处置情形,实践中存在因行政争议而海关较长时间内"不予放行"情况,以致有观点认为"不予放行"实质为"扣留"等行政强制措施。

四、多维度的海关放行法律解构

改革对法治海关提出新的要求,同时也给《海关法》修订提供了机遇。不破不立,不塞不流。针对海关放行制度面临的问题,有必要从不同的法律维度,对其重新审视。

(一)"放行"的法律性质应为行政行为

立法用语不宜脱离社会大众的通俗认知。《现代汉语词典》对"放"字的第一种解释是"解除约束,使自由"[③];对"放行"一词的解释是"(岗哨、海关等)准予通过:免税放行｜绿灯亮了,车辆放行"[④]。从字面、词面语义及举例看,在社会通俗认知中,"放行"一词已经与海关

---

① 《海关法》第62条规定:"进出口货物、进出境物品放行后,海关发现少征或者漏征税款,应当自缴纳税款或者货物、物品放行之日起一年内,向纳税义务人补征。因纳税义务人违反规定而造成的少征或者漏征,海关在三年以内可以追征。"

② 《进出口关税条例》第51条第1款规定:"进出口货物放行后,海关发现少征或者漏征税款的,应当自缴纳税款或者货物放行之日起1年内,向纳税义务人补征税款。但因纳税义务人违反规定造成少征或者漏征税款的,海关可以自缴纳税款或者货物放行之日起3年内追征税款,并从缴纳税款或者货物放行之日起按日加收少征或者漏征税款万分之五的滞纳金。"

③ 中国社会科学院语言研究所词典编辑室编:《现代汉语词典》,商务印书馆2016年版,第371页。

④ 中国社会科学院语言研究所词典编辑室编:《现代汉语词典》,商务印书馆2016年版,第373页。

业务紧密联系，其内涵包括了海关准予货物、物品通过海关卡口的意思。从法律性质分析：一是从职权看，海关放行是《海关法》明确赋予海关的职权。二是从行为效果看，“放行”是海关对行政相对人作出的，是否放行的后果，直接影响行政相对人对货物、物品的占有、使用和处分权利，无疑会产生一定的行政法律效果。三是从行为特征看，海关放行具备公定力、确定力、拘束力和执行力等行政行为特征。四是从行为属性分析，通关程序一般自申报始，至放行终，其中的商品归类①、查验②、征税③、放行均是海关监管不可或缺的部分，其性质均应为行政行为。五是从可诉性分析，《经修正的京都公约》第10章明确规定了“国家立法应规定对海关事务有权申诉”“申诉人最终应有权向司法机关提出申诉”④，国内立法如《海关行政复议办法》第9条⑤明确了海关放行或不予放行的可复议性，司法实践中也有法院审理海关不

---

① 《海关进出口货物商品归类管理规定》第2条第1款规定：“本规定所称的商品归类，是指在《商品名称及编码协调制度公约》商品分类目录体系下，以《中华人民共和国进出口税则》为基础，按照《进出口税则商品及品目注释》、《中华人民共和国进出口税则本国子目注释》以及海关总署发布的关于商品归类的行政裁定、商品归类决定的规定，确定进出口货物商品编码的行为。”

② 《海关进出口货物查验管理办法》第2条规定：“本办法所称进出口货物查验（以下简称查验），是指海关为确定进出口货物收发货人向海关申报的内容是否与进出口货物的真实情况相符，或者为确定商品的归类、价格、原产地等，依法对进出口货物进行实际核查的执法行为。”

③ 《进出口关税条例》第64条规定：“纳税义务人、担保人对海关确定纳税义务人、确定完税价格、商品归类、确定原产地、适用税率或者汇率、减征或者免征税款、补税、退税、征收滞纳金、确定计征方式以及确定纳税地点有异议的，应当缴纳税款，并可以依法向上一级海关申请复议。对复议决定不服的，可以依法向人民法院提起诉讼。”

④ 海关总署国际合作司、上海海关高等专科学校、世界海关组织研究中心译：《关于简化和协调海关制度的国际公约（京都公约）》（中英文），法律出版社2001年版，第70~71页。

⑤ 《海关行政复议办法》第9条第1款规定：“有下列情形之一的，公民、法人或者其他组织可以向海关申请行政复议……（十）对海关作出的责令退运、不予放行、责令改正、责令拆毁和变卖等行政决定不服的……（十四）认为海关未依法办理接受报关、放行等海关手续的……”

予放行相关的行政诉讼案例[①]。

(二)"放行"的适用对象应为进出境货物、物品

机构改革以来,海关监管对象除"进出境的运输工具、货物、物品"以外,还包括了"人员"[②]。对于"运输工具",《中华人民共和国海关法释义》认为"在海关的监管程序中,监管对象不同,监管措施不同,因而监管程序上也有差别。进出境货物一般的监管程序是从申报开始,然后接受海关查验,再则就是依法征税,最后由海关签印放行;而对进出境运输工具的监管程序则为:如实申报、交验单证、接受监督检查"[③],可见海关对运输工具的监管程序中并没有"放行"之说,《海关法》中对于海关同意运输工具离开的表述是"驶离"[④]。对于"人员",现行《海关法》以及检验检疫法律法规均没有使用"放行"表述,而且从行政强制角度,如果对"人员"放行或者不予放行,难免有限制人身自由之嫌。因此,海关放行的适用对象主要定位于"货物、物品"范围。

(三)"放行"的适用前提是货物、物品申报

进出境货物、物品申报意味着通关法律程序的正式启动。《海关法》规定了货物、物品向海关如实申报的法定义务,并由此产生一系列的法律责任。申报可以由当事人选择不同的监管方式,向海关申报规范亦有不同,由此适用不同的海关监管制度如一般贸易、加工贸易、暂时进出口、保税仓库等,但殊途同归,通关法律程序最后指向的海关放行内容及后果没有区别,都是准许当事人提取货物、物品进行处置,并自此结束通关监管。海关实行报关报检一体化改革以后,不论是《海关法》,还是检验检疫法律规定的相关程序,一般都始自向海关申报,

---

① 参见朱某珍诉上海浦东国际机场海关不予放行案,上海市第一中级人民法院(2016)沪01行初40号行政判决书。

② 《国境卫生检疫法》第4条规定:"入境、出境的人员、交通工具、运输设备以及可能传播检疫传染病的行李、货物、邮包等物品,都应当接受检疫,经国境卫生检疫机关许可,方准入境或者出境……"

③ 卞耀武主编:《中华人民共和国海关法释义》,法律出版社2001年版,第13页。

④ 《海关法》第14条第2款规定:"停留在设立海关的地点的进出境运输工具,未经海关同意,不得擅自驶离。"

即有申报才有海关放行。

（四）“放行”的时空范围是货物、物品提取离开海关监管区

传统的海关放行，在单证放行之后，进口货物需要经卡口（闸口）从海关监管区提取离开或者出口货物装船离港。机构改革后，放行的时空范围又延伸出更多情形，以进口货物为例，主要为：一是在正常申报模式下，“放行”一般是海关准许提取离开海关监管区的单证放行，即便是在提前申报模式下，海关也可以提前作出放行通知，当事人在货物到港后即可直接提取离开。二是在“两步申报”模式下，概要申报的“放行”实际为货物提取离开口岸监管区的货物放行，完整申报后的“放行”实际为单证放行。三是附条件提离，如海关总署公告2022年第53号规定的经口岸现场检查未见异常且已取样送检的进境种苗，可先准予企业提离口岸，检疫鉴定结果出具后，企业凭海关放行通知办理通关手续。附条件提离相当于货物放行，而后续的放行通知相当于单证放行。四是“两段准入”模式下的目的地合格评定手续，是货物提取离开口岸海关监管区后的海关监管手续，可以视为海关放行的后续监管。综上，货物放行实际上都指向货物提取离开海关监管区，物品的放行同理。

另外，一些海关业务改革文件创设了“提离”一词，但法律用语以“提取离开”规范表述为宜：一是《现代汉语词典》（第7版）中未见“提离”一词，可见其不是社会通用词语；二是“提离”在已有法律中未见使用，如果要在《海关法》修订中创设，可能要涉及名词解释；三是法律中使用更多的是“提取”，如《民法典》《民事诉讼法》《安全生产法》等，《海关法》也有“不得提取”①“提取货样”②“提取变卖”③的表述。

---

① 《海关法》第37条第1款规定：“海关监管货物，未经海关许可，不得开拆、提取、交付……”

② 《海关法》第27条规定：“进口货物的收货人经海关同意，可以在申报前查看货物或者提取货样。需要依法检疫的货物，应当在检疫合格后提取货样。”

③ 《海关法》第30条第1款规定：“进口货物的收货人自运输工具申报进境之日起超过三个月未向海关申报的，其进口货物由海关提取依法变卖处理……”

(五)"放行"的实质意义是解除海关现场监管

在《经修正的京都公约》英文版中,"放行"的英文是"release"[①],"release"本义含有"放开;释出;释放;解除、解脱、免除"等意思[②]。《中华人民共和国海关法释义》认为"放行是海关监管的最后一个环节,意味着海关现场监管可以解除"[③]。可见,我国法律与《经修正的京都公约》"对海关放行本质认识趋于一致,都定性于"解除监管",具体而言:一是我国法律中经常使用"解除"的表述,如民事法律经常使用"解除民事法律行为""解除合同""解除劳动关系""解除权"等表述,主要指基于法定或者约定的事由,终止或消灭相关民事法律关系。行政法律法规也有相关表述,如"解除查封扣押"[④]"解除冻结"[⑤]"解除税收保全措施"[⑥]"解除扣留"[⑦]等,都代表着某种行政法律关系的结束。可见,解除监管就是海关依法结束监管,并发生海关与相对人之间的某项行政法律关系终结的法律后果,而放行的本质是海关解除施加于进出境货物、物品的监管措施,以及解除收发货人此阶段应负的法定义务,使得当事人取得对货物、物品的占有、使用和处分权,同时也意味着海关此阶段的法定职责履行完毕。前文所述的《经修正的京都公约》对"放行"的定义,也强调了"货物由有关的人处置"。二是

① 海关总署国际合作司、上海海关高等专科学校、世界海关组织研究中心译:《关于简化和协调海关制度的国际公约(京都公约)》(中英文),法律出版社2001年版,第55页、第220页。

② 参见陆谷孙主编:《英汉大词典》,上海译文出版社1993年版,第1546页。

③ 卞耀武主编:《中华人民共和国海关法释义》,法律出版社2001年版,第69页。

④ 《行政强制法》第28条第1款规定:"有下列情形之一的,行政机关应当及时作出解除查封、扣押决定……"

⑤ 《行政强制法》第32条第1款规定:"自冻结存款、汇款之日起三十日内,行政机关应当作出处理决定或者作出解除冻结决定……"

⑥ 《海关法》第61条第2款规定:"纳税义务人在规定的纳税期限内缴纳税款的,海关必须立即解除税收保全措施……"

⑦ 《海关行政处罚实施条例》第37条第2款规定:"海关应当在法定扣留期限内对被扣留人进行审查。排除犯罪嫌疑或者法定扣留期限届满的,应当立即解除扣留,并制发解除扣留决定书。"

"放行"是解除"现场"监管,而非解除全部监管,亦非办结海关手续。例如对放行后的保税货物、减免税货物、暂时进出口货物等,海关仍需要在监管年限内进行后续监管;货物担保放行后,当事人仍需要履行办结相关海关手续的法律义务;加载目的地检验指令的货物在放行后,需要检验合格方能"合格入市"。这与前文所述的《经修正的京都公约》中的"放行货物"与"自由流通货物"的区别是一致的。

需要注意的是,执法实践中存在货物虽已放行但拒不或者怠于提取离开的情况,由于"放行"是海关作出的准予提取离开的行为,只要放行通知送达当事人,就意味着海关通关监管的解除,至于货物实际提取离开与否并不影响解除监管的法律效力,因此海关在放行通知送达当事人后,对该货物不再负有此阶段相应的监管责任。

(六)"放行"的法律后果是不再限制物权处分

《民法典》规定了"物权法定"[①],物权的种类、权利义务等只能由法律设定,当然也包括法律对物权的限制。"物权法定"中的"法",仅指法律。[②] 基于国家对进出境货物监督管理,《海关法》第 37 条[③]规定了对海关监管货物的物权限制,意味着海关放行前,物权人对进出境货物的物权处置如提取、交付、发运、调换、抵押、质押、留置等,均受到限制。一旦经过海关放行,解除现场监管,如无法律特别规定,实际上海关已无权限制货物、物品的物权处分,意味着当事人自此可以取得对货物的占有、使用以及处分权。《经修正的京都公约》编译委员会在"阅读公约应注意的问题"中指出"不强调我国海关工作中常说的结关放行,而是强调货物离开海关交由当事人处理"。可见,国际公约中的海关放行区别于结关或者清关,重点亦是货物、物品提取离开海关监

① 《民法典》第 116 条规定:"物权的种类和内容,由法律规定。"

② 参见黄薇主编:《中华人民共和国民法典释义－上－总则编·物权编》,法律出版社 2020 年版,第 179 页。

③ 《海关法》第 37 条第 1 款规定:"海关监管货物,未经海关许可,不得开拆、提取、交付、发运、调换、改装、抵押、质押、留置、转让、更换标记、移作他用或者进行其他处置。"

管区,法律效果指向不再限制当事人的物权处置。当然,如果法律另有规定,可以继续对物权处分予以限制,如根据《海关法》第32条①规定,即使保税货物放行后,对其转让、转移等物权处分权利仍然要受到限制。

(七)“不予放行”并非行政强制措施

《海关法》第24条规定了对于国家限制进出口的货物,没有进出口许可证件的,不予放行。“不予放行”与扣留、扣押等行政强制措施存在较大区别:一是“不予放行”是海关监管措施,不符合《行政强制法》对行政强制措施的定义②。二是“不予放行”实际上是海关基于监管需要,对进境临时储存货物实施的。海关监管下的货物临时储存是国际惯例,在《经修正的京都公约》专项附约二有专门规定,《欧盟海关法典》《美国联邦法典》也有此制度规定。“临时储存”虽然暂时排除当事人占有并限制其处分,但为海关例行查验等监管需要,并非对违法行为相关财物实施的。根据《行政强制法》第23条规定③,扣押仅限于违法行为相关财物,因此不能将海关监管下的“临时储存”混同于“扣押”。三是实施行政强制措施需要出示执法证件、通知当事人到场、当场告知、制作现场笔录等法定程序,而从贸易便利化以及通关效率角度,海关放行或不予放行不适宜经过上述程序。尽管“不予放行”不属于行政强制措施,但为避免出现超出合理期限的不予放行等问题,《海关法》可以考虑借鉴域外海关立法经验,规定合理时限或者明确“不予放行”后的海关处置情形。

---

① 《海关法》第32条第2款规定:“保税货物的转让、转移以及进出保税场所,应当向海关办理有关手续,接受海关监管和查验。”

② 《行政强制法》第2条第2款规定:“行政强制措施,是指行政机关在行政管理过程中,为制止违法行为、防止证据损毁、避免危害发生、控制危险扩大等情形,依法对公民的人身自由实施暂时性限制,或者对公民、法人或者其他组织的财物实施暂时性控制的行为。”

③ 《行政强制法》第23条第1款规定:“查封、扣押限于涉案的场所、设施或者财物,不得查封、扣押与违法行为无关的场所、设施或者财物……”

五、海关放行法律制度重构思路

（一）推倒式的重构

针对海关放行制度存在的问题，一种解决思路是：既然现行《海关法》中的放行制度已经落后于改革实际，各类繁杂的情形使其难以自洽，不如取消海关放行，让其回归相应海关手续的本义，在不同情形下使用不同的表述，例如在一般通关程序中，以“货物提取离开海关监管区”取代原先的货物放行；在“两步申报”模式或者附条件提离模式下，以“确认申报”表述代替二次放行；将“自进出口货物放行之日起”的追、补税起算点，改为“自进出口货物完成申报之日”等。

上述思路过于激进化，必要性和可操作性均不具备，主要是海关放行不仅是国际上通行的海关制度，而且我国海关放行制度实行已经40余年，已被社会大众所认可、贸易者所接受、执法者所依据，相关制度已经体系化、配套化。除《海关法》和检验检疫法律之外，海关“放行”表述在其他10余部法律中被使用，如《对外贸易法》第10条、第14条规定的“海关不予放行”，《药品管理法》第64条的“海关不得放行”，《出口管制法》第19条的“海关对出口货物不予放行”，《文物保护法》第61条、第63条的“海关凭文物出境许可证放行”，《海南自由贸易港法》第16条的“海关按照有关规定径予放行”等，更有大量的行政法规、规章等予以使用。此种思路在立法上不具可行性。

（二）优化式的重构

为保持行政秩序的稳定性，兼顾发展性，应对现有的海关放行制度予以优化升级，重点是立法上增加“放行”的名词释义，有效界定其涵义，借此理顺相关法律关系，同时完善相关制度衔接。具体而言：

一是与《经修正的京都公约》相衔接，在《海关法》修订中增列关于“放行”的名词释义条款。国际公约及域外立法都比较重视名词定义，如《经修正的京都公约》的“总附约”中专门设有“定义”一章，对27个法律用语予以定义，同时“专项附约”的每一章的第一节均有术语定义；《美国海关法典》的大多数条款都设有“词语定义”的项或目。我国《海关法》第100条仅对6个术语进行了解释,远不能满足对法律条文理解的需要。机构改革以后,为实现《海关法》与检验检疫法律法规等衔接,增加相关名词释义无疑更为必要。基于前文对海关放行的法律解构,可以将"放行"解释为"放行是指海关在接受进出境货物、物品的申报后,依法经过必要手续解除现场监管,并准予将货物、物品提取离开海关监管区的行为"。通过法律的名词释义,可以一并解决与国际法、其他法律法规衔接、表述不统一、程序不规范、责任不明晰等一系列问题。

二是完善配套制度。为保证制度的逻辑自洽性,防止两次申报导致的法律责任混乱,理应考虑"一次申报、一次放行"原则,建议借鉴美国的"税收和解"制度,对"第二次申报"代之以"确认申报",[①]同时对于"两步申报"模式或者附条件提离模式下的两次放行予以整合。一旦在《海关法》中明确了放行的名词释义,海关追补税款、稽查时限则不会受影响,但需要同步清理和规范下位法以及政策文件中各类"放行"表述以及信息系统中的放行通知,规范放行的电子送达等。

三是在《海关法》修订中增加"不予放行"情形并做好相关制度衔接。"不予放行"对行政相对人权益影响较大,建议借鉴《欧盟海关法典》的"不得放行"制度,除已经规定的对未取得许可证件的限制进出口货物不予放行之外,可以进一步明确不予放行情形,如因当事人无法对货物进行查验、检验;当事人未在规定时限内缴纳税款或提供担保等。同时,为避免超出合理期限放行问题,建议借鉴《美国海关法典》的放行制度规定,在《海关法》中明确:海关应当在进口货物查验之日起的一定时期内作出是否放行的决定,但该期间不包括检测、检验、检疫或者技术鉴定的期间。另外,对于不予放行货物后续处置问题,避免货物长期滞港,建议完善《海关法》第30条规定的超期未申报货

---

① 参见苏铁:《探微美国"二步申报"后之"确认申报"——兼论完善本国"两步申报"制度之启示》,载微信公众号"关院海关法论坛"2022年11月11日,https://mp.weixin.qq.com/s/WqRsmos92fBx2sAlmX4Luw。

物处置条款,对于已申报货物在合理期限内不办理放行手续、货物放行后在合理时限内未被提取等情形,可以由海关依法拍卖、变卖、责令销毁或者责令退运。

四是在《海关法》完成修订之前,需要海关总署在立法权限内主动作为,在不违反上位法的前提下和规章立法权限内,通过修订《海关进出口货物申报管理规定》《海关进出口货物集中申报管理办法》等规章,增加海关放行等概念性解释条文,统一规范诸多文件中各类“放行”表述;通过修订《海关进出口货物查验管理办法》等,规定海关查验时限,增加不予放行情形等;鉴于对申报后怠于办理海关手续以及放行后怠于提取的货物处置问题,可能涉及拍卖、变卖等行政强制执行,其只能由法律设定,但可以通过修订放弃进口货物处理等有关规章,与检验检疫规定相衔接,增加责令销毁、责令退运等规定。既能及时解决当前制约改革深入问题,又能不断固化改革实践成果,为日后的《海关法》以及行政法规等修改做好水到渠成之准备。

Discussions on the Legal Deconstruction and Reconstruction of Customs Release System

WANG Hongbo

[**Abstract**] The customs release is the one of the basic procedure of clearance under the customs control in China. However, the comprehensively deepening reform and institutional reform have exposed numerous issues in the existing system, requiring necessary responses and improvements through revisions to the Customs Law. In order to explore the essence of the system, it is necessary to review the legislative evolution of the customs release system of China. In order to broaden the international vision and explore the future direction, a comparative analysis is conducted between the customs release systems of the Kyoto Convention, the European Union, and the United States. Based on the problems faced by the customs release system of China under the new situation, this study deconstructs the system from multiple dimensions such as the legal nature of customs release, its scope, applicable conditions, space-time scope, legal substance and legal effect. Based on this analysis, two approaches to system reconstruction are compared, rejecting radical ideas of abolishing customs release and advocating an optimized reconstruction of the existing system. In the revision of the Customs Law, the interpretation of the terms of release will be added, and the connection of relevant systems will be improved.

[**Key words**] Customs; release; deconstruction; reconstruction

“两段准入”模式下进口货物物上权力边界之探讨

赵希璇　张　勇*

[摘　要]　“两段准入”作为海关通关业务改革的重要内容，进一步延伸了传统意义上的海关监管时空。“第二段监管”环节货物虽然属于海关监管货物，但处于企业的占有和控制下，客观上更有利于所涉民事权利之行使。探讨“两段准入”模式下海关监管货物物上权力边界，有助于厘清“第二段监管”环节影响海关监管执法的私法因素，明确海关行政检查权行使的原则和边界，在保障民事权利行使的同时，采取切实可行的监管措施，以防范监管风险，提升海关监管工作效能。

[关键词]　两段准入；海关监管货物；行政检查权；货物所有权；权力边界

随着海关“两段准入”监管作业改革的逐步推进，“第二段监管”逐步发挥出应有的重要作用。进境货物命中目的地检查指令并满足口岸放行条件，口岸海关准予企业将货物提离口岸，运至目的地等待海关检查；在海关完成相关检查前，企业不得擅自销售或使用货物。

---

*　赵希璇，拱北海关企业管理和稽查处二级主任科员；张勇，拱北海关企业管理和稽查处四级调研员。

居于“两段准入”模式不同监管环节下，海关对货物控制程度具有差异，可通过对“第二段监管”环节货物物上权力边界分析，以探讨如何优化完善海关监管工作。

一、“两段准入”模式下进口货物的法律属性

(一)“两段准入”监管作业改革

海关“两段准入”监管作业改革，以进境货物准予提离口岸海关监管场所为界，分段实施“是否允许货物入境”和“是否允许货物进入国内市场销售或使用”监管。根据分类通关的原则，绝大部分安全隐患不高、状况不紧急、口岸放行后风险仍可有效管控的货物，在口岸海关“准许入境”后[①]，由企业提离口岸运至目的地，等待海关检查，由此大幅缩短口岸通关时长，提升通关效能。

从风险分类来看，第一段监管内容是“是否准许货物入境”，旨在将重大风险拦截于国门之外；第二段监管内容是“是否准许货物进入国内市场销售或使用”，偏重质量安全风险的监管。从时空维度来看，第一段监管是在口岸海关监管作业场所实施的监管，第二段监管是货物被提离海关监管作业场所后，由企业运输至目的地，由属地海关在货物存放的企业经营或仓储场所开展的监管执法活动。

两段监管存在以下差异：一是第二段监管环节的货物存放于企业经营或仓储场所，海关监管执法需要在企业场所开展，点多分散且难以实时掌握货物的实际状况。二是根据改革方案设计所依据的分类通关原则，将非高风险检验类、低风险检疫类货物纳入第二段监管，货物风险相对较小。三是进入第二段监管环节的检查作业难以完全适用口岸监管环节的作业标准，需要根据货物特性有针对性地开展检查。

---

① 《海关全面深化业务改革2020框架方案》对例外情况做了规定，即隔离检疫、冷链仓储、粮谷加工、危险货物及其包装检验监管，如果进境口岸不具备监管条件，可在卡口外海关指定场所实施“准入入境”监管，这一类监管虽然发生在口岸提离之后，不在口岸一线实施，但也属于“准许入境”监管范畴。

(二)海关监管货物的界定

根据《海关法》规定,尚未办结海关手续的进出境货物都属于海关监管货物。只有当“办结海关手续止”①,进口货物的海关监管才会终结,但“办结海关手续”具体所指不甚清晰。对于《海关法》第29条②规定所指的“签印放行”,是否可以视为“办结海关手续”呢?《中华人民共和国海关法释义》将“签印放行”解释为:“海关在货物的进出口货运单据(如进口提单或运单、出口运单或装货单)或运输工具负责人授权代理人签发的提货单或装运单上加盖有‘海关放行章’字样的戳记,收发货人可凭以到监管仓提取进口货物或将出口货物装运至运输工具出境。”故“签印放行”只是意味着货物可解除海关现场监管,并不表示所有海关手续已办结。如在海关担保情形下,放行后的货物在办结海关手续前,仍然属于海关监管货物③。

机构改革后,由于海关被赋予了进出口货物检验检疫的监管职责,海关监管时空更进一步向出境前、进境后延伸,由此带来了法律上关于海关监管货物、海关监管场所以及相关监管方式是否同步延伸的问题。

(三)第二段监管环节货物仍属于海关监管货物

在“两段准入”改革的新型通关模式制度设计下,进口货物被目的地检查布控指令命中,或同时被口岸检查指令布控命中但已完成口岸检查,且满足口岸放行条件的,放行调度模块向口岸卡口发送“转目的

---

① 《海关法》第100条规定,“海关监管货物,是指本法第二十三条所列的进出口货物,过境、转运、通运货物,特定减免税货物,以及暂时进出口货物、保税货物和其他尚未办结海关手续的进出境货物”。而《海关法》第23条规定,“进口货物自进境起到办结海关手续止,出口货物自向海关申报起到出境止,过境、转运和通运货物自进境起到出境止,应当接受海关监管”。

② 《海关法》第29条规定:“除海关特准的外,进出口货物在收发货人缴清税款或者提供担保后,由海关签印发行。”

③ 《海关法》第66条第1款第1句规定,“在确定货物归类、估价和提供有效报关单证或者办结其他海关手续前,收发货人要求放行货物的,海关应当在其提供与其依法应当履行的法律义务相适应的担保后放行”。

地检查”指令,对报关单和舱单分别置“转目的地检查”标志,同时通知企业准予提离货物并运至目的地等待海关检查,在目的地海关完成相关检查前,不得销售和使用。[①] 在此情形下,口岸卡口放行意味着口岸海关现场监管的结束但海关监管程序尚未终结,因为货物还需运往目的地接受海关检查。目的地海关对货物进行的检查虽然和口岸环节的检查存在时间和空间的差异,但两者同属事中监管环节,都需要对货物进行现场检查(视频检查方式不改变现场监管本质),同属于海关现场监管范畴。因此,第二段监管环节货物仍然属于海关监管货物,但由于第二段监管和口岸监管在货物的风险等级、存放场所以及检查内容方面均存在差异,口岸监管环节适用的海关监管场所和相关监管方式不宜同步延伸于第二段监管。

二、“两段准入”模式下进口货物权力边界分析

尽管在“两段准入”监管模式下,第二段监管环节的货物仍然属于海关监管货物,但实际上在目的地等待落实海关监管的货物客观上并不处于海关的绝对控制下。与口岸监管环节货物存放于海关监管区域,脱离企业的占有和控制不同,需实施目的地检验检疫的货物往往存放于企业的经营地或者仓库,由企业实际占有和控制该货物,货物的法律性质与其所处物理状态的不完全一致带来了物上权力(利)行使的相互制约与影响。因此,对“两段准入”模式下第二段监管环节进口货物物上权力边界进行探讨有助于厘清海关监管工作可能面临和需要解决的问题。

(一)行政检查权和货物所有权效力边界

公权力的行使不得侵犯公民合法权益是依法行政基本原则。海关执法人员在对海关监管货物行使检查权时,也必须遵循合法合理原则,如无正当理由,不得侵犯私权利。就第二段监管环节货物而言,海关当然有权对其实施检查,但并不影响货物的物权归属。

---

① 参见《海关“两段准入”监管作业改革实施方案》关于“转目的地检查”的表述。

在我国物权法体系中，所有权是一种重要的物权，包含占有、使用、处分、收益四项基本权能，其中占有权是使用权、处分权和收益权的基础。在口岸监管环节，由于货物存放于海关监管区内，形成了物理隔离，货物暂时脱离企业的占有和控制，其作为所有权人实际无法行使使用、处分和收益的权利。而处于第二段监管环节的货物，实际上是处于企业的占有和控制状态下，其有权且客观上能够行使所有权。

货物上同时存在检查权和所有权时，应如何划分彼此权力边界呢？根据《民法典》第143条规定，有效民事法律行为应当“不违反法律、行政法规的强制性规定”。最高人民法院出台的司法解释中明确“强制性规定”是指效力性强制性规定，即法律法规若无明确规定违反禁止性规定将导致合同无效或不成立，违反该规定以后若使合同继续有效并不损害国家利益和社会公共利益，该规定就不应属于效力性强制性规定。

进口货物的所有权问题本属民事法律关系范畴，在国际贸易中，进出境货物的所有权以提单等物权凭证为依据。因此，无论进口货物处于海关监管的哪个环节，货物所有权人都享有占有、使用、处分、收益该货物的权利。对于第二段监管环节的货物，企业已经实际占有该货物，具有行使所有权权能的客观条件。鉴于此，不得不考虑私法因素可能给该环节下海关检查权行使带来的不利影响。

（二）处罚权的相对性和物权的绝对性

企业明知货物上存在行政法上的禁止性规定，而依据其拥有的民事权利对货物擅自使用和销售，给海关监管工作带来不利影响，该如何应对？行政关系中的双方权利义务具有相对性，而货物所有权作为一项物权，是企业作为所有权人的绝对权利。行政权的相对性不宜对抗物权绝对性，企业有权对货物进行处分，不因海关监管货物的法律属性而改变。但是，如其擅自处分海关监管货物，违反了行政法相关义务，则应承担行政法中规定的法律责任。如果这种法律责任，并未针对民事法律行为的效力作出强制性规定[①],则民事法律行为原则上仍应当有效。根据现行法律规定,如企业擅自处分第二段监管环节货物,将会承担行政法上的法律责任,这种法律责任无法阻却物权的绝对性,也可能无法阻却相应民事法律行为有效性。一旦交易的利益大于违法的成本,则无法避免企业作出违法利己的选择。因此,研究如何在明确物上权力(利)边界前提下,加强对第二段监管环节货物的有效控制,督促企业按要求履行配合海关监管的义务,对优化完善“两段准入”模式下海关监管工作具有现实意义。

三、对完善“两段准入”模式下海关监管工作的思考

海关“两段准入”监管方案明确了“两段准入”作业流程包含第一段监管、口岸放行[②]、第二段监管、结关放行和异常处置五个环节。第一段监管明确界定在口岸海关监管作业场所(含卡口外场所),第二段监管主要是指“目的地检查”。第一段监管和口岸放行两个环节紧密连接,但口岸放行和第二段监管之间存在监管时空上的空缺。具体来讲,货物从口岸放行后由企业运至目的地这个过程应当如何监管并没有明确。根据“两段准入”监管方案,口岸放行代表着已经准许货物入境,货物相关的重大敏感风险已经排除,如对企业运输的货物再适用传统的海关监管方式进行在途监管,和通关改革的初衷以及放、管、服的要求相悖。同理,当进口货物已经处于企业的经营或仓储场所,海关有权依法依规到企业场所实施货物检查,但对货物所存放的企业场所本身,不宜再采取和海关监管场所类似的手段进行监管。

对于第二段监管所应采取的监管方式,应当首先明确第二段监管是指海关在进口货物目的地进行的是否允许货物合格入市的监管执法活动。由此明确以下几点:一是第二段监管并未赋予目的地海关在途监管的职责,已经口岸放行的货物本身的风险可控,在途风险应由

---

① 仅就行政相对人擅自处分货物的行为而言。

② 口岸放行包括无布控放行、合规放行、附条件提离、转场检查和转目的地检查。

企业承担主体责任。二是第二段监管环节下货物的存放场所和海关监管场所不同,也没有足够的依据和必要性使之趋同。三是对于私法权利因素带来的违法机会,应当从事前、事中、事后三个方面有效规制。

(一)完善业务模式提升指令有效性

目前进口货物海关监管执法所适用的业务系统为海关新一代查验管理系统,在业务运行中发现存在如下问题:基于通关便利化需求,允许企业在申报时选择“目的地海关”以便于落实第二段监管的查验指令。当企业选择货物进境时的口岸海关作为“目的地海关”,则第一段监管指令和第二段监管指令均由该口岸海关执行。如前所述,第一段监管指令完成后货物口岸放行,在这个环节如企业未主动联系海关完成目的地检查指令,容易出现漏检情形。无论企业是否存在主观故意,都增加了企业违规处分未经海关查验货物的违法概率。建议在海关引导企业严格履行法律义务的同时,进一步加强对口岸环节执行目的地检查指令的规范管理,避免遗漏未及时执行相关查验指令。

在指令设置方面,目的地检查指令还需进一步优化,诸如“检查夹藏夹私”“检查病媒/有害生物”等指令内容属于准许入境的监管范围,如果将其设置为目的地检查指令显然不合理,也存在风险隐患。在全国通关一体化改革的背景下,既要肯定改革带来的通关便利成果,也要更深入地结合分类通关原则,合理设定相应指令,提升指令有效性,减少第二段监管环节下货物被违规处分带来的不良后果。

(二)优化场所提高效率制约物之处分

进入第二段监管环节的货物,自口岸提离后,被运输至目的地的企业经营场所等待目的地海关检查。在执法实践中,由于企业存放货物场所比较分散,海关需消耗大量监管资源,监管效率也不高,且由于场所的限制,货物处于脱离海关实际控制的物理状态,在督促企业配合落实检查方面,海关监管手段不够充足,海关工作面临不可控风险。因此,优化场所设置是满足海关依法履职需求的有效手段。建议探讨在遵循企业自愿前提下,推动分类优化管理:对选择集中场所检查模式的,实现"随到随检",大幅缩短企业等待时间;对选择下厂检查模式的,推广预约查验模式,通过优化工作流程实现"快检快放"。无论何种模式,关键都是要规制场所集中或分散带来的监管弊端,从客观上减少货物等待检查的时间,以减少企业对货物擅自处分的机会。

(三)结合后续监管增强海关监管严密性

无论是海关法还是检验检疫法,都赋予了第二段监管环节海关的法定权力,也明确了相关企业的法定义务和违法违规行为所应承担的法律责任。根据《进出口商品检验法》及其实施条例规定,进口商品原则上应在企业申报的目的地实施检验,未经检验不得销售和使用①,企业擅自销售和使用未经检验的法定检验商品也有相应的罚则②。同时,《海关法》规定,"未经海关许可,擅自将海关监管货物开拆、提取、交付、发运、调换、改装、抵押、质押、留置、转让、更换标记、移作他用或者进行其他处置的,可以处以罚款"③。以2021年《行政处罚法》实施为契机,及时梳理第二段监管环节违法违规情事涉及的违法情节、适用法条、裁量标准并对外公布,有利于企业明确知晓相关法律义务和违法后果,按规定配合海关监管工作。结合海关稽查制度的制修订契机,融入涉检稽查实施内容,为开展后续监管提供明确的执法依据。

在异常处置阶段,如发现企业存在违反海关监管规定处置货物的问题,应按照相关规定移交办案部门处理;进口货物结关放行后,也应当依据稽查相关作业标准,合理展开稽查作业,充分利用后续监管手段查发类似违法行为,增强海关监管严密性。

---

① 《进出口商品检验法实施条例》第18条规定:"法定检验的进口商品应当在收货人报检时申报的目的地检验。大宗散装商品、易腐烂变质商品、可用作原料的固体废物以及已发生残损、短缺的商品,应当在卸货口岸检验。对前两款规定的进口商品,海关总署可以根据便利对外贸易和进出口商品检验工作的需要,指定在其他地点检验。"

② 《进出口商品检验法实施条例》第42条规定:"擅自销售、使用未报检或者未经检验的属于法定检验的进口商品,或者擅自销售、使用应当申请进口验证而未申请的进口商品的,由出入境检验检疫机构没收违法所得,并处商品货值金额5%以上20%以下罚款;构成犯罪的,依法追究刑事责任。"

③ 《海关法》第37条和第86条规定。

Discussion on the Boundaries of Rights of Ownership on Imported Goods under the "Two-Stage Admission" Model

ZHAO Xixuan ZHANG Yong

[**Abstract**] As a significant aspect of customs clearance reforms, the "two-stage admission" model expands the traditional notion of customs control in terms of time and space. Although in the second stage of control goods are still under customs control, they are, in practice, in the possession and control of traders, making it more conducive to the exercise of civil rights. Exploring the boundaries of rights of ownership on imported goods under the "two-stage admission" model helps to clarify the civil law factors influencing customs enforcement in the "second stage of control". This includes defining the principles and boundaries of customs administrative inspection powers. While ensuring the exercise of civil rights, practical regulatory measures should be taken to mitigate regulatory risks and improve the effectiveness of customs control.

[**Key words**] two-stage admission; goods under customs control; administrative inspection power; ownership of goods; power boundary

商业秘密在海关执法中的披露义务和制度规制初探

李　繇*

[摘　要]　在海关法律法规体系中，商业秘密通常作为知识产权保护对象进行规制，但对于海关在监管执法过程中，要求市场主体披露商业秘密的职权范围、对执法过程中获悉的商业秘密的保护和管理制度则少有涉及。因此借由海关监管中可能涉及的要求相对人披露商业秘密的具体执法情景，展开对海关要求相对人披露商业秘密的依据、范围，以及保护和管理职责进行初步分析。

[关键词]　海关；监管；商业秘密

《海关法》及相应的法规、规章对于海关在工作中知悉的商业秘密的保密义务有明确规定。如《海关法》第72条第5项规定，海关工作人员不得泄露国家秘密、商业秘密等。在《海关行政处罚实施条例》《海关稽查条例》《海关统计条例》等海关行政法规，有专门条款规定海关工作人员的保密义务①。大量行政法律法规中对于行政机关在行政行为中获悉的商业秘密应负有保密义务都有类似的原则性规定。

---

* 李繇，国浩律师（南京）事务所合伙人，上海法学会海关法研究会成员，江苏省法学会行政法学研究会、审计法学研究会理事。

① 参见《海关行政处罚实施条例》第34条第4款；《海关稽查条例》第4条、第5条；《海关统计条例》第18条。

中国海关作为国务院直属机构,除了传统海关监管、进出口关税和其他税费征管职能外,还负责出入境卫生检疫、出入境动植物及其产品检验检疫、进出口商品法定检验、国家进出口货物贸易等海关统计以及海关领域国际合作与交流。在履行职责的过程中,海关不仅可能因履职形成商业秘密(如某一企业的全部进出口信息和统计数据),也有可能依职权主动要求市场主体提供或者披露商业秘密。

进出口申报审查是最常见的海关监管行为之一,以《海关进出口货物报关单填制规范》①为例,该规范第35条有明确规定商品名称及其型号的规范,可参照《海关进出口商品规范申报目录》中的要求进行填报。如果收发货人进出口产品具体的成分含量是通过商业秘密保护的独有配方且价值高昂,甚至负责企业进出口业务的部门根本无权知悉,那么海关在什么条件下要求企业提供完整成分含量,是符合海关归类、审价等要求的呢?目前的法律法规中,尚无具体规定或者指引。但因海关监管和执法实践中因与市场主体生产、经营关系密切,且因税款征收、检验检疫等需要较多关注企业经营或商品实质,对于商业秘密的获悉场景较多。笔者认为有必要对海关在监管工作中要求市场主体披露商业秘密的相关制度进行思考,以期对实务工作有所裨益。

一、海关要求市场主体披露商业秘密的可能场景和依据分析

不同于商标、专利等知识产权,商业秘密由于不需要进行权利登记,在内容上更具有灵活性和广泛性。根据《反不正当竞争法》第9条第4款规定,“本法所称的商业秘密,是指不为公众所知悉、具有商业价值并经权利人采取相应保密措施的技术信息、经营信息等商业信息”。根据最高人民法院的司法解释②,其中技术信息包括与技术有关的结构、原料、组分、配方、材料、样品、样式、植物新品种繁殖材料、工

① 海关总署公告2019年第18号。

② 最高人民法院《关于审理侵犯商业秘密民事案件适用法律若干问题的规定》(法释〔2020〕7号)。

艺、方法或其步骤、算法、数据、计算机程序及其有关文档等信息;经营信息包括与经营活动有关的创意、管理、销售、财务、计划、样本、招投标材料、客户信息、数据等信息。同样由于进出口主体、行为和监管对象的复杂性,海关监管和行政执法行为种类也极为丰富。参考最高人民法院对行政行为的分类①,其中行政处罚、行政强制措施、行政强制执行、行政许可、行政登记、行政确认、行政征缴、行政收费、政府信息公开、行政处理等行政行为都有可能与海关监管或其他执法行为相关。

因此在这些行政行为中,有很大可能涉及要求相对人提供商业秘密。根据笔者的实务经验,可能要求相对人提供或者披露包含商业秘密信息的海关监管和执法行为主要有两类,一类是强制性要求披露商业秘密的,如海关稽查、行政处罚调查程序中,拒不提供相应材料的可能导致进一步的行政处罚和其他行政责任;另一类是非强制性要求披露商业秘密的,如各类申请、申报类程序中,市场主体如不披露相应资料,可能导致货物无法进口或者无法取得相应的备案、许可等。由于海关监管和执法的复杂性,在难以穷尽列举的情形下,通过以下示例尝试分析。

(一)以发现违法行为为主要目的的调查、稽查行为

《海关稽查条例》第4条规定,可以向有关行业协会、政府部门等收集商品与进出口有关的信息,海关也应当对涉及商业秘密的部分保密。第14条规定,海关进行稽查时,可以查阅、复制被稽查人的账簿、单证等有关资料,可以检查与进出口活动有关的生产经营情况和货物,可以询问被稽查人的法定代表人、主要负责人员和其他有关人员与进出口活动有关的情况和问题。行使上述职权过程中,并无因需要获取或者了解的信息包含商业秘密,存在例外的情形。海关稽查、贸易调查、行政处罚调查等是海关后续监管发现相对人违法行为或者作出追补征税款等决定的重要行政手段。因此,在这些程序中,要求相

① 最高人民法院《关于行政案件案由的暂行规定》(法发〔2020〕44号)。

对人提供可能包含商业秘密的与生产经营、进出口货物有关的资料,是行政程序的强制性要求。如不提供海关可以采取强制查封、扣押、扣留等强制措施,也可以对相对人拒不提供资料的行为直接处罚或者对被调查的违法行为作出从重行政处罚等。

在稽查和调查程序中,有可能因为核实归类申报是否正确、进口商品是否逃避检验检疫规定而要求企业提供产品具体成分等技术信息;因特许权使用费或转移定价调查需要,要求企业披露技术协议、价格信息、关联关系、财务信息等经营信息;因调查企业其他违法行为而要求提供其他可能包含商业秘密的信息。但在这些程序中,对于相对人提供的资料包含商业秘密的处理并无特殊规定,更无例外规定。

(二)以开展正常进出口活动为目的的申报行为

如上文前言部分所述,为满足海关进出口监管过程中归类、审价、许可证监管和检验检疫的要求,海关对于进出口货物的申报非常具体,除了一般情况下应具体申报规格、型号外,对于特定贸易方式、特定商品还有更详细的要求。而如未能根据海关要求提供相应资料或者申报信息,则可能无法顺利通关放行或者无法办理相应海关手续,但一般不会导致进一步的行政处罚或其他法律责任。

比如对于《进出口税则》第21章项下的21069090税号,其申报要素包括“成分含量”,即属于对食品监管的特定要求。海关对该类商品作出额外申报要求的立法目的也很容易理解,进口食品涉及人民身体健康和生命安全,如不要求企业具体申报,可能导致进口食品中含有有害成分。除此之外,由于不同国家立法的差异,进口食品中又有可能含有我国保护和限制进口的濒危物种①,同样以上述21069090税号下的商品为例,虽然属于国家《跨境电子商务零售进口商品清单》中第111项“其他税号未列明的食品”,但备注要求“列入《进出口野生动植

① 财政部、国家发展和改革委员会、工业和信息化部、生态环境部、农业农村部、商务部、海关总署、国家濒危物种进出口管理办公室《关于调整跨境电子商务零售进口商品清单的公告》。

物种商品目录》且不能提供《中华人民共和国濒危物种进出口管理办公室非〈进出口野生动植物种商品目录〉物种证明》的商品除外”。

再如《海关加工贸易货物监管办法》第11条规定,经营企业办理加工贸易货物的手册设立,应当向海关如实申报贸易方式、单耗、进出口口岸,以及进口料件和出口成品的商品名称、商品编号、规格型号、价格和原产地等情况,并且提交经营企业对外签订的合同。其中单耗等信息,也是特定贸易方式中额外要求申报的信息。《海关加工贸易单耗管理办法》第15条规定,加工贸易企业申报单耗应当包括以下内容:(1)加工贸易项下料件和成品的商品名称、商品编号、计量单位、规格型号和品质;(2)加工贸易项下成品的单耗;(3)加工贸易同一料件有保税和非保税料件的,应当申报非保料件的比例、商品名称、计量单位、规格型号和品质。

特别需要指出的是,《海关进出口货物商品归类管理规定》第10条规定:“收发货人或者其代理人向海关提供的资料涉及商业秘密、未披露信息或者保密商务信息,要求海关予以保密的,应当以书面方式向海关提出保密要求,并且具体列明需要保密的内容。收发货人或者其代理人不得以商业秘密为理由拒绝向海关提供有关资料。海关按照国家有关规定承担保密义务。”这是海关法律和法规体系中,对于海关监管中要求相对人提供商业秘密规定最为细致清晰的条文。该条规定并未局限于法律认定标准较为明确的商业秘密,还包括了未披露信息或者保密商务信息,并对相对人声明保密内容、保密要求、披露义务以及海关保密义务都有概括,虽然其中的法律概念、适用条件和具体程序并未有进一步规定,但仍为海关监管中涉及商业秘密问题的处置提供了极有参考机制的先例。《海关行政许可管理办法》①《海关经

① 《海关行政许可管理办法》第15条第2款规定:“申请材料涉及商业秘密、未披露信息或者保密商务信息的,申请人应当以书面方式向海关提出保密要求,并且具体列明需要保密的内容。海关按照国家有关规定承担保密义务。”

核准出口商管理办法》[①]均有类似规定，但未有未披露信息或者保密商务信息的措辞。值得注意的是，《海关经核准出口商管理办法》规定企业申请成为核准出口商，应提供企业主要出口货物的中英文名称、规格型号、HS编码、适用的优惠贸易协定及具体原产地标准、货物所使用的全部材料及零部件组成情况等信息，其中生产货物使用的全部材料和零部件组成情况等信息显而易见会涉及企业的商业秘密。

（三）可能平行获取商业秘密的海关行政管理行为

除了直接要求提供可能包含商业秘密的海关监管、执法行为外，在海关其他行政管理行为中，还有可能平行地获取企业商业秘密。比如进出口贸易企业的客户信息、商品及价格信息可能构成该类企业重要的商业秘密，而海关进出口统计工作不经企业另行披露可以直接获得这些信息，甚至可能比企业自行保管的经营信息更为准确全面。海关统计数据的保密要求更为严格，泄露的后果更为严重[②]，因此《海关统计条例》明确规定了海关统计人员的保密义务，也规定了当事人仅有权在海关统计数据保存期限内查询自己申报的海关统计原始资料及相关信息。但何种统计数据属于商业秘密，相关规定则没有进一步明确。

二、海关对商业秘密保护的问题和制度缺失

目前海关法律法规体系中，对于在监管和其他执法过程中涉及市场主体商业秘密的领域，主要是对保密义务做了原则性规定。但由于这些规定较为笼统，且海关法作为行政法缺乏与以经济法、知识产权法为基础的商业秘密法律制度的衔接，在具体行政活动中必然会存在

① 《海关经核准出口商管理办法》（海关总署令第254号）第5条规定，企业申请成为经核准出口商的，应当向其住所地直属海关提交书面申请。申请材料涉及商业秘密的，应当在申请时以书面方式向主管海关提出保密要求，并且具体列明需要保密的内容。海关按照国家有关规定承担保密义务。

② 参见李贤：《海关总署称正调查外贸数据遭泄露事件》，载中国中央电视台网，https://news.cctv.com/china/20090114/105531.shtml。

法律适用的冲突、法律依据的缺失以及执行制度的不完善。

(一)对于市场主体披露商业秘密的必要性和范围规定不明确

在创新与技术成为国家和企业核心竞争力的形势下,企业对商业秘密的保护得到了空前的重视。虽然不是所有的商业秘密都有重大价值,但是重要的商业秘密往往是市场主体存续和发展的核心因素。比如说在 2020 年 2 月 17 日美国伊利诺伊州法院陪审团裁决的上市公司海能达通信股份有限公司与相关主体的案件。基于其侵犯商业秘密及版权,应向摩托罗拉支付损害赔偿 34,576.12 万美元和惩罚性赔偿 41,880 万美元,合计 76,456.12 万美元(约合人民币 52.71 亿元)①。此类天价金额的诉讼和裁判结果近年来屡见不鲜,不仅有中国企业面临的境外商业秘密诉讼,国内企业对于自身商业秘密保护也越发重视。

而海关监管作为行政管理行为的一类,虽然整体上维护了国家主权、国门安全、进出口制度等重要价值,但对于具体的监管行为中是否应当无限制地授权取得市场主体的商业秘密则值得商榷。如在上文举例的食品进口环节中,如企业已经申报全部食品成分就足以判断是否含有影响食品安全有害物质或者是否含有不允许使用的濒危物种,海关是否仍有必要要求企业提供全部成分的具体含量。从海关监管角度而言,如果申报成分相加不足 100% 则意味着存在监管不严密遗漏申报成分的可能;但从市场主体角度而言,申报要求在于确认产品所含成分,而非每种成分的含量,除非含量本身会影响进口货物的监管条件。这种情形就是典型的在监管中要求相对人披露商业秘密是否必要的问题。同时,有权要求市场主体披露商业秘密的监管行为范围也不明确。行政权力的运行应有对应责任和监督体系,海关要求市场主体披露商业秘密也就应有对应的保护和管理职责。海关监管范围广泛而复杂,并非各类监管行为中都有必要授权获取企业商业秘

---

① 参见《海能达通信股份有限公司关于重大诉讼的进展公告》,证券代码 002583,公告编号 2020-005。

密,这将为行政管理增加极大的保密成本。

（二）对于市场主体披露的信息是否属于商业秘密缺乏识别制度

《海关进出口货物商品归类管理规定》中规定,要求海关予以保密的,应当以书面方式向海关提出保密要求,并且具体列明需要保密的内容。但商业秘密是一项法律概念,即使各个国家规定有所区别,但认定某项信息属于商业秘密还是有严格的法律标准的。从我国《反不正当竞争法》规定来看,至少应当满足不为公众知悉、具有商业价值、权利人采取相应保密措施三项条件。这三项条件的认定需要通过信息查新、价值评估、保密措施审查等不同方式予以验证,而海关工作人员显然不具备此类法律执法或执行的专业能力。那么在实践中如果相对人无限制地扩大保密范围,无疑将大大增加海关保密工作的成本、浪费行政资源,最终形成无论是否商业秘密都必须披露、无论是否商业秘密都必须保密的怪圈。

（三）对于海关保密的义务的履行缺乏制度保障

商业秘密的保护与管理需要一整套制度予以保障。而现行的海关法律法规制度体系中,对于在监管和执法活动中获悉的商业秘密采取何等保密措施缺乏相应的制度安排。从人民法院商业秘密诉讼实践看,系“根据商业秘密及其载体的性质、商业秘密的商业价值、保密措施的可识别程度、保密措施与商业秘密的对应程度以及权利人的保密意愿等因素”,认定权利人是否采取了相应保密措施;对能够接触、获取商业秘密的员工等应予培训、告知;对涉密载体、场所需要区分管理;对离职员工要求登记、返还、清除、销毁其接触或者获取的商业秘密及其载体,继续承担保密义务。① 海关作为国家机关,对于保密工作事实上有着更为严格和具体的规定,但这些规定更多的是对于内部工作内容和档案的保密要求。对于业务活动中的工作信息,难以达到同样的保密要求,对于相对人提供的商业秘密更没有对应的保密制度。

---

① 最高人民法院《关于审理侵犯商业秘密民事案件适用法律若干问题的规定》(法释〔2020〕7号)第5条、第6条。

此外,海关在监管活动中获悉的商业秘密,还存在国际合作与交流、政府信息公开等场景下的识别、管理和保护需要。比如《政府信息公开条例》第15条规定,涉及商业秘密、个人隐私等公开会对第三方合法权益造成损害的政府信息,行政机关不得公开。在国际海关合作如单一窗口建设等工作中,我国海关也会当然地秉承相同原则,对于商业秘密不做信息或数据的交流和交换。但如果在海关制度设计中,对于商业秘密的识别、获得、管理、保护缺乏相应的制度支撑,可能很难在上述场景中,对拒绝提供和交换的信息属于商业秘密提出法律上有说服力的主张。

三、完善海关监管中商业秘密的披露和管理制度对策

2020年8月,司法部就《关于强化行政许可过程中商业秘密和保密商务信息保护的指导意见(征求意见稿)》向社会公开征求意见。该文件定稿虽然尚未发布,但其中关于行政许可工作中界定保密范围、落实保密管理措施、严格保密义务和责任等方面的内容,对海关探索和完善监管与执法工作中商业秘密的保护和管理有着重要的参考价值。除此之外,鉴于海关监管工作的广泛性和复杂性,对于商业秘密的披露、保护和管理还应做更多筹划。

(一)明确商业秘密的披露与提交要求

首先,应当明确市场主体或者相对人向海关披露商业秘密的明示义务。负有披露义务的当事人,应当明确告知海关商业秘密的范围和载体并且提供有效的证明文件,如司法裁判文书、公证文书、鉴定结论、法律意见书等。该项义务不仅有利于海关对获悉的商业秘密进行形式上的审查,避免过度保护和资源浪费,也有利于在后续的管理过程中采取合理、对应的管理措施。

其次,商业秘密应当以保密的形式提交,而不能仅仅注明。参考《美国联邦保护商业秘密法案》(Defend Trade Secrets Act of 2016),其在"向政府或法院披露商业秘密的免责条款"中规定,向政府或法院披露商业秘密应当以保密的方式直接或间接地向联邦、州或地方政府官

员、律师作出，或者以保密形式在起诉状或其他法律文书中披露商业秘密。①

（二）建立权力清单明确获取商业秘密的权力范围

考虑到商业秘密对于市场主体的重要性和保密义务的不确定性，海关并无必要在大部分监管和执法行为中要求相对人必须披露和提供商业秘密。对于确有必要提供的，也可以在必要性和裁量空间上予以区分：如对有违法嫌疑相对人的调查、稽查行为等，可以明确授权相对人不得拒绝提供；对于归类审查与裁定、单耗审核等业务中，可以根据执法的必要性和当事人商业秘密类型，酌情裁量是否必须披露或者必须全面披露。在此基础上建立授权海关要求相对人披露商业秘密的权力清单，既明确职权范围，也避免海关承担过高的执法成本和风险。

（三）健全商业秘密的管理与保护制度

由于商业秘密的形式和内容复杂多样，海关可以建立科学、灵活的管理与保护制度。第一，应当尽可能减少解除商业秘密的海关工作人员范围，并对可能接触商业秘密的海关工作人员进行商业秘密必要培训，保证对商业秘密法律的掌握和执法能力的要求。第二，对因工作需要接触到的商业秘密，应当区分需要保存和无须保存不同类型。对于通过现场检查、查阅、询问等能实现监管与执法目的的，不需要对商业秘密备份和保存，可以现场交换企业，但仍需对知悉商业秘密的工作人员提出保密要求；对于监管和执法需要应当保存的，应当对技术保密措施、存储或者保管商业秘密载体的场所等有明确规定和具体保障。第三，应当建立健全商业秘密的密级制度，对于商业价值高、保密措施等级高的商业秘密采取相对更高的保密要求。第四，建立商业秘密保密期限制度，保密期限届满或者商业秘密已经公开的，自行解

① Defend Trade Secrets Act of 2016, Public Law 114 - 153—May 11, 2016, Sec. 7. Immunity From Liability For Confidential Disclosure Of A Trade Secret To The Government Or In A Court Filing.

密;未超出保密期限但没有必要继续保存或保管的商业秘密,应及时交还相对人或销毁处理,减少行政成本;对于超出保密期限,但因案件调查和其他海关监管需要仍需继续保管商业秘密,且商业秘密本身也未解密的,应当履行延期审批程序并告知相对人。

A Preliminary Exploration of Disclosure Obligations and Regulatory Measures for Trade Secrets in Customs Enforcement

LI You

[**Abstract**] In the legal framework of customs regulations, trade secrets are typically governed as intellectual property rights. However, there is limited discussion regarding the authority of customs to require market entities to disclose trade secrets, as well as the protection and management systems for trade secrets obtained during the enforcement process. Therefore, this study aims to analyze the basis, scope, and responsibilities for customs to request the disclosure of trade secrets from counterparties in the context of customs supervision.

[**Key words**] customs; control; trade secrets

海关法评论(第12卷)

海关行政处罚

Customs Administrative Penalties

对《海关法》修订的考量

——基于出口烟花爆竹行政处罚具体实践

王　鹏　余　钧*

［摘　要］　烟花爆竹作为1类危险货物（爆炸品），在生产、经营、运输等各环节均形成了严格的监管体系。但从具体行政处罚实践情况分析，在出口环节的海关执法实践中还存在主观故意情节认定、违法事实取证、量罚尺度等方面的问题，需要对伪报瞒报行为开展法律分析，研究《海关法》与《进出口商品检验法》的衔接问题，对明确案件处罚依据、准确量罚等方面进行完善，从立法层面为海关加大烟花爆竹伪报瞒报等违法违规行为执法打击力度提供支撑，切实维护国家安全。

［关键词］　烟花爆竹；行政处罚；海关；公共安全

一、引言

（一）我国出口烟花爆竹及其安全监管概况

烟花爆竹是以烟火药为主要原料制成，引燃后通过燃烧或爆炸，产生光、声、色、型、烟雾等效果，用于观赏，具有易燃易爆危险的物品①。我国烟花爆竹的主要产区是位于内陆地区的湖南、江西以及沿

---

*　王鹏，长沙海关；余钧，长沙海关。

①　参见《烟花爆竹　安全与质量》（GB 10631—2013）。

海沿边的广西,为加强出口烟花爆竹安全监管,我国已形成应急、公安、交通运输等部门对烟花爆竹的生产、经营、运输(道路运输、港口作业)实行许可证管理,海关实施出口烟花爆竹生产企业登记管理、产地检验监装、口岸查验的严格监管体系。

烟花爆竹作为1类爆炸品,相较于普通货物,其运输监管要求更严,日常作业程序更多,仓储物流成本更高。一部分发货人、货代、生产企业为牟取非法暴利,将作为危险品的烟花爆竹产品伪报瞒报成普通货物或者夹藏在普通货物中非法出运,但限于种种因素,查获的案件只有少部分会被追究刑事责任。

(二)海关实施出口烟花爆竹行政处罚实践情况

从海关监管的角度出发,伪报瞒报烟花爆竹出口行为给公共安全带来的重大风险主要反映在产地检验申报和口岸报关申报环节。

产地检验申报环节查获的伪报瞒报情形主要为:运输危险定级的"高危低报"(参照联合国烟花定级默认表,烟花爆竹的危险等级从高到低依次为1.1G、1.2G、1.3G、1.4G和1.4S,主要是将1.1G类伪报为1.3G类)、超安全生产许可范围申报(瞒报产品级别、类别)。产地监装申报环节查获的伪报瞒报情事主要为夹藏未经检验的烟花爆竹产品(未取得出境货物换证凭单)、瞒报拼装货物,在现行法律法规框架下,海关能够实施行政处罚的相对很少。

口岸报关申报环节,从全国范围来看,以宁波为例,据不完全统计,2016年至2018年港口、海事、海关、公安等执法部门共受理港口集装箱装有烟花爆竹的匿报谎报案件46起①。从近期海关总署公布的相关口岸查发的出口烟花爆竹伪报瞒报、夹藏案件来看,出口烟花爆竹从生产地到口岸跨省份运输,涉及作业环节和人员数量多,侦办调查取证困难,特别是经过了多方多次交易,能查明货物实际流向、获取完整的证据链满足移交审查起诉条件的在少数,通常口岸海关只能将

① 参见林芳芳、徐家新:《关于港口烟花爆竹集装箱匿报谎报行为的法律研究》,载《中国港口》2019年第10期。

相关情况通报地方应急、交通、公安等部门,等待进一步处置。

(三)研究主旨

本文源自海关实施出口烟花爆竹行政处罚具体实践,旨在以出口烟花爆竹等危险品行政处罚为切口,深入贯彻落实总体国家安全观,在梳理相关法律依据、分析出口烟花爆竹伪报瞒报行为的社会危害性及监管职责边界的基础上,对《海关法》与《进出口商品检验法》(以下简称《商检法》)的衔接问题开展研究,并从统筹考虑海关行使国门安全准入和监管职能、明确涉检案件处罚依据、严格量罚标准等方面,对《海关法》相关条款提出修改建议。

二、出口烟花爆竹伪报瞒报行为分析

(一)伪报瞒报行为的社会危害性分析

这个问题要从伪报瞒报的具体行为来分析:

一是运输危险定级的高危低报。不法企业将高危险的产品低报为低危险的产品,从表面来看不过是数字字母的组合 1.1G 变成 1.3G,但实质上是将具备整体爆炸性的烟花爆竹,伪报为不具备整体爆炸性仅有局部抛射、迸射危险的烟花爆竹。这一行为将导致相应的仓储、运输、港口作业等环节暴露于超许可范围违章作业的危险状态,将显著降低具备整体爆炸性的烟花爆竹的安全防护措施,其危险后果不可控制。

二是超安全生产许可范围申报。这一行为从表面上看,向海关申报的产品属于烟花爆竹产成品,已经脱离生产环节,处于非法生产的末端,与海关监管关联不大。但超安全生产许可范围生产,其行为本身就属于非法经营,严重威胁人民生命财产安全,显然也影响海关监管安全。

三是夹藏未经检验的烟花爆竹产品、伪报瞒报为普通货物。这一行为必将导致烟花爆竹在无资质、无安全措施的状态下进行运输、仓储、装卸作业,将道路运输、港口仓储、远洋运输等环节的不特定人员暴露于危险状态,势必威胁人民生命财产安全。并且,这类伪报瞒报的烟花爆竹,一旦发生车祸、火灾等突发事故,还将导致现场应急救援的误判、处置不当,从而引发二次事故。天津港 8·12 事故就是由于非法储存危险品导致后续多次连环爆炸,造成特别重大人员伤亡。

以上高危低报、超安全生产许可范围申报、伪报瞒报等行为一经实施,就可能导致烟花爆竹爆炸等事故,严重危害人民生命财产安全,社会危害性巨大。一方面,上述行为违反了《商检法》、《进出口商品检验法实施条例》(以下简称《商检法实施条例》)、《烟花爆竹安全管理条例》、《船舶载运危险货物安全监督管理规定》、《港口危险货物安全管理规定》等法律法规,具备行政违法性。另一方面,上述行为人明知行为具有高度危险性而仍旧实施且未采取任何防范措施,一经实施就具备了难以预料、难以控制的危险性,对不特定多数人的生命、健康和重大公私财产安全构成重大威胁,涉嫌构成《刑法》第114条规定的"以危险方法危害公共安全罪"。

(二)伪报瞒报行为海关该不该管

对于上述行为,海关究竟该不该管,也是一个长期以来困扰基层一线的问题,存在两种意见:一种是管业务必须管安全,海关应当加强出口烟花爆竹安全监管;另一种是法无授权不可为,海关只能履行法律法规授权的职责。从具体实践来看,企业向海关申请检验,海关依据企业申请检验合格出具出境货物换证凭单、出境货物运输包装使用鉴定结果单等相关单证,后续的运输、仓储、港口作业均以该结果作为参考。如果企业以虚假资料、欺骗手段企图获取检验检疫单证,海关该不该管呢?对于非法生产的产品,海关要不要管呢?

第一,法律规定海关要在自身职责范围内履行安全监管职责。习近平总书记多次强调,管行业必须管安全、管业务必须管安全、管生产经营必须管安全。该原则已纳入2021年修订的《安全生产法》。该法第10条同时规定,国务院应急管理部门对全国安全生产工作实施综合监督管理,国务院交通运输、水利等有关部门在各自的职责范围内对有关行业、领域的安全生产工作实施监督管理。根据《商检法》第4条,进出口商品检验应当根据保护人类健康和安全、维护国家安全的原则。因此,海关应在自身职责范围内对有关行业、领域实施安全监管。对于企业以虚假资料、欺骗手段企图获取检验检疫单证的行为,海关应当加强监管和查发。

第二,对于超出海关职责范围的安全生产隐患、线索,应当及时向主管部门通报。《海关监管区管理暂行办法》(海关总署令第 240 号)第 26 条规定,海关履行法定职责过程中,发现海关监管作业场所内海关监管货物存在安全生产隐患的,应当及时向主管部门通报。对于超安全生产许可范围的烟花爆竹产品,海关应当依照有关法律法规向安全生产主管部门通报,涉嫌犯罪的,向公安机关移送。

第三,出口烟花爆竹检验监管责任重大,海关应积极作为。为贯彻落实习近平总书记重要指示批示精神,署领导要求“危险品检验监管只能加强不能削弱”,总署文件也有明确要求。对于出口烟花爆竹的检验监管中面临该不该管这个问题,在具体执法实践中,要以管住风险、不发生事故为前提,其核心就是管住“安全”,各部门应在职责范围之内各司其职。

(三)伪报瞒报行为海关能不能罚

对于出口烟花爆竹伪报瞒报行为,海关能不能处罚,需要从相关行为发生的具体环节来分析。

对于在产地检验、监装环节不如实申报运输危险级别、产品类别级别等情况,一方面企业未如实申报已经被查获,无法取得相关单证;另一方面企业申报仍处于报检环节,未造成货物实际出口,因此暂无法按《商检法》及其实施条例予以行政处罚。

对于在口岸监管环节查获未申报的烟花爆竹,可以按照《海关法》规定,按照进出口货物未申报或申报不实并且影响海关监管秩序的相关规定处罚,予以警告或处 1000 元以上 3 万元以下罚款,有违法所得的,没收违法所得。在此情形下,货物已完成报关手续,构成了逃避商品检验“出口”的情形,属于“将必须经商检机构检验的出口商品未报经检验合格而擅自出口”,可以按照《商检法》及其实施条例规定,由商检机构没收违法所得,并处货值金额 5% 以上 20% 以下的罚款;构成犯罪的,依法追究刑事责任。但往往由于查发在海关监管环节,在目前的海关执法体系中,一般较少适用《商检法》,按照《海关行政处罚实施条例》处罚又太轻,一般都移送公安、交通等部门处置。

三、出口烟花爆竹行政处罚案件办理存在的主要问题

(一)违法事实认定难

出口烟花爆竹在产地检验、监装环节不如实申报运输危险级别、产品类别级别等情况,如需构成《商检法》及其实施条例规定的违法行为,根据《商检法实施条例》释义,其必须具备两个条件:一是报检义务人知道或者应当知道商品的实际情况,但所提供的商品与实际情况不相符;二是取得出入境检验检疫机构的有关证单,即符合"不如实提供进出口商品的真实情况,取得出入境检验检疫机构的有关证单"的情形。正常情况下,企业向海关申请出口申报前监管,在实施检验监管环节即已查发不如实申报的情形,不可能取得相关证单,违法事实也就难以成立。而一旦企业不如实申报并已经取得相关证单,海关又存在失职失察的嫌疑。

(二)主观故意情节认定难

行为人在产地检验、监装环节将必须经商检机构检验的出口商品未报经检验合格而擅自出口的,如需构成逃避商品检验的违法行为,按照《商检法》释义,其应当具备两个特征:一是行为人主观上有逃避商品检验的故意,即通过自己的作为或故意不作为避开检验;二是行为人将出口商品没有经商检机构检验合格就自行出口。对于"出口"的情形,也有明确解释,包括以下几种情形:一是货物实际已经出口到国外;二是货物虽未出口到国外,但已办结海关报关手续;三是货物虽然未完成报关手续、未取得海关单证,但已向海关报关。在产地监装环节,如查发企业夹藏未报检的烟花爆竹,因仍处在申报前监管环节,未办理海关报关手续,因此,暂未构成"出口"这一必须情形,也就难以按照逃避商品检验量罚。

(三)相对于危害性,量罚较轻

对于口岸海关查获的未申报出口烟花爆竹,属于海关监管环节,执法实践中烟花爆竹伪报瞒报行为不构成走私罪,走私罪是指故意违

反海关法规,偷逃关税或逃避海关监管证件管理等情节严重的行为。烟花爆竹不属于进出口许可证件管理的商品,出口税率为零,伪报瞒报为普通商品,也未偷逃应缴税款,主客观都不符合走私罪构成要件。如按照《刑法》逃避商检罪论处,有两个必要条件:一是当事人存在主观故意,过失不构成本罪;二是本罪为结果犯,违法行为情节严重,如危害环境、威胁人民身体健康,造成重大经济损失,影响对外贸易活动等,未造成严重危害结果的也不构成本罪。因此,口岸海关在实施口岸查验环节一般只能按照《海关行政处罚实施条例》第15条第2项的规定,对进出口货物未申报或申报不实,并且影响海关监管秩序的,予以警告或处1000元以上3万元以下罚款,有违法所得的,没收违法所得,与违法犯罪行为的危害后果不相匹配。这一处罚尺度,甚至远远低于船公司马士基、地中海航运、海洋网联、现代商船、高丽海运、长荣海运、美森轮船、东方海外、长锦商船等针对一级货代瞒报、谎报危险货物每个集装箱1.5万美元到3.5万美元不等的罚款标准①。因此,一般情况下,按照“一事不二罚”的原则,口岸海关将案件通报公安、交通运输等部门进一步查处。据了解,后续一般以非法经营罪(不具备相关资质)定罪,只有极少数案件按照以危险方法危害公共安全罪定罪。

四、《海关法》与《商检法》衔接问题研究

(一)立法目标应体现落实总体国家安全观要求

2014年,习近平总书记在主持召开中央国家安全委员会第一次会议时首次提出坚持总体国家安全观,在党的十九大报告中也提出坚持总体国家安全观,海关的工作职责与11项国家安全的内容直接或间接相关。传统《海关法》以维护口岸监管秩序、维护国家经济安全为主,《商检法》及其实施条例等法律、行政法规赋予海关进出口商品质量安全检验新的职责,《商检法实施条例》也进一步明确进出境的样

① 参见施静娴、赵瑜頔:《危险货物集装箱瞒报、谎报行为原因及治理建议——以宁波舟山港宁波港域为例》,载《集装箱化》2020年第11期。

品、礼品、暂时进出境的货物以及其他非贸易性物品免予检验。因此,在《海关法》的修订中要统筹考虑海关行使国门安全准入和监管职能,体现《商检法》维护人类安全、健康、卫生、环保的立法原则,将进出口商品法定检验监管要求统筹纳入新《海关法》“进出境货物”一章。

(二)明确涉检案件处罚的依据

《海关法》《商检法》对业已存在的某些涉及检验检疫违法行为缺乏必要的处罚规定,针对出口烟花爆竹行政处罚办理过程中存在的违法事实认定难、主观故意情节认定难等问题,在《海关法》修订中建议将检验检疫业务流程一并纳入海关监管流程,确定申报前监管的报检、属地查检业务等环节的海关监管职责和行政权力,明确报检等业务流程的法律地位和企业义务,对进出口商品涉及未如实申报、逃避商品检验等违法违规情形按照《海关法》的规定实施行政处罚,为后续查办相关行政处罚案件提供法律支持。

(三)严格量罚标准

随着经济的发展,对于出口烟花爆竹等危险品违法行为,原来规定的行政处罚金额显得过于轻微,违法成本太低,导致企业违法收益与惩戒不相匹配,达不到约束违法动机的目的,起不到警戒、惩治和制裁作用。烟花爆竹属于危险品,如果不如实申报危险特性,将引发仓储、运输环节的无资质、无安全防护措施作业,导致危险性处于不可控制的状态;而烟花爆竹伪报瞒报的违法行为可能造成的事故,既无法具体预料也难以实际控制,一旦发生事故,势必危及相关作业环节操作人员的生命安全。因此,烟花爆竹伪报瞒报行为具有高度危险性,其潜在风险具有演变为实际事故的可能性,一旦发生事故,将对公共交通运输造成危险后果,符合以危险方法危害公共安全罪的构成要件。以危险方法危害公共安全罪是具体的危险犯罪,不发生实害结果亦可构成该罪,实害结果只是一个量刑情节①。综上所述,烟花爆竹等

---

① 参见林芳芳、徐家新:《关于港口烟花爆竹集装箱匿报谎报行为的法律研究》,载《中国港口》2019年第10期。

危险品伪报瞒报行为客观方面具有相当的、具体的侵害公共安全危险性，相关行为人作为从业者，势必了解、知晓烟花爆竹的危险性而仍然实施，构成以危险方法危害公共安全罪。

但是，我们也应看到，《刑法》关于“以危险方法危害公共安全罪”的规定较为原则，具备一定的自由裁量空间。司法实践中，该罪的应用在很大程度上依赖于最高人民法院司法解释和有关文件。比如，最高人民法院、最高人民检察院、公安部、司法部《关于依法惩治妨害新型冠状病毒感染肺炎疫情防控违法犯罪的意见》（法发〔2020〕7 号）、最高人民法院《关于依法妥善审理高空抛物、坠物案件的意见》（法发〔2019〕25 号）分别明确了“以危险方法危害公共安全罪”的适用条件和界限。对于上述伪报瞒报等行为，在何种情形下构成“以危险方法危害公共安全罪”，还有待司法解释进一步明确。

因此，建议在《海关法》修订中，对烟花爆竹等危险品伪报瞒报、逃避检验监管等危及国门安全、公共安全的不法行为从重处罚，并就依法追究刑事责任预留制度接口。另外，建议海关总署加强与最高人民法院、最高人民检察院的沟通，阐明危险品伪报瞒报、逃避检验监管等行为的危害公共安全特性，促成相关司法解释的出台，进一步防范化解重大风险、打击犯罪、保障公共安全。

（四）充分考量法定检验制度改革等深化改革需求

风险管理是政府部门加强质量安全监管的重要方法和手段，近年来在海关监管领域也普遍得到运用。然而，在商品检验监管领域，法律层面对进出口商品质量安全风险管理的基础理论与进出口商品检验的结合还缺少有效对接，对于这一新型技术性贸易措施运用缺少成熟的制度体系，风险信息采集、评估、处置机制尚处于探索阶段。《海关法》的修订需要对这一新型监管理念和监管模式进行前瞻性的制度规划，为后续海关优化进出口商品监管体系、实现治理体系改革和创新提供顶层设计。

同时，为进一步加强对出口烟花爆竹伪报瞒报等违法违规问题的查处打击力度，提出两方面的工作建议：一是建议加强与最高人民法院、最高人民检察院的沟通,阐明危险品伪报瞒报、逃避检验监管等行为的危害公共安全特性,促成相关司法解释的出台,对其中危害公共安全的进出口危险品伪报瞒报行为,按照"以危险方法危害公共安全罪"定罪处罚;二是建议配套修订《海关行政处罚实施条例》等海关行政法规,将检验检疫法律法规的主要罚则纳入该条例,形成关检统一的海关行政处罚法律法规体系。

Considerations of the Revision of the Customs Law

—Based on the Specific Practice of Administrative Penalties for Export Fireworks

WANG Peng　YU Jun

[**Abstract**] Fireworks and firecrackers, categorized as Class 1 dangerous goods (explosives), are subject to strict regulatory measures throughout their production, operation, and transportation processes. However, an analysis of specific administrative penalty practices reveals issues in the customs enforcement process for exports. These issues include subjective intention determination, evidence collection for illegal activities, and the scale of quantitative punishment. It is necessary to conduct legal analysis on the behavior of false reporting and concealment, study the connection between the Customs Law and the Commodity Inspection Law, and improve and clarify the basis for case punishment and accurate measurement of punishment at the legislative level. This will provide support for the customs to increase the enforcement and crackdown on illegal activities and safeguard the national security.

[**Key words**] fireworks and firecrackers; administrative penalty; Customs; public safety

行政处罚中"无主观过错不罚"的理解与适用

陈淑国*

[摘　要]　应受行政处罚的行为是否以主观过错为要件存在较大分歧。1996 年《行政处罚法》没有确定主观过错在行政处罚中的地位。2021 年新修订的《行政处罚法》第 33 条第 2 款作出了无主观过错不罚的规定,被称为此次修订的一大亮点,对海关行政处罚工作提出了新要求。准确理解无主观过错不罚并正确适用,从而规范行政处罚工作,提升行政处罚质效,是海关行政执法面临的一个新课题。

[关键词]　主观过错;行政处罚;理解;适用

习近平总书记在十九届中央政治局第三十五次集体学习时的讲话中指出:"'天下之事,不难于立法,而难于法之必行。'推进法治体系建设,重点和难点在于通过严格执法、公正司法、全民守法,推进法律正确实施,把'纸上的法律'变为'行动中的法律'。"①《行政处罚法》第 33 条第 2 款新增规定:"当事人有证据足以证明没有主观过错的,不予行政处罚。法律、行政法规另有规定的,从其规定。"以贯彻落实

---

*　陈淑国:广州海关法规处一级调研员。

①　习近平:《坚持走中国特色社会主义法治道路　更好推进中国特色社会主义法治体系建设》,载《求是》2022 年第 4 期。

《行政处罚法》为契机,《海关办理行政处罚案件程序规定》第57条作出相同的规定。上述规定的理解和适用,需要坚持系统观念,整体了解行政处罚主观过错的理论探讨脉络和实践发展轨迹,从而更加准确理解条文内涵与主旨,推进海关行政处罚工作。

一、应受行政处罚行为的法律责任与比较研究

行政处罚法律责任的前提是行政违法行为。但有观点认为,行政违法行为不能等同于应受行政处罚行为,其包含了应受行政处罚行为和不受行政处罚行为两个下位概念。[①] 在此不展开讨论辨析,本文主要以应受行政处罚行为论述。界定行政处罚法律责任,绕不开应受行政处罚行为的构成要件和行政处罚归责原则。构成要件与归责因素均为法律责任范畴所统摄。[②]

(一)应受行政处罚行为的构成要件

应受处罚行为构成要件是指确定某种行为受行政处罚所必须具备的各种条件,是行为人负行政处罚之责的基础和根据。[③] 也有观点称,是指应当受到行政处罚的行为所必须具备的法定条件。确定某一行为是否具备行政处罚的法定条件,是行政机关实施行政处罚的前提,直接关系到行政处罚决定的合法性和有效性。[④]

20世纪80年代,学术界以行政罚款为例提出了主观过错在行政处罚实施中地位的思考,开启了围绕主观过错在行政处罚实施中地位的学术辩争序幕。[⑤] 如在1986年就已有观点提出,构成行政处罚必须具备的三个条件之一是违反行政法规的当事人,其行为必须在主观上

① 参见黄锫:《应受行政处罚行为成立要件的法理构造》,载《浙江学刊》2022年第2期。

② 参见张春林:《主观过错在行政处罚中的地位研究——兼论行政处罚可接受性》,载《河北法学》2018年第5期。

③ 参见汪永清:《关于应受行政处罚行为的若干问题》,载《中外法学》1994年第2期。

④ 参见江必新:《论应受行政处罚行为的构成要件》,载《法律适用》1996年第6期。

⑤ 参见张春林:《主观过错在行政处罚中的地位研究——兼论行政处罚可接受性》,载《河北法学》2018年第5期。

有过错(故意或过失)。[①]

理论界早在1996年《行政处罚法》颁布以前,就对应受行政处罚行为成立要件有所关注。[②] 如构成行政违法予以处罚必须具备的四个条件之一是"行为人在主观上有过错,包括故意或过失"。[③] 受行政处罚行为的构成要件是行政处罚理论研究中一个比较复杂的问题,不能简单地以刑法中有关犯罪构成的理论来套用。[④] 行政违法行为是有主观过错的行为。行政违法行为构成对主观过错的要求和犯罪行为构成对主观过错的要求是一样的。[⑤] 在行政法律责任中,只要相对一方的行为构成违法,其主观上一般也必然有过错。[⑥] 行为人主观过错不是受处罚行为的必备条件。[⑦] 在行政处罚适用中,故意或过失的主观心态是应当加以考虑的。[⑧] 在确立行政违法的构成上,应当采用过错主义与客观结果主义相结合原则。[⑨] 过错是行政处罚适用的主观要件,违法者不具有主观过错,行政机关就不得对其适用行政处罚,但也不排除极少数例外情形[⑩]等。

我国学术界与实务界对于应受行政处罚行为构成要件的真正关注和研究,始于1996年《行政处罚法》的颁布和实施。学术界关于构成应受行政处罚行为要件是否包括主观要件较具代表性的三种主张:一是笼统套用犯罪行为构成的四要件说。二是原则上接受构成应受行政处罚行为需要符合四个要件,行为人的主观过错相对处于次要地

---

① 参见苏尚智:《我国的行政处罚》,载《政治与法律》1986年第3期。

② 参见熊樟林:《应受行政处罚行为模型论》,载《法律科学(西北政法大学学报)》2021年第5期。

③ 参见王界凯:《行政处罚规范化问题浅议》,载《求实》1991年第9期。

④ 参见孙秋楠:《受行政处罚行为的构成要件》,载《中国法学》1992年第6期。

⑤ 参见姜明安:《行政违法行为与行政处罚》,载《中国法学》1992年第6期。

⑥ 参见袁曙宏:《论行政处罚的实施》,载《法学研究》1993年第4期。

⑦ 参见汪永清:《关于应受行政处罚行为的若干问题》,载《中外法学》1994年第2期。

⑧ 参见张泽想:《行政处罚适用的构成分析》,载《政法论坛》1994年第5期。

⑨ 参见于安:《行政处罚立法理论问题论纲》,载《行政法学研究》1995年第2期。

⑩ 参见杨解君:《行政处罚适用的主观过错条件》,载《法学天地》1995年第3期。

位。三是引入欧洲一些国家的该当性、违法性、有责性的"新三要件"理论,把主观要件作为有责性中的责任条件加以描述。学术界也还有一些不尽相同的见解,但总体上看,要么属于上述观点的变通,要么是上述观点的混合。[①] 也有观点认为,在行政处罚中是否应该将主观认识作为应受行政处罚行为的构成要件加以考虑,我国学术界主要有三种观点:"两要件"说、"三要件"说、"四要件"说,"三要件"说与"四要件"说都承认主观条件是应受行政处罚行为的构成要件[②]等。如"行为人在主观上具有过错"是应受行政处罚行为的构成要件之一。[③] 还有观点从必备要件、隐藏要件、例外要件、选择要件、学理要件等分类出发,认为应受行政处罚行为的构成要件中的隐藏要件、例外要件是主观过错。[④] 而不同观点不仅在研究文章中有反映,在行政法教科书中也时有体现,如行政处罚适用的四要件中并不包括主观过错要件。[⑤] 违法行为"只要符合法律规范所规定的外在形式,一般就不再过问行为人的主观因素,即可视为主观有过错,法律另有规定的除外。这是行政法的一个特点,或者将其理解为不以主观过错为要件",[⑥]应受处罚的四个构成要件不包括主观过错[⑦]等。

现实当中,受制于种种因素,我国理论界与实务部门迄今对应受行政处罚行为的构成要件见解迥异、共识不多,且难寻真正有说服力、有影响力的通说。其中最为突出的一个分歧,体现在如何回答应受行

---

① 参见方军:《论构成应受行政处罚行为的主观要件》,载《中国法律评论》2020年第5期。

② 参见金成波:《行政处罚中违法者主观认识论纲》,载《当代法学》2022年第4期。

③ 参见江必新:《论应受行政处罚行为的构成要件》,载《法律适用》1996年第6期。

④ 参见袁雪石:《中华人民共和国行政处罚法释义》,中国法制出版社2021年版,第29~38页。

⑤ 参见罗豪才主编:《行政法学》,北京大学出版社2000年版,第188页。

⑥ 参见罗豪才、湛中乐主编:《行政法学》,北京大学出版社2016年版,第348页。

⑦ 参见张树义、张力:《行政法与行政诉讼法学》,高等教育出版社2020年版,第125页。

政处罚行为诸构成要件中是否包括主观要件,以及主观要件在考量行政违法行为过程中的地位和作用。[①] 近年来一些专家学者在这方面仍有研究著述,如主观过错作为其构成要件符合行政处罚的本质特征,彰显了行政处罚的正当性;[②]行为人主观是否具有过错应是行政处罚是否施加的重要考虑因素;[③]应受行政处罚行为之构成是行政处罚研究的核心问题,是适用行政处罚的前提,是行政诉讼中行政处罚行为合法性审查的重要标准之一;[④]构成要件理论能够在行政处罚概念性条款基础上进一步解决行政处罚认定的边界厘清问题,是对行政处罚内涵和外延的理论诠释,更是在实践中判断行政处罚是否成立的先决条件[⑤]等。

(二)行政处罚的归责原则

归责原则就是给予处罚的标准和判定原则,是有关机关在查明案件事实后,确定法律依据以及衡量方式,进而对行为人进行处罚的一种规则。[⑥] 应受行政处罚行为是否以故意或者过失为前提,我国的理论和实务界从一开始就存在分歧。行政处罚不以主观过错作为前提。这种观点可以称为“客观归罚”,在实务界,这种观点尤为盛行。[⑦] 如

① 参见方军:《论构成应受行政处罚行为的主观要件》,载《中国法律评论》2020年第5期。

② 参见张春林:《主观过错在行政处罚中的地位研究——兼论行政处罚可接受性》,载《河北法学》2018年第5期。

③ 参见姬亚平、申泽宇:《行政处罚归责中的主观要件研究——兼谈〈行政处罚法〉的修改》,载《上海政法学院学报(法治论丛)》2020年第3期。

④ 参见李晴:《犯罪论体系对应受行政处罚行为的可参照性》,载《法学》2022年第4期。

⑤ 参见曹鎏:《论“基本法”定位下的我国〈行政处罚法〉修改——以2016年至2019年的行政处罚复议及应诉案件为视角》,载《政治与法律》2020年第6期。

⑥ 参见姬亚平、申泽宇:《行政处罚归责中的主观要件研究——兼谈〈行政处罚法〉的修改》,载《上海政法学院学报(法治论丛)》2020年第3期。

⑦ 参见杨利敏:《论我国行政处罚中的责任原则——兼论应受行政处罚的过失违法行为》,载《华东政法大学学报》2020年第2期。

对行政违法行为实施制裁,不应过多地注意行为人的主观过错。[①]“原则上行政机关在实施行政处罚时,并不需要特别顾及行政违法行为人主观过错是否存在以及存在的具体类型。只要违法主体实施了违法行为,那么有权行政机关就可以依照相应法律规范实施行政处罚。单行法特别指明某一违法行为是以故意或者过失为前提的,仅是实施行政处罚的一种例外情形。”[②]

行政处罚归责原则,专家学者多认可有“三种”说,但表述上并不一致。如行政处罚的归责原则有三种模式:主观责任原则、严格责任原则、过错推定原则。[③] 法学界对于行政处罚归责原则有“主观过错归责原则”说、“客观行为归责原则”说以及“主观归责为原则,客观归责为例外”说三种[④]。对于作出行政处罚是否要求行为人具有主观上的过错,在学理上存在三种不同的观点:客观归责论、过错推定论、主观归责论。[⑤] 有归纳认为,长期以来,理论界和实务界对当事人受行政处罚的责任条件大致有三种观点:一是过错责任原则,即“有过错才担责”。二是无过错责任原则,即“有行为即担责”。三是过错推定原则。[⑥]

需要注意的是,不少观点强调了主观过错在行政处罚的适用,如行政处罚适用与刑罚适用在对行为人主观过错的认定和举证责任上有重大区别。[⑦] 行政处罚中过错要件的适用,与民事责任和刑事责任

---

① 参见汪永清:《行政处罚与刑罚的适用范围和竞合问题》,载《政治与法律》1993年第2期。

② 方军:《论构成应受行政处罚行为的主观要件》,载《中国法律评论》2020年第5期。

③ 参见汪永清:《关于应受行政处罚行为的若干问题》,载《中外法学》1994年第2期。

④ 参见李孝猛:《主观过错与行政处罚归责原则:学说与实践》,载《华东政法大学学报》2007年第6期。

⑤ 参见成协中:《明确主观归责原则 提升行政处罚的法治维度》,载《中国司法》2021年第4期。

⑥ 参见张晓莹:《行政处罚的理论发展与实践进步——〈行政处罚法〉修改要点评析》,载《经贸法律评论》2021年第3期。

⑦ 参见姜明安:《行政违法行为与行政处罚》,载《中国法学》1992年第6期。

中的过错要件的适用是有区别的，不能简单地套用和沿用民事责任和刑事责任中的确定方式。[①] 相对人无故意和过失的行为不受处罚，应当首先成为我国行政处罚中的原则。[②] 责任主义也是现代行政法领域应该遵循的基本原理，处以行政罚的前提条件是行为人主观上必须存在过错[③]等。

（三）行政处罚归责原则的比较研究

从比较法上来看，行政处罚归责原则主要有三种模式：过错模式、过错推定模式、严格责任模式。[④] 也有将三种模式表述为过错责任原则、过错推定原则和严格责任原则的。[⑤] 有观点认为，把主观过错作为行政处罚的归责要件是域外行政处罚规定的共同做法。从域外相关规定看，《奥地利行政罚法》第 5 条，《德国违反秩序罚法》第 10 条、第 11 条以及我国台湾地区“行政罚法”第 7 条都明文规定将主观过错作为行政处罚归责要件。[⑥] 意大利 1981 年的 689 号法律中主要是第一部分的前 9 条内容规定了行政制裁，第 2 条规定受行政处罚者要有故意或者主观过错，该条规定实施行政处罚的责任原则。[⑦]《俄罗斯联邦行政违法法典》规定，构成行政违法行为，需要符合的要素包括行为的

① 参见江必新：《论应受行政处罚行为的构成要件》，载《法律适用》1996 年第 6 期。

② 参见杨利敏：《论我国行政处罚中的责任原则——兼论应受行政处罚的过失违法行为》，载《华东政法大学学报》2020 年第 2 期。

③ 参见张泽涛：《行政犯违法性认识错误不可避免的司法认定及其处理》，载《政法论坛》2022 年第 1 期。

④ 参见李洪雷：《论我国行政处罚制度的完善——兼评〈中华人民共和国行政处罚法（修订草案）〉》，载《法商研究》2020 年第 6 期。

⑤ 参见吴卫星：《我国环保立法行政罚款制度之发展与反思——以新〈固体废物污染环境防治法〉为例的分析》，载《法学评论》2021 年第 3 期。

⑥ 参见方军：《论构成应受行政处罚行为的主观要件》，载《中国法律评论》2020 年第 5 期。

⑦ 参见朱维究：《意大利的行政程序立法与行政处罚制度》，载《法学杂志》1994 年第 2 期。

主观方面要求存在过错,可能是故意,也可能是过失[①]等。

主观过错是否作为应受行政处罚行为成立的必备要件曾长期以来存在较大争议,不过从比较法视域来看答案应是肯定的。[②] 从主要法治发达国家经验来看,将行政违法行为从刑事制裁中独立出来并对行政处罚予以专门立法的国家,如奥地利、德国,都奉行主观归责原则。[③] 比较法上,大陆法系国家(地区)对于行政处罚的主观要件大都持肯定态度。[④] 也有不少国家和地区,经历了从无过错原则到过错原则的发展路径,过错推定原则实行举证责任倒置,较好地平衡了行政效率和当事人权利义务之间的关系。[⑤]

二、我国行政处罚主观过错的立法、执法与司法实践

(一)立法实践

行政处罚案件数量大、任务重、涉及面广,其中很多需要当场处罚和及时处罚,如果每件行政处罚案件都要求行政机关确认相对一方主观上是故意还是过失,不仅时间上不允许,而且取证和认定上也很困难,其结果必将使行政机关疲于奔命,行政效率无法提高。[⑥] 长久以来,基于行政管理具有范围广泛性、规则复杂性、违法主体一般性的特点,这些特点导致对行政违法行为以不考虑行为人的主观状态(故意

---

① 参见《俄罗斯联邦行政违法法典》,刘向文译,中国人民大学出版社2004年版,第5页。转引自周珩、龙长海:《当代俄罗斯法律制度概述》,当代世界出版社2021年版,第195页。

② 参见黄锫:《应受行政处罚行为成立要件的法理构造》,载《浙江学刊》2022年第2期。

③ 参见成协中:《明确主观归责原则 提升行政处罚的法治维度》,载《中国司法》2021年第4期。

④ 参见尹培培:《论新〈行政处罚法〉中的"主观过错"条款》,载《经贸法律评论》2021年第3期。

⑤ 参见袁雪石:《中华人民共和国行政处罚法释义》,中国法制出版社2021年版,第160页。

⑥ 参见袁曙宏:《论行政处罚的实施》,载《法学研究》1993年第4期。

与过失)为基本原则,除非法律另有规定。[①] 这种状况与长期以来行政法治建设不够成熟紧密相关,也与行政机关承担的繁重执法任务密不可分。[②]

我国行政立法在规定法律责任构成时采取了与刑事立法和民事立法不尽相同的模式,即以当事人的行为客观上是否违法为主要根据,而一般不以当事人主观上是否有过错为主要依据。[③] 截止到 1991 年年底,现行有效的 223 件具体规定了行政处罚法律、行政法规(不包括法规性文件)中,规定只要管理相对人实施了违法行为就要给予行政处罚的法律、法规占有处罚内容的行政法律规范的 80% 以上;管理相对人实施违法行为必须具备主观过错才能给予行政处罚的,只占有行政处罚内容的行政法律规范的 4.4%。[④] 在有行政处罚规定的 39 件法规(似为法律——笔者注)中,有 33 件规定只要行为违法,就可以予以行政处罚,占 84.6%;在 180 件规定行政处罚的行政法规中,有 149 件规定只要行为违法,就可以予以行政处罚,占 82.8%。[⑤] 对于应受行政处罚的行为,涉及行政处罚的现行法律、行政法规多未明确规定主观过错要件,涉及行政处罚并提及故意或过失的法律、行政法规分别只有 30 部和 27 部。[⑥] 就我国目前单行法的规定来看,多数都规定只要公民、法人与其他组织实施了违反行政法律规范的行为,就应该受到行政处罚,并未将主观过错明确规定为处罚的必备要件。[⑦]

---

① 参见孙百昌:《再论行政处罚适用"不问主观状态"原则》,载《工商行政管理》2006 年第 8 期。

② 参见程琥:《论行政处罚过错推定的司法审查》,载《行政法学研究》2022 年第 3 期。

③ 参见袁曙宏:《论行政处罚的实施》,载《法学研究》1993 年第 4 期。

④ 参见孙秋楠:《受行政处罚行为的构成要件》,载《中国法学》1992 年第 6 期。

⑤ 参见汪永清:《关于应受行政处罚行为的若干问题》,载《中外法学》1994 年第 2 期。

⑥ 参见张青波:《论应受行政处罚行为的主观要素》,载《法学》2020 年第 10 期。

⑦ 参见喻少如:《论单位违法责任的处罚模式及其〈行政处罚法〉的完善》,载《南京社会科学》2017 年第 4 期。

1996年《行政处罚法》颁布施行。《行政处罚法》原则上并无必要另外增加独立的主观要件,对于部分需要明确规定主观要件的违法行为,可以由单行立法予以明确规定。[①]《行政处罚法》确定的归责原则是无过错原则,个别单行法规定了过错原则。[②] 行政机关在给予行政处罚时长期奉行的是客观归责的立场,在实践中,如果没有特殊立法的规定,只要相对人在客观上具有违法行为,就应当承担相应的责任,不考虑当事人在主观方面是否具有故意或者过失。1996年《行政处罚法》中客观归责的理念在当时的背景之下具有一定的合理性。[③] 立法机构具体起草1996年《行政处罚法》有关人员撰写法条释义和立法背景介绍,尽管行政处罚法没有对应受行政处罚行为构成要件作出全面规定,但“由于行政违法行为在构成要件上与刑事犯罪有相似之处,有的只是违法严重程度的不同,因而在执法过程中对行政违法行为或者犯罪的准确认定是正确适用法律的关键。如何认定违法行为的性质,应当从违法行为的主客观要件以及行为主体侵犯的社会关系的具体情节方面,进行分析”;虽然客观上实施了违反行政管理秩序的行为;但是,如果在主观上不存在实施违法行为的故意或者过失,就不具备需要给予行政处罚的主观要件。[④]

(二)行政执法实践

尽管1996年《行政处罚法》未涉及主观过错问题,但也有观点认为,“我国行政处罚法也已经内含了主观归责原则,过错是行为人承担

① 参见马怀德:《〈行政处罚法〉修改中的几个争议问题》,载《华东政法大学学报》2020年第4期。

② 参见袁雪石:《中华人民共和国行政处罚法释义》,中国法制出版社2021年版,第29页。

③ 参见江必新主编:《行政处罚法条文精释与实例精解》,人民法院出版社2021年版,第190页。

④ 参见全国人大常委会法制工作委员会国家法、行政法室编著:《〈中华人民共和国行政处罚法〉讲话》,法律出版社1996年版,第90、101页。

行政责任的必要条件之一”[①]。实践中,有行政处罚实施主体在作出行政处罚时,已把主观过错作为重要考量因素,表现在违法事实认定、处罚情节认定或者处罚裁量适用等方面。如在中国证券监督管理机构对某些公司及相关人员进行行政处罚、青岛市物价局对某公司行政处罚、苍南县市场监督管理局对某公司行政处罚等案中,行政机关均对相对人的主观过错进行了评价。在杭州市工商行政管理局萧山分局对某公司行政处罚案中,行政处罚决定书载明,鉴于当事人未存在主观过错、销售数量小、违法行为轻微等情节,对当事人不予行政处罚。因此,从执法实践来看,即使在法律规定中并未提及主观因素、被解读为实行无过错责任的领域,行政机关在实施行政处罚时,也多将当事人的主观故意或过失情节作为裁量时的重要考量因素。[②]

除了行政处罚具体执法外,在2021年《行政处罚法》修订之前,也有部分行政机关在制定行政处罚相关制度规范过程中已对主观过错予以考量。如生态环境部《关于进一步规范适用环境行政处罚自由裁量权的指导意见》(环执法〔2019〕42号)规定,制定自由裁量规则和基准,应当综合考虑的因素中包括“违法行为当事人的主观过错程度”;市场监管总局《关于规范市场监督管理行政处罚裁量权的指导意见》(国市监法〔2019〕244号,已被国市监法规〔2022〕2号废止)规定,当事人有充分证据证明不存在主观故意或者重大过失的可以依法从轻或者减轻行政处罚;国家知识产权局《关于“故意侵犯知识产权”认定标准有关事宜的批复》(国知发保函字〔2021〕161号)规定,在知识产权惩罚性赔偿规定中,“故意”是知识产权惩罚性赔偿条款适用的主观要件,惩罚性赔偿作为对侵权人的加重处罚,对侵权行为的主观过错程度要求更高;《重庆市税务行政处罚裁量权基准制度(试行)》(国家税务总局重庆市税务局公告2018年第32号)第4条规定,行使税务行

① 姬亚平、申泽宇:《行政处罚归责中的主观要件研究——兼谈〈行政处罚法〉的修改》,载《上海政法学院学报(法治论丛)》2020年第3期。

② 参见张晓莹:《行政处罚的理论发展与实践进步——〈行政处罚法〉修改要点评析》,载《经贸法律评论》2021年第3期。

政处罚裁量权应当遵循合法、合理原则,依照法定权力、条件、范围、幅度和程序进行,综合考虑事实与情节,作出的行政处罚要与违法行为人的过错程度相当,与本地的经济社会发展水平相适应;《湖北省食品药品行政处罚自由裁量权适用规则》(鄂食药监文〔2016〕13 号)第 10 条规定,各级食品药品监督管理部门行使行政处罚自由裁量权时,应当兼顾合法性和合理性,并综合考虑违法行为的情形进行裁量,其第 2 项是"当事人的主观过错"等。

上述执法实践和制度规范的制定实施为行政处罚中考量主观过错的立法积累了可总结的经验,提供了可借鉴的范本。

(三)司法实践

有观点认为,在司法实践中就有法院以被告没有就处罚对象的主观过错进行调查为由,认为处罚决定证据明显不足,应予撤销。而且,司法实践中还有很多裁判要求行政机关对违法行为的处罚,应考虑当事人的主观过错,对此法院并未预设当事人不能证明其无过错的条件,也表明至少部分法院认为当事人主观过错应属于行政机关的查证范围。① 在某市工商局对某公司商标侵权行政处罚案②中,法院认为,工商行政机关在行使该自由裁量权时,应当根据《行政处罚法》第 4 条第 2 款确立的"过罚相当原则",综合考虑处罚相对人的主观过错程度、违法行为的情节、性质、后果及危害程度等因素,决定是否对相对人并处罚款。在某省工商行政管理局对某公司的行政处罚案③中,法院认为,"虽然商标侵权行为的认定不以侵权人存在主观过错为必要条件,但侵权人的主观过错程度是判断商标侵权行为性质和情节的重要因素"。"工商行政机关在对侵权行为进行查处时,应当注意对被控侵权行为人是否存在主观故意以及是否造成实际损害后果加以甄别,突出行政执法的重点是制止恶意侵权和重复侵权。而对于那些没有

① 参见张青波:《论应受行政处罚行为的主观要素》,载《法学》2020 年第 10 期。

② 参见江苏省高级人民法院行政判决书,(2011)苏知行终字第 0004 号。

③ 参见江苏省高级人民法院行政判决书,(2013)苏知行终字第 0004 号。

主观故意且未造成实际损害后果,责令停止侵权行为即足以保护商标专用权并恢复商标管理秩序的,可以在责令立即停止侵权行为的同时,明确告知行政相对人自行去除侵权标识,无须加处罚款、没收等行政处罚,以体现商标法的立法目的以及商标行政执法的谦抑与平衡。”2020年12月,广东东莞网约车司机为救婴儿连闯三红灯,交警大队通过认定事实取消了吊销驾照和罚款的处罚,不予处罚的依据在于,行政相对人目的在于及时救治乘客而非违反交通秩序,行政处罚通过考察主观过错对友善互助等核心价值观加以强调。[①] 上述案件影响较大,有的还是最高人民法院公报案例,体现了人民法院的司法审查标准和审判理念,对行政处罚工作具有重要的参考意义。

三、2021年《行政处罚法》规定的理解与适用

党的十八大以来,以习近平同志为核心的党中央推进全面依法治国,深化行政执法体制改革,建立权责统一、权威高效的行政执法体制;完善行政执法程序,坚持严格规范公正文明执法。为贯彻落实党中央重大改革决策部署,推进国家治理体系和治理能力现代化,加强法治政府建设,完善行政处罚制度,解决执法实践中遇到的突出问题,有必要修改行政处罚法。[②] 国务院《关于做好自由贸易试验区第六批改革试点经验复制推广工作的通知》(国函〔2020〕96号)提出:“对市场主体符合首次违法、非主观故意并及时纠正、违法行为轻微、没有造成危害后果的行政违法行为,制定并发布多个领域的包容免罚清单,明确免除罚款的行政处罚。在规定期限内,动态调整免罚清单。”行政处罚的归责理念从客观走向主观,能够更好地规范、控制行政权的运

---

① 参见江国华、孙中原:《行政处罚法律制度融贯社会主义核心价值观研究》,载《理论探索》2021年第5期。

② 参见许安标:《关于〈中华人民共和国行政处罚法(修订草案)〉的说明——2020年6月28日在第十三届全国人民代表大会常务委员会第二十次会议上》,载全国人民代表大会网2021年1月25日,http://www.npc.gov.cn/npc/c30834/202101/5936c4478a8b4d79a0edcdc589151a9b.shtml。

用,促使行政机关依法行使职权,防止行政权被滥用,最大限度地实现法律效果和社会效果的统一。行政处罚要贯彻教育与处罚相结合的原则,行为人实施行为时如果主观上并无过错,仅有客观的结果,对这些行为进行处罚,不能起到教育当事人的作用,也无法有效地体现预防和制止违法行为的社会效果。①

修订行政处罚法一个最重要的背景,就是要把党的十八大以来全面依法治国、深化行政执法领域改革的重要成果落实在法律中。这次修订有很多亮点,最大的亮点就是贯彻党中央重大改革决策部署,推动行政处罚制度进步。② 经过多年的执法实践,行政处罚的适用规则不断发展完善,在总结实践经验基础上,作出补充完善,2021年《行政处罚法》"增加规定当事人有证据证明没有主观过错的,不予行政处罚,法律、行政法规有特别规定的,依照其规定"③。引起专家学者热议。如在《行政处罚法》这一部法律中引入主观过错作为进行行政处罚的主观要件,具有里程碑意义。④ 2021年《行政处罚法》修改的一大亮点在于明确了行政处罚的主观归责原则,实现了行政处罚的责任主义。这一修改对于提升行政处罚的法治水平,实现宪法上的人权保障目标具有重要的制度意义。⑤ 2021年《行政处罚法》采纳了过错(推

---

① 参见江必新主编:《行政处罚法条文精释与实例精解》,人民法院出版社2021年版,第191、195页。

② 参见《全国人大常委会法工委、司法部相关负责人就新修订的行政处罚法答记者问》,载司法部网2021年1月22日,http://www.moj.gov.cn/pub/sfbgw/fzgz/fzgzxzzf/fzgzxzzfxtjd/202101/t20210122_349729.html。

③ 许安标:《关于〈中华人民共和国行政处罚法(修订草案)〉的说明——2020年6月28日在第十三届全国人民代表大会常务委员会第二十次会议上》,载全国人民代表大会网2021年1月25日,http://www.npc.gov.cn/npc/c30834/202101/5936c4478a8b4d79a0edcdc589151a9b.shtml。

④ 参见莫于川、哈书菊主编:《新〈行政处罚法〉适用办案手册》,中国法制出版社2022年版,第86页。

⑤ 参见成协中:《明确主观归责原则　提升行政处罚的法治维度》,载《中国司法》2021年第4期。

定)原则,兼顾了行政效率与行政相对人的行为自由保障。[①] 2021年修订的《行政处罚法》把主观过错作为行政处罚行为考量因素,这是行政法治建设的重要进步。[②] 作为行政处罚总则的《行政处罚法》将当事人的主观过错作为行政处罚要件加以强调,无疑是法治的进步,体现了"无过错不受惩罚"的法治精神[③]等。

(一)过错推定

有观点认为,过错推定应当表述为:只要行为人有违反法定义务的事实存在,处罚机关就可以推定义务违反者具有过错;只有在义务违反者证明其不具有过错的情况下,才能免除其法律责任。[④] 这次修订的法律采用的不是"过错原则",而是"推定过错原则"。"推定过错原则"意味着,只要当事人作出了违法行为,原则上可以推定当事人是有主观过错的。但如果当事人能够证明自己无过错,那么就不可处罚。[⑤] 2021年《行政处罚法》第33条第2款的规定延续了旧法关于行政处罚的过错推定原则。一般情况下,行政处罚采取过错推定原则,有违法行为发生,即推定违法行为人有主观过错,执法者无须另行证明。但是,当事人有证据足以证明没有主观过错的,可以不予行政处罚。证明没有主观过错,是不予行政处罚的免责事由。[⑥]

关于采用过错推定的理由,也有不同的解读。如因行政行为需要讲求效率,因此不能对主观过错的区分进行严格的要求,否则不利于

---

① 参见吴卫星:《我国环保立法行政罚款制度之发展与反思——以新〈固体废物污染环境防治法〉为例的分析》,载《法学评论》2021年第3期。

② 参见程琥:《论行政处罚过错推定的司法审查》,载《行政法学研究》2022年第3期。

③ 参见王敬文:《论受行政处罚当事人无过错之证明——由〈行政处罚法〉第33条第2款展开》,载《证据科学》2022年第2期。

④ 参见江必新:《论应受行政处罚行为的构成要件》,载《法律适用》1996年第6期。

⑤ 参见胡建淼:《行政处罚法通识十讲》,法律出版社2021年版,第39、137页。

⑥ 参见杨伟东主编:《中华人民共和国行政处罚法理解与适用》,中国法制出版社2021年版,第113页。

行政管理的高效性,也不利于行政目的的实现,所以必要的情况下采取过错推定的办法,并主张"过错责任应作为行政处罚的基本原则""过错推定原则只能适用于法律规定的特殊情形,作为过错责任的补充适用原则"。[①] "采用过错推定原则,是兼顾法理、立法初衷、执法实践、行政违法行为特点、新时代中国特色社会主义法治发展要求等多方因素作出的合理选择:一是符合公平正义原则。二是符合《行政处罚法》立法初衷。三是符合行政执法实践。四是符合不同违法行为特点。五是符合新时代中国特色社会主义法治发展的要求。"[②]引入主观过错要件,与《民法典》关于侵权责任、《刑法》关于犯罪的规定,保持了一致,明确了有错要罚、无错不罚、小错小罚、大错大罚。[③] 过错推定符合包容审慎监管理念,有利于执法机关集中优势执法资源,提升执法效果,集中突破执法重难领域。[④] 也有观点认为,这一规定很难直接推导出"行政处罚的主观过错归责原则已经在我国行政处罚法中确立",或者认为"主观过错是我国行政处罚的构成要件"。[⑤] 2021年修订的《行政处罚法》并没有彻底接纳责任主义。[⑥] 2021年《行政处罚法》尽管新增了主观过错条款,但并未因此改变其"客观归责"的立场。无论如何,它也反映出客观归责已经在一定程度上有所松动,而这一

---

① 参见姬亚平、申泽宇:《行政处罚归责中的主观要件研究——兼谈〈行政处罚法〉的修改》,载《上海政法学院学报(法治论丛)》2020年第3期。

② 张晓莹:《行政处罚的理论发展与实践进步——〈行政处罚法〉修改要点评析》,载《经贸法律评论》2021年第3期。

③ 参见袁雪石:《中华人民共和国行政处罚法释义》,中国法制出版社2021年版,第31页。

④ 参见王敬文:《论受行政处罚当事人无过错之证明——由〈行政处罚法〉第33条第2款展开》,载《证据科学》2022年第2期。

⑤ 参见金成波:《行政处罚中违法者主观认识论纲》,载《当代法学》2022年第4期。

⑥ 参见张学府:《责任主义视角下行政共同违法行为的处罚》,载《法学家》2022年第4期。

做法符合现代行政处罚理论的发展趋势[①]等。

（二）无主观过错的证明责任

王名扬先生认为，就举证责任的观点而言，推定是指根据成文法或案例法的规则，由某种事实的存在，而推定另外一种事实的存在。推定的法律效果是转移举证责任。[②]

有观点认为，新法规定与不少学者期待的完全的责任主义还存在一定的距离。其既未明确应受行政处罚行为人应当存在主观上的故意的一般要求，也未明确行政机关作为制裁机关的证明责任。[③] 德国和我国台湾地区均由行政机关承担证明违法行为人故意或过失的举证责任，并不加以区别。行为人的故意过失均应由行政机关举证证明。[④]

"采用过错推定制度，并不意味着从应受行政处罚的构成要件中取消过错要件，相反，正好说明过错是应受行政处罚行为必备条件。因为在过错推定的情况下，如果义务违反者确能证明自己没有过错，他将不承担行政处罚责任。"[⑤]行政处罚原则上实行过错推定，当事人有违法行为的，行政机关可以推定当事人有主观上的过错，没有必须主动查证当事人是否有主观过错的硬性规定。[⑥] 行政处罚原则上实行推定过错，当事人有违法行为的，行政机关可以推定当事人主观上至少有过失，不需要必须主动查明当事人有过失，这一点与刑法有较大差异。[⑦] 当事

---

① 参见尹培培：《论新〈行政处罚法〉中的"主观过错"条款》，载《经贸法律评论》2021年第3期。

② 参见王名扬：《王名扬全集－3－美国行政法》（上），北京大学出版社2016年版，第352～353页。

③ 参见成协中：《明确主观归责原则　提升行政处罚的法治维度》，载《中国司法》2021年第4期。

④ 参见张青波：《论应受行政处罚行为的主观要素》，载《法学》2020年第10期。

⑤ 江必新：《论应受行政处罚行为的构成要件》，载《法律适用》1996年第6期。

⑥ 参见许安标主编：《中华人民共和国行政处罚法释义》，中国民主法制出版社2021年版，第111页。

⑦ 参见黄海华：《新〈行政处罚法〉制度创新的理论解析》，载《行政法学研究》2021年第6期。

人有违法行为的,行政机关可以首先推定当事人有主观上的过错,而无须主动查证当事人的主观状态。只有在当事人拿出证据证明自身不存在主观过错的情况下,行政机关才附加了对证据的判断义务。①被我国论者称为"过错推定"的机制严格来说并非一种推定机制,而是法律对客观证明责任的直接分配,把"过错"要件存在与否的证明责任分配给相对人而不是行政机关。所谓"过错推定"并不是"客观归罚",它仍然认为行政处罚是需要相对人的过错的,只是过错存在与否的证明责任不在行政机关,而在于相对方。② 过错推定的特点在于举证责任的倒置,须由当事人而不是行政处罚机关为此举证。

(三)"足以证明"

《行政处罚法》修改草案中的"有证据证明",但最终版本增加了"足以证明"。该条还采纳了较为严格的证明标准,即当事人的证据必须"足以证明"其并无主观过错,以避免免责条款被滥用。③《知识产权海关保护条例》第13条第1款也规定了"足以证明",但《食品安全法》第136条、《产品质量法》第55条、《药品管理法实施条例》第75条、《医疗器械监督管理条例》第87条等规定的是"充分证据证明"。

"足以证明"的标准是什么,涉及证据的审查和运用问题,法律未规定。有观点认为,"足以证明"主要表现在以下两个方面:一是构成事实存在的要件齐全。二是据以认定主观过错的事实有相应的证据证明和支持。如果全案证据能够证明当事人尽到必要注意义务,那么可以据此判断当事人没有主观过错。否则,行政机关可以判断当事人没有尽到必要注意义务,其主观上存在过错。④

---

① 参见张晓莹:《行政处罚的理论发展与实践进步——〈行政处罚法〉修改要点评析》,载《经贸法律评论》2021年第3期。

② 参见杨利敏:《论我国行政处罚中的责任原则——兼论应受行政处罚的过失违法行为》,载《华东政法大学学报》2020年第2期。

③ 参见张晓莹:《行政处罚的理论发展与实践进步——〈行政处罚法〉修改要点评析》,载《经贸法律评论》2021年第3期。

④ 参见程琥:《论行政处罚过错推定的司法审查》,载《行政法学研究》2022年第3期。

在制度建设方面,有的地方已经将主观过错的认定细化了衡量标准。如《江苏省市场监管领域轻微违法行为不予处罚和从轻减轻处罚规定》(苏市监规〔2021〕6号)第10条第2款规定:"当事人是否存在主观过错,可以结合下列因素综合认定:(一)当事人对违法行为是否明知或者应知;(二)当事人是否有能力控制违法行为及其后果;(三)当事人是否履行了法定的生产经营责任;(四)当事人是否通过合法途径取得商品或者相关授权;(五)其他能够反映当事人主观状态的因素。"上述规定针对市场监管领域,但对其他领域行政执法人员理解和适用"主观过错"提供了借鉴。"法治所要求的并不是消除广泛的自由裁量权,而是法律应当能够控制它的行使。"①可以参考上述规定,同时结合证据规则进行审查和判断。

(四)主观过错阻却事由

在行政处罚领域,有观点认为,阻却事由是阻却已经该当构成要件的行为事实(形式违法)产生实质意义上违法性的特定理由,意指虽然行为人实施的行为事实完全符合法律规范中设定的禁止性行为模式,但是却因为缺乏实质意义上的社会危害性而不具有可谴责性,行为人因此也就不会受到相应的惩戒。② 有学者从比较研究的角度对《德国违反秩序罚法》《奥地利行政罚法》等关于行政处罚阻却事由进行研究,并提出了观点③。

在规章制度层面,阻却违法事由事实上已经开始出现。如《渔业港航监督行政处罚规定》(农业部令第34号)第5条规定,有下列行为之一的,可免予处罚,其第1项为"因不可抗力或以紧急避险为目的的行为"。《公安机关执行〈中华人民共和国治安管理处罚法〉有关问题

① [英]威廉·韦德:《行政法》,徐炳等译,中国大百科全书出版社1997年版,第64页。

② 参见黄锫:《应受行政处罚行为成立要件的法理构造》,载《浙江学刊》2022年第2期。

③ 参见熊樟林:《论行政处罚上的违法性阻却事由》,载《行政法学研究》2022年第4期;李晴:《犯罪论体系对应受行政处罚行为的可参照性》,载《法学》2022年第4期;等等。

的解释(二)》(公通字〔2007〕1号)第1条第1句规定:"为了免受正在进行的违反治安管理行为的侵害而采取的制止违法侵害行为,不属于违反治安管理行为。"《道路交通安全违法行为处理程序规定》(2020修正)第22条第3项规定,违法行为人或者机动车所有人、管理人提供证据证明机动车因救助危难或者紧急避险造成的违法行为,违法行为信息应当自核实之日起3日内予以消除。同样在司法实践中,人民法院有行政判决书[①]载明,"'紧急避险'和'不可抗力',一般也认为应当是行政处罚免除行政责任所应当考量的因素"。

我国的《行政处罚法》中并没有对违法阻却事由进行统一规定,借鉴大陆法系国家及我国台湾地区的制度及学理观点,常见的阻却违法事由包括正当防卫、紧急避险(难)、受害人同意、依法令行为、义务冲突等情形。[②] 从我国行政处罚实践来看,正当防卫行为、紧急避险行为、因行政机关或者行政机关工作人员的责任而实施的行为等,属于免除违法性行为,不予处罚。[③] 至于正当防卫、紧急避险,以及因意外事件、不可抗力引起的无过错行为,由于其本身是合法的,因此相对一方不必为其承担法律责任。[④] 也有观点则把正当防卫、紧急避险、依法实施的行为或者依据职务行为、自主行为等作为阻却违法事由。[⑤] "除了特别处罚规范所列的豁免事由,应受行政处罚行为的违法性阻却事由可包含不可抗力、正当防卫、紧急避险、自助行为、自救行为、受害人故意、受害人同意、法令行为、正当义务行为、治疗行为、行政许可和义务冲突等。"[⑥]建议在行政处罚过程中结合上述事由来综合考量主观

---

① 参见北京市西城区人民法院行政判决书,(2019)京0102行初277号。

② 参见黄锫:《应受行政处罚行为成立要件的法理构造》,载《浙江学刊》2022年第2期。

③ 参见汪永清:《关于应受行政处罚行为的若干问题》,载《中外法学》1994年第2期。

④ 参见袁曙宏:《论行政处罚的实施》,载《法学研究》1993年第4期。

⑤ 参见袁雪石:《中华人民共和国行政处罚法释义》,中国法制出版社2021年版,第34~38页。

⑥ 李晴:《犯罪论体系对应受行政处罚行为的可参照性》,载《法学》2022年第4期。

过错。

(五)海关法律规范中的主观过错

有许多法律用语如“伪造”“假冒”“走私”“殴打”等本身就包含着故意的因素,法律通常不以故意加以限定(如写成“故意伪造”“故意假冒”等)。[①] 海关适用的行政处罚法律、行政法规中,只有《食品安全法实施条例》有“故意”违法行为并予以追究法律责任的规定,有的法律、行政法规仅有“逃避”“明知”等不同表述,前者如《海关法》第82条、《海关行政处罚实施条例》第7条规定的“逃避海关监管”,《国境卫生检疫法》第20条规定的“逃避检疫”,《进出口商品检验法实施条例》第45条第1款规定的“逃避进出口商品检验”等;后者如《食品安全法》第122条第2款、第123条第2款,《海关行政处罚实施条例》第8条第1项等。

根据《海关法》《海关行政处罚实施条例》等规定,海关办理的行政处罚案件,按照违法行为的性质可以分为走私行为案件、违规案件。对于走私案件而言,当事人必须具备主观故意,这是界定走私行为性质必不可少的条件。《海关法》第82条、第84条,《海关行政处罚实施条例》第7条、第10条中的“逃避”“偷逃”“藏匿”“伪装”“瞒报”“伪报”“伪造”“变造”“通谋”等用语本身已经体现了当事人的主观故意。最高人民法院、最高人民检察院、海关总署《关于办理走私刑事案件适用法律若干问题的意见》(法〔2002〕139号)第5条对走私犯罪嫌疑人、被告人主观故意的认定、“明知”等作出了规定;最高人民检察院、公安部《关于公安机关管辖的刑事案件立案追诉标准的规定(三)》(公通字〔2012〕26号)第1条对走私、贩卖、运输毒品主观故意中的“明知”也作出规定。

具备主观故意是办理走私行为案件的基本要求,但长期以来对于违规行为,“海关无需区分行为是出于当事人的主观过错,还是基于客

---

① 参见江必新:《论应受行政处罚行为的构成要件》,载《法律适用》1996年第6期。

观原因”[①]。这与两类违法行为各自的违法性、对应主体的法律义务不同有关。机构改革后,出入境检验检疫行政处罚案件纳入违规案件范围。逃避检验、进出口商品检验的违法行为尚不构成犯罪的,按照违规行为定性处罚。因此,尽管有的法律、行政法规规定了“逃避”“明知”,但并不一律按照走私案件定性量罚。

《海关行政处罚实施条例》第52条规定:“对2个以上当事人共同实施的违法行为,应当区别情节及责任,分别给予处罚。”上述规定强调了共同实施违法行为,并未涉及共同主观过错问题。有观点认为,行政法上的连带责任的具体构成要件包括主观过错的共同性。让共同违法行为人承担行政处罚连带责任,不仅可使行政机关无须区分共同违法行为人各自的责任轻重,从而降低行政机关的举证责任和调查成本,而且可以确保处罚决定符合“过罚相当”原则,有利于处罚决定的执行。[②] 行政共同违法理论的构建需以责任主义为基础,行政机关只有考虑了相对人的主观过错,方能合法合理地处理共同违法案件。[③]参考上述观点,需要注意共同违法行为的主观过错认定问题,同时注意研判实践中可能存在有共同主观故意但并未共同实施违法行为等情形的处理问题。

习近平总书记在中央全面依法治国工作会议上讲话指出:“行政执法工作面广量大,一头连着政府,一头连着群众,直接关系群众对党和政府的信任、对法治的信心。要推进严格规范公正文明执法,提高司法公信力。”[④]2021年修订的《行政处罚法》,坚持问题导向,总结改革经验,进一步完善了行政处罚制度,为各级行政执法机关严格依法

---

① 万曙春:《海关法特殊规定实施的宪法指引》,载《法学》2016年第12期。

② 参见肖泽晟、黄丽华:《论行政法上的连带责任》,载《行政法学研究》2012年第1期。

③ 参见张学府:《责任主义视角下行政共同违法行为的处罚》,载《法学家》2022年第4期。

④ 习近平:《坚定不移走中国特色社会主义法治道路 为全面建设社会主义现代化国家提供有力法治保障》,载《求是》2021年第5期。

行政提供了充分的法律依据,也是对行政执法工作的更高要求。[①] 行政处罚是行政执法中的重要内容之一,要做好严格规范公正文明执法,实现法律效果、政治效果、社会效果的统一,需要全面系统了解行政处罚相关理论和实践,深刻领会法律规定,指导行政处罚实践,提升行政处罚能力。

Understanding and Application of " No Subjective Fault, No Punishment " in Administrative Penalties

CHEN Shuguo

[**Abstract**] There is a significant difference in opinions regarding whether subjective fault is a prerequisite for administrative penalties. The 1996 Administrative Penalty Law did not establish the position of subjective fault in administrative penalties. Article 33 (2) of the newly revised Administrative Penalty Law in 2021 stipulates that no punishment shall be imposed in the absence of subjective fault, which is considered a highlight of this revision and presents new requirements for customs administrative penalties. It is a new challenge for customs in administrative enforcement to accurately understand and correctly apply the principle of no punishment in the absence of subjective fault, so as to standardize administrative penalty work and enhance its quality and effectiveness.

[**Key words**] subjective fault; administrative penalties; understanding; application

---

① 参见《全国人大常委会法工委、司法部相关负责人就新修订的行政处罚法答记者问》,载司法部网 2021 年 1 月 22 日,http://www. moj. gov. cn/pub/sfbgw/fzgz/fzgzxzzf/fzgzxzzfxtjd/202101/t20210122_349729. html。

试论行政违法过错举证归责条款在我国行政处罚中的地位及适用建议

吴满平*

[摘　要]　不论是在行政处罚理论还是在行政处罚实践上，我国的行政处罚都是严格遵循过错责任原则。对于违法行为的构成要件，大家都主张违法行为主观要件上必须有过错。理论上的争论，主要还是集中在立法和实践中要不要考虑当事人的主观过错以及行政机关要不要承担当事人主观过错的举证责任。在行政处罚的立法中，我国目前很多的行政处罚条款都包含着当事人的主观过错的表述内容，有的单行立法，对当事人的主观故意有严格要求。在证据举证责任上，行政机关一直处于主导地位，负责全面公正地收集证据，包括当事人的主观过错方面的证据。所以，“过错推定”只是在有法律规定的情况下适用行政处罚的一种特殊情况，不应该作为行政处罚的一个原则。

[关键词]　海关；行政处罚；过错责任

2021 年修订的《行政处罚法》第 33 条第 2 款规定：“当事人有证据足以证明没有主观过错的，不予行政处罚。法律、行政法规另有规定

---

* 吴满平，横琴海关缉私分局法制科四级高级警长。

的，从其规定。”一般认为，该条款首次明确了我国行政处罚实行“无过错不处罚”的规定[1]，但由于该条款采取的是将主观过错的举证责任倒置给当事人，当事人拿不出充分证据证明自己没有主观过错时，仍然要承担处罚后果。所以，有学者认为我国行政处罚实行的是“过错推定”原则[2]。由于实行过错推定的规定无疑会增加行政机关简单粗暴的执法风险，明显不利于保护相对人的合法权益，该条款在行政处罚法修订草案的时候就曾引起了热烈的讨论。大多数学者从“法治政府”“人权保护”的角度表示了担忧。[3] 学者们的担忧不无道理。“过错推定”不仅与我国依法治国的精神不协调，而且不符合我国的行政处罚的实际情况。所以，希望有关部门认真研究并出台相关的立法解释，明确“过错推定”是行政处罚适用中的一种特殊情形，并对“过错推定”的具体情形予以明确规定，防止行政机关在行政处罚实施过程中简单粗暴执法，损害行政相对人的合法权益。

一、“无过错不处罚”是行政处罚的应有之义

在讨论违法行政责任的时候，我们必须明确，违法行政责任的理论来源于刑事责任理论，应该接受刑事犯罪责任理论指导。在大陆法系中，存在私法与公法的区分，相应地在责任理论上就有平等主体之间的民事责任和国家机关与管理相对人之间的违法责任之区别。从公私法的角度来看，行政责任和刑事责任在本质上没有区别，都是一种不平等主体之间的责任划分和追究方式。犯罪构成理论，就是一种典型的国家机关如何追究违法犯罪嫌疑人的刑事责任的理论，这种理

---

① 参见《法工委发言人：行政处罚法修订体现巩固行政执法领域重大改革成果》，载中国人大网 2021 年 1 月 19 日，http://www.npc.gov.cn/npc/c30834/202101/t20210119_309746.html。

② 参见张晓莹：《行政处罚的理论发展与实践进步——〈行政处罚法〉修改要点评析》，载《经贸法律评论》2021 年第 3 期。

③ 参见王贵松：《论行政处罚的责任主义》，载《政治与法律》2020 年第 6 期；熊樟林：《行政处罚责任主义立场证立》，载《比较法研究》2020 年第 3 期；张青波：《论应受行政处罚行为的主观要素》，载《法学》2020 年第 10 期。

论,既可以适用于刑事责任领域,也可以适用于行政违法责任领域。所以,在行政违法责任研究领域,根本不存在独立的行政违法构成理论,行政违法构成理论基本上都是从犯罪构成理论照搬过来的。与犯罪构成理论相对应,我国的违法行为构成理论也认为,违法行为包括主体、主观方面、客体、客观方面四要素。其中主观方面就包括当事人的主观过错等心理因素。① 所以,行政机关在实施行政处罚时,不可能不考虑当事人的主观过错。

为什么立法机关在修订《行政处罚法》的时候采取了“过错推定”的观点呢?笔者认为,这与一部分学者认为“从构成要件上说,行政处罚不应当过多强调主观要件”②的主张为立法机关所接受和立法机关选取的交通违法行为作为参照系有关。

关于“从构成要件上说,行政处罚不应当过多强调主观要件”的主张,其实是一种含糊不清观点,在理论上根本就没有多大的指导意义。这种观点实际上还是承认违法行为存在主观要件,但又说不应当过多强调主观要件。什么情况下属于“适当”,什么情况下属于“过多”,这真是一个说不清道不明的问题,用这种观点来指导立法,只会导致行政处罚的混乱。

在参与过《行政处罚法》修订的学者和立法工作人员的论证文章中,笔者发现他们都不约而同地引用了交通安全法的有关立法规定作为行政处罚适用“无过错责任”和“过错推定”的证据。③ 其实,交通安全法主要是规范机动车驾驶人员的行政违法行为和行政处罚责任的,它的归责基础建立在民法关于从事危险作业人员实行“无过错责任”的基础上,根本就不具有行政处罚归责上的普遍指导意义。在机动车肇事案件中,驾驶人员拿不出充分的证据证明损害结果是因为受害人

① 参见许崇德主编:《法学基础理论·宪法学》,法律出版社1998年版,第113页。

② 马怀德:《〈行政处罚法〉修改中的几个争议问题》,载《华东政法大学学报》2020年第4期。

③ 参见杨伟东主编:《中华人民共和国行政处罚法的理解与适用》,中国法制出版社2021年版,第113页。

故意造成的,驾驶人员就要承担损害赔偿责任。但这个“无过错责任”的原则仅仅适用于处理机动车驾驶人员和受害人之间的民事责任的划分上,不适用交通安全主管部门对机动车驾驶人员的行政责任的调查和追究。事实上,根据我国刑法和交通安全法的相关规定,交通安全部门要主动查明驾驶人员交通肇事违法行为,并要严格区分故意还是过失。一般的交通违法行为,如果是过失,属于交通违章,按照交通安全法承担民事和行政责任;如果主管部门查明交通事故属于驾驶人员故意为之(比如路怒行为或者蓄意撞伤或撞死仇家犯罪行为),就属于故意伤害他人身体或者故意损害财物的行为,情节严重的,构成犯罪;有些违章行为,比如酒后开车肇事的,即使是过失,也可能构成危险驾驶罪。所以,在查处交通肇事违法行为时,交通安全主管部门根本不可能适用“无过错责任”或者“过错推定”来办案。根据不同的交通肇事情形,执法人员必须全面客观公正地收集当事人的主观过错方面的证据,虽然在绝大部分的交通肇事案件中,驾驶人员的主观方面都表现为“过失”,但不等于承认“无过错归责”,更不可以将交通安全部门的举证责任倒置到驾驶人员身上实行“过错推定”,推定驾驶人员主观上都属于“过失”,这是很危险的理论。因为,在交通肇事案件中,一个无辜的人可能通过举证自己主观上无过错来自证清白,但一个通过驾驶机动车来故意损害财物或者杀人的犯罪分子则可能在交通安全主管部门的“过错推定”中逃避刑法的制裁。

二、在行政处罚中,实行“无罪推定”,严格限制“过错推定”具有重要意义

由于西方国家实行“三权分立”的原则,我国行政处罚中限制人身自由的人身罚和责令吊销营业执照、责令停产停业等财产罚的行政处罚在西方国家一般都是规定在刑事处罚中,由司法机关最终裁决。行政机关的行政处罚权力相对有限,一般仅限于罚款等财产罚。如果我们将我国行政机关的行政处罚活动与大陆法系的刑法中对“违警罪”的刑事责任的追究作为同一法律现象进行研究,根据“无罪推定”的原

则,在行政处罚中,行政机关和其他司法机关一样,承担着证明当事人主观过错的责任,不允许搞举证责任倒置的"过错推定"。

我国是实行人民代表大会制度的社会主义法治国家,根据法律规定,行政机关享有广泛的行政处罚权力。同时,我国社会主义法治的要求决定了行政机关在实施行政处罚中必须谨慎行使人民赋予的权力,坚持实事求是,不能简单粗暴地将主观过错的举证责任倒置给当事人。

我国《行政处罚法》第5条第2款规定:"设定和实施行政处罚必须以事实为依据,与违法行为的事实、性质、情节以及社会危害程度相当。"这里的"违法行为的事实、性质、情节以及社会危害程度"就包括综合考虑当事人的主观过错等心理因素。

我国《行政处罚法》第6条规定:"实施行政处罚,纠正违法行为,应当坚持处罚与教育相结合,教育公民、法人或者其他组织自觉守法。"如果行政机关不调查清楚当事人在违法行为时的心理因素,行政机关适用"过错推定",会导致粗暴野蛮的执法行为,对当事人的教育也无从谈起。所以,"过错推定"不可能成为行政处罚的适用原则。

我国《行政处罚法》第7条规定,公民、法人或者其他组织对行政机关所给予的行政处罚,享有陈述权、申辩权,这里的"陈述、申辩"就包括当事人对自己主观过错的"辩解"。为了确保当事人的陈述、申辩权得到保证,《行政处罚法》规定了行政机关在实施行政处罚中的责任:一是行政处罚前履行告知的责任。《行政处罚法》第44条规定:"行政机关在作出行政处罚决定之前,应当告知当事人拟作出的行政处罚内容及事实、理由、依据,并告知当事人依法享有的陈述、申辩、要求听证的权利。"二是行政调查过程中认真复核的责任。《行政处罚法》第45条第1款规定,"当事人有权进行陈述和申辩。行政机关必须充分听取当事人的意见,对当事人提出的事实、理由和证据,应当进行复核;当事人提出的事实、理由或者证据成立的,行政机关应当采纳"。所以,在行政案件调查中,听取当事人的陈述、辩解是行政机关的责任。我国《行政诉讼法》第34条规定:"被告对作出的行政行为负有举证责任,应当提供作出该行政行为的证据和所依据的规范性文件。被告不提供或者无正当理由逾期提供证据,视为没有相应证据。但是,被诉行政行为涉及第三人合法权益,第三人提供证据的除外。”如果行政机关没有听取当事人的陈述和辩解,就可能面临着行政败诉的风险。因此,行政处罚实施过程中,行政机关应当主动负责调查当事人主观过错的职责,承担举证不能败诉的风险。

三、现行海关行政处罚法律法规对于当事人主观过错的规定(以现行《海关行政处罚实施条例》为例)

我国现行的行政处罚法主要是指 1987 年 1 月 22 日通过,2021 年 4 月 29 日第六次修正的《海关法》和 2004 年 9 月 19 日公布、2022 年 3 月 29 日修订的《海关行政处罚实施条例》(以下简称《海关处罚条例》)。《海关处罚条例》是对《海关法》行政处罚条款的细化,所以,本文主要以《海关处罚条例》为例讲解海关行政处罚的主要规定。随着海关职能的整合和调整,海关的执法职能已经由原来的监管、征税、统计、缉私等四大传统职能扩大到进出境卫生检验检疫等新增加的职能,海关行政处罚的法律法规也更为广泛。[①] 但在现行《海关法》没有修改之前,本文还是主要围绕着现行《海关处罚条例》涉及的行政处罚的内容进行解读。

(一)大部分海关行政处罚条款都要求当事人主观上有过错,某些情况下,当事人的主观故意的内容直接决定了当事人是承担刑事责任还是行政责任

当事人的主观过错在海关行政处罚中占有重要地位。有专门研究海关行政处罚的专家学者甚至认为,在《海关处罚条例》中,要求当事人必须要有主观故意或者过失才能处罚的条款占了整个处罚条款

---

① 现行的海关行政处罚法律体系,还包括《进出口商品检验法实施条例》《国境卫生检疫法实施细则》《进出境动植物检疫法实施条例》《固体废物污染环境防治法》等单行法律法规。

的90.32%。[①] 在《海关处罚条例》中,一般都使用"逃避""藏匿""伪装""伪造""虚假""不真实""擅自"等词语对违法行为进行描述,表明对这类违规行为都有主观过错的要求。例如,《海关处罚条例》第24条规定,"伪造、变造""海关单证的""处5万元以上50万元以下罚款,有违法所得的,没收违法所得"。当事人存在"伪造""变造"的行为,其主观故意就已经很明显了。《海关处罚条例》第18条第1款第1项规定,"未经海关许可,擅自将海关监管货物开拆、提取、交付、发运、调换、改装、抵押、质押、留置、转让、更换标记、移作他用或者进行其他处置的",这里的"擅自"就需要海关通过收集当事人知道或者应当知道海关有关规定,但仍然违反有关规定的证据去证明;如果当事人根本不知道这些货物属于海关监管货物,就不能认定属于"擅自"行为,也不存在被海关处罚的问题。

在《海关处罚条例》中,不仅大部分行政处罚条款有主观过错的要求,而且当事人的主观故意的具体内容直接决定了违规和走私行为的区分,甚至还直接涉及追究行政责任还是刑事责任的问题。在海关行政处罚中,走私和违规是两个不同性质的违法行为。走私和违规行为都是违反海关监管规定的违法行为。当事人是否具有"逃税""逃证"的主观故意作为区分走私与违规行为的重要依据。走私违法行为除了客观上要求有违反海关监管的行为外,还要求"偷逃应纳税款、逃避国家有关进出境的禁止性或者限制性管理"("逃税""逃证")是走私分子故意为之,主动追求的结果,所以,在海关行政处罚案件中,办案人员不仅要查明违反海关监管的行为,还应当查明走私当事人的"逃税""逃证"的主观故意。如果海关没有查明当事人"逃证"或者"逃税"的主观故意,则只能按照违规案件处罚。[②] 根据刑法的相关规定,偷逃税额较大、走私数量较多或者一年内曾因走私被给予二次行政处

① 参见晏山嵘:《海关行政处罚实务指导》,中国法制出版社2011年版,第94~95页。

② 参见孟杨主编、海关总署政策法规司编:《〈中华人民共和国海关行政处罚实施条例〉释义》,中国海关出版社2007年版,第55页。

罚后再走私的,就构成了走私罪。而违规行为,不论情节轻重或者违规次数的多少,都只能给予行政处罚。例如,《海关处罚条例》第 19 条第 3 项规定,“个人运输、携带、邮寄超过规定数量但仍属自用的国家限制进出境物品进出境,未向海关申报但没有以藏匿、伪装等方式逃避海关监管的”,海关对当事人的不申报的行为作违规行为定性,处以物品价值 20% 以下的处罚,有违法所得的,没收违法所得。当事人以藏匿、伪装等方式不申报的,海关对当事人以藏匿、伪装等方式不申报的行为定性为走私,没收走私货物。情节严重的,则可能以走私罪移送司法机关追究当事人的刑事责任。

(二)在《海关处罚条例》中,存在过错推定的个别条款,但比例不大

根据海关法研究学者晏山嵘的统计,在《海关处罚条例》中,适用过错推定应受处罚的条款有 3 个,占整个处罚条款的 9.68%。[①] 笔者基本赞成晏山嵘关于过错推定在海关行政处罚适用中占少数情形的观点,但具体条文和统计数据上仍有保留。笔者认为,在海关行政处罚中,“推定过错”不是个别情况,具有一定的普遍性。一般是在以下两种情况下,海关行政执法人员适用“推定过错”:一是在行政处罚条款中,附带了“不能说明正当理由”构成要件。比如,《海关处罚条例》第 26 条第 2 项规定,“损坏或者丢失海关监管货物,不能提供正当理由的”,适用该条款进行行政处罚时,就需要海关不仅要收集海关监管货物已经损坏或者丢失的证据,而且还要求当事人对有关情况进行说明,只有当事人的辩解理由不成立时,才能实施行政处罚。这种情况,即属于海关适用“过错推定”的情形。二是在行政处罚条款中,需要引用其他规范条款作为违反要件的。这里的规范又分两种,一种是文件规范,另一种是行政命令规范。前者一般是在行政处罚条款中使用了“违反有关规定”等术语;后者一般都是使用了“未经许可”“未经同

---

① 参见晏山嵘:《海关行政处罚实务指导》,中国法制出版社 2011 年版,第 94 ~ 95 页。

意”“未经批准”等术语。在适用这类条款实施行政处罚时,一般都是要求调查人员在查明当事人违反了有关规定,或者“未经许可”“未经同意”“未经批准”的事实后,就可以实施行政处罚,因而也可以归为适用“过错推定”实施行政处罚。

(三)在《海关处罚条例》个别条款中,存在不区分当事人主观过错适用行政处罚的情况

在《海关处罚条例》的个别条文中,出于精简的需要,行政处罚法条对违法行为没有具体描述,仅仅是对结果进行了表述。例如,《海关处罚条例》第23条第2项规定,“遗失海关制发的监管单证、手册等凭证,妨碍海关监管的”行为,就是一种行为结果描述。“遗失”可能妨碍“海关监管”,但“遗失”行为本身不具备违法性,这里有可能是台风、海啸、火灾、地震甚至盗窃等意外事件导致的“遗失”,在这种情况下,海关执法人员就可能把“结果”当违法行为,适用举证倒置规则,武断推定当事人主观有过错。这种行政处罚条款本身就存在不是很科学合理的情况,属于立法上的纰漏和瑕疵。

四、对适用“过错推定”条款的几点建议

1. 尽快出台有关行政处罚的相关立法解释,在行政处罚中,明确规定“过错推定”只是一种特殊的规定,不是行政处罚的适用原则。建议立法补充规定:在行政处罚调查过程中,在行政机关充分保障了当事人的陈述和申辩权利的情况下,复议机关或者人民法院才能接受行政机关的“过错推定”的主张。

2. 抓紧清理目前的行政处罚条款,全面树立“无规范不处罚”的行政处罚原则。在当前行政管理中,比较突出的问题是,行政机关片面地考虑自己行政管理的便利性,对行政管理相对人动辄设定各种行政处罚,以罚代管的现象突出。在这种情况下,“过错推定”的适用有可能会导致行政机关滥用行政处罚权。所以,必须从立法源头上控制行政机关滥用行政处罚的冲动。建议立法机关加强对行政处罚条款的审查,全面树立“无规范不处罚”的行政处罚原则:要求行政机关在设

定行政处罚时,必须有明确的行政机关与当事人之间的权利义务的规范规定,并将此规范作为行政处罚设定的前置条款。在行政管理中,没有相应的行政管理规范,管理职责不清,行政管理程序不公开透明的,不得设定行政处罚。

3. 正确适用"首违不罚"条款,尽量在"首违不罚"的警示程序中向当事人释法,将当事人主观过错的证据通过"首违不罚"的调查程序予以固定。避免将"过错推定"推向"不教而诛"。

综上所述,行政处罚中,过错责任才是行政处罚的普遍原则,"过错推定"只是例外。个别行政处罚条款的设置确实存在没有考虑到当事人的主观过错就设定行政处罚的情况,反映了我国行政立法中行政机关处于主导强势地位,但不应由此认为行政处罚设定可以不考虑当事人的主观过错。对于行政立法上的纰漏,有关立法机关应当通过完善行政立法程序予以纠正。在行政处罚的实施中,个别调查人员不考虑当事人的主观过错滥用行政处罚,属于简单粗暴执法,不是行政处罚常态,不应得到理论上的支持和肯定。行政机关应该严格依照行政处罚法的相关规定,确保当事人充分享有陈述、申辩和听证的权利,在全面调查了解当事人的主观过错的前提下,严格公正执法,确保行政处罚的法律和社会效果的统一。

On the Status and Application Suggestions of the Burden of Proof Clause for Administrative Illegal Fault in Administrative Penalties in China

WU Manping

[**Abstract**] Whether in the theory or practice of administrative penalties, Chinese government agencies strictly adheres to the principle of fault liability. It is widely accepted that subjective fault is necessary for the constitutive elements of illegal acts. Theoretical debates primarily focus on whether the subjective fault of the principals involved should be considered in legislation and practice, and whether administrative authorities should bear the burden of proof for the subjective fault of the principals. Currently, many administrative penalty clauses in China's legislation explicitly include the expression of the subjective fault of the principals, with some legislation imposing strict requirements on their subjective intent. Administrative authorities, in terms of burden of proof, have always played a leading role in the comprehensive and impartial collection of evidence, including evidence related to the subjective fault of the principals. Therefore, the "presumption of fault" should be treated as a special provision applicable only under specific legal circumstances for the application of administrative penalties, rather than a general principle governing administrative penalties.

[**Key words**] customs; administrative penalty; liability of fault

海关监管秩序条款的适用及修改研究

蒋义庆*

［摘　要］　海关监管秩序条款在实践中主要存在特殊条款、兜底条款和普通条款三种运行模式，多种模式混杂势必会带来执法权力滥用、过罚不当及复议诉讼风险。回顾此条款历史演变进程，并运用立法技术分析工具，在立法语言、法条排序、价值取向等方面剖析原因，进一步厘清存在问题的根源，并在明确监管概念、优化条款定位、限定适用范围、调整处罚幅度等四个方面提出针对性的修改意见，着力完善和规制该条款适用，助力海关法治建设的进程。

［关键词］　海关法；行政处罚；监管秩序

《海关行政处罚实施条例》（以下简称《海关处罚条例》）自 2004 年颁布实施以来，对规范海关行政处罚行为，加大海关打击走私违法力度，完善海关行政处罚机制发挥了巨大的作用。但是囿于旧的行政处罚理论和立法技术的局限性，不可避免地出现个别条款不适应执法实践的情况，《海关处罚条例》第 15 条第 2 项条款（以下简称监管秩序条款）即为此例。随着《行政处罚法》的修改，以及《海关法》的修订启动，对该条款展开反思和调整就显得尤为必要。本文借此对该条款存在的弊端及相关原因进行分析，并结合执法实践的需要，提出调整的

* 蒋义庆，福州海关所属榕城海关驻福清办事处科长，公职律师。

具体建议。

一、监管秩序条款适用的基本情况

本文所指海关监管秩序条款,是指《海关处罚条例》第15条第2项之内容。《海关处罚条例》第15条第2项规定:“进出口货物的品名、税则号列、数量、规格、价格、贸易方式、原产地、启运地、运抵地、最终目的地或者其他应当申报的项目未申报或者申报不实的,分别依照下列规定予以处罚,有违法所得的,没收违法所得:……(二)影响海关监管秩序的,予以警告或者处1000元以上3万元以下罚款。”《海关处罚条例》第15条其他款项对申报不实影响海关统计、许可证管理、税款征收、外汇及出口退税管理等予以相应处罚。

对《海关处罚条例》第15条的历史发展进行考察可以发现,该条源于《海关法行政处罚实施细则》(1987年7月1日海关总署发布,1993年4月1日海关总署重新发布,2004年废止)规定的申报不实条款,该法第11条第5项规定:“有下列行为之一的,处货物、物品等值以下或者应缴税款两倍以下的罚款:……(五)进出境货物的品名、数量、规格、价格、原产国别、贸易方式、消费国别、贸易国别或者其他应当申报的项目申报不实的。”对比新旧规定可以看到,《海关处罚条例》对该条款进一步予以细化,根据申报不实行为带来的五种违法结果给予相应幅度的处罚,体现了立法更为精细化和科学化的进步过程。

但是恰恰也是该条的修改,给《海关处罚条例》留下了较大的争议,焦点之一就是此监管秩序条款。执法实践中对于何为“影响海关监管秩序”存在大量的模糊认识,由此导致对监管秩序条款的应用存在诸多争议之处,笔者尝试对实务中的操作模式做一粗略归纳,主要有以下三种。

(一)特殊条款模式

此模式下该条款适用受到严格限制,只在特殊情况下方可适用,具体以海关总署出台的单项指导文件为准,其余情况均不轻易适用。

目前总署明确发文适用该条款的有以下四种情形：

1. 海关总署《关于海关行政处罚若干执法问题的指导意见(二)》第2条规定，当事人从境外通过海关备案清单申报保税货物进入特殊监管区，或者从特殊监管区申报保税货物出境，备案的货物与实际货物不符，其行为属于申报不实影响海关监管秩序的行为，应当按照监管秩序条款定性处罚。

2. 海关总署《关于海关行政处罚若干执法问题的指导意见(四)》第5条规定，对于出口货物申报价格高于实际成交价格的行为，如果不涉及国家禁止或者限制性的出口管制、税款征收、出口退税以及国家外汇管理的，可以根据监管秩序条款，认定出口货物高报价格的行为构成影响海关监管秩序，并依法予以处罚。

3. 新冠疫情期间，海关总署缉私局发布出口防疫物资案件线索处置及办案操作指引(第一版)规定，自《关于进一步加强防疫物资出口质量监管的公告》发布之日起，对非医用口罩未如实申报的案件，不涉及质量问题的，原则上按《海关行政处罚实施条例》第15条第2项进行处罚。如有夹藏、伪报等情形的，依法从重处罚。

4. 海关总署《关于印发海关行政处罚若干执法问题意见的通知》第3条规定，出入境货物通关单是进出境检验检疫主管机关对特定进出口商品的检验结论，不属于《海关处罚条例》第64条规定的“许可证件”的范围。对当事人申报不实，影响海关对出入境货物通关单监管的违规案件，违法行为性质应当认定为影响海关监管秩序，根据《海关处罚条例》第15条第2项的规定予以定性处理(机构改革后，因执法主体合并，海关对该类违法情事适用检验检疫法律法规处置，此条已经不再适用)。

可以看出，海关总署上述文件针对的都是在行政处罚业务中，一些比较特殊的申报方式如进出特殊监管区域备案清单，或者涉及如新冠肺炎疫情此类突发事件时，并且在现有处罚条款中尚无更确切条款的情况下，作出了变通或者是延伸性的解释，总体持比较审慎的态度。

(二)兜底条款模式

此模式下该条款适用受到一定限制,能适用该条款的情形,除符合上述指导意见规定之情事外,还须将其与《海关处罚条例》第 15 条其他条款择优使用,类似于兜底条款的功能。具体而言,当进出口货物未申报或者申报不实的行为,既不影响国家许可证件管理,也不影响国家税款征收和国家外汇、出口退税管理,同时也不影响海关统计准确性,此种情况下当事人的行为,可以适用监管秩序条款予以处罚,即将监管秩序条款列为最后序列的选择项,需排除《海关处罚条例》第 15 条其他项后方可适用。①

(三)普通条款模式

此模式下该条款适用范围受限最小,实际上是将该条款视作一项单独条款,与《海关处罚条例》第 15 条其他条款平行适用。适用中不需要考虑与其他条款的优先顺序问题,而更多依赖于执法人员对法条的理解和确认。因此该模式下影响监管秩序适用面极广,使用起来较为灵活,理论上凡是海关监管中出现的申报不实行为,只要达到立案标准即可适用。实践中对于在查验现场查发频度较高的,形式多样的申报不实、夹带货物等案件经常适用,此类案件不可避免地会产生法条竞合情形。

二、监管秩序条款适用的困境

从上述分析中可以看出,对该条款的不同定位会带来不同的操作模式,认识的混乱必然对执法实践产生负面影响,主要在以下几个方面。

(一)类似于口袋罪的滥用风险

口袋罪是刑法上的概念,1979 年《刑法》颁行之后,人们针对刑法中部分内容庞杂、模糊的罪名提出了批评质疑,戏称"流氓罪是个筐,

---

① 参见孟杨主编、海关总署政策法规司编:《〈中华人民共和国海关行政处罚实施条例〉释义》,中国海关出版社 2007 年版,第 75 页。

什么都能往里装”,进而出现了口袋罪这一形象说法,并被学界普遍接受和采纳。[①] 关于1979年《刑法》中口袋罪罪名的范围,一般认为主要包括流氓罪、投机倒把罪和玩忽职守罪。[②] 后期陆续还有危害公共安全罪等,他们共有的特点就是内容太过于抽象而确定性不高,致使涵盖的违法行为过于宽泛。

可以看出,由于目前对于监管秩序条款的具体适用范围尚无明确规定,不管是视为兜底条款还是普通条款,该条款都存在口袋化的风险,有可能被滥用到仅有轻微违法,甚至是根本无须处罚的行为中。目前监管秩序条款主要应用在海关简易程序和快速办理案件程序中,为了满足快速结案加快通关速度的需要,通常是由查发案件的现场关员直接办理,相比一般程序行政处罚案件,业务现场人员的办案经验相对较少,且缺少了专职法制审核程序,更加剧了这种口袋化的风险。

(二)过罚不当的风险

与上文风险相伴随的,就是执法人员自由裁量空间过大,处罚不当畸轻畸重的风险。执法人员看待监管秩序条款的定位不同,适用相关条款的优先顺序当然不同,对于案件处理的结果也势必不同。以本条款与申报不实影响统计条款的交叉适用为例,可以从立案和处罚两个方面来分析:在立案标准上,影响统计要求货值50万元及以上,影响监管秩序只需要货值达到5万元,影响监管秩序的门槛明显更低;在处罚幅度上,影响统计是处以警告或1000元以上10,000元以下罚款,影响监管秩序是处以警告或1000元以上30,000元以下罚款,显然影响监管秩序明显更重。由此带来的悖论是,对涉案货值高于50万元的案件,通常按照兜底条款模式,依照影响统计立案并处以较低的罚款;而货值高于5万元低于50万元的案件,则因未达到影响统计的立案基准难以立案。但是办案人员基于完成案件指标等考虑,可能切

---

① 参见高铭暄、赵秉志编著:《新中国刑法学研究60年》,中国人民大学出版社2009年版,第175页。

② 参见赵长青:《略论刑法分则的立法改革》,载《中外法学》1997年第1期。

换到普通条款模式,转而按照影响监管秩序立案,并处以较高的罚款。同样的情形也可能发生在影响税款、许可证件等案件。由此可以看到,在不同的判定标准下,同样的案件可能受到不同的处罚结果,这是对过罚相当原则的背离。

(三)复议诉讼的风险

主要体现在执法不统一和执法依据不充分两个方面。由于各地海关对监管秩序条款把握尺度不一,势必造成执法不统一的情况,影响全国海关执法统一性和权威性。企业对同一违法情事可能受到不同的处罚,必然会引起对海关执法公平性的质疑,并引发相应的复议诉讼。即使是在特殊条款模式下,将适用范围压缩到最小。但是由于适用监管秩序条款的依据是总署的相关指导文件,从法律层级上分析,上述文件只是总署的内部意见,并未对外正式发布,难免有暗箱操作的嫌疑,其法律效力不免要大打折扣。企业如果就此类案件提起复议诉讼,海关在提供执法依据方面将处于较为被动的局面,面临较大的败诉风险。

三、监管秩序条款适用困境的原因分析

监管秩序条款之所以在适用中存在上述缺陷和不足,并不单是人员执法水平不一引发不同的理解和判断所致,而是其立法设计时的固有缺陷所引发,而执法人员在实践中力图务实地解读和适用条款,反而可能导致更大分歧和风险。要认真分析隐藏其中深层次的原因,可以从下述多个方面展开分析。

(一)立法语言不够准确是直接原因

立法语言是使用于法律、法规和规章文本中,传递立法意图和体现立法政策的信息载体。从规范化的视角观察,为实现立法权力、提高立法质量,对于法律形式用语的格调选择、次序的排列、字句的推敲等,皆应将“准确”与否作为判断的核心标准。[1] 对照上述标准,显然

① 参见朱涛、柴冬梅:《刍议立法语言的“准确性”元规则及其实现——基于规范化的分析视角》,载《河北法学》2016年第6期。

监管秩序条款的出台带有先天的不足,即海关监管秩序概念的抽象性和模糊性。

首先我们要从《海关处罚条例》本身开始考察,《海关处罚条例》的附则部分对许可证件、物品、货物价值等11项用语进行了详细的解释,但是未涉及监管秩序的相关含义,这或许意味着立法者当时认为这是一条含义明确的词语,并不需要另行解释。

很明显,我们需要继续溯源而上,来考察《海关法》是否有相关的概念解释。遗憾的是,《海关法》也未对此作出明确界定,但是却能从中看到大量关于海关监管的词汇。在无法直接对监管秩序整体概念获得答案的情况下,我们不妨调整思路化整为零,监管秩序其实可以理解为海关监管规定所构建的秩序,并且这种监管秩序应该是通过制定相应法律法规及规范性文件来确立的。由此我们要对海关监管的概念进行分析考察。

从语义上分析,监管应为监督管理的简称。按照《海关法》相关规定,海关作为国家负责进出关境的管理机关,肩负着依法监管进出境工具及货物、物品,征收关税等相关税费,侦办走私案件,编制海关统计项目等海关业务。而参照《海关法》释义对监管职能之论述,“监管进出境的运输工具、货物、行李物品、邮递物品和其他物品,是海关最基本的任务,其他任务都是由此派生而来”。① 因此海关监管应是涵盖海关法定职责范围内所有的管理行为。

我们需要思考的是,作为海关执法的根本大法,《海关法》中的监管概念当然可以做宏观理解,但是是否可以将此监管概念直接移植到《海关处罚条例》去实施呢?这种做法无疑值得商榷。毕竟《海关处罚条例》是一部作为操作层面的行政法规,相关概念不能过于宽泛抽象,更需要具有确定性和操作性。相比较而言,与监管秩序条款处于同一法条中的影响统计、征税、许可证管理等概念无疑更加明确,如《海关

---

① 参见卞耀武主编:《中华人民共和国海关法释义》,法律出版社2001年版,第51页。

统计条例》及相应配套的规范性文件中,均明确规定了统计范围、统计项目、统计定义等项目,并对报关单中具体哪些项目不列入统计都予以细化,操作起来极为清晰。涉及征税管理的更包含有行政法规类文件《进出口关税条例》,以及审价、归类、原产地等系列行政规章类文件,形成了层次清晰的规范性文件群,对税收管理的方方面面均作出了详细的规定,这对于在行政处罚中判定违法事实、界定违法性质都奠定了坚实的基础。对于海关监管而言,并无相关专门规定予以清晰界定,而是散见于各类不同层级、不同领域的执法领域,且相互之间欠缺逻辑上的衔接性和融洽性,立法语言上的模糊是导致监管秩序条款在适用时缺乏确定性和操作性的直接原因。

(二)立法条款排序不合理是间接原因

明显是受《海关法》第2条将监管与征税、缉私、统计四大职能并列设置,并导致海关监管经常被误认为是除征税、缉私、统计外之职能的影响,《海关处罚条例》第15条将申报不实影响的五种情况列为可处罚情形,分别为影响统计、监管秩序、许可证管理、税款征收、外汇及出口退税管理。根据上述条款排序观察,其凸显的立法原意应是将监管秩序作为一种独立形态,与其他四种情形并列的违法形态来考量。并且从影响统计和影响监管秩序的处罚幅度来考虑,将该条款放置于第2项,明显是有递进处罚的趋势。

但这种把影响监管秩序视为单独违法形态,放置于特定位置来使用的立法安排,无疑更进一步导致法律适用中的混乱,进而引发执法上的风险。正如上文所分析,监管职能是涵盖海关全部职能的,在监管秩序的概念并没有能够得到有效界定的情况下,自然会将监管秩序默认为所有海关监管规定所维护的法定秩序,而违反海关统计、税款征收、许可证管理等行为当然均同时触发监管秩序条款,那也就意味着几乎所有申报不实的案件,都必须考虑如何处理与监管秩序条款的吸收或交叉问题,即行政法律规范中的法条竞合情况。法条竞合是指一个行为同时符合数个法条的规定,但从数个法条之间的逻辑关系看,只能适用其中一个法条,排斥适用其他法条的情形。① 但问题是,法条竞合只能在处理某些特殊情况下使用,如果动辄需要动用该条款,是否更凸显其在立法时确实考虑不够细致周到。

也许是发现了上述立法中的缺陷,更有可能是为了解决执法实践中的问题,所以《海关处罚条例》释义中直接说明,申报不实的行为,在既不影响国家许可证件管理,也不影响国家税款征收和国家外汇、出口退税管理,同时也不影响海关统计准确性的,可以适用监管秩序条款给予处罚。实际上就是把该条款作为兜底条款来使用。可是兜底条款自有其合理的结构和位置,最高人民法院《关于审理行政案件适用法律规范问题的座谈会纪要》(法〔2004〕96 号)指出,"法律规范在列举其适用的典型事项后,又以'等'、'其他'等词语进行表述的,属于不完全列举的例示性规定"。从立法技术上看,这种例示性规定有两种类型:一是用连缀助词"等"表示,二是用代词"其他"表示,且通常是放置于条款的末项。因此监管秩序条款目前的位置、结构和科学的立法结构无疑存在一定的落差。

(三)立法价值取向偏差是深层次原因

长期以来,我们的行政立法工作是在计划经济体制下起步的,由于计划经济更注重对社会经济生活进行管理,形成政府行政本位的观念,忽视对行政相对人的权利保护。由此导致行政立法出于加强行政权力的需要,而不是出于对行政权力的限制,在行政管理中普遍存在"宁严勿松"的状况。

考虑到《海关处罚条例》修订是从 2001 年开始到 2004 年通过,那时以厦门远华、湛江走私案等为典型的重大案件殷鉴不远,全国范围内走私的形势还不容乐观,并且在加入世界贸易组织以后,走私违法行为日渐呈现多样化、智能化、隐蔽化的趋势,海关打击走私的压力也非常沉重。与此同时,当时整个社会的法治意识、法治水平还是处于较低的水平。因此立法者在当时的历史条件下,在从严从重打私的理

---

① 参见董鹤龄:《法条竞合适用的三个原则》,载《人民检察》2019 年第 4 期。

念指导下,明知监管秩序条款存在一定瑕疵,仍然不惜牺牲立法的严谨和实际适用中的精准,采用监管秩序条款,以期能在行政处罚中掌握主动,应对可能的各种违法情事。如今回头来看,此举恰恰忽视了对海关监管相对人合法权利的保护,以及由此带来的对执法公信力的伤害。

四、相关修改建议

(一)存废之议

基于监管秩序条款带来的上述困扰和风险,对于该条款的去留存在两种观点。一种观点认为既然存在诸多不便,出于防范风险、限制自由裁量权的需要,且在行政执法更加注重依法行政,行政管理大力推进"放管服"改革、强调"宽严相济"的大趋势下,索性废除该条款。另一种观点认为,海关行政管理事务涉及进出口管理的方方面面,海关监管对维护国家安全、维护口岸监管秩序至关重要,为有效保持国家进出口贸易秩序,仍然需要保留该处罚条款,但是需要进行更加科学合理的立法安排。综合而言,在目前海关行政执法实践中,尤其是在简易程序和快速办理案件的处置中,为有效平衡海关监管和服务,监管秩序条款的存在仍然有其必要性,但需放在相应的改革视野,并通过科学的立法路径加以改进。

(二)修改视野和路径

1. 衔接《海关法》修订。2021年,海关总署正式启动了《海关法》修订工作,组建工作专班和专业团队,集中开展海关法治工作的"一号工程"。此次修法将把海关近年来的各项改革,如"两步申报""两区优化""放管服"改革等成果以法律形式固化下来,为正在试点推进的改革预留制度空间,涉及海关工作的方方面面,将是继2000年《海关法》全面修订以来最重要的一次修订,其中秉持的立法理念和具体内容,无疑将对后续配套法规产生重要影响。

2. 对接海关机构改革。党的十九届三中全会审议通过了《中共中央关于深化党和国家机构改革的决定》和《深化党和国家机构改革方案》，明确“将国家质量监督检验检疫总局的出入境检验检疫管理职责和队伍划入海关总署”。关检机构改革启动后，海关监管职责在原有基础上增加了商品检验检疫、动植物检验检疫、口岸卫生检疫等监管职责，海关监管秩序涉及范围相应扩大，修订条款时需综合考虑上述变化，做好与原有相关法律法规衔接工作。

3. 关注行政处罚法修改。2021 年 7 月，修订的《行政处罚法》已开始实施，这次修订继续坚持依法规制行政处罚权的原则，不断推进严格规范公正执法，切实保障公民、法人合法权益，进一步强化处罚与教育相结合的原则，尤其是强调主观过错在处罚中的重要性，对首次违法行为附条件不予处罚等，并对行政处罚种类进行适当调整等，都将对今后行政处罚事项的立法提供良好示范作用。

4. 坚持过罚相当原则。根据行政处罚相关理论，行政行为人受到的处罚和其自身的过错必须是对应和平衡的，此即过罚相当原则，在 2021 年《行政处罚法》中已有明确规定。“过罚相当”原则是由刑事司法“罪罚相当”理论移植而来，它的价值内核实际上是追求公正的处罚结果，保障行政相对人的合法权益。此原则对立法者在设计处罚条款的精细度和层次性方面提出更高的要求，也对行政执法者具体实施处罚行为予以必要的规制。

（三）具体修订建议

1. 明确监管秩序的概念。概念明确统一，是立法必须遵循的首要逻辑原则。结合机构改革后海关相关法律法规修改的契机，对涉及海关监管的概念予以界定，进一步明确海关监管应涵盖海关税收征管、统计、缉私以及查验、通关、保税等其他日常行政管理，改变监管与统计、征税、缉私等并列而含义不清带来的困扰，同时可以酌情考虑将关检融合后原检验检疫相关管理职责纳入其中，以适应机构改革后海关监管的需求。在明确监管概念的基础上，对《海关处罚条例》中的监管秩序概念加以界定，可以通过在附则增加相关名词解释的方式进行，并通过增加定语的方式对条款予以弱化和限制，即将该条款的表述调整为“其他影响海关监管秩序的”，通过增加“其他”二字，与上述影响统计、征税、许可证管理等区别开来。

2. 优化监管秩序条款的排序。排列逻辑一致,就是要遵循立法技术中的排序规则,厘清排列事项的逻辑关系。法律规范内容的排列,从来不是随随便便的事。其基本的规则,就是逻辑一致。[①] 与上文调整相适应,可将监管秩序条款列为《海关处罚条例》第15条最后一项,作为其他明确列举款项的补充,即作为兜底条款使用。兜底条款作为立法中的一种技术性条款,系充分考虑到现实事务之无限纷繁复杂,而立法者思维的相对局限性,故创设此条款以弹性应对之。兜底条款能够确保法律条文的开放性,使海关监管保持灵活性,应对海关监管事务复杂多变带来的挑战。

3. 严格限定适用条件。兜底条款在带来灵活性的同时,必然带来自由裁量权过大的弊端,需要配套措施对该条款的适用加以严格限制,才能达到相对平衡的法律效果。建议吸收总结过往实践中的案例,根据不同时期海关执法的需要,采用海关公告的方式,公开对外发布相关行政解释,明确适用该条款的法定情形,其他情形一律不得适用该条款。这样既能统一全国海关的执法尺度,减少任意适用该条款的可能性,又能降低因内部指导文件导致的暗箱操作的嫌疑,以及随之而来的复议诉讼风险,营造公开透明的执法环境。

4. 适当调整处罚幅度。目前监管秩序条款的罚则涉及警告和罚款,略重于申报不实影响统计的处罚幅度。鉴于修改后条款的兜底性质,其适用范围具有不确定性,建议处罚幅度不应高于影响统计的幅度,有利于促进维护行政相对人的合法权益,落实过罚相当的原则要求,更好体现公平正义。同时可根据2021年修订的《行政处罚法》的规定,相应地增加处罚的种类,如增加通报批评、降低资质等级。

---

① 参见杨鹏:《立法技术的现状与愿景》,载《行政法学研究》2021年第3期。

Application and Modification of Clauses on the Order of Customs Control

JIANG Yiqing

[**Abstract**] The clauses on the order of customs control exist in three forms in practice, namely special provisions, fallback provisions, and general provisions. The mixture of these modes inevitably leads to abuses of law enforcement power, improper penalties, and risks in reconsideration and litigation. By reviewing the historical evolution of this clause and using legislative analysis tools to analyze the legislative language, the arrangement of provisions, and the value orientation, this paper further clarifies the root causes of the existing problems. It proposes targeted suggestions for modification in four aspects: clarifying the concept of supervision, optimizing the positioning of provisions, limiting the scope of application, and adjusting the extent of penalties, so as to improve and regulate the application of this clause, and contribute to the development of customs rule of law.

[**Key words**] Customs Law; administrative punishment; order of control

海关法评论(第12卷)

海关刑事法律问题

Customs Criminal Law Issues

“套代购”走私的认定和处理

——《关于办理利用海南离岛旅客免税购物政策走私刑事案件有关问题的指导意见》的理解和适用

陈　晖*

[**摘　要**]　“套代购”是逃避海关监管的走私行为。“套代购”走私具有代购主体特殊、是伪报贸易性质的通关走私行为、对象特定、是故意犯且具有特定目的等犯罪特征。“套代购”罪与非罪界限上要综合考虑犯罪情节，在共同犯罪的认定上应体现宽严相济的刑事政策，对“套代购”走私组织者从严，一般参与者从宽，刑罚上体现认罪认罚从宽处罚。

[**关键词**]　套代购；离岛免税；走私

自2011年4月，我国开始试行离岛旅客免税购物政策。2020年6月1日，中共中央、国务院印发《海南自由贸易港建设总体方案》，同年7月1日，财政部、海关总署、税务总局公告2020年第33号《关于海南离岛旅客免税购物政策的公告》施行，离岛旅客每年每人免税购物额度放宽为10万元人民币，不限次数，种类扩大到45种。新政策实施

---

*　陈晖，中国海关管理干部学院院长，上海市法学会海关法研究会会长，教授。

后,极大地激发了海南免税市场活力。据统计,2021年,海口海关共监管海南离岛免税购物金额495亿元,购物人数672万人次,购物件数7045万件,人均购物金额7368元,与上年相比分别增长80%、49.8%、107%、20.2%。与此同时,利用离岛免税政策走私行为也开始抬头,2022年上半年,全国海关缉私部门共立案侦办离岛免税“套代购”走私犯罪案件127起,案值2.9亿元,立案查办离岛免税“套代购”走私行为案件863起,案值0.6亿元。

为打击“套代购”走私,规范“套代购”走私案件的处理,2022年8月25日,最高人民法院、最高人民检察院、海关总署出台《关于办理利用海南离岛旅客免税购物政策走私刑事案件有关问题的指导意见》,对依法处理“套代购”走私,规范离岛旅客免税购物,提供了司法意见。

一、“套代购”是逃避海关监管的走私

“套代购”是逃避海关监管的走私行为。“套代购”行为包括“套购”行为和“代购”行为,“套购”行为是组织利用他人离岛免税购物资格和额度分散购买免税商品后再次销售牟利的行为,“代购”行为是旅客违反海关监管规定,以转售牟利为目的,利用自身免税额度购买免税商品后销售的行为,这两种行为都是逃避海关监管的走私行为,是利用了国家离岛免税政策,即对乘飞机、火车、轮船离岛旅客实行限值、限量、限品种免进口税购物的规定,逃避了海关监管,偷逃了应缴纳的关税、进口环节增值税和消费税,违反了《刑法》第153条规定,构成走私普通货物罪。

有观点认为,购买后的免税品已不属于海关监管货物,“套代购”行为没有逃避海关监管,也不会产生偷逃税款的法律后果,是错误的。[①]《海南自由贸易港法》第11条明确规定,国家建立健全全岛封关

---

① 参见孙国东:《离岛免税品“套代购”不等于走私》,载微信公众号“兰迪关税争议与进出口合规”2022年7月20日,https://mp.weixin.qq.com/s/yg_6S_2qY0dTbVZy7JHTTQ。

运作的海南自由贸易港海关监管特殊区域制度。《海南离岛旅客免税购物监管办法》也规定,海关对离岛旅客在海南省离岛免税商店选购免税品,在机场、火车站、港口码头指定区域提货,并一次性随身携带离岛监管。旅客在购物时必须已经购买离岛交通票,离开海南本岛但不离境时凭身份证件和机票才能在关口提货。因此,旅客购买离岛免税商品,在没有离岛前,都在海关监管下。行为人没有经过海关同意,改变商品的贸易性质,将海关监管下自用的免税商品进行二次销售牟利,其不仅逃避了海关监管,还偷逃了应缴纳的税款,是走私行为。

二、"套代购"的犯罪构成特征

1. 代购主体特殊

代购行为主体是离岛旅客,指年满16周岁,已购买离岛机票、火车票、船票,并持有效身份证件(国内旅客持居民身份证、港澳台旅客持旅行证件、国外旅客持护照),离开海南本岛但不离境的国内外旅客,包括海南省居民。根据《关于海南离岛旅客免税购物政策的公告》规定,只有符合前面描述条件的旅客才有资格享受离岛免税政策,且购买的免税商品只能自用,不能销售牟利,否则就构成走私普通货物罪。

2. "套代购"行为是伪报贸易性质的通关走私行为

走私行为按照行为方式的不同,区分为通关走私、绕关走私、后续走私和准走私。通关走私、绕关走私是典型的跨越关境、逃避海关监管的走私行为,后续走私是在海关后续监管中,也就是特定减免税和保税货物在海关放行以后,未经海关许可,擅自销售,逃避海关监管的走私行为,准走私是把走私的预备行为"没有合法证明"和走私后续行为"贩私"作为走私行为对待,以走私论处。

"套代购"不是走私的预备和后续行为,不是准走私,也不是后续走私,因为离岛免税商品不是特定减免税和保税货物,不存在逃避海关后续监管问题,更不是绕关走私,"套代购"没有绕过设立的海关,逃避海关监管。"套代购"是伪报贸易性质,将享受离岛免税的旅客自用免税商品改变成为应缴纳税款的一般贸易商品,或者说是将一般贸易商品伪报成离岛免税商品,逃避应缴税款,是伪报贸易性质的通关走私。

套购行为是组织犯,实质上是和代购行为组成共同犯罪。套购行为是组织利用他人离岛免税购物资格和额度,分散购买免税商品后再次销售牟利的行为,其行为主体可以不是享有离岛免税政策的国内外旅客,任何具有刑事责任能力的人都可以构成,是组织套购的行为人和具有离岛免税政策的代购人,共同利用离岛免税政策,将离岛免税商品进行二次销售,逃避海关监管,偷逃税款,是身份犯和非身份犯组成的共同犯罪。

代购行为是身份犯,也是实行犯。代购行为的主体是享有离岛免税资格的国内外旅客,因此是身份犯,非特定身份不能构成,其行为违反海关监管规定,以转售牟利为目的,利用自身免税额度购买免税商品后销售的,构成走私普通货物罪。实践中,存在三种代购行为,一是亲友代购,即由亲友本人购买离岛免税商品、再提货、离岛,行为人集中后销售牟利;二是游客代购,游客出售出借免税购买额度,行为人组织游客购买、提货、离岛,再集中后销售牟利;三是中介代购,即行为人以不等价格委托中介公司组织代购,中介公司负责全部流程,最后将免税商品集中交给行为人。前面两种是典型的代购行为,第三种实际上是套购行为。在和套购行为共同利用离岛免税政策的共同犯罪中,代购行为是实行犯,套购行为是组织犯。有观点认为购货提货的代购行为是预备行为,最多是帮助犯①,是错误的,其关键点是错误认为"套代购"是后续走私,不是通关走私。

明知且购买离岛免税走私商品的行为是贩私行为,是准走私。明知他人利用离岛免税政策走私免税商品仍直接向其收购,实际上是贩私行为,按照《刑法》第 155 条 1 项的规定,将这类行为界定为准走私,以走私普通货物罪定罪处罚。需要强调的是,这里是明知且是第一手买卖,如果明知但不是第一手买卖,应按照掩饰、隐瞒犯罪所得、犯罪收益罪定罪处罚。

---

① 参见刘荣:《离岛免税走私监管模式的检视与完善——基于〈海南自由贸易港法〉第 15 条的规定》,载《海南大学学报(人文社会科学版)》2021 年第 4 期。

对于与走私人通谋，明知他人从事利用海南离岛免税政策走私免税商品而提供资金、发票、账号、证明、单证或者协助其组织招揽享受离岛免税政策的旅客，提供核销、提取、运输、保管、邮寄或者其他便利条件的行为，司法意见没有作出规定，对于该类行为，《刑法》第156条有明文规定："与走私罪犯通谋，为其提供贷款、资金、帐号、发票、证明，或者为其提供运输、保管、邮寄或者其他方便的，以走私罪的共犯论处。"因此，司法实践中，可以直接根据《刑法》第25条、第156条的规定，按照走私共同犯罪认定和处理。

3. "套代购"对象特定

按照财政部、海关总署、税务总局公告2020年第33号《关于海南离岛旅客免税购物政策的公告》附件"离岛免税商品品种及每人每次购买数量范围"规定，离岛免税商品共45种，其中除化妆品每人每次限购数30件，手机4件，酒类合计不超过1500毫升外，其他种类，包括手表、香水、服装、穿戴设备等电子消费产品不限数量，"套代购"走私的对象限定在以上范围。

有观点认为，离岛免税商品是特定减免税货物，[①]这种观点是错误的。我国《海关法》第57条规定："特定地区、特定企业或者有特定用途的进出口货物，可以减征或者免征关税。特定减税或者免税的范围和办法由国务院规定。依照前款规定减征或者免征关税进口的货物，只能用于特定地区、特定企业或者特定用途，未经海关核准并补缴关税，不得移作他用。"因此，特定减免税货物主要是指经济特区等特定地区进口的货物、三资企业特定进口的货物以及作为特定用途的货物，离岛免税商品是应税普通商品，不是特定减免税货物，套代购是通关走私，不是未经海关许可擅自销售特定减免税货物的后续走私，适用《刑法》第153条规定，不能适用《刑法》第154条第2项的规定。值

① 参见孙国东：《离岛免税品"套代购"不等于走私》，载微信公众号"兰迪关税争议与进出口合规"2022年7月20日，https://mp.weixin.qq.com/s/yg_6S_2qY0dTbVZy7JHTTQ；刘荣：《离岛免税走私监管模式的检视与完善——基于〈海南自由贸易港法〉第15条的规定》，载《海南大学学报(人文社会科学版)》2021年第4期。

得注意的是,在裁判文书网上公布的海南省三亚市中级人民法院判决的8份离岛免税走私刑事判决书中①,2020年12月判决的6份判决书引用了《刑法》第154条第2项规定,2022年4月判决的2份判决书未引用《刑法》第154条第2项规定,1份广东省湛江市中级人民法院2022年1月离岛免税走私刑事判决书中,未引用《刑法》第154条第2项规定,这说明法院在审理中已经发现适用法条的错误,已经进行了纠正。

4."套代购"是故意犯,具有特定目的

"套代购"是故意犯,故意形成在"套代购"行为之前,套购行为人有预谋地组织代购行为人,前往免税店购买离岛免税商品,再组织提货离岛,集中后进行二次销售牟利,因此是事前故意犯。对于旅客在采购离岛免税商品离岛以后,产生事后故意,将免税商品销售牟利的行为,按照《关于办理利用海南离岛旅客免税购物政策走私刑事案件有关问题的指导意见》规定,"旅客违反海关监管规定,以转售牟利为目的,利用自身免税额度购买免税商品后销售的,系走私行为",明确要求事前故意,应不按走私处理。

"套代购"是否要求具有特定目的?我国刑法对走私罪一般没有规定特定目的,只要逃避海关监管故意即可构成,只有在走私淫秽物品罪和未经海关许可,偷逃应缴税款,擅自销售保税货物和特定减免税货物的后续走私中,要求以"牟利"为特定目的。此次司法意见规定十分明确,"套代购"走私构成走私普通货物罪要求"牟利"目的,其中套购走私要求"销售牟利",代购走私要求"转售牟利",实际上对走私普通货物罪中主观方面进行了限制性解释,即对于"套代购"走私,不仅要求有逃避海关监管的故意,而且要求具有"牟利"目的,没有"牟利"目的,不构成走私。因此,对于旅客不以牟利为目的,将免税商品馈赠亲友的行为,或受托代购免税商品的行为,不是走私。

---

① 中国裁判文书网,https://wenshu.court.gov.cn/website/wenshu/181217BMTKHNT2W0/index.html?pageId=597c3eba1f4a5f649f645b4d89db46ff&s21=离岛免税%20%20走私,最后访问日期:2022年11月11日。

三、"套代购"罪与非罪的界限

走私普通货物罪罪与非罪的界限,一是看偷逃税额,偷逃税额在10万元以上的构成犯罪;二是看偷逃次数,一年内曾因走私受过两次以上行政处罚,再次走私的,即使偷逃数额没有达到10万元以上,也构成犯罪。"套代购"走私罪与非罪的界限服从《刑法》第153条的规定,考虑到"套代购"走私,特别是利用离岛免税政策走私的很多都是国内外普通旅客,《关于办理利用海南离岛旅客免税购物政策走私刑事案件有关问题的指导意见》同时规定,应在查明偷逃应缴税额的基础上,综合考虑行为人在走私活动中的实际地位、作用、参与次数、涉案金额、获利情况等,确定是否追究刑事责任及罪责大小。

具体到代购走私,两种情形不作为犯罪,一是委托他人代购自用的,二是主动退缴违法所得的。前者不具有"牟利"的目的,后者主动退缴,表明认罪态度较好,社会危害性和人身危险性都较小,不以犯罪处理。

四、"套代购"共同犯罪主从犯的认定

区别于其他犯罪,通关走私犯罪由于涉及境内境外,犯罪的链条比较长,包括供货、运输、报关、通关、仓储、物流、销售等诸多环节,涵盖诸多犯罪参与者,在共同犯罪形态上具有其特殊性和复杂性。"套代购"走私行为链条较普通通关走私还要长,在走私前,套购者就组织订货、下单等行为,购货后,还必须有提货、离岛等行为才能最后完成,再集中销售。据统计,目前离岛免税走私的链条通常由商、订、招、购、提、离、运、集、储、销等10个环节组成,整个走私链条参与人,既包括线上、线下专门的招募平台、招募人员,也有专门承揽带货的"水客"组织,还有被招募的不确定的特殊带货群体。购货环节也进一步细化,既有专人负责线上下单,又有专人负责线下组织带领代购者到免税店购物,还有专人负责在免税店和机场现场物色离岛人员代购。按照共同犯罪的理论,以上这些人员都有"套代购"的故意,还有"套代购"的行为,构成"套代购"走私的共同犯罪,都应按照走私普通货物罪定罪

处罚,但这样处理涉及面大,司法效果不一定好。

“套代购”走私中,套购走私行为人一般都是组织者,在共同犯罪中起着主要作用,而代购走私行为人一般都是受组织者指挥,实行走私行为,尽管在共同犯罪中是实行犯,但一般处于次要地位。《关于办理利用海南离岛旅客免税购物政策走私刑事案件有关问题的指导意见》对此作了明确界定,对于走私离岛免税商品共同犯罪,应从犯意发起、实行行为的分工与完成、获利分配等方面综合考虑,区分主从犯。对于组织、策划、指挥者、为主出资者、主要获利者,应认定为主犯。对于为获取少量报酬或者仅领取工资,听从雇主指挥、安排实施特定环节行为的参与者,一般可以认定为从犯,依法从轻、减轻或者免除处罚。以上规定,充分体现了宽严相济的刑事政策,对“套代购”走私组织者从严,一般参与者从宽,也纠正了共同犯罪中实行犯都是主犯的观点,符合司法实际。

五、“套代购”认罪认罚与从宽处理

2018年我国《刑事诉讼法》修改规定了认罪认罚从宽处罚制度,2019年《关于适用认罪认罚从宽制度的指导意见》进一步规范了认罪认罚制度的适用。认罪认罚从宽处罚制度在走私犯罪案件处理中得到了充分体现,对于利用离岛免税政策的“套代购”走私,依据宽严相济刑事政策,区分情形适用认罪认罚从宽制度,可以很好达到分化犯罪、预防犯罪的目的。因此意见专门规定,实施走私离岛免税商品犯罪,认罪认罚,主动退缴违法所得、预缴罚金的,一般应当从宽处理。从中国裁判文书网上公布的利用离岛免税政策走私9份刑事判决书来看,认罪认罚从宽处罚制度在实践中得到了充分运用,7件案件都判处3年以下有期徒刑,且都是缓刑,2件判处免予刑事处罚。[①]

---

① 中国裁判文书网,https://wenshu.court.gov.cn/website/wenshu/181217BMTKHNT2W0/index.html? pageId=597c3eba1f4a5f649f645b4d89db46ff&s21=离岛免税%20%20走私,最后访问日期:2022年11月11日。

Identification and Handling of the Smuggling by "Purchasing in others' Name or on Others' Behalf": Understanding and Application of the Guiding Opinions on Dealing with Criminal Cases of Smuggling by Using Duty-Free Shopping Policy for Tourists Leaving the Hainan Island

CHEN Hui

[**Abstract**] "Purchasing in others' name or on others' behalf" refers to the smuggling activities that evade customs control. The smuggling by "purchasing in others' name or on others' behalf" involves unique purchasing agents and falsely declared customs procedure with specific objects, and intentional and specific criminal purposes. When determining the boundary between offense and non-offense of such purchasing, the criminal circumstances should be comprehensively considered, and the recognition of joint criminal activities should reflect the criminal policy that balances severity and leniency. Organizers of smuggling by such purchasing should be punished strictly, while those participants should be treated leniently, and the punishment should reflect leniency for those who plead guilty and accept punishment.

[**Key words**] "purchasing in others' name or on others' behalf"; duty-free shopping policy for tourists leaving the Hainan Island; smuggling

走私犯罪对象认识问题研究

曹芬芳　宋　典*

[摘　要]　行为人对走私对象的认识情况可以简单分为认识明确、认识模糊、认识错误、没有认识等,对走私对象认识明确的直接按照实际走私对象处理,没有认识的不构成犯罪。行为人对走私对象认识模糊的,必须坚持在主客观一致的前提下,按照实际走私对象进行处理。行为人对走私对象发生认识错误时,行为人主观认识的事实和客观发生的事实属于同一犯罪构成要件的,按照实际走私的对象进行定罪处罚;行为人主观认识的事实和客观发生的事实超出同一犯罪构成要件的,应当在构成要件重合的范围内进行定罪处罚。

[关键词]　对象认识模糊;对象认识错误;具体的事实认识错误;抽象的事实认识错误

认识问题是当代刑法理论的重点研究对象,既是重点亦是难点。在走私犯罪中,行为人对走私对象认识模糊或者认识错误的情形时有发生,虽然指导性文件中有明确规定,但该规定的理解与适用引发一定争议,司法实践也往往难以统一。走私犯罪作为典型的"法定犯",罪名构成具有特殊性,因此有必要在走私犯罪的框架下,厘清行为人对走私对象不同认识的界定和法律适用,在一定程度上破解司法实务

* 曹芬芳,上海市第三中级人民法院刑事审判庭副庭长;宋典,上海市第三中级人民法院刑事审判庭法官助理。

难题。

一、问题的提出

在走私犯罪中,针对走私对象认识问题的规定不多,主要是最高人民法院、最高人民检察院、海关总署《关于办理走私刑事案件适用法律若干问题的意见》(以下简称《走私意见》)第6条,[①]明确了行为人对走私对象认识不明确时的处理原则,但该规定的理解与适用在实践中引发较大争议。《走私意见》第6条的第一句话,规定了行为人对走私对象认识模糊时应如何进行法律适用,主要有两种不同理解。一种观点认为,当行为人具有走私故意时,无论实际走私的对象是普通货物、禁限类货物还是特定货物,均可以按照实际走私对象对行为人定罪处罚。该观点认为,当行为人具有走私故意并且实施走私行为时,走私的对象无论是什么,均可以推定符合行为人的主观意愿,因此,应当一律按照实际走私对象进行处罚。另一种观点认为,走私罪与其他罪名相比具有特殊性,系根据走私对象的不同设置不同的罪名,例如走私白糖、石油等构成走私普通货物、物品罪,走私疫区冻品等构成走私国家禁止进出口的货物罪,走私毒品构成走私毒品罪。在走私罪中,走私不同货物侵害不同法益,犯罪认定必须符合具体罪名的犯罪构成,不能笼统地说,走私什么就构成什么罪名。行为人对走私对象认识不明确,亦只能在行为人主客观一致的范围内,按照实际走私对象进行处罚。

《走私意见》第6条的但书规定,明确了行为人对走私对象发生认识错误时应如何进行法律适用,依然引发争议。一种观点认为,对第6条但书规定的理解应与第6条第一句相衔接,当行为人发生认识错误时,一律按照实际走私对象处理。即使行为人意图走私普通货物、物

---

① 走私犯罪嫌疑人主观上具有走私犯罪故意,但对其走私的具体对象不明确的,不影响走私犯罪构成,应当根据实际的走私对象定罪处罚。但是,确有证据证明行为人因受蒙骗而对走私对象发生认识错误的,可以从轻处罚。

品,但实际上走私的是贵重金属或毒品,仍然按照实际走私对象处罚。[①] 另一种观点认为,认识错误理论的主要作用是分析行为人的认识错误是否阻却行为人的主观故意,如果阻却,则行为人不构成犯罪;如果没有阻却,则按照相关理论进行处罚即可。该规定仅仅涉及行为人因受蒙骗而对走私对象发生认识错误时的量刑问题,不涉及定罪问题,一律按照实际走私对象进行处罚与认识错误理论有出入。《走私意见》第6条的规定,从体系上来说,两句话的衔接度不够;从内容上来说,有混同认识模糊和认识错误的倾向。要解决该规定引发的争议,必须明确认识的分类,针对走私犯罪中的对象认识问题进行研究。

二、走私犯罪对象认识情形的界定

(一)认识明确的界定及法律适用

故意是一种责任形式,包含认识因素和意志因素。走私罪的认定必须以行为人具有走私故意为前提,明知是判断故意犯罪的基础。在走私犯罪中,主观明知应从行为人是否认识到其所实施的行为与货物、物品的进出境有关,有无违反海关监管规定等行为方式和走私对象是何种货物、物品两方面进行审查,例如走私普通货物要求"明知"所进出口的是应如实缴纳税款的货物,走私珍贵动物制品、走私假币等特定走私罪名,需要"明知"特定的走私对象。[②] 行为人对事物的认识,主要可以分为明确的认识、模糊的认识、错误的认识、没有认识等四类。如果行为人对走私行为和走私对象没有认识,则不可能构成犯

---

① 司法实践中有类似案例,例如福建省高级人民法院(2018)闽刑终183号蒋某胜等人走私珍贵动物案,该案判决书中提道:"关于上诉人蒋某胜提出没有走私珍贵动物的主观故意的上诉理由。经查,蒋某胜明知他人从事走私活动仍接受他人的雇佣,未经海关同意,驾船到非设关的厦门市翔安区海蛎地附近的厦金海域,采用海上接驳方式为他人提供运输方便,对行为的违法性是明知的,主观上有走私的犯罪故意。虽然有证据表明其对走私物品是珍贵动物并不知情,受蒙骗而对走私对象发生认识错误,但不影响走私犯罪构成,应当根据实际的走私对象定罪处罚。""蒋某胜主观上受蒙骗对走私对象发生认识错误,可以从轻处罚。"

② 参见司西霞:《走私犯罪"明知"的解析》,载《中国检察官》2022年第2期。

罪,没有必要展开讨论。明确的认识,是指行为人对走私对象的认识是明确的,清楚地知道走私对象的内容。例如,青岛某捷公司走私案,青岛某捷公司受外商委托代理进口化妆品、针剂等,公司实际负责人明知化妆品系普通货物,肉毒毒素及其制剂系国家禁止进出口的货物,仍然采用伪报品名的方式进行虚假申报,应以走私普通货物罪和走私国家禁止进出口的货物罪对被告单位、被告人进行数罪并罚。[①]该案中,被告单位和被告人对于走私的全部对象是明知的,系确定的故意,在主客观一致的范围内定罪处罚即可,无须以《走私意见》第6条作为定罪依据。

(二)认识模糊的界定及法律适用

对走私对象的模糊认识,是指行为人参与走私,对危害结果的发生是希望或者放任的心态,但是对于走私对象的具体内容具有模糊或者不确定的认识。《刑法》对走私对象的分类主要有普通货物、禁止和限制类货物以及特定货物,行为人参与走私,对走私对象认识模糊有两种情形,一种是不关心实际走私的对象是什么,对全部走私对象具有容忍态度,无论走私什么都不违背其主观意志,这种情形在司法实践中比较少见。另一种是行为人具有走私某一类或某几类货物的故意,该种类下哪种货物都可以。例如,行为人为获取巨额报酬参与绕关走私,对于走私的内容是普通货物还是禁限类货物在所不问,可以认定行为人具有概括故意,无论走私的是白糖、成品油还是来自疫区的冻品,都可以根据实际走私对象定罪处罚。

《走私意见》第6条第1句规定,应当在主客观一致原则的指引下进行法律适用,采纳第二种观点。第一种观点表面上遵从了相关规定,但实际上违背了主客观一致原则。无论是四要件犯罪构成理论还是三阶层犯罪构成理论,都赞同只有在主客观一致的范围内才能够对行为人进行定罪处罚。有观点认为,最高人民法院、最高人民检察院《关于办理走私刑事案件适用法律若干问题的解释》(以下简称《走私

---

① 参见上海市第三中级人民法院刑事判决书,(2021)沪03刑初46号。

解释》)第22条,[①]与《走私意见》第6条的规定精神上是一脉相承的。其实,《走私解释》第22条的规定,并未违反主客观一致原则,"藏匿"一词系动词,行为人实施藏匿的行为,说明行为人主观上是明知的,根据实际走私的货物、物品定罪处罚是适当的。行为人不具有走私的概括故意,对走私货物中藏匿的其他货物确实不明知的,不因藏匿的货物而受处罚。[②] 而且,如果按照第一种观点,默认行为人对所有的走私对象都具有容忍态度,无论行为人走私什么都可以按照实际走私对象进行处罚,则不可能存在认识错误的问题。第二种观点更符合刑法理论和司法实践,在行为人主客观一致的范围内按照实际走私对象进行定罪处罚。

(三)认识错误的界定与分类

讨论认识错误,必须明确讨论认识错误的范畴和意义,一般认为,当行为人发生认识错误时,这种认识错误可能导致阻却犯罪故意时才有讨论的必要性。认识错误并非指行为人的认识上有错误,而是行为人的认识与实际发生的不一致,这种不一致有可能阻却犯罪故意的成立。行为人对走私线路的认识有偏差,例如认为停泊的港口在上海,其实是在宁波,或者对货物接驳地的经纬度认识有误差,这些不属于刑法意义上的认识错误。认识模糊是对走私内容具有认识的可能性,认识错误是对走私内容没有认识的可能性,当行为人发生认识错误时,影响的是行为人的罪与非罪、此罪与彼罪,二者不能混同。认识模糊在故意中,体现为概括故意,走私犯罪中概括故意与认识错误的区分,可以从货物的自然属性,行为人的分工、角色、获利情况以及是否履行必要的核实义务,结合行为方式等进行判断。[③]

---

① 在走私的货物、物品中藏匿《刑法》第151条、第152条、第347条、第350条规定的货物、物品,构成犯罪的,以实际走私的货物、物品定罪处罚;构成数罪的,实行数罪并罚。

② 司法实务坚持这一观点,例如上海市人民检察院第一分院诉应志敏、陆毅走私废物、走私普通货物案,载《最高人民法院公报》2014年第5期。

③ 参见陈鹿林:《走私犯罪对象认识错误的定性与处理》,载《中国检察官》2022年第12期。

"对象错误是指对行为客体的认识错误"[①],是在事实认识错误范畴内,例如行为人误把甲对象当作乙对象进行侵害,如果甲对象与乙对象体现相同的法益,则行为人的认识内容与客观事实属于同一犯罪构成,此时属于具体的事实认识错误;如果甲对象与乙对象体现不同的法益,属于不同的犯罪构成,那么此时属于抽象的事实认识错误。对象认识错误的理论争议较大,也是对象认识问题中的重点,接下来将从同一犯罪构成和不同犯罪构成两个方面进行讨论。

三、同一犯罪构成的对象认识错误及法律适用

(一)理论之争

具体事实认识错误中的对象错误,即行为人对走私对象的品名、数量等认识错误。例如行为人以为自己走私的是威士忌等洋酒,实际是饮料,或者行为人以为自己参与走私的是电脑显示屏,实际上还有手机配件,这些情况都属于具体的事实认识错误。针对具体的事实认识错误,理论上主要有"具体符合说"和"法定符合说"两种观点。早期的"具体符合说"认为,如果行为人主观上认为的事实与客观发生的事实没有形成具体、一一对应的关系,那么行为人对实际发生的事实就不承担故意责任。该学说完全站在客观事实的角度考虑,忽略了刑法意义上的事实并非自然事实。演变后的"具体符合说"摒弃了完全根据客观事实认定行为人是否成立故意犯罪的倾向,而是要求行为人认识的事实与实际发生的事实具体地相一致,也就是说在法律评价体系内确定一致时,行为人成立故意的既遂犯。[②]"法定符合说"认为,行为人认识的事实与实际发生的事实只要在犯罪构成范围内是一致的,就成立故意的既遂犯。[③]"具体符合说"的特色是将行为所侵害的对象具体化为"那个人"或者"那个财物","法定符合说"的逻辑在于

---

① 周光权:《刑法总论》,中国人民大学出版社2021年版,第175页。

② 参见叶琦:《论共同犯罪中的认识错误》,上海人民出版社2020年版,第31~32页。

③ 参见张明楷:《刑法学》,法律出版社2016年版,第269页。

将故意的概念抽象到法定的构成要件层面,不需要具体到某个人或物。[1]

(二)法律适用

按照“具体符合说”,电脑显示屏和手机配件属于同一类财物,虽然行为人认识错误,没有认识到自己客观上实施了走私手机配件的行为,但在具体的事实层面上主客观一致,法律对电脑显示屏和手机配件的评价是一致的,都是普通货物,因此,行为人的行为构成走私普通货物罪。按照“法定符合说”,行为人主观上具有走私普通货物的故意,客观上实施了走私普通货物的行为,在走私普通货物范围内主客观一致,符合走私普通货物罪的犯罪构成,因此应以走私普通货物罪追究行为人的责任。可以发现,针对具体事实认识错误中的对象错误,无论是按照“具体符合说”还是“法定符合说”,得出的结论都是按照实际走私对象进行处理。有学者认为,发生在选择性罪名内的认识错误,应作为具体的事实认识错误,根据“法定符合说”,不影响行为人故意的认定和犯罪既遂的成立。[2] 按照该观点,行为人参与走私,以为走私的是武器,实际上走私的是弹药,由于走私武器、弹药系选择性罪名,可以直接对行为人按照走私弹药罪进行处理。

(三)事实认识错误与违法性认识错误的区分

实践中经常会出现事实认识错误与违法性认识错误相混淆的情况。例如,行为人从朝鲜国走私煤炭入境,公诉机关起诉指控行为人的行为构成走私国家禁止进出口的货物罪,辩护人辩称行为人不知道也不可能知道朝鲜国煤炭系国家禁止进出口的货物,[3]所以不能以走私国家禁止进出口的货物罪对其定罪处罚。其实,朝鲜国煤炭被定性为普通货物还是国家禁止进出口的货物,不属于事实认识,而属于法律认识。只要行为人认识到走私的对象是煤炭、煤炭来源是朝

---

① 参见周光权:《刑法总论》,中国人民大学出版社2021年版,第175页。

② 参见张明楷:《刑法学》,法律出版社2016年版,第279页。

③ 根据《关于执行联合国安理会第2371号决议的公告》,朝鲜国煤炭系国家禁止进口的货物。

鲜国,无论根据"违法性认识不要说""违法性认识必要说"还是"违法性认识可能说",均可以走私国家禁止进出口的货物罪对行为人定罪处罚。

四、不同犯罪构成的对象认识错误及法律适用

(一)典型案例

先来看一个典型案例:行为人与境外供货商签订合同,购买某品牌真品运动鞋,采用低报方式走私入境,侦查机关查获后,经鉴定发现该批货物系假冒注册商标的运动鞋。该案的罪与非罪、此罪与彼罪引发争议,核心争议在于:假冒注册商标的运动鞋应定性为普通货物还是国家禁止进出口的货物?如果定性为普通货物,那么该案系具体的事实认识错误;如果定性为国家禁止进出口的货物,那么该案系抽象的事实认识错误。

有人认为,根据《走私意见》第 8 条,[①]走私假冒注册商标的运动鞋,应以走私普通货物罪追究刑事责任。其实,该规定有自相矛盾之处,既列举了国家明令禁止进出口的货物、物品,却又规定行为人走私该类货物、物品以走私普通货物、物品罪处理。该规定在特定时期具有重要意义,但随着《刑法修正案(七)》的通过,该规定实质上相当于废止了。[②] 因此,该案中假冒注册商标的运动鞋应定性为国家禁止进

① 走私《刑法》第 151 条、第 152 条、第 347 条、第 350 条规定的货物、物品以外的,已被国家明令禁止进出口的货物、物品,例如旧汽车、切割车、侵犯知识产权的货物、来自疫区的动植物及其产品等,应当依照《刑法》第 153 条的规定,以走私普通货物、物品罪追究刑事责任。

② 2009 年 2 月 28 日,《刑法修正案(七)》通过,增设了"走私国家禁止进出口的其他货物、物品罪"。最高人民法院、最高人民检察院、海关总署在 2010 年 9 月的第十一次打击走私犯罪工作联席会议中达成共识,司法实践中遇到《刑法》第 151 条第 1 款、第 2 款、第 152 条、第 347 条、第 350 条规定的货物、物品以外的,国家明令禁止的货物、物品的,适用新罪名定罪量刑。参见最高人民法院刑事审判第二庭编著、南英主编:《〈最高人民法院、最高人民检察院关于办理走私刑事案件适用法律若干问题的解释〉理解与适用》,中国法制出版社 2015 年版,第 150~151 页。

出口的货物。

行为人主观上想走私普通货物,客观上却走私了国家禁止进出口的货物,针对案件的处理,有两种不同意见。一种意见认为,应按照走私普通货物未遂进行处理;另一种意见认为,此种情形下,主客观不一致,行为人不构成犯罪。该案系典型的抽象事实认识错误,需要结合相关学说进行讨论。

(二)理论之争

针对抽象的事实认识错误,主要有"抽象符合说"和"法定符合说"两种学说。"抽象符合说"认为,在行为人认识的构成要件事实与现实发生的构成要件事实在抽象意义上相一致的范围内,成立故意犯既遂;"法定符合说"认为,不同犯罪构成之间的错误原则上阻却故意的成立或仅成立故意的未遂,同质犯罪在重合的限度内成立轻罪的故意既遂。①

根据"抽象符合说",主客观事实跨越不同的构成要件,只要主客观事实之间能够满足抽象意义上的一致性,即不阻却行为人的故意责任,可以认定为主客观一致。该学说来源于主观主义刑法理论,在一定程度上脱离了犯罪构成要件理论,因为,抽象的方式、标准、程度难以明确,很有可能陷入主观归罪的陷阱。当然,在抽象的事实认识错误中,"法定符合说"亦面临一定的诘难,有学者认为,"法定符合说"在运用过程中并没有区分抽象事实认识错误的认定与处理,使得在个案的认定过程中忽略具体行为人主观上的故意认识和意志。② 但综合来说,"法定符合说"立足于实现跨越不同构成要件的事实认识错误的处理平衡,在一定程度上克服了"抽象符合说"的缺陷,能够坚持罪责刑相适应原则和犯罪构成理论。

(三)法律适用

虽然走私罪侵害的法益可以用某类法益进行概括,但是不能忽视

---

① 参见张明楷:《刑法学》,法律出版社2016年版,第277~278页。

② 参见章智栋:《抽象事实认识错误的二阶判断:从认定到处理——基于对既有刑法理论的反思与质疑》,载《法律适用》2018年第13期。

不同走私对象侵犯的具体法益不同。走私犯罪的主要客体或法益是国家外贸管制和海关监管制度，但值得注意的是，走私应税货物侵犯的法益主要是税收制度，走私限制进出口货物侵犯的法益主要是外贸管理制度，走私禁止进出口的货物侵犯的主要是海关监管制度。[①] 因此，不同类型的走私犯罪侵犯的法益不完全相同。

根据“法定符合说”，抽象的事实认识错误不能仅仅根据行为人的故意内容或行为的客观事实来认定犯罪，应当在行为人的故意内容与客观事实相符合的范围内进行处罚。学者周光权认为，行为人认识和意欲侵害的对象和实际侵害的对象被规定在不同罪名中，跨越不同的构成要件，在两个构成要件重合的范围内，成立故意犯罪。出于轻罪的认识但实现重罪的场合，成立轻罪的故意犯罪既遂；出于重罪的认识但实施轻罪的场合，成立重罪的故意犯罪未遂。[②]

第一种情况，行为人主观上想犯重罪，客观上触犯轻罪。例如，行为人主观上想走私核材料，实际上走私的是普通货物，走私特定货物的主观故意中包含了走私普通货物的故意，因此行为人构成走私核材料罪未遂和走私普通货物罪既遂。在重罪未遂犯处罚重于轻罪既遂犯时，认定为重罪未遂。

第二种情况，行为人主观上想犯轻罪，客观上触犯重罪。例如，行为人以为是走私普通货物，实际上却走私了核材料。核材料作为特定的对象，要构成走私核材料罪，必须要求行为人对走私核材料具有明确的认识，行为人不明知是核材料，则不可能构成该罪。但是，核材料与普通货物在一定范围内重合，因此可以以走私普通货物罪定罪处罚。前述走私假冒某品牌运动鞋的典型案例，亦属于此种情况。

---

① 参见金泽刚：《走私犯罪既未遂形态认定研究》，载《政治与法律》2022 年第 1 期。

② 参见周光权：《刑法总论》，中国人民大学出版社 2021 年版，第 184 页。

五、结语

认识因素是判断行为人是否成立故意犯罪的重要考量因素之一,通过对走私犯罪对象认识问题的研究,有助于厘清《走私意见》第6条的理解和适用。《走私意见》第6条第一句规定针对认识模糊,应当坚持在主客观一致的前提下进行法律适用。第6条的但书规定针对认识错误,应当坚持在认识错误理论下进行处理,如果行为人主观认识的事实和客观发生的事实属于同一犯罪构成要件,按照实际走私的对象进行定罪处罚;如果主观认识的事实和客观发生的事实超出同一犯罪构成要件,应当在构成要件重合的范围内进行定罪处罚。

A Study on the Cognition of the Object of Smuggling Crime

CAO Fenfang　SONG Dian

[**Abstract**] The perpetrator's knowledge of the smuggled object can be simply divided into clear awareness, vague awareness, wrong awareness, and no awareness. Those who have a clear awareness of the smuggled object are directly dealt with according to the actual smuggled object, while those without knowledge do not constitute a crime. If the perpetrator has a vague awareness of the smuggled object, it is essential to adhere to the principle of subjective-objective consistency and handle the case based on the actual smuggled object. When the perpetrator has a wrong awareness of the smuggled object, if the facts subjectively known by the perpetrator and the facts that occurred objectively involve the same constitution of the crime, the conviction and punishment shall be based on the actual object of smuggling. If the facts subjectively known by the perpetrator and the facts that occurred objectively exceed the same constitutive elements of a crime, the conviction and punishment shall be carried out within the overlapping range of the constituent elements.

[**Key words**] vague object cognition; object cognition error; concrete fact cognition error; abstract fact cognition error

跨境电商零售进口渠道走私犯罪实务问题初探及风险防治对策

高卫萍　王思嘉*

［摘　要］　在跨境电商零售进口领域走私案件中，对于未实际造成国家税收损失、实质危害程度较轻的“引流”行为，更宜以行政手段惩治违规行为。跨境电商走私刑事案件应根据一般贸易方式、个人邮寄形式等不同情况，区分偷逃税款的计核方式。共同犯罪中，货主除确实不清楚走私方式、被动接受他人服务的被认定为从犯外，大多情况下还是以主犯认定。揽货人若主观能动性较强，一般以主犯认定。跨境电商平台的作用大小可以从“犯罪结果的获益程度”“参与犯罪的范围”“对犯罪事实的行为支配、意欲支配、功能性支配”等角度衡量。在监管方面，需要从立法管控、海关监管、企业自律、事前合规等多渠道推进跨境电商零售进口的风险防治。

［关键词］　跨境电商零售进口；走私犯罪实务；风险防治对策

2016 年 3 月 24 日，财政部、海关总署、国家税务总局联合发布《关于跨境电子商务零售进口税收政策的通知》（财关税〔2016〕18 号），跨境电商零售进口这种新的贸易模式正式走入大众生活。伴随着国家

---

* 高卫萍，上海市第三中级人民法院刑事审判庭审判长；王思嘉，上海市第三中级人民法院刑事审判庭法官助理。

政策鼓励和国际贸易的日益深入,跨境电商行业发展迅猛,得到国内消费者和电商企业的青睐,尤其是2020年以来,疫情给我国进出口行业带来巨大冲击的同时,跨境电商贸易却逆势增长。然而在享受新型贸易方式带来便利的同时,由于立法的缺失、平台监管不力等原因,一些犯罪分子趁机钻了“空子”,通过跨境电商渠道进行走私犯罪的情况也随之增多。由于跨境电商贸易尚属于新兴产物,有别于传统的走私犯罪,相关走私犯罪中衍生出的问题得到理论界和司法界的关注。本文选取全国法院已判决生效的跨境电商走私犯罪的案例,梳理该类新型走私犯罪中所突出的构罪、偷逃税款、主从犯认定等问题,结合跨境电商海关法律的相关政策以及司法实务中的倾向性观点,以期在准确认定和打击跨境电商走私犯罪的同时,防止刑罚过度使用从而背离国家出台支持新型贸易的初衷。

一、跨境电商零售进口的政策规定和监管要求

(一)我国关于跨境电商零售进口的政策规定

跨境电商零售进口作为新型的贸易形式,国家尚未出台相关法律。目前,主要政策规定包括财关税〔2016〕18号、《关于完善跨境电子商务零售进口监管有关工作的通知》(商财发〔2018〕486号)、《关于跨境电子商务零售进出口商品有关监管事宜的公告》(海关总署公告2018年第194号)以及《关于完善跨境电子商务零售进口税收政策的通知》(财关税〔2018〕49号)等,上述政策对跨境电商零售进口的税收优惠及监管事宜作出了具体规定。

(二)跨境电商零售进口的概念界定

1. 概念。商财发〔2018〕486号对跨境电商零售进口的概念作出明确规定,即中国境内消费者通过跨境电商第三方平台经营者自境外购买商品,并通过“网购保税进口”或“直购进口”运递进境的消费行为。从上述规定的字面含义来看,政策针对的主体是中国境内消费者,商品来源于境外,购买方式需通过跨境电商平台,货物进口包括“网购保税进口”“直购进口”两种模式。

2. 进口模式的介绍。(1)网购保税进口模式。跨境电商企业利用海关特殊的保税仓储政策和监管区域政策,通过集中采购提前统一将货物从海外运送到特殊监管区域,国内消费者在网上下单后,海关在支付单、物流单和订单"三单"信息一致的基础上予以放行,由物流公司直接从仓库配送至客户。(2)直购进口模式。国内消费者直接在海关联网的电商平台购买国外产品,电商平台将订单、支付和物流数据实时传送给海关,境外商品通过邮件、快件等运输方式进口至跨境电商专门的监管场所,由跨境电商或代理人向海关申报入境。相较于网购保税进口模式,直购进口模式的物流时间较长、成本较高,但消费者可享有更多的商品选择。

(三)政策优势和限制条件

根据现有政策,跨境电商零售进口的商品,单次交易限值人民币5000元以内,年度交易限值26,000元以内,在限值以内进口的跨境零售进口商品,关税税率暂设为0;进口环节增值税、消费税取消免征税额,暂按法定应纳税额的70%征收。跨境电商零售进口除具有便捷性外,因综合税率较低在税收优惠方面亦具有较大优势。

同时,跨境电商零售进口也有限制,并非所有企业、个人均能享受跨境电商零售进口的优惠政策。商财发〔2018〕486号对跨境电商零售进口商品、参与主体义务以及监管要求作出了具体规定。从实质要件来看,仅限国内消费者可享受且不能对商品进行二次销售,购买的商品必须在商品清单目录中,且不能超出上述额度的限值。从形式要件来看,订单、支付单、运单载明信息必须真实,并且"三单"信息需一致。

(四)与其他贸易形式的差异

1. 监管力度不同。一般贸易进口商品按货物监管,个人邮递物品与跨境电商零售进口的商品按照个人自用物品监管。

2. 商品限值不同。一般贸易进口无特殊限值,个人邮递物品受800元、1000元的限值规定,跨境电商零售进口受5000元、26,000元的限值规定。

3. 税率不同。三者相较而言，跨境电商零售进口的综合税率最低（免关税、消费税和增值税享 7 折优惠）。

二、跨境电商领域走私犯罪现状及新型犯罪手段

国家对跨境电商零售进口这一新兴业态，总体从政策上支持、监管上放宽，并将税差红利留给终端消费者，但走私犯罪分子却利用跨境电商的通关便利、税率优惠而将跨境电商零售进口渠道作为走私通道，导致国家税收损失。

（一）跨境电商零售进口走私犯罪现状

自 2016 年至今，全国判决生效的跨境电商走私刑事案件共 44 件，其中一审案件 33 件，二审案件 10 件。生效判决涉及省市主要包括广东、上海、河南、浙江等，其中广东省作出生效判决达 25 件，上海市作出生效判决 6 件，河南省、浙江省各作出生效判决 3 件。利用跨境电商渠道进口的涉案货物种类较多，包括食品、日化用品、化妆品、婴幼儿用品、办公用品、家用电器等，其中涉婴幼儿奶粉、纸尿裤及用品类最多，共 21 件，食品、饮料类共 13 件，化妆品、日化用品类共 11 件。[①]（如表 1 所示）

表 1 利用跨境电商渠道进口涉案货物种类

货物种类	婴幼儿食品、用品	食品、饮品	化妆品、日化用品	衣物类	打印机	宠物粮	吸尘器	润滑油
判决数量/件	21	13	11	2	2	1	1	1

（二）有别于传统走私的新型犯罪手段

跨境电商模式可以享受更低的税率，且进口食品、饮料、化妆品等货物也无须许可证等，但跨境电商必须是 B2C 的模式，是商家直接面对消费者销售的行为，且消费者购买的境外商品仅限于个人自用，不得再次销售，跨境电商走私刑事案件中，走私方式不仅包括传统走私

① 相关数据取自中国法院裁判文书网。

犯罪手段如低报价格、伪报品名、瞒报数量等,主要还包括伪报贸易形式等一些新型的手段方式。

1."刷单":伪报贸易形式中最常见的犯罪手段

伪报贸易形式包含两种,一种俗称"刷单",即将原本应以一般贸易方式进口的货物,伪报成跨境电商模式进口;另一种是将个人快件、行邮物品,伪报成跨境电商模式进口。已生效的案件中,走私分子采用"刷单"方式实施走私行为的占到总数的76.74%,"刷单"方式成为跨境电商走私刑事案件中最为常见的走私手段。为了逃避海关监管,走私分子的"刷单"表现形式也不尽相同,包括以下几种:(1)境内企业或者揽货人与电商平台勾结,伪造消费者信息后生成虚假订单,委托物流企业、支付公司协助编造虚假物流信息、支付信息,以跨境电商零售进口名义向海关申报后,在境内销售牟利(见图1)。(2)电商平台为节省成本,伪造消费者信息,将电商企业货物以跨境电商模式报关入境后,再向有需求的境内消费者销售。(3)司法实践中,还存在更为隐蔽的表现形式,即境内企业与电商平台勾结,雇佣他人以消费者名义向电商企业下单并付款,电商平台根据订单信息进行报关,涉案企业在货物入境后向被雇佣人付款回购,并从雇佣人处实际收取货物。这种情况下,虽然被雇佣人的身份信息是真实的,但实际上个人消费者订单是虚假的,被雇佣人的下单、收货、交货等都是按照涉案企业的指示行事,一定程度上也类似于"刷单"的操作方式。

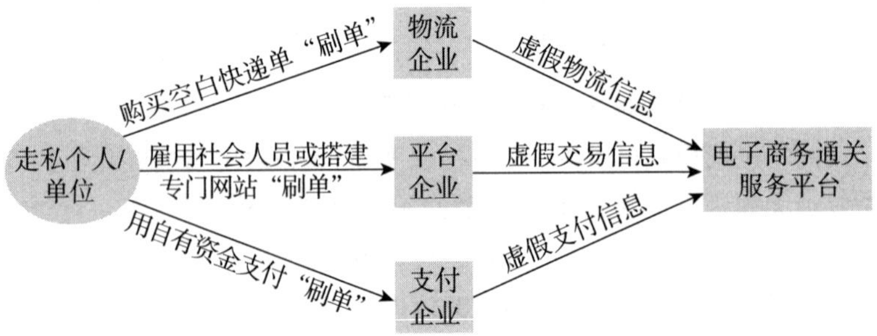

图1 走私分子"刷单"表现形式

2."引流":形式要件不符合规定的行为方式

跨境电商的"引流"行为,业内也称为"推单""二次转单",一般是指部分跨境电子商务经营者在平台上向消费者销售跨境商品,但平台没有向海关备案或者登记,未与海关系统联网对接,无法向海关部门推送"三单",为了达到顺利清关目的而委托其他与海关系统联网的跨境电商平台将自身平台单证推送给海关的行为。这种方式最终以跨境电商零售进口模式将境外商品申报入境并直接寄送给下单的消费者。[①] "引流"行为,通常可以理解为将形式上不符合海关监管要求的个人电商消费订单转变为符合海关要求的方式申报,这种情况下往往有真实的消费者、身份证号、收件地址,同时额度也在规定的范围之内。[②]

"引流"行为在实践中一般包含以下几类情形:(1)跨境电商平台(基本是没有点击量、访问量的)从国内电商平台或微商、淘宝商家处获得消费者订购产品的信息,再将该订购信息通过自身平台转换成跨境电商零售进口渠道的订单,然后匹配相应的物流和支付信息后向海关传输,通过跨境电商零售进口的渠道进口。(2)消费者通过海淘(business to customer,BC)或者代购(customer to customer,CC)方式从境外购物网站或境外个人购买商品后,登录境外转运公司(相当于境外揽货人)录入个人身份信息、订单信息以及在国内的收货地址,转运公司获取上述信息后交由跨境电商平台,由跨境电商平台通过跨境电商零售进口渠道将这些商品进口至国内后交由消费者。(3)跨境电商企业入驻京东、天猫国际等大型跨境电商平台,消费者通过上述平台下单,但考虑到上述平台物流等费用较高,跨境电商企业会与一些小型跨境电商平台合作,将已形成的订单信息转移到小型跨境电商平台上,匹配支付信息和物流信息后推送给海关。

---

① 参见何天云:《跨境电商零售进口"推单"模式是否涉嫌走私犯罪?》,载知乎网2021年1月29日,https://zhuanlan.zhihu.com/p/347836321。

② 参见吴国雄:《跨境电商经典判决:认定推单不属伪报贸易方式走私!呼吁同案同判》,载百度网2020年6月21日,https://baijiahao.baidu.com/s?id=1670075746636921816。

三、跨境电商领域走私案件司法实务争议点探讨

(一)"引流"行为刑事构罪争议

1."形式主义"与"实质主义"

"引流"行为是否构成走私犯罪,司法实践中争议较大,主要分为"形式主义"和"实质主义"两方面观点。"形式主义"认为:从海关的正面监管规定来看,跨境电商订单数据应在跨境电商平台真实形成,支付数据由消费者通过真实支付产生,由此才能享受跨境电商的优惠税率及通关便利条件。如果消费者的订单并非直接产生于向海关推送信息的跨境电商平台,这种操作模式在一定程度上脱离了海关的监管,同时由于订单产生于其他平台,导致支付信息也是依靠支付公司做出的形式一致的支付单,并非消费者原始支付单,从某种意义上讲属于虚假贸易,不能适用跨境电商的优惠税率,对此则以行邮税与跨境电商税赋的差额认定偷逃税款。"实质主义"认为:海关的正面监管规定是海关对跨境电商行政监管的要求,通过海关联网平台开展交易以及"三单一致"均属形式要件,违反相关规定属于违法行为,但并非所有违法行为都是犯罪。在确实存在消费者真实交易的情况下,未造成实际税款损失,没有产生实际的危害结果,不构成刑事犯罪。

2.坚持刑法谦抑,综合判断"引流"行为实质危害性

针对"引流"行为,笔者倾向于"实质主义",认为应坚持刑法谦抑原则,综合判断因"引流"所造成的实质危害性。首先,从侵犯法益的实质角度分析。刑法规定的犯罪构成,不能仅从形式上解释,而应从实质上把握,因为刑法是以一定标准在危害行为中选择若干严重危害行为并将其规定为犯罪的,犯罪构成不外是严重危害行为的法律标志,符合犯罪构成的行为,一定是严重危害社会的行为。[①] 走私行为的核心要素是逃避海关监管、偷逃应缴税额,而走私普通货物罪的核心法益是国家的税收损失,若走私普通货物的违法行为仅侵害了海关的

---

① 参见张明楷:《刑法格言的展开》,法律出版社1999年版,第115页。

监管秩序但未造成税收损失，则不能构成走私普通货物罪。相比低报价格、“刷单”等跨境电商走私手段，“引流”行为是对跨境电商零售规定的变通，从行政监管而言虽有违法性，但并不必然导致国家税款损失。判断税款损失的依据就是通关环节直接纳税义务人是否享有税收优惠资格，即是否为境内符合监管条件的消费者。若这类人员不享有资格而根据优惠税率缴纳税款，其少缴部分即可认定为税款损失。反之，即便平台在报关中使用了虚假身份、支付或者物流信息，也只能认定为违规。① 其次，结合政策规定实质分析。从商财发〔2018〕486号、海关总署公告2018第194号、财关税〔2018〕49号等相关政策规定来看，无论是“与海关联网平台”还是“三单一致”，均是利于海关监管的方式，政策侧重点仍然是防止通过虚假手段进行二次销售，包括不法利用公民信息、盗用个人年度购买额度以及传输虚假三单信息。另外，从商财发〔2018〕486号第1条第3项的规定亦可以看出，跨境电商交易并非必须通过与海关联网的平台开展。② 最后，从立法背景分析。跨境电商零售进口的政策调整主要是为国内跨境电子商务的发展营造稳定、统一的税收政策环境，引导电子商务企业开展公平竞争，鼓励商业模式创新，形成新兴业态与传统业态、国内商品与国外商品的公平竞争环境。③ 跨境电商新政的本意就是鼓励促进跨境电商新兴业态的发展，对于那些原本就从事“海淘”行业的从业者，在实现交易模式转型的过程中，“引流”确有一定独特需求，有的是为保住客源，有的是由于大型跨境电商平台收费较高，而那些刚成立不久的小型跨境电商

---

① 参见刘晓光、金华捷：《如何界分跨境电商零售进口走私行为》，载《检察日报》2020年8月7日，第3版。

② 商财发〔2018〕486号第1条第3项规定，本通知所称跨境电商零售进口，是指中国境内消费者通过跨境电商第三方平台经营者自境外购买商品，并通过“网购保税进口”或“直购进口”运递进境的消费行为。上述商品应符合以下条件：……(3)未通过与海关联网的电子商务交易平台交易，但进出境快件运营人、邮政企业能够接受相关电商企业、支付企业的委托，承诺承担相应法律责任，向海关传输交易、支付等电子信息。

③ 参见《海关总署：新政对跨境电商影响是积极的》，载新京报网2016年4月13日，https://www.bjnews.com.cn/detail/155150371414223.html。

平台缺少业务量、没有名气,既没有跨境电商企业入驻也没有消费者直接下单,由此便有了合作的需求。

司法实践中,亦有判例对“引流”(“推单”)行为并未予以刑事角度评价。如天某供应链公司的关联公司与惠某公司签订《乐某购平台跨境电商订单推送服务合同》,委托惠某公司为天某供应链公司推送跨境电商订单及支付单,惠某公司收取相应费用。天某供应链公司收集其在京东、淘宝等多个平台产生的跨境电商订单,发送惠某公司并通过惠某公司的乐某购跨境电商平台将未在该平台产生的订单信息推送给海关。受惠某公司委托,支付单则由跨境电商支付企业产生并向海关推送。在此过程中,天某供应链公司的綦某某授意张某将线上订单调低销售价格后发送给惠某公司,由惠某公司按上述流程推送订单。法院最终仅对低报行为进行处理。①

综上,“引流”行为作为尚未定型的新兴业态中的“产物”,虽违反监管规定的形式要件,但作为刑事犯罪仍需谨慎认定,对于未实际造成国家税收损失的,实质危害程度较轻的,更宜以行政手段惩治违规行为,以达到惩治和教育相结合的目的。

(二)偷逃税款的计核问题

跨境电商走私刑事案件中,由于申报入境的货物小额多单、品种繁杂,偷逃税款的计核工作量很大,计算过程十分复杂,不同情况下应当区分偷逃税款的计核方式。

1. 以一般贸易方式计核

(1)一般情况。“刷单”行为是将本应以一般贸易批量进口的货物伪报成跨境电商零售进口商品,事实上不存在真实的跨境电商订单,只有批量的货物交易,“三单”均是伪造的,因此在计核时应当还其原本“面目”,以一般贸易方式计算应缴税额。

(2)伴有二次低报情况。为避免计核基础有误,在计核时需要注意二次低报情况下各主体的税差可能不同。部分跨境电商走私犯罪

---

① 参见广东省广州市中级人民法院刑事判决书,(2019)粤01刑初167号。

既有“刷单”也有低报情况，其间存在好几个不同价格，如进境备案价格、约定销售价格、申报出区价格（报关价格）。如在被告单位某商贸公司、被告人程某走私普通货物一案中，程某作为货主委托跨境电商平台通过“刷单”方式进口货物，同时与跨境电商平台约定了比实际成交价格低的销售价格，并以此销售价格与平台结算；而平台隐瞒程某，以比销售价格更低的价格向海关申报。该案中由于跨境电商平台二次低报，程某与跨境电商平台的偷逃税款有所不同，跨境电商平台的偷逃税款，系以实际成交价格为计税基础并适用一般贸易的关税税率、增值税率和消费税率得到应缴税额，扣除平台以报关价格为基础适用跨境电商税率得出的已缴税额；程某的应缴税额与跨境电商平台一致，但由于其并不明知报关价格，故扣除其与平台约定的销售价格适用跨境电商税率得出的税额，程某的偷逃税款低于跨境电商平台的偷逃税款金额。① 在存在二次低报的情况下，需要明确参与主体对最终申报是否具有主观明知，若主观上不清楚则不应承担二次低报的责任。

（3）超限值情况。相关政策规定，跨境电商交易的额度为单次交易限值人民币5000元，年度交易限值26,000元。超过额度的，征税标准依据财关税〔2018〕49号的规定，完税价格超过单次交易限值但低于年度交易限值，且订单下仅一件商品时，可以自跨境电商零售渠道进口，按照货物税率全额征收关税和进口环节增值税、消费税，交易额计入年度交易总额。超过年度交易限值的，应按照一般贸易形式计核税款。

2. 以个人邮寄形式计核

上述“引流”行为的第二种类型，即消费者通过“海淘”或者代购方式从境外购物网站或境外个人购买商品后，转运公司获取上述消费者订单等信息后交由跨境电商平台生成虚假订单，由跨境电商平台申报进口再快递给消费者。实务中有观点认为转运公司应以个人行邮

---

① 参见上海市第三中级人民法院刑事判决书，（2020）沪03刑初183号。

物品申报进境的商品伪报成跨境电商商品,在计核时按照行邮税计算应缴税额。笔者认为,对于"引流"行为应先确定构罪问题,不构成犯罪也勿论偷逃税款问题。若在整个过程中确实存在税款损失,从有利于被告人角度考虑适用行邮税计算较为合理。

(三)共同犯罪中主从犯的认定

一般贸易方式申报进口的走私刑事案件中,犯罪主体比较单一,通常包括货主、货代公司和报关公司。跨境电商贸易的参与主体,根据商财发〔2018〕486号的规定,包括跨境电商企业、跨境电商平台、物流公司、支付公司、境内消费者等,因此犯罪主体相较于一般贸易而言较多,行业链条较长。从已生效的判决来看,犯罪主体除上述提及的范围外,还包括揽货人、中间介绍人、程序设计人员、海关协管员等,其中以货主、跨境电商平台居多,34件一审案件中包含货主方的共13件、包含跨境电商平台的15件、包含揽货人及中间人的11件;有些参与主体还"身兼数职",例如一些货主除走私自己的货物外还帮助其他货主联系提供单证,一些跨境电商平台同时也是揽货人等。

由于跨境电商市场竞争激烈,一些企业、个人为了利益铤而走险。例如,有的物流企业提供"空单投递",被用于制作虚假的物流单;有的软件公司、程序开发人员,为客户开发可以导入他人身份信息,以生成虚假订单的软件系统;有的跨境电商平台开放端口,明知客户用其端口进行"刷单",仍允许客户导入在其他平台的销售数据。上述参与主体并非走私行为的直接实施者,仅向客户收取正常的服务费用,没有取得额外利益。但由于主观上明知,又有客观帮助行为,符合走私犯罪的构成要件,仍然会被认定为走私犯罪的共犯。

由于跨境电商走私犯罪参与主体多、各环节相互关联,在整个犯罪链条中如何评价和衡量各参与主体的地位作用,以及如何判断主从关系,司法实践中存在不同的做法。一般而言,提供物流、支付帮助的物流企业、支付公司,以及提供"刷单"程序设计服务的人员作用相对较小;中间人仅居间介绍、传递单证,收取一定的好处费用,主观明知及参与程度较低；单位犯罪中的其他直接责任人员，听从主管人员的指示从事制作单证、财务收支等事务性工作，将上述人员认定为从犯，实践中并无争议。主从犯认定分歧较大的主要是货主、揽货人和跨境电商平台。

1.货主和揽货人。走私犯罪的货主一般是犯意的发起者、直接获益人，因此货主大多情况下会被认定为主犯；而揽货人虽有积极招揽货物、委托代理清关等行为，但由于不是货物的所有人，仅是走私链条的一环，故多被认定为从犯。犯意提起和获利情况虽然是评判主从犯的重要标准，但还需结合被告人的主观意志和客观行为综合评价。例如，在广州顺亨汽车配件贸易有限公司等走私普通货物案①中，法院针对“包税”走私中主从犯的认定即提出：对于那些为贪便宜，节省生意成本，在支付包税费后就放任其他单位采取任何形式通关的货主单位，可以认定为从犯；对于主动四处揽货、组织包税进口货物并压缩拼柜、藏匿货物、制作虚假报关单据、联系报关行等手段走私货物的，一律认定为主犯。包税类走私犯罪，揽货集团无论从提起犯意、组织策划还是非法获利方面分析，都处于决定性地位，既是组织者又是实行犯，应当认定为主犯；而货主单位一般系为节省开支而被专业揽货集团提出的低廉包税费用所吸引，对走私行为的实施、完成的责任均从属于揽货人。已生效的判决中被告人杨某走私普通货物案就是如上情况，杨某作为货主向另案处理人员李某支付较为低廉的包税费用，并不清楚李某系通过“刷单”方式将货物申报入境，故法院认定杨某系从犯。据此，结合被告人主观明知和客观行为方面，可将货主、揽货人划分为主观能动型和被动放任型，区分两者的考量因素包括：(1)走私犯意提出；(2)组织货源；(3)制作虚假单证(价格、品名、数量不实)；(4)提供虚假身份信息或者订单、物流、支付信息的；(5)搭建走私渠道、链条以及招募人员；(6)明确知晓走私方式或是申报价格；(7)积极追求较大收益。据此，跨境电商走私犯罪中的货主除确实不清楚走

---

① 参见广东省高级人民法院刑事裁定书，(2012)粤高法刑二终字第60号。

私方式、被动接受他人服务的被认定为从犯外,大多情况下还是以主犯认定;揽货人具有上述两项考量因素以上的行为的,一般以主犯认定。

2.跨境电商平台。跨境电商平台是与海关联网、跨境交易双方开展交易活动的电子商务交易平台,根据商财发〔2018〕486号的规定,跨境电商平台经营者应对交易真实性、消费者身份真实性进行审核,防止虚假交易及二次销售风险。① 在货物进口的实践操作中,跨境电商平台往往会提供进境备案、传输单证信息、代理报关等服务。有观点认为跨境电商平台的地位作用,类似于传统走私犯罪中货代企业,仅协助货主代理申报入境手续,应认定为从犯。而从已生效裁判文书来看,将跨境电商平台认定为主犯的情况并不少见,共有8件,其中部分跨境电商平台经营者与货主、揽货人的身份重合,雇用人员进行"刷单",勾结快递公司提供虚假物流信息,同时让货主或者自行"改单"低报进口,除收取服务费外还享受走私低报、瞒报的非法获利。笔者认为,可以从"犯罪结果的获益程度""参与犯罪的范围""对犯罪事实的行为支配、意欲支配、功能性支配"②等角度衡量跨境电商平台的作用大小。对于纯粹受托办理业务的跨境电商平台,在传输单证信息时有放任的故意,未履行真实性审查义务的,可认定为从犯;对于那些身份重合的、积极主动且具有一定主导作用的跨境电商平台经营者,应以主犯认定。

---

① 商财发〔2018〕486号第4条规定:"四、按照'政府部门、跨境电商企业、跨境电商平台、境内服务商、消费者各负其责'的原则,明确各方责任,实施有效监管。……(二)跨境电商平台……2.向海关实时传输施加电子签名的跨境电商零售进口交易电子数据,并对交易真实性、消费者身份真实性进行审核,承担相应责任……7.建立防止跨境电商零售进口商品虚假及二次销售的风险控制体系,加强对短时间内同一购买人、同一支付账户、同一收货地址、同一收件电话反复大量订购,以及盗用他人身份进行订购等非正常交易行为的监控,采取相应措施予以控制……"

② 冯晓鹏、刘艺涵:《警世通言"双11"走私|——跨境电商的"致命伤"》,载税屋网2019年11月11日,https://www.shui5.cn/article/0c/129618.html。

四、跨境电商零售进口走私犯罪风险防治对策

打击走私的目的是规范行业健康、有序的发展。跨境电商零售进口作为一种新的贸易形式,需要从立法管控、海关监管、企业自律、事前合规等多渠道推进,在有效防治走私犯罪等风险的同时,提升跨境电商零售进口法律监管的效果以促进贸易便利化。

1. 推动立法进程,健全可操作性立法管控。立法层面,2019 年实施的《电子商务法》仅有 4 条提及跨境电商,实际上是一个框架性、指导性的规定,不具备现实操作性。政策层面,现有规定以相关部门联合下发的通知或是海关总署公告为主,规范层级及范围相对有限,不具有权威性和统一性,难免出现冲突和交叉,各地海关对政策理解把握不一,导致司法实践中出现不同的做法。对此,立法部门要结合跨境电商的发展创新,更新细化调整政策规定,在监管实践中创新监管思路,遵循跨境电商"全球化、网络化、即时化"等特点,明确界定法律监管和市场调节的边界,实现立法管控与跨境电商发展相契合。

2. 加强个人信息保护力度,从源头上遏制"刷单"走私犯罪。"刷单"方式作为跨境电商领域走私犯罪最常见的犯罪手段,其主要原因之一在于对消费者个人信息保护力度欠缺。对消费者个人而言,可以加强宣传,让消费者能够更清楚跨境电商零售进口的政策规定,以此注重个人单次和年度限值;对合法获得信息的商家而言,必须按照《个人信息保护法》的规定处理消费者的个人信息,禁止非法利用、私自出租、转售身份信息等,若查证属实泄露信息的移交有关部门依法处理。同时,海关可以通过公众号等形式,让消费者能够及时了解个人额度使用情况,消费者个人发现本人额度被非法使用的,可通过政务平台或是公众号及时向海关反馈。

3. 创新海关监管方式,完善跨境电商零售进口监管服务平台建设。在法律法规允许先行先试的框架下,探索创新跨境电商监管制度,通过"电商备案、产品登记、现场查验、风险监控、退出机

制”等措施,实现审核把关前置、监督抽检后移,加快通关速度,以期实现“主体责任落实、产品安全可控、通关快速便捷、不合格可追溯”。[①] 完善跨境电商零售监管服务平台建设,将海关、市场监督、税务、外管等监管部门收集的跨境电商零售进口信息在平台上共享,实现信息互换、监管互认,提供通关申报等服务项目,避免多头监管,从而提高通关效率。[②]

4. 引导企业自律,设立跨境电商经营主体信用公示系统。在相关案件中,不少单位犯罪中的主管人员对跨境电商零售进口走私规定以及法律后果并不清楚,还有一些物流、支付企业莫名成了走私共犯。对此,海关需要加强对相关企业的普法宣传,打消个别企业为牟利铤而走险的侥幸心理,企业自身也要做好风险防范,防止企业在招揽生意的同时走上犯罪道路。此外,海关还可联合行业协会建立跨境电商经营主体信用公示系统,对平台及经营者进行信用等级评价并予以公示,以此来确保国内消费者安全购物,促使平台及经营者诚信经营。

5. 借助事前合规侦察,推动刑事风险的有效管控。最高人民检察院等九部门下发的《关于建立涉案企业合规第三方监督评估机制的指导意见(试行)》,在依法推进企业合规改革试点工作中建立健全涉案企业合规第三方监督评估机制,并发布了企业合规改革试点典型案例。通过对企业业务的合规诊察,能够未雨绸缪地为从事跨境电商零售进口的企业及相关行业人员,建立完善的合规计划,从而对相关刑事风险进行有效管控和防范。

---

① 参见中储会:《浅析:跨境电商保税备货进口商品监管的困境与对策》,载搜狐网2016年12月19日,https://www.sohu.com/a/121942577_428062。

② 参见张戈跃:《我国跨境电商零售进口法律监管困境及对策》,载《对外经贸实务》2020年第12期。

A Preliminary Study on the Practical Problems and Risk Prevention Measures of Smuggling Crimes in Retail Import under Cross-border E-commerce

GAO Weiping WANG Sijia

[**Abstract**] In cases of smuggling in retail import under cross-border e-commerce, it is more appropriate to use administrative measures to punish illegal activities that have not actually caused national tax losses and have a relatively low level of substantive harm. In criminal cases of cross-border e-commerce smuggling, it is necessary to distinguish different accounting methods for tax evasion based on various customs procedures such as general trade or individual mailing. In joint crimes, the cargo owner is often considered the main culprit, except in cases where they genuinely are unaware of the smuggling methods and passively receive services from others. If the buyer exhibits a strong subjective initiative, they are generally identified as the main culprit. The role of cross-border e-commerce platforms can be assessed based on factors such as the extent of benefit from criminal activities, the scope of participation in the crime, and the control and intention related to the criminal facts. In terms of regulation, it is necessary to promote risk prevention and control in retail import under cross-border e-commerce through multiple means such as legislative control, customs control, self-discipline of business, and compliance prior to clearance.

[**Key words**] retail import under cross border e-commerce; smuggling crime practice; measures for risk prevention and control

海上跨境走私冻品罪名适用若干问题研究

朱浩昭　陈伟丹*

[摘　要]　国家规定非设关地走私进口未取得国家检验检疫准入证书的冻品，按走私国家禁止进出口货物罪定罪处罚，但该规定因无法评价走私冻品偷逃税款特别巨大的不法内容，导致出现量刑倒挂现象。为此，有必要引用走私想象竞合犯概念和归责原则对走私冻品行为和禁止属性作进一步解析，明确走私冻品各种类型案件的罪名适用。同时，建议推动立法部门修改平衡不同走私罪名的最高刑，使走私罪特别法条的最高刑档次不低于普通法条，并在修改之前注重想象竞合犯的实践运用，从而稳妥解决以上罪刑不相适应问题。

[关键词]　走私冻品；罪名量刑；想象竞合犯；罪刑相适

自2019年以来，粤港澳海上跨境走私冻品等犯罪频发，不仅严重破坏海关监管秩序和正常贸易秩序，还存在疫情传播风险，严重危害公共卫生安全和食品安全。为准确适用涉及相关法律，2021年12月14日，最高人民法院、最高人民检察院、海关总署等五部门，联合制定《关于打击粤港澳海上跨境走私犯罪适用法律若干问题的指导意见》（以下简称《粤港澳跨境走私指导意见》），解决了当前非设关地跨境

---

*　朱浩昭，汕头海关缉私局副局长；陈伟丹，汕头海关缉私局法制二处科长。

走私冻品比较突出的法律适用问题。但在执行中，办案人员对走私冻品行为适用罪名的理解仍存在较大分歧，需要引入想象竞合犯理论对跨境走私冻品的适用罪名进行全面解析，以期做到适用法律准确，罪刑相当。

一、粤港澳海上跨境走私冻品罪名适用概述

打击粤港澳海上走私冻品是当前海关缉私工作的重中之重，该类走私活动往往以藏匿、伪报等“蚂蚁搬家”方式逃避海关监管，案情错综复杂、“购、运、储、销”各环节分割、伪装手法隐蔽、证据链获取困难、涉及法律条文多，造成办案过程中法律适用难的问题较为突出。

（一）《粤港澳跨境走私指导意见》出台的现实意义

《粤港澳跨境走私指导意见》的出台，不仅解决了当前非设关地跨境走私冻品比较突出的法律适用问题，具体到案件办理过程中还可以降低刑事立案起刑点，减少查证环节，提高办案效率，有效阻断了走私冻品潜在的疫情传播风险，保障了人民群众生命健康安全，保持了打击海上偷运走私的高压态势，粤港澳海上跨境走私势头得到遏制，海关口岸安全防线进一步筑牢。

（二）走私冻品罪名适用的前后比较

在《粤港澳跨境走私指导意见》印发之前，缉私部门对来自境外疫区的走私冻品案件一般以走私禁止进出口货物罪立案侦查；对走私来自非疫区未取得国家检验检疫准入证书和查不清是否来自疫区的冻品，一般以有利于当事人的原则，按走私普通货物罪立案侦查。《粤港澳跨境走私指导意见》出台后，以准司法解释的形式，明确非设关地走私进口未取得国家检验检疫准入证书的冻品，均认定为国家禁止进口的货物，按走私国家禁止进出口货物罪定罪处罚。

（三）《粤港澳跨境走私指导意见》执行过程中出现的新问题

根据当前法律条文量刑有关规定，当走私冻品情节较轻时，走私国家禁止进出口货物罪起刑点较低，相比较走私普通货物罪为重罪；当走私情节特别严重时，由于走私国家禁止进出口货物罪的最高刑为

有期徒刑,走私普通货物罪的最高刑为无期徒刑,相比较走私普通货物罪为重罪,出现量刑倒挂现象。如果机械教条式全部以走私国家禁止进出口罪侦办走私冻品案,将无法评价偷逃税款特别巨大的不法内容。鉴于走私冻品在量刑处罚上的特殊性,建议引入想象竞合犯罪形态对走私冻品适用罪名进行补充认定,以便客观真实评价走私冻品的全部犯罪事实。

二、想象竞合犯的概念和归责原则

(一)想象竞合犯的概念

想象竞合犯是大陆法系刑法学界为了追求定罪量刑精致化所创设出的一个理论概念。竞合论关注重点并非一罪和数罪问题,是在数罪已经形成的前提下,如何解决其处罚原则的问题。

赵丙贵教授认为:想象竞合犯是指行为人以一个意思之发动基于数个罪过,实施一个危害行为,侵犯了数个客体,必须透过数个犯罪构成方足以评价的竞合形态。[①] 例子:甲向乙开枪,子弹射穿乙的头部致乙死亡,并打坏了乙身后的贵重文物。甲实施了一个犯罪行为,但构成了故意杀人和故意毁坏财物两个罪名,在定罪的时候只按故意杀人一个罪名定罪。

(二)从一重处断原则

从一重处断原则是指在想象竞合犯所触犯的数罪名中,以最重之罪的法定刑作为处断刑。但从吴振兴教授于1993年首度提出并系统阐述"从一重重处断"原则以来,这一原则已渐成通说之势。尽管相关论著在阐释想象竞合犯归责原则时,常常使用"从一重处断"这个术语,但对这一原则内涵的解读上已经不是原本意义上的"从一重处断",而是"从一重重处断"。最大的变化就是以最重之罪的法定刑作为处断刑时,不仅要考虑轻罪的法定刑下限和附加刑,也要考虑轻罪当中从重或加重处罚的情节。

---

① 参见赵丙贵:《想象竞合犯研究》,中国检察出版社2007年版。

目前,我国《刑法》《刑事诉讼法》等法律并没有明文对“从一重处断”作出明确和相应的司法解释。多数意见认为以宣告刑作为想象竞合犯中较重犯罪的衡量标准,在实践合理性上存在明显缺陷,宣告刑除了要受犯罪行为对应罪名的法定刑轻重影响外,还要受犯罪行为的社会危害性、犯罪行为人的人身危险性以及法定、酌定情节的影响,且法定刑是宣告刑的基准,以宣告刑为判断标准,势必形成在审理过程中先确立刑种、刑期再确定罪名的逻辑推论过程,明显不符合先定罪后量刑的刑罚裁量处断的逻辑要求,也与司法审判的思维逻辑不符。

以法定刑为判断标准,则可以满足想象竞合犯数罪中轻罪、重罪划分、判断的规范性、安定性、平等性等要求。最高人民法院在法释〔1997〕12 号司法解释当中,明确以对应法定刑作为不同罪名之间轻罪、重罪的判断标准。如果进行比较的多个罪名的法定最高刑规定相同,则指法定最低刑较重的罪名规定,至于法定最高刑或者最低刑的判断,则应根据具体犯罪行为的情节而定。走私普通货物罪分别对应三种法定刑幅度,当该行为又存在适用走私普通货物罪与其他罪名的竞合关系时,则应以走私普通货物、物品罪的中间档次(严重情节,偷逃税额巨大)所对应的法定刑幅度,即最高刑 10 年有期徒刑、最低刑 3 年有期徒刑,与存在竞合关系的其他罪名的法定刑幅度进行比较,进而适用处罚较重的罪名。

(三)走私冻品行为想象竞合犯及从重归责分析

按照《粤港澳跨境走私指导意见》的精神,未取得国家检验检疫准入证书的冻品(包括来自疫区的冻品)均属于国家禁止进出口货物;同时,冻品也属于允许进出口的应税货物。粤港澳海上跨境走私冻品,是以逃避海关监管的主观故意实施了一个走私行为,既侵犯国家禁止进出口的制度又侵犯关税制度,一个行为触犯两个罪名,需分别认定方足评价其危害性,系走私国家禁止进出口货物罪与走私普通货物罪的想象竞合,应以想象竞合犯予以认定。

走私国家禁止进出口货物罪依据货值或数额大小区分两个法定刑档次,一般情节,处 5 年以下有期徒刑;严重情节,处 5 年以上有期徒刑。走私普通货物罪依据偷逃税款的数额大小区分三个法定刑档次,分别为:一般情节,处3年以下有期徒刑;严重情节,处3年以上10年以下有期徒刑;特别严重情节处10年以上有期徒刑或者无期徒刑。两相比较,犯罪行为人的一个犯罪行为若同时构成两罪的一般情节或同时构成两罪的严重情节,因走私国家禁止进出口的货物、物品罪法定刑的最高刑、最低刑更高,应以走私国家禁止进出口的货物、物品罪定罪处罚;若行为同时构成该两罪的特别严重情节,因走私普通货物罪法定刑的最高刑、最低刑更高,则应以走私普通货物罪定罪处罚。同理,单位犯罪构成该两罪的想象竞合犯,因最高刑相同,要看相应档次的最低刑,因此除了特别严重档次,走私国家禁止进出口货物罪相对要重一些。

根据《关于办理走私刑事案件适用法律若干问题的解释》(以下简称《走私解释》)的规定,走私普通货物罪的特别严重情节,通常需要个人偷逃应缴税额达到250万元以上,而货物应缴税额又很少超过本身价值,同时,走私国家禁止进出口的货物罪的严重情节则是货物价值达到50万元以上。两个罪名相应档次对比,当货物价值较低时(低于250万元)一般以走私国家禁止进出口货物罪定罪处罚,但也需注意犯罪行为是否具有利用特种车辆走私、属于犯罪集团的首要分子、向国家机关工作人员行贿、教唆、利用特殊群体走私、聚众阻挠缉私等影响界定走私普通货物罪的特别严重情节的特殊因素。

(四)数量或数额的选择关乎从重归责的准确性

法律规定,走私国家禁止进出口货物罪是按照走私数量或数额大小择重处罚。但在司法实践中,极少选择计核走私货物价值来定罪量刑,其原因一方面是侦查部门不想增加太多工作量与办案成本,另一方面则是没有实质理解想象竞合从一重归责原则。经比较计算,每公斤价格高于10元的货物需要选择数额进行定罪量刑,如燕窝、冻牛肉、冻羊肉等。若只按重量计核量刑,则可能出现降格处理的情形。以走私4吨来自疫区牛肉为例,按重量量刑无法达到5吨起刑点,按价值(约40万元)量刑达到5年徒刑以上档,按走私普通货物罪偷逃税款(约10万元)量刑属于3年徒刑以下档,显然以走私货物价值量刑的走私国家禁止进出口罪为最重处罚,选择以走私国家禁止进口货物数量或走私普通货物罪偷逃税款方式量刑处罚则会降格处理。

三、引用想象竞合犯概念认定走私犯罪的必要性

走私想象竞合犯作为司法实践中已普遍接受的一种理论形态,对于缉私部门仍是一种新的理论学说,应认真研究,提高对走私想象竞合犯概念的认识和理解。

(一)全面评价走私犯罪不法内容的需要

清华大学张明楷教授在《法条竞合与想象竞合的区分》论文中,专门对走私国家禁止进出口货物罪不能充分评价偷逃数额特别巨大的不法内容进行了评论,认为应认定为想象竞合,从而既评价了走私国家禁止进出口的货物的不法内容,又评价了偷逃数额特别巨大的不法内容[①]。另外,走私普通货物罪相比较走私国家禁止进出口货物罪,除了最高刑不同之外,还有没收全部财产的附加刑,以及多次走私未经处理按累计处罚的规定。鉴于非设关地走私农副产品、冻品等因国家检验检疫制度,可能同时触犯走私犯罪的不同罪名,且该走私犯罪不同罪名之间没有明确的轻重罪名区分,因此需要引用走私想象竞合犯概念进行犯罪形态认定。

走私想象竞合犯,最常见的是走私国家禁止进出口货物罪与走私普通货物罪之间的竞合,除此之外,常见与走私普通货物罪竞合的走私犯罪还有:走私废物罪、逃避商检罪等。走私犯罪竞合的其他类型犯罪也有很多,比如非法经营罪、洗钱罪等。因此,要完整全面评价走私犯罪,需要引用走私想象竞合犯概念进行认定,按照“从一重处断”从重处罚。

(二)体现罪刑相适应原则的需要

《刑法》第5条规定:“刑罚的轻重,应当与犯罪分子所犯罪行和承

---

① 参见张明楷:《法条竞合与想象竞合的区分》,载《法学研究》2016年第1期。

担的刑事责任相适应。”从行为危害性进行分析,走私国家禁止进出口货物的危害性要比走私同类型普通货物大,按罪刑相适应原则其处罚也应比同类型走私普通货物重,但其最高刑却比走私普通货物轻。以走私冻品为例,当走私达到数额特别巨大或情节特别严重时,适用两个竞合犯罪罪名最高刑不同,继续选择适用走私国家禁止进出口罪,则存在轻判的悖论,显然不符合罪刑相适应原则。另外,该悖论也适合走私废物罪,因为走私废物罪的最高刑也是有期徒刑,最高刑比走私普通货物罪轻一档。因此,需要引用走私想象竞合犯概念进行补充认定,才能体现刑法中的罪刑相适应原则。

在汕头海关缉私局侦办的走私案件中,想象竞合犯也在司法实践中得到了具体的运用。例如“1901王某等人走私燕窝案”,走私货物燕窝的主要出口国是印尼、马来西亚,途经地是越南,根据《农业部、国家质量监督检验检疫总局公告第333号——防止高致病性禽流感(病毒亚型为H5)传入我国》的规定,禁止直接或间接从印尼、越南输入禽鸟及其产品①。由于该案走私的燕窝属于从禽流感疫病流行国家输入的禽鸟及其产品,且不属于由燕窝原产地和中国检验检疫科学研究院两国检验审批合法合规进出口的燕窝,系国家禁止进出口货物,同时侵犯我国的检验检疫秩序和关税秩序,属于想象竞合犯,因案犯王某等人走私偷逃应缴税额特别巨大,达到17.7亿元,按想象竞合犯和罪刑相适应原则,选择较重的走私普通货物罪起诉,最终法院判决王某犯走私普通货物罪,判处无期徒刑,没收个人全部财产。如果以走私国家禁止货物起诉,一是不能准确还原王某等人走私犯罪的本意,即偷逃税款到达赚取巨额非法利润的目的;二是对巨额偷逃税款对应刑罚的处理结果,不能判处无期徒刑。

(三)提出解决办法的需要

从根本上来讲,修改刑法走私罪量刑条款系最直接有效的解决办法,但在修改法律之前,有关部门已经开始运用想象竞合犯概念,解决

---

① 《禁止从动物疫病流行国家地区输入的动物及其产品一览表》2016年更新版。

以上量刑冲突问题。张明楷教授认为,注重一个行为触犯数个罪名的想象竞合犯的认定,不仅有利于合理地认定犯罪,而且有利于共同犯罪的认定①。若能深入理解想象竞合犯概念,将进一步明晰走私犯罪形态,正确把握立案侦查的方向。在有关走私犯罪的司法解释以及海关总署有关指导意见当中,均有不同走私罪名依照处罚较重定罪处罚的规定,具体规定详见《走私解释》第21条等。如果能很好引用想象竞合犯概念来判定走私犯罪的罪数形态,对于认定走私犯罪和其共同犯罪行为均有很好的帮助,因为关系到一罪或数罪,以及能否涵盖整个走私犯罪环节的问题。

四、引用想象竞合犯分析走私冻品的罪名适用

从以上研究的结果和目前的法律体系来讲,引用想象竞合犯概念系一种折中的解决办法。想象竞合犯作为一种罪数形态或理论形态,在走私犯罪研究和司法实践中已有具体的运用,是解决罪名适用和量刑冲突的一种可行性方案。

(一)走私冻品相关禁止属性分析

只有依照法律、行政法规的规定,或根据我国缔结或者参加的国际条约、协定的规定,有关货物才能被明确为国家禁止进口或者出口的对象,除此以外,其他规范性文件不能设定上述禁止性规定。根据检疫法的规定,走私来自境外疫区的冻品、农产品等货物、物品,属于国家禁止进口的货物,因此,应以走私国家禁止进出口的货物、物品罪定罪处罚。然而,目前并无法律、行政法规将来自境外非疫区的冻品明确为国家禁止进口的货物,而《粤港澳跨境走私指导意见》不是法律、行政法规,也非司法解释,根据《对外贸易法》的规定,从规范效力层级上看,《粤港澳跨境走私指导意见》无法将来自境外非疫区的冻品明确为行政管理规定上的国家禁止进口的货物。

于是,如何理解根据《粤港澳跨境走私指导意见》的规定,将未经

① 参见张明楷:《犯罪之间的界限与竞合》,载《中国法学》2008年第4期。

国家检验检疫准入,从非设关地走私进口的来自境外非疫区的冻品,认定为国家禁止进口的货物,并依据《走私解释》第11条第1款第6项和第2款规定定罪处罚,便成为需要解答的问题。目前较为可行的解释路径是将取得国家检验检疫准入制度解释为一种广义上的国家限制进口的制度,从法律、行政规定上,似也能作出这样的解释。《进出境动植物检疫法》第10条规定,输入动物产品必须事先提出申请,办理检疫审批手续,由此可认为由上述法律确定了作为动物产品的冻品,进口需符合国家检验检疫准入许可的国家限制进口制度。因此,未经国家检验检疫准入,从非设关地走私来自境外非疫区冻品的行为,可以被认定为未取得限制性许可的违法进口行为,构成走私国家禁止进出口货物罪。

按照上述理解,《粤港澳跨境走私指导意见》是将非设关地走私进口的来自境外非疫区的冻品作为一种广义上未取得国家准入许可,违反限制性规定的货物,其“禁止性”体现在行为的属性上,即该进口行为因未取得准入许可而被刑法规范所禁止,该理解也能与从海关监管渠道走私进口来自境外非疫区冻品的犯罪行为的罪名适用相协调。如此一来,来自境外非疫区冻品作为国家限制进口的货物,走私进口该类冻品的行为也可能偷逃应缴税款,而构成走私普通货物罪,从而同时构成两个走私罪名,以走私想象竞合犯择一重罪定罪处罚。

(二)类型案件罪名量刑适用分析

经引用想象竞合犯对走私冻品各类型案件进行研究,具体适用罪名及量刑对应如下:一是对于走私来自疫区冻品案件,因该类冻品属于国家明令禁止进口的货物、物品,按目前法律规定不符合想象竞合犯范畴,只能以走私国家禁止进出口货物罪立案侦查。二是对于走私非疫区且已取得国家检验检疫准入证书的冻品案件,系普通货物,应以走私普通货物罪立案侦查。三是对于走私非疫区但未取得国家检验检疫准入证书以及海上走私查不清是否来自境外疫区的冻品案件,不属于法律明确列明的国家禁止进口货物,而是属于逃避国家检验检疫制度的货物,对应《走私解释》第11条规定。其他的禁止进出口货物,存在普通货物和其他禁止进口货物的双重属性,是走私国家禁止进出口货物罪和走私普通货物罪的想象竞合犯,为防止降格处理,以走私国家禁止进出口货物罪定罪处罚,同时又构成走私普通货物罪的,依照处罚较重的规定定罪处罚。四是通关渠道走私查不清是否来自境外疫区冻品案件,因侦查机关无法取证的问题,未能确定存在普通货物和其他禁止进口货物的双重属性,不能认定为该两罪的想象竞合,属于侦查机关无法查证属实的责任,根据"有利于当事人"原则,以走私普通货物罪或者走私国家禁止进出口货物罪定罪处罚。

因走私货物禁止属性的不同,产生对应的量刑结果也不同。若属于未取得国家检验检疫准入证书、查不清是否来自境外疫区的冻品,量刑对应《走私解释》第11条第1款第6项的规定。若属于走私来自国家发布相应疫区的冻品等,量刑对应《走私解释》第11条第1款第4项规定。

五、相关意见建议

通过以上走私想象竞合犯相关问题的思考,现提出以下意见建议。

(一)推动立法部门修改平衡走私罪的最高刑

虽然引用想象竞合犯概念能很好地解决粤港澳海上跨境走私冻品碰到的罪刑不相适应问题,但在实践推动中也存在相关难点。一是引用想象竞合犯概念处置走私来自疫区的冻品案件尚未得到大多数办案人员的理解和相关法律规定的确认,是否可适用走私普通货物罪仍然存在很大的争议。如不能解决该难点,将继续无法评价走私来自疫区冻品偷逃税款特别巨大的问题,同时和其他来自非疫区类型案件对比无形中产生新的矛盾。二是走私普通货物罪的侦办相比走私国家禁止进出口货物罪需要额外查证实际成交价格和计核偷逃税款,不仅增加办案难度、降低办案效率,增加大量的办案成本,甚至因取证困难或证据灭失等原因放纵走私罪犯,不利于严厉打击惩治该类走私犯罪。三是若因为涉案人员的不配合,导致通关渠道冻品查不清是否来自境外疫区,进而只能根据"有利于当事人"原则从轻处置,则可能出现比犯罪嫌疑人认罪认罚更轻的局面。

走私《刑法》第151条、第152条、第347条规定以外的货物、物品的,按照走私普通货物罪处罚。从法律条文来看,系特别法条和普通法条之间的关系,现走私相同的标的物,适用特别法条中部分条款罪名的最高刑反而低于普通法条相应条款的最高刑,特别是在走私货物、物品具有"涉税又涉证"双重属性的情况下,造成罪名适用的混乱和罪刑不相适应的问题。以常理比较,走私禁止进出口货物应比同类型的走私普通货物危害性大,特别是在疫情防控大背景下,按照刑法罪刑相适应原则,其量刑标准不应比走私普通货物罪低。若能修改平衡走私罪的最高刑,使走私国家禁止进出口货物罪、走私废物罪的最高刑不低于走私普通货物罪,适用想象竞合犯的各种难题也将能得到很好的解决。因此建议逐级报告海关总署,向全国人大常委会立法提案,将走私国家禁止进出口货物罪、走私废物罪的最高刑修改为与走私普通货物罪一致,即无期徒刑。

(二)注重走私想象竞合犯的实践运用

走私想象竞合犯作为一种犯罪现象,是客观存在的,也已经在理论学界和司法实践中被接受和运用。虽然在运用中还存在诸多难题,但修改刑期需要一个漫长的论证程序,不可能一蹴而就,在目前部分走私罪量刑冲突的情况下,为避免处罚降格处理,对其中属于想象竞合犯的,按"从一重处断原则"解决问题更为妥当。因此,厘清走私想象竞合概念和归责原则,对于走私犯罪侦办实践有着积极的作用。鉴于引用想象竞合犯择重处罚区别于实质数罪、法条竞合,区别于常用单一罪名,区别于一般案件量刑标准,为便于司法机关的犯罪认定和准确量刑处罚,建议引用想象竞合犯概念从重处罚时,在侦查终结意见和起诉意见书中阐明理由并作特别说明。

(三)侦查初期应逐一对犯罪行为所触犯罪名进行查证

从刑法理论上看,想象竞合犯罪在犯罪构成要件上,实质地构成数罪,因此,在侦查中应当逐一对犯罪行为所触犯罪名的有关犯罪事实进行查证，唯有如此，才能根据查明的犯罪事实，明确具体犯罪行为在有关竞合的罪名中应适用的法定刑幅度，从而准确适用其中处罚较重犯罪的罪名。如在案件侦办的初始阶段，简单认为某犯罪行为应适用法定刑更重的走私国家禁止进出口的货物罪，而忽视了对其偷逃应缴税额的计核，很可能在走私普通货物犯罪行为已达到特别严重情节时，未能准确适用法定刑更重的走私普通货物罪。

按照想象竞合犯归责原则和当前缉私办案工作实际，海上走私冻品偷逃税款在250万元以下的案件，以走私国家禁止进出口货物罪立案侦办，是符合相关立案规范的，从法律效果和社会效果来看更能有效打击走私犯罪；偷逃税款在250万元至3000万元之间的案件，国家禁止进出口货物罪和走私普通货物罪在判决结果上没有明显的区别，可以从方便侦查工作的角度选择立案罪名；当走私冻品达到5000吨或偷逃税款达到3000万元以上的总署缉私局挂牌管理标准时，属于全国范围内的重大走私案件，个人犯罪有判处无期徒刑的可能，同时因挂牌督办有更充足的警力财力保障，为客观真实评价该类想象竞合犯，避免降格处理，建议以走私普通货物罪立案侦办。

侦查初期，若法定刑较重的犯罪能否在后期得到证据充分证明尚不明确，可视情况选择适用证明负担更轻、更易达到批捕标准的罪名提捕，一定程度上有助于提升办案部门在提捕前的工作效率。在批捕后的后续侦查中，若办案部门逐步查明犯罪行为已构成法定刑较重的罪名，再以法定刑较重的罪名向检察机关移送审查起诉。

Research on the Application of Criminal Charges for Cross-border Smuggling of Frozen Goods

ZHU Haozhao　CHEN Weidan

[**Abstract**] The state has regulations providing that smuggling frozen goods into non-customs areas without obtaining a national inspection and quarantine admission certificate shall be punished as a crime of smuggling prohibited import and export goods. However, this regulation fails to assess the unlawful act of smuggling frozen goods with particularly large amounts of tax evasion, resulting in a phenomenon of inverted sentencing. Therefore, it is necessary to introduce the concept of joint offenses in smuggling and the principle of attribution, thus clarifying the appropriate criminal charges for different types of smuggling cases involving frozen goods. Additionally, it is recommended that the legislative authorities consider amending the maximum penalties for various smuggling charges to ensure that the maximum penalty for offenses specified under special provisions for smuggling crimes is no less severe than that stipulated under ordinary provisions. Prior to the amendment, attention should be paid to the practical application of joint offenses, thus prudently resolving the problem of mismatch between the above-mentioned crimes and penalties.

[**Key words**] smuggling of frozen goods; charges and sentencing; joint offenses; consistency between crimes and penalties

自由贸易港及海关特殊监管区反走私治理研究*

路长明　张　星**

［摘　要］　我国自由贸易港的建设与海关特殊监管区的功能正日趋成熟，但在建设过程中所被普遍关注的走私问题也不容小觑。运用层次分析法可将走私成因进行深入剖析，对地理环境、政策制度、科技水平、监管对象的走私行为与海关的监管行为五个指标计算权重，进而为海关对自由贸易港及海关特殊监管区的反走私治理活动提供相关建议。

［关键词］　自由贸易港；海关特殊监管区；层次分析法；反走私

一、引言

随着中国改革开放的不断深入，自1990年6月，上海外高桥保税区作为第一个海关特殊监管区域正式批准设立，截至2021年3月，我国目前已设立海关特殊监管区域163个。2018年4月，为进一步促进货物、资金、人员、信息的自由流动，党中央决定在海南建设自由贸易港，推进我国贸易便利化发展进程。自由贸易港的建设也从一开始的设想和逐步探索到如今《海南自由贸易港建设总体方案》的正式公布，

---

*　全国打私办2021年立项课题。

**　路长明，中国海关管理干部学院教授；张星，中国海关管理干部学院助教。

海关特殊监管区域到海关监管特殊区域的形式变迁,也使得中国高水平对外开放的建设更上一个台阶。

同时,自由贸易港与海关特殊监管区"境内关外"的制度特征也给走私活动提供了温床。在海关特殊监管区内优惠的税收政策以及在自由贸易港中全面"零关税"政策的推行、监管区和自由贸易港特殊的地理位置、走私对象法律意识的淡薄等因素都会诱使走私团伙为一己私利,铤而走险,通过各种走私渠道走私货物。因此,在海关特殊监管区及自由贸易港中注重经济建设的同时,也应加强对走私风险的防范。

二、海关特殊监管区及自由贸易港的走私研究

(一)海关特殊监管区域的概念及特征

1. 海关特殊监管区域的概念

海关特殊监管区是由国务院批准,设在中国境内,为便利企业进出口进行全封闭的监管场所,海关特殊监管区域的"特殊"在于税收特殊和管理措施特殊,同时兼具保税加工、储存、国际物流和国际贸易等功能。海关特殊监管区域一般设置在进出口货物体量大、通关便利且设有海关机构的港口或内陆口岸。

2. 海关特殊监管区域的类型

海关特殊监管区域主要包括保税区、出口加工区、保税物流园区、跨境工业区、保税港区和综合保税区六大类,其监管区内货物流通自由程度越来越高。

从形式上看,中国海关特殊监管区域的发展历程从物流监管仓库(出口监管仓和保税仓库)创设开始,经历了保税区、出口加工区、保税物流园区、跨境工业区、保税港区和综合保税区的逐一设立。保税区之后创设的区域形式都是从保税区演化发展而成的。不过,这种演化发展并不是以新形式取代旧形式的方式出现,而是以新旧形式并存的格局出现。

从功能上看,中国海关特殊监管区经历了从功能比较单一的区域到功能比较完备的区域发展。保税区、出口加工区、保税物流园区是功能相对比较单一的海关特殊监管区域。保税港区和综合保税区是

目前为止功能最完备的海关特殊监管区,它复合了保税区、出口加工区和保税物流园区的功能。与功能的复合性相适应,保税港区和综合保税区的政策具有叠加性。同时,每种形式的海关特殊监管区自身功能也在不断拓展。

3. 海关特殊监管区的特征

海关特殊监管区域共有六种形态,其中保税港区与综合保税区包含了其他所有监管区的特征,是目前功能最为齐全的海关特殊监管区域,随着海关不断实践,未来逐步要将这六种形态的监管区全部优化整合为综合保税区。海关特殊监管区域各类型的特征如表1所示。

表1 海关特殊监管区域各类型特征

政策与功能	保税区	出口加工区	保税物流园区	跨境工业园区	保税港区	综合保税区
国际采购	是	是	是	是	是	是
商品展示	是	是	是	是	是	是
区内货物自由流转	是	是	是	是	是	是
国内货物入区退税	否	是	是	是	是	是
区内免增值税与消费税	是	是	否	是	是	是
研发、检测、维修	是	是	否	是	是	是
对外贸易	是	否	是	是	是	是
分销配送	是	否	是	是	是	是
口岸作业	否	否	是	否	是	是
国际中转	否	否	是	是	是	是
设立地点	内地	内地	内地、沿海	沿边	沿海	沿海

(二)自由贸易港的概念及特征

1. 自由贸易港的概念

自由贸易港是指设在一国(地区)境内、海关监管之外,允许境外货物、服务、资金等生产要素进出自由的特定区域,是当今世界最高水平的开放形态。进出港区的全部或大部分货物免征关税,并且准许在自由港内开展货物储存、展览、拆散、改装、重新包装、整理、加工和制造等业务活动。

自由贸易区是建立自由贸易港的基础,通过在某一地区设立自由贸易区,以实现"先行先试"的目的。自由贸易区主要是在无明确制度要求的情况下,突破现有行政体制,创新市场准入机制,不断摸索出一条适合自由贸易港建设和发展的道路来。而自由贸易港是以制度建设为基础,来不断对接国际社会高标准的贸易与投资规则,在服务、货物、资金、贸易、信息、人员流动等方面打造高度自由的开放平台。

2. 自由贸易港的类型

贾康认为自由贸易港依贸易管制程度可分为完全自由港和有限自由港;依范围大小可分为自由港市与自由港区;依主导功能差异划分可分为保税仓库型、转口贸易型、出口加工型、工贸结合型和综合多功能型。① 刘涛将自由贸易港分为综合型自由贸易港、工贸结合型自由贸易港、物流型自由贸易港与避税型自由贸易港。②

中国香港、新加坡为典型的综合型自由贸易港,兼具国际贸易、出口加工、国际物流、金融投资等功能于一体,其贸易与经济制度高度自由,管理机制与体制高效灵活。贸易自由化程度较高的迪拜为工贸结合型自由贸易港,主要开展货物的进出口加工贸易和转口贸易。荷兰鹿特丹港属于物流型自由贸易港,又称保税仓型自由贸易港,业务种类比较单一,主要是对货物在港区内的组装、分解、抽样等给予一定的便利。③

---

① 参见贾康、施文泼、刘薇:《海南自由贸易港财税制度建设的国际经验借鉴》,载《财会月刊》2021年第22期。

② 参见刘涛:《检察工作服务海南自贸港建设研究》,载《〈上海法学研究〉集刊(2021年第6卷,总第54卷)——新兴权利与法治中国文集》。

③ 参见崔凡:《全球三大自由贸易港的发展经验及其启示》,载《人民论坛·学术前沿》2019年第22期。

韩国釜山、中国台湾高雄等为出口加工型自由贸易港，而智利伊基克自由贸易区和巴拿马科隆自由贸易区等由于其独特的地理优势，为典型的转口贸易型自由贸易港。开曼群岛及英属维尔京群岛被称为“避税天堂”，由于其自然资源稀缺、产业落后，便依靠其宽松的政策环境来吸引外商投资，是典型的避税型自由贸易港。

3. 海南自由贸易港的基本特征

海南自由贸易港是在经济全球化新的背景与我国扩大开放新的阶段下，旨在打造我国最高水平的开放平台，通过“零关税、零壁垒、零补贴”来提升全球资源配置能力和全球服务能力而逐步探索的具有中国特色的自由贸易港。海南岛是我国面向太平洋和印度洋的重要对外开放门户，由于其独特的地理优势，为我国与“一带一路”共建国家和地区开展务实高效合作搭建了天然舞台。

高度自由、高度便利、高度法治是海南自由贸易港建设的主要特征。在高度自由方面，要实现港内货物、服务、投资、金融、人员、信息等要素的自由流动。各贸易类型的具体要求如表2所示：

表2 高度自由方面海南自由贸易港内各贸易类型的制度要求

类型	制度要求
货物贸易	除因履行国际义务及维护国家安全，取消进出口贸易管制；除烟酒等部分商品外，实行零关税
服务贸易	建立“准入前国民待遇＋极简负面清单＋准入后国民待遇”外商投资管理制度，在服务贸易领域方面实现零壁垒
投资	除“黄赌毒”等禁止行业以及新闻媒体等少数限制行业外，其他行业取消准入限制，允许外商投资
金融	推动资本项下完全开放，取消外汇管制，建立有利于推动人民币国际化的跨境结算体系
人员	在有效监管前提下，加快构建全球个人免签政策，简化永久居留申请程序，吸引国际化人才
信息	放开电信市场，打造高度开放的互联网市场

在高度便利方面，海南自由贸易港旨在营造便捷、高效的贸易便利

化营商环境,以便为外商来港投资提供最大便利,主要表现在服务、货物、投资、融资等方面的高度便利。各贸易类型的具体要求如表3所示:

表3 高度便利方面海南自由贸易港内各贸易类型的制度要求

类型	制度要求
服务贸易	建立职业资格互认制度和个性化工作签证制度,为服务提供者在职业资格获取、职业地点选择上提供最大便利
货物贸易	建成国际先进水平的国际贸易"单一窗口"和全程数字化通关流程,除少数货物管制外,实现一般货物不报批、不报检、不统计,符合条件的货物不报关
投资	在有效监管下,保障市场主体:自主注册、自主经营、自主变更、自主注销
融资	形成高度开放的金融体系,降低融资成本,提高市场主体融资便利化程度

在高度法治方面,要想实现港内高度自由与高度便利,就必须要有完善的法律制度体系作为支撑。全国人大出台"中国特色自由贸易港基本法",明确海南自由贸易港的定位、功能以及运作模式,同时建立完备的专项法律体系与之配套,努力实现"法律面前人人平等,法律之内最大自由"的目标,并逐步将自由贸易港探索成果法制化,为全世界投资者与创业者打造一个安全、自由、公平的法治营商环境。

(三)在海关特殊监管区及自由贸易港中的反走私治理研究

1. 反走私概述

走私是指违反《海关法》及有关法律、行政法规,逃避海关监管,偷逃应纳税款、逃避国家有关进出境的禁止性或者限制性管理的行为。关于走私犯罪与走私行为产生的原因是多方面的,有经济原因、制度原因、地理原因、观念原因、执法原因等。不同学者与实务工作者也都表达了自己的观点,许雄奇从经济学的角度分析了走私与反走私的经济成本。① 李宇铭将走私犯罪成因归结为暴利、便利、环境诱发的走私

① 参见许雄奇:《走私与反走私的经济学分析》,载《重庆工学院学报》2004年第1期。

欲望;个人物质的相对不足、自私自利的性格特征、特殊的智力条件等造成的个人内在控制能力的匮乏,以及法律上与道德上的非难问题导致的外部约束的欠缺三类。① 黄利红认为国内外商品差价的不断扩大、特殊的地理环境、严重的地方保护主义、刑事制裁手段的"疲软"等是造成走私屡禁不止的主要原因。②

反走私综合治理工作早在1995年的全国打私领导小组会议上正式提出③。2000年,经修订的《海关法》第5条第1款规定:"国家实行联合缉私、统一处理、综合治理的缉私体制。海关负责组织、协调、管理查缉走私工作,有关规定由国务院另行制定。"李文健从服从领导、联合执法、与时俱进等方面全面总结了联合缉私新体制实施后缉私工作取得的进展,并分析了当前联合缉私体制下缉私工作所面临的问题。④ 郭尧东认为当前走私工作呈多元化、网络化、团伙化、隐秘化发展态势,并从制度层面上对现行缉私体制中存在的问题进行审视分析。⑤ 刘航颖、曹丽娟以四川藏区反走私防控为切入点,分析了反走私工作存在的主要矛盾,以及从思想上、行动上、职责上该如何全面提升内陆海关反走私工作质量提出了建议。⑥

2. 走私行为的类型

走私行为一般分为绕关走私、通关走私、后续走私和间接走私⑦,绕关走私指不通过海关的监管区域而进行的走私,如在非海关设立点

---

① 参见李宇铭:《论改革开放以来走私犯罪的状况和成因》,载《法制与经济(中旬刊)》2008年第11期。

② 参见黄利红:《走私犯罪的特点、成因和对策》,载《公安大学学报》2000年第2期。

③ 参见祝少春:《反走私综合治理管理机制完善刍议》,载《〈上海法学研究〉集刊(2020年第6卷,总第30卷)——上海市法学会海关法研究会文集》。

④ 参见李文健:《我国缉私新体制的实践经验与当前打私工作面临的形势》,载《理论前沿》2006年第15期。

⑤ 参见郭尧东:《当前中国缉私体制改革若干问题的探讨》,复旦大学2010年硕士学位论文,第1~42页。

⑥ 参见刘航颖、曹丽娟:《总体国家安全观视阈下全面提升内陆海关反走私工作质量研究——以四川藏区反走私防控为切入点》,载《北京警察学院学报》2019年第6期。

⑦ 参见张大春:《走私犯罪刑事证据研究》,中国海关出版社2013年版,第12页。

的边境地区直接运输货物进境;通关走私指行为人采用伪报、瞒报、低报等形式通过海关进出境;后续走私指行为人先通过合法渠道进口货物之后,而又违反海关法及有关法律法规的规定进行牟利,后续走私中查获的货物主要涉及保税货物和特定减免税货物;间接走私指对走私犯罪起帮助实现或者诱发作用的行为。

在海关特殊监管区中,大多数的走私行为属于通关走私与后续走私,即监管区内企业通过瞒报、伪报、藏匿以及拆分单证等行为通过海关进出口,或利用海关特殊监管区中税收优惠等便利企业通关政策,实施后续走私。海关特殊监管区采取的"一线放开、二线管住、区内不干预"措施虽加快了货物的流通速度,但在客观上也为走私分子提供了可乘之机,极大地提升了二线海关监管的压力。

在自由贸易港中,走私行为更具复杂性,多为新型后续走私,尤其在海南自由贸易港中,离岛免税走私并不存在绕、越关口行为,不法分子走私的免税品已经完成了进口,但未经海关许可也并未补缴应缴税额,擅自将特定减免或免税的货物和物品带入境内进行售卖,进而从差价中获利。在传统的后续走私认定中,货物是否核销是区分出售行为是否合法的重要标志。海关只需监管核销之前的货物,即可使后续走私行为始终处于海关的监管之下,但大部分离岛免税走私的出售行为发生在核销之后,因而就无法采取和借鉴传统后续走私对销售行为的监管方式。离岛免税商品后续监管的不确定性,也使其很难对离岛后的货物进行有效监管。

3. 在海关特殊监管区及自由贸易港中的反走私治理

反走私是一项综合性很强的系统工作,需要各种力量联合起来,形成"海上抓,岸边堵,口岸查,市场管,处罚严"的治理格局,这种格局看似与海关特殊监管区及自由贸易港"低税率、宽政策、少干预"的建设理念有些相悖,但从另一角度研究,反走私治理是海关特殊监管区及自由贸易港建设的有力保障。

海关特殊监管区以及海南自由贸易港的建设要求海关实现低干预、高效能的监管。以海南自由贸易港为例,自2020年7月1日,海南离岛免税购物额度大幅度调整以后，免税走私规模急剧扩张，使得海南岛免税走私监管面临着前所未有的挑战，因此，海关如何兼顾在特殊监管区域中的低干预与高效能，成为摆在海关面前的新课题。

刘荣认为监管对象规模的庞大、网络技术的隐蔽以及走私链的碎化与加长，使海南免税走私监管受到严峻挑战。提出离岛免税走私监管应当以对物监管为基础，从而覆盖走私全流程，进而由异常物流锁定异常人员，不断探索“低干预、高效能、低风险”的新型监管模式。① 郑先红等根据海南岛的地理特征考量了海南自由贸易港反走私治理的严峻性，同时现行的相关立法在进出口贸易管制、关税、反走私的职责权限等方面的规定并不适应海南省反走私斗争的需要。② “自贸区走私犯罪问题研究”课题组对上海自由贸易区通关走私中的走私普通货物、物品犯罪问题进行了研究，分析了自由贸易区部分监管制度存在的漏洞和防控方案，并对如何认定自由贸易区走私罪共同犯罪作出判断和解释。

各学者关于反走私综合治理的探讨主要集中在形成走私的原因，走私治理的途径以及对海关监管制度的探讨。在海关特殊监管区与自由贸易港内研究反走私治理的文献相对较少，一方面由于海关特殊监管区与自由贸易港的建设还在探索阶段，另一方面由于非海关系统查缉走私人员对于在海关监管区内反走私治理活动经验的缺乏。

三、自由贸易港及海关特殊监管区走私现状分析

（一）地理区位情况

1. 海南省地理区位情况

海南岛四面环海，地处祖国最南端，全岛海岸线总长 1944.35 公里，管辖海域面积 200 万平方公里，有 91 个港口，56 个岙口，并与多个

① 参见刘荣：《离岛免税走私监管模式的检视与完善——基于〈海南自由贸易港法〉第 15 条的规定》，载《海南大学学报（人文社会科学版）》2021 年第 4 期。

② 参见郑先红、马志毅、王思行：《海南自由贸易港法治建设现状、难点及对策建议》，载《中国司法》2020 年第 1 期。

国家海域接壤,毗邻的北部湾海域长期以来一直是走私活动的高发地。海南岛海岸线长、小码头多、“三无”船只多等客观因素为缉私工作的开展带来了较大难度。

2. 海关特殊监管区地理区位情况

海关特殊监管区既有在沿海沿边建设,也有在内陆建设。近年来,随着国际贸易的发展,海关特殊监管区越来越多地在内陆建设,比如石家庄综合保税区、太原武宿综合保税区、呼和浩特综合保税区等,截至2020年12月底,全国海关特殊监管区域总规划面积超445平方公里。海关特殊监管区域无论是处于沿海、沿边还是内陆,都有不同程度、不同方式的走私行为发生。

(二)海关监管特点

1. 监管对象庞大

2020年7月1日,海南岛的离岛免税购物额从每人每年3万元提升到每人每年10万元,许多代购、水客都瞄准了海南市场,包括许多在校大学生、社会低收入、“候鸟老人”、闲散人员等,被专门走私带货团伙或组织所雇佣,并以“蚂蚁搬家”的方式来逃避海关监管。这种走私方式最大的特点就是以“多人”“多次”的方式来逃避海关的限额监管。

2020年7月1日至2021年4月6日,海口海关共监管购物旅客达496万人次。据海口海关缉私局统计,2019年11月~2021年3月查获的“套代购”走私案件中,涉案的带货“水客”有277人是在海南本省高校就读的在校大学生。北方老年“候鸟人群”更是走私分子利用、诱骗其参与代购的另一“水客”人群来源。“套代购”群体规模的扩大、进出岛人员流动的频繁增加了海关监管的难度。

2. 监管空间扩张

海关特殊监管区的不断扩张,监管区与贸易港的税收优惠政策不断向企业倾斜,海关的监管区域与监管空间也在逐渐扩张,伪报原产地、少报多进、骗取出口税、复进口、低报价格等走私行为屡禁不止。尤其对于海南自由贸易港来说,海关监管区域不再仅限于港口、码头等沿海沿边地区，监管空间更是扩张至所有免税店。同时海关监管区域也不仅只限于线下，随着网络购物系统的开启，监管空间也从线下扩展到了线上。

3. 监管链条延长

海关监管行为随着走私链条的延长而得以扩展，海关不仅要对传统的走私贩运行为进行监管，而且还要将监管触角扩展至走私链条的前端以及后端。例如，对带货者征集行为的监管，不法分子获取订单、邮寄方式的监管，以及出区或离港之后行为的监管。在海关特殊监管区以及自由贸易港中，要对货物的申报、加工、流向进行严格监管。以湖南省自由贸易区及海关特殊监管区为例，在海关查出的走私案件中，主要以倒卖来料加工货物及保税仓货物、伪报贸易性质、伪报品名、伪报价格、进口洋垃圾等手法进行，延长了海关事前、事中、事后的监管链条。

（三）走私案件特点

1. 走私活动的复杂性

走私人员结构复杂，在海南、广西、云南等沿海、沿边地区，自身经济发展较为落后，群众对走私危害认识不足，对违法后果知之甚少，在利益驱使下，引发从众性走私行为。海关所查获的走私案件中，在海南沿海一带，既有本岛的走私团伙、资金的参与，也有境外、内陆以及三方相互勾结共同实施走私的犯罪团伙，在走私人员结构上，呈现出多重网状的复杂结构。

2. 走私活动的隐蔽性

互联网技术的进步以及跨境电子商务业的迅猛发展，走私方式也更为隐蔽。近年来我国对于跨境电商零售业给予政策上的税收优惠和通关便利，进一步诱发了不法分子利用网购渠道走私进口小额商品的动机。同时随着代购群、暗网销售群以及“刷单走私”等新型走私方式的出现，走私分子利用互联网的便利性和隐蔽性，藏身于监管领域之外。在某些走私案件中，参与者与组织者的真实身份信息全程无暴露，利用非法获取的身份证信息，运用 Java、Python 等技术手段构建虚假订单以达到走私目的，在此过程中，走私货物与走私参与者全程无接触,进一步加大了海关缉私部门的侦查难度。

走私活动的隐蔽性还表现在走私分子通信工具的不断更新,其反侦查手段也在持续升级。在福建海关缉私局关于福建沿海地区香烟走私案件的侦查中,发现海面接驳船只之间,一般使用卫星电话联络。登陆船只与陆上交接人员之间,一般使用插卡式对讲机联络。走私团伙骨干之间,使用中国香港、中国台湾地区号码联络或境外即时通信软件沟通。火车司机、搬运人员则使用无记名"黑卡"联系。在作案期间,走私团伙还会安排大量"看水"人员监视海警执法船艇动态或对侦查部门车辆进行反跟踪。在联络中,使用"暗语"交流,并不断变换暗号以迷惑侦查人员。

3. 走私流程的链条化

传统的走私一般只包括偷运和贩卖两个环节,随着走私规模化的发展和扩张,走私流程越来越链条化、标准化。购、运、储、销一条龙的走私模式逐渐形成并趋于成熟。案件侦查发现,在海南自由贸易港中,离岛免税走私案件在传统走私2~4个环节的基础上增加至10个甚至更多环节,且已逐渐形成商、订、招、购、提、离、运、集、储、销等完整且密闭的走私链条。与原来只有2~4个传统的走私链条相比,新的走私链各个环节联系薄弱,且分工、细化更为明显,核心成员则遁形于网络中,使得走私监管从一个环节突破至整个走私链的难度大大增加。

在海关特殊监管区中,福建海关缉私局在案件侦查中发现,海上走私流程主要包括"境外货源组织、母船公海运输、中型船只接驳、小型船只过驳、冲滩登陆卸货、路上高速运输"6个环节,走私犯罪团伙根据实际情况,只需替换"境外货源组织"环节,其他5个环节不变,即可"灵活"更换新的走私标的物,尤其是对于具有高额利润的香烟、酒等高价值商品,更是采用"家族制+股份制"的经营模式,固化团伙成员利益链条。其成员由股份利益紧紧捆绑在一起,且会经过严密的反侦查培训,提前销毁证据,以"暗号"联络,团伙高层直接躲在中国香港、中国台湾等地远程遥控指挥,追踪打击难度更大。

四、基于层次分析法的走私行为成因权重分析

(一)层次分析法基本原理

美国运筹学家萨第(T. L. Saaty)首次提出层次分析法(AHP)的概念,这是一种为尽量避免主观因素对结果造成影响的定量与定性相结合的分析方法。一般来说,造成某事件形成的原因是多方面的,为进一步对这些原因进行权重确定和优劣排序,从而更好指导决策,就需要将定性问题定量化研究,尽量减少主观判断对原因分析的干扰。

层次分析法就是根据问题的性质和要达到的总目标,深入剖析造成此问题的成因,将成因分解为不同的组成因素,并按照因素间的相互关联影响以及隶属关系将各因素按不同层次聚集组合,形成一个多层次的分析结构模型。本文主要通过邀请专家对各影响因素进行赋值,根据权重值大小进行敏感性分析,同时要对构建的矩阵进行一次性检验,以判断是否受到其他因素的干扰,进而影响到对结果准确性的判断(见图1)。

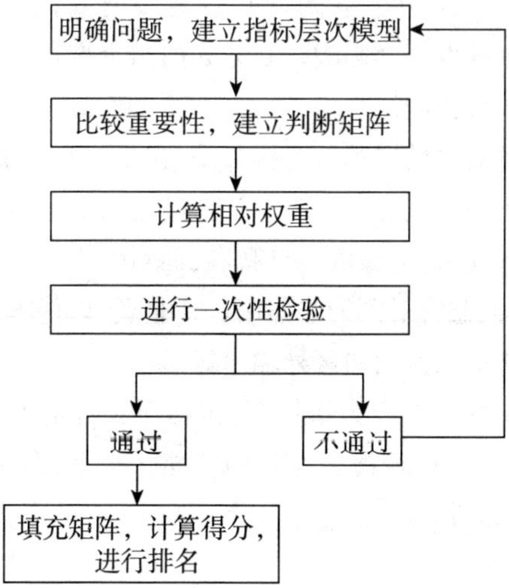

图1 层次分析法流程

(二)指标构建

在自由贸易港及海关特殊监管区内,造成走私的主要原因既有客观方面的,又有主观方面的。主要包括以下五个方面,地理位置、政策制度、科技水平、监管对象的走私行为以及海关的监管行为。

在地理位置中,海南自由贸易港四面环海,海关特殊监管区的地理位置既有在沿海沿边设置,也有在内陆设置。沿海沿边地势复杂,不确定因素高,受周边国家地区辐射影响较大,走私隐蔽性更强,走私行为更为猖獗。

在政策制度指标下,政策环境的宽松性也会对走私行为的发生产生重要影响。违法成本越低,既得利益越高,走私的主观意愿越强。近年来口岸营商环境的不断优化,申报流程的持续简化,“一线放开、二线管住”制度的不断推行等在为企业提供便利的同时,也为走私提供了土壤。因此,自由贸易港与海关特殊监管区免税政策及其他监管政策的推行也会影响到走私行为的产生。

在科技水平指标下,随着网络技术的发展,许多走私案件从线下交易转为线上交易,利用互联网技术,搭建专门“刷单”网站,逃避海关监管。科技水平的发展会影响走私方式的重大变革,这同样对于海关打击走私带来严峻挑战。

在关于监管对象的走私行为指标中,包括在自由贸易港与海关特殊监管区中监管对象的法律意识、守法程度以及信用认证等。例如,群众因法律意识淡薄,为谋取一己私利,面对区内外高额利润的诱惑,不惜铤而走险,或监管对象为非信用认证企业,以伪报瞒报、夹藏藏匿等方式将走私物品由区内向区外输出等。

在关于海关的监管行为指标下,包括海关打击走私犯罪的力度,从事打击走私队伍数量,海关监管的智能化水平,海关的风险研判能力以及国际执法合作等。

(三)指标权重计算

1. 构建判断矩阵

依据萨第学者所提供的如表4中的9个重要性等级,可以将上述

5 个指标的重要程度进行量化,进而通过评价指标模型中指标相互之间的比值,得出重要程度的排名。

表 4 打分赋值原则

因素 i 与因素 j 相比	量化值
同等重要	1
稍微重要	3
较强重要	5
强烈重要	7
极端重要	9
两相邻判断的中间值	2,4,6,8
倒数	$A_{ij}=1/a_{ij}$

因此,根据该领域专家评分,得出两两判别矩阵如表 5 所示:

表 5 各指标得分情况

指标	地理位置	政策制度	科技水平	监管对象的走私行为	海关的监管行为
地理位置	1	5	8	4	2
政策制度	1/5	1	2	1/3	1/6
科技水平	1/8	1/2	1	1/7	1/8
监管对象的走私行为	1/4	3	7	1	1/5
海关的监管行为	1/2	6	8	5	1

2. 确定指标权重

根据得出的判断矩阵,通过和积法分析每个矩阵的最大特征值和相应的特征向量,详细的计算过程如下:

$$N_{ij}=\frac{A_{ij}}{\sum_{j=1}^{n}A_{ij}}(i,j=1,2,3,\cdots,n)$$

针对矩阵每一行向量进行求和:

$$T_{ij}=\sum_{i=1}^{n}T_{ij}(i,j=1,2,3,\cdots,n)$$

通过对矩阵 T_{ij} 进行按列归一化处理,计算结果则为指标的层次单权重系数:

$$W_{ij}=\frac{T_i}{\sum_{i=1}^{n}}(i,j=1,2,3,\cdots,n)$$

故根据上述计算公式,可得出各指标在矩阵中的具体权重值如表6所示:

表6　各指标在矩阵中的具体权重值

指标	地理位置	政策制度	科技水平	监管对象的走私行为	海关的监管行为	权重(W)	AW
地理位置	0.48193	0.32258	0.30769	0.38182	0.57279	0.41336	2.28794
政策制度	0.09639	0.06452	0.07692	0.03182	0.04773	0.06348	0.32402
科技水平	0.06024	0.03226	0.03846	0.01364	0.03580	0.03608	0.18300
监管对象的走私行为	0.12048	0.19355	0.26923	0.09545	0.05728	0.14720	0.76150
海关的监管行为	0.24096	0.38710	0.30769	0.47727	0.28640	0.33988	1.95205

(四)一次性检验

由于上述矩阵中的评价指标是根据行业专家的实践经验和专业水平而确定的,存在一定程度的主观性。因此,为尽可能避免这种主观判断所带来的误差,需根据平均随机统一性指数RI对上述矩阵中的指标量化值进行检验,详细计算过程如下:

首先,计算最大特征根 λ_{max}:

$$\lambda_{max}=\sum_{i=1}^{n}\frac{(AW)_i}{nW_j}$$

其中,$(AW)_i$ 表示向量 AW 的第 i 个元素。由以上矩阵,计算得出 $\lambda_{max}=5.32566453$。

其次,计算一次性指标 CI:

$$CI = \frac{\lambda_{max} - n}{n - 1}$$

计算得出 $CI = 0.081416132$。

最后,进行一次性判断,计算一致性比例 CR:

$$CR = \frac{CI}{RI}$$

其中,平均随机一致性指标 RI 的值可通过查询表 7 得到:

表 7　矩阵阶数为 1～9 的 *RI* 值

阶数	1	2	3	4	5	6	7	8	9
RI	0.00	0.00	0.58	0.90	1.12	1.24	1.32	1.41	1.45

计算得出 $CR = 0.072692975 < 0.10$,一次性检验通过,其结果具有满意的一致性,证明在该矩阵中权系数的分配是相当合理的,同时也表明上述评分具有一定的客观性。

(五)敏感性分析

将各指标的权重系数进行排列,自由贸易港与海关特殊监管区所占据的地理位置对于走私的影响是极其明显的,但地理位置属于不可控因素。第二为海关的监管行为,海关监管对象的走私行为排第三,而政策制度和科技水平分别排第四和第五,表明在自由贸易港与海关特殊监管区中免税政策及其他通关便利政策的推行以及科技水平的发展对走私行为的产生影响较小。因此,对于打击走私治理可从海关的监管行为与监管对象的走私行为两个方面思考,排名如表 8 所示。

表 8　各指标的权重系数

指标层	权重
地理位置	0.41336
海关的监管行为	0.33988

续表

指标层	权重
监管对象的走私行为	0.14720
政策制度	0.06348
科技水平	0.03608

五、新形势下打击走私对策思考

(一)优化打击走私队伍结构

在上述层次分析法的实证研究中发现,海关的监管行为对于走私行为的影响至关重要,其中打击走私队伍结构的优化对于提升海关对走私活动的监管能力也大有裨益。然而,目前,就海南省反走私管控力量情况来看,海南省打击走私综合治理办公室作为反走私综合治理的组织、指导、协调机构,仅有编制13人,各市县打击走私综合治理办公室由地方公安刑侦支(大)队抽调2名工作人员兼职负责,情报研判、现场督导调研力量薄弱。海口海关缉私部门、海警部门以及海岸警察总队,作为海南省三支打击走私力量的专业队伍,还未形成统一指挥、快速反应、整体联动的岛屿型反走私执法协作机制。

因此,在自由贸易港与海关特殊监管区的反走私综合治理过程中,要不断优化反走私队伍结构,完善区域情报合作机制、强化区域联动查缉机制,发挥省际联动优势,通过信息、情报、科技和警力资源共享,协调处置港内及区内的走私违法犯罪活动。一是优化警种联动。海关缉私部门应联合地方公安、海警、烟草等单位部门开展针对性专项打击行动,迅速遏制走私态势,同步强化与相邻海域执法部门的联防联控,在优化跨警种联动、海陆联动协作机制上持续发力,实现优势互补、无缝衔接,最大限度发挥多警种联合优势。二是联合地方政府。强化打击整合“购、运、储、销”全链条合力,与市场监督部门加强联系配合,掌握重点商品的市场状态,包括数量、价格波动情况,增加情报线索来源,加快构建打防并举的反走私综合治理体系,凝聚社会各级执法力量,增强综合治理成效。三是强化执法合作,完善与周边越南、马来西亚、泰国、菲律宾等国家和台湾、港澳等地区的反走私联系配合,加强与国际刑警组织等机构的跨国反走私执法合作,凝聚反走私工作合力。

(二)提高缉私信息化智能化水平

反走私技术手段的信息化智能化水平的应用对于海关监管能力的提升也至关重要。在“互联网+”时代,走私活动电子化、无痕化趋势明显,给缉私办案带来巨大挑战。因此,海关在反走私治理过程中,应转变传统办案思路与模式,重视、善用、巧用电子数据、网络痕迹,及时借助司法、会计等第三方专业力量,不断加强情报的收集、分析和研判能力。

一是充分应用大数据平台,实现案件、社管、人流、物流、资金流等信息数据的共享共用。通过智能感知、智能识别、智能判定,有效整合线索信息,甄别锁定高风险人群,建立异常行为模型特征,有效掌握港、区内走私整体形态。二是推进“智慧海关”建设。借助区块链技术去中心化特征,通过多方共建可靠数据库增加信息传递的可靠性并使其可追溯、可识别、不可篡改,真正实现自由贸易港与海关特殊监管区内商品源头可查、去向可追、风险可控、责任可究。三是增强通信信息获取能力,对于境外即时通信软件、卫星电话等通信信息,要不断提升其搜索、获取及破译能力,精准打击走私团伙,强化案件联合经营侦办,合力铲除走私及关联犯罪链条。

(三)提升海关风险研判能力

海关特殊监管区税收优惠政策可能诱发的走私风险,自由贸易港离岛免税新政带来的“套代购”走私风险,海上偷运走私风险、跨境电商走私风险、毒品走私风险等依旧持续存在,因此提升海关对走私风险的研判能力也是加强海关监管能力建设的重要手段。仅就海南岛而言,自2019年11月以来,海口海关缉私局已连续开展8轮打击离岛免税套购走私行为;近5年来,海南省的海上偷运走私案件约占海南省海关缉私部门刑事立案总数的36%;跨境电商业务的高速发展态势与高额利润的存在更是为走私行为的屡禁不止提供了温床。

一是避免法律法规缺失带来的监管风险。应尽快出台针对跨境电商后续监管的上位法,规范税款计核工作,在海关特殊监管区内及自由贸易港中,跨境电商走私案件中因其走私商品种类多、数量大的特征,给执法部门对商品定价带来困难,进而影响到对税款的计核征收工作。二是严防通关作业流程设计带来的业务风险。执法人员应对企业少报多进、途中卸货以及短时间内出现同样产品信息的订单情形进行重点布控监管。在跨境电商通关流程设计方面,应将跨境电商统一版清单申报与金关二期电子账册的品名数量进行同步关联,以免走私团伙通关跨境电商统一进行超数量申报。三是阻遏政府补贴加企业趋利带来的走私风险。地方政府为获得海关特殊监管区域进出口数据,不同程度给予企业补贴。执法人员应严密监控,以防不法分子利用海关特殊监管区域道具货物反复进出区获得进出口数据、骗取政府补贴。

(四)加强沿海沿边地区普法宣传

在海南自由贸易港中,由其离岛免税政策的大力推广,刚步入校园的大学生,法治意识薄弱的“候鸟”老人都可能成为不法分子说服其参与走私的对象。在海关特殊监管区中,一些加工贸易企业也会由于高额利润的驱使,从事走私违法活动。加强对潜在走私对象的普法宣传,尤其是加强对沿海沿边地区人员的普法宣传对于减少走私活动的发生也具有一定的威慑力。

反走私普法宣传进校园、进企业就显得尤为重要。海关相关业务部门应及时通过各类媒体全方位宣传自由贸易港与海关特殊监管区的税收政策、监管制度、法律规定等,完善监管和新闻宣传“同步设计、同步部署、同步推进”做法,采取多种形式进行政策解读,营造良好的社会舆论氛围,争取企业及个人主动配合海关执法,并注意收集企业及个人对海关工作的建议和意见,及时改善服务,规范监管。

(五)构建区内企业信用体系建设

推进港、区内企业信用体系建设有助于反走私综合治理体系的进一步落实。一是加强港、区内企业诚信体系建设,完善信用评估机制。推进海关企业信用管理制度向电商企业、平台企业、支付企业、物流企业的延伸和扩展,制定低风险快放标准,实施差别化管理,实现对高信用企业的守法激励和对失信企业的惩戒威慑。选择优秀企业开展关企合作,将海关监管重心放在帮扶企业做好通关前准入商品的评估、备案管理和商品的合规性检查,以及事故纠纷的减少等方面,减少通关环节干预,缩短企业通关时间,引导企业规范经营行为,营造公平竞争的市场环境。二是推进"单一窗口"平台建设,将信用风险管理体系与单一窗口各项功能进行深入融合。通过记录港、区内货物供应链全程数据信息,包括从生产、运输、仓储、交易、支付、配送等各环节详细信息,来有效防控伪报价格或原产地等商品信息、虚假信息、质量缺陷、侵权等风险。

六、总结

海关特殊监管区与海南自由贸易港的建设对于推动我国外贸高质量发展,提升我国对外开放水平以及优化我国营商环境指标等都大有裨益,但在建设与发展的过程中个人、企业、组织所出现的趋利行为也是不可避免的,在解决海关特殊监管区与自由贸易港中所面临的突出走私问题,海关肩负着重要的职责,同时也发挥着重要的作用。本文通过运用层次分析法对不同指标的探讨与研究发现,地理位置、海关的监管行为与监管对象的走私行为是导致海关特殊监管区与自由贸易港发生走私的主要因素。针对以上原因,从队伍结构、智能水平、风险研判、普法宣传和信用体系建设五方面对新形势下反走私治理进行了思考以期能对海关实际工作有所启发。

Research on Anti-Smuggling Governance of Free Trade Port and Special Customs Supervision Area

LU Changming　ZHANG Xing

[**Abstract**] The development of China's free trade port (FTP) and the special customs supervision area have been progressing steadily. However, the smuggling problem that has been widely concerned in the development process can not be underestimated. By employing the Analytic Hierarchy Process (AHP), this study delves into the causes of smuggling, taking into account five weight indicators: geographical environment, policy system, scientific and technological level, smuggling behavior of those under control and regulatory behavior of customs. Furthermore, this research provides pertinent recommendations to Customs regarding anti-smuggling governance activities in FTP and special supervision area of customs.

[**Key words**] free trade port; special customs supervision area; analytic hierarchy process; anti-smuggling

反走私领域企业合规刑行衔接研究

厉永佳　王祉浩*

［摘　要］　随着涉案企业合规改革的推行，企业合规刑行衔接的重要性越发凸显。检察机关主导的企业合规制度迫切需要行政监管部门的协作与配合。在反走私领域，海关是最为重要的行政监管主体。通过对一起反走私领域企业合规典型案例开展实证研究，引出了企业合规中刑行衔接存在的诸多问题。随后对现有的立案侦查、合规考察对象准入及合规不起诉后的衔接环节进行了一番审视。由于海关并没有配合检察机关开展企业合规的法定义务，在双方的程序性衔接和实体性衔接上，刑行衔接不畅的情况在所难免。最后，对反走私领域企业合规考察结果运用等方面进行了展望，为促进反走私领域企业合规高质量发展提供了履职思考。

［关键词］　企业合规；刑行衔接；反走私；行政处罚

一、问题的提出：由一起反走私领域企业合规案例展开

行政执法与刑事司法间的刑行衔接问题可谓老生常谈，但在“两法衔接”过程中加入合规因素后却使之历久弥新。在反走私领域，检察机关主导的企业合规制度在运行过程中同行政监管部门海关间存在衔接不畅的情形。可以说，无论在理论上还是实务中，都对刑行衔

* 厉永佳，上海市人民检察院第三分院（铁检分院）第二检察部副主任；王祉浩，上海市人民检察院第三分院（铁检分院）检察官助理。

接提出了新的要求和挑战。海关和走私是一个硬币的正反两面,正面是海关或海关法,反面是走私、走私罪。① 因而,无论是打击走私犯罪,抑或开展反走私综合治理,海关都是那个不可或缺的主体。从另一个方面来看,这也是一次重塑"两法衔接"相关制度的重要契机。

日前,上海市人民检察院第三分院(以下简称三分院)办理了一起反走私领域企业合规案件。② 该案中,涉案企业江苏某公司从境外采购货物过程中,负责公司关务的陈某某为帮助公司节省税费,以低报价格的方式走私进口货物,偷逃应缴税额达40万余元。侦查机关移送起诉后,经三分院初步考察,涉案企业符合合规整改的启动条件。随后,三分院将企业合规整改的运行模式确定为异地协作模式,并作如下设计:首先,三分院作为委托方检察机关启动合规流程;其次,异地检察机关作为受托方开展协助调查和参与整改;最后,异地的第三方组织参与涉案企业的合规整改监督及考察。三分院依托长三角区域检察协作平台,通过苏州检察院在当地组建第三方监管小组对涉案企业开展考察和监督管理工作。在涉案企业完成了合规计划的核心内容、合规考察期限行将届满之时,三分院通过邀请海关缉私局、异地协作检察机关、异地第三方组织及人民监督员等多方参与企业合规的主体,以公开听证的形式对涉案企业的合规整改结果进行评议,并决定对涉案企业适用"合规不起诉",为企业合规改革提供了生动的异地协作经验。

该案中,事前和事中的企业合规运行过程都较为顺利,然而在"合规不起诉"的后端即检察机关决定不起诉后的刑行衔接上却遭遇了"一些制度安排上的挑战"。海关依据《行政处罚法》和《海关行政处罚实施条例》的规定,拟对涉案企业处以人民币160万元的罚款。而

---

① 参见陈晖:《走私罪的十个命题与六条规律》,载《〈上海法学研究〉集刊(2020年第6卷,总第30卷)——上海市法学会海关法研究会文集》。

② 参见上海市人民检察院第三分院(铁检分院)第二检察部:《"跨区域"协作+"线上合规听证"疫情下检察院积极探索企业合规考察新路径》,载微信公众号"上海检察三分院"2022年4月28日,https://mp.weixin.qq.com/s/HLl0nA0dUSDSk6ckRCFMQw。

根据《刑法》第153条的规定,单位走私普通货物的,对单位判处罚金。实践中,涉税类走私犯罪罚金的适用标准以犯罪主体偷逃应缴税额的一倍居多,具体到该案,若检察机关提起公诉,通常也会对被告单位提出偷逃应缴税额一倍罚金的量刑建议。可见,在同一起合规案件中,对于涉案企业而言,由于行刑衔接不畅所导致的案件结果极有可能大相径庭,海关所作出的行政处罚金额甚至远超刑罚对涉案企业的制裁。这样的结果,或许涉罪企业甚至检察机关都始料未及。可以想象的是,当这样反差巨大的处理结果成为常态,根据结果导向,检察机关恐怕很难能够吸引涉案企业选择适用企业合规制度开展合规整改,"合规不起诉"的制度价值也难以实现。

实践中,这样的情况并非个例。部分地区的检察机关反映,在耗费大量精力帮助涉案企业完成合规整改,决定对其"合规不起诉"后,行政机关仍决定对涉案企业罚款400万元。[①] 小微企业的企业家直言,"罚款400万元,还不如坐一年牢,缴罚金30万元"。随后,企业家找到检察机关表示"不愿参与合规整改了,就接受刑事处罚吧"。可以看到,涉案企业之所以愿意积极主动配合检察机关开展合规整改,主要是考虑到实施有效合规计划后的激励措施。其最直接的原因就是希望取得刑事制裁和行政制裁的从轻、减轻或免于处罚的激励回报。试想,如果涉案企业通过参与合规整改并不能换取真正宽大处理的激励措施,那么其参与合规整改的意愿不强也就不足为奇了。这样的结局不免令人唏嘘,却是实践中真实存在并亟待解决的刑行衔接难题。类似上述情况的刑行衔接问题不在少数,鉴于此,对反走私领域企业合规刑行衔接情况开展实践考察,并对其中存在的程序性和实体性衔接问题进行分析是极具现实意义的。最后,对该领域企业合规刑行衔接进行展望,以期为实践提供履职参考。

---

① 参见蒋安杰:《如何深化企业合规改革的路径 专家学者如是建议》,载《法治日报》2022年8月10日,第9版。

二、反走私领域企业合规案件中刑行衔接的实践考察

(一)涉企案件立案侦查环节的衔接

走私犯罪属于典型的行政犯。由于我国刑法概念定性与定量因素的结合,所以我国行政犯其实是行政违法行为刑事化的产物。[①] 换言之,走私犯罪主体以触犯海关行政法规为前提,首先构成了行政违法。同时,走私犯罪行为所产生的社会危害性应当已然达到需要刑法进行调整的紧迫程度,因而还需要动用刑法对行为人施加更为严厉的惩罚,即行政犯的"双重违法性"。《海关行政处罚实施条例》第4条规定:"海关发现的依法应当由其他行政机关处理的违法行为,应当移送有关行政机关处理;违法行为涉嫌犯罪的,应当移送海关侦查走私犯罪公安机构、地方公安机关依法办理。"可以看到,走私犯罪企业对于其所实施的走私行为,不仅要承担行政责任,还要承担相应的刑事责任,体现了走私犯罪的"双重违法性"。

外贸企业实施走私行为构成行政违法后,海关将对涉案企业展开稽查。同时,海关有权决定对外贸企业的走私等行政违法行为作出行政处罚。比如,海关行政处罚包括警告、罚款、没收走私货物及违法所得、撤销注册登记等。如果海关在调查过程中发现企业的走私行为已经涉嫌刑事犯罪,则应当将案件移送缉私部门。在缉私部门认定走私行为是否涉嫌犯罪的过程中,需要援引相关行政法规即"前置法",并结合刑法有关规定,方能确定走私罪的具体罪名、立案追诉标准及法定刑。然而,在司法实践的"两法衔接"过程中却始终存在有案不移、以罚代刑等问题。"两法衔接"问题由来已久,出台的相关文件不在少数,却都无太大成效。[②] 这也是为什么检察机关在"两法衔接"过程中强调立案监督的原因。

---

① 参见刘艳红:《"法益性的欠缺"与法定犯的出罪——以行政要素的双重限缩解释为路径》,载《比较法研究》2019年第1期。

② 参见赵旭光:《"两法衔接"中的有效监督机制——从环境犯罪行政执法与刑事司法切入》,载《政法论坛》2015年第6期。

依托企业合规改革不断向前的新形势,最高人民检察院(以下简称最高检)于2021年9月6日发布了《关于推进行政执法与刑事司法衔接工作的规定》(以下简称《行刑衔接规定》)。《行刑衔接规定》第4~7条分别规定了人民检察院在检察履职时,遭遇行政机关"有案不移"或侦查机关"有案不立"时的处理方式。《行刑衔接规定》的发布,有助于"两法衔接"问题的解决,也符合企业合规改革的发展趋势,尤其对于涉企走私犯罪案件的立案侦查环节而言,检察机关在强化对海关不依法向缉私局或缉私分局移送案件的监督,确保单位犯罪案件可以如期进入刑事诉讼流程上有据可依。此外,依托《行刑衔接规定》,检察机关还可以强化缉私部门对涉企案件的立案监督,避免其在涉案企业构成走私犯罪时仅对自然人立案的情形。

(二)合规考察对象准入条件的衔接

现阶段最高检发布了3批15件企业合规典型案例,其中绝大多数的案例中都将涉案企业与涉罪单位成员作了不起诉或量刑从宽处理。上述15件典型案例中,检察机关给出了启动合规整改较为具体的理由,比如:犯罪情节较轻;企业业务的重要性;企业对社会贡献很大,通常是当地的纳税大户;罪后表现良好,企业具有自首、认罪认罚等情节;落实"六稳""六保",保市场主体等政策性因素。

上述理由看似具体,但实际尚未形成统一标准,不同案件间的标准差异明显,并且,上述标准并非需要同时适用,某些案件中可能只需要符合其中某一个条件,即可由检察机关启动合规整改。这就反映出在合规考察对象的选取上,检察机关的自由裁量权较大,其不确定性自然会引发外界质疑。有学者指出,目前检察机关对合规对象的选择,"既背离了企业合规'放过企业,严惩责任人'的基本原理,也影响了合规考察制度的实施效果,还限制了企业合规改革的空间"①。与之相对的观点是,在小微企业中放过企业,也就意味着放过个人,严惩个

① 孙国祥:《刑事合规激励对象的理论反思》,载《政法论坛》2022年第5期。

人也就意味着严惩企业,这就是实践中双不起诉现象的现实原因。[①]折中说的观点则认为,鉴于单位责任与个人责任的区分存在现实困境,可以考虑"分离起诉"与"双不起诉"共存,根据案情灵活选择适用。[②] 可以看到,当前理论界对于合规整改结果后续走向仍未达成共识,但无论最终选择何种处理结果,检察机关启动合规整改都应当遵循"审慎"原则。这是由企业合规制度本身所蕴含的"反功能危机"对合规整改启动所提出的要求。[③] 易言之,检察机关在启动合规整改时应当慎之又慎,要严格把握合规启动的实质条件,企业合规不应成为涉罪企业轻而易举就能获取的出罪措施。因此,企业合规的启动本身也需要受到内部和外部的监督和制约,方能体现"审慎"的要求。

就内部监督而言,现阶段绝大多数省份,分别依据顶层设计对合规整改流程进行了更为细致的设计安排。如在上海市,就要求合规整改的启动需要提交市检察院进行审批,审批通过后方能由各分院或区院启动合规整改。而从外部监督来看,就走私犯罪领域而言,海关无疑是那个对行业背景、进出口企业情况都最为熟悉的行政主体。同时,海关作为行政监管部门,其对外贸企业的进出口行为开展反走私教育以及监管也是海关行政职能的客观需求。因此,检察机关在反走私领域开展企业合规有必要听取海关的意见,并作为启动合规整改的重要参考。一方面,海关对外贸企业的运营状况、行业内水平以及合规意愿在前期有着更为深入的了解,有利于帮助检察机关在合规整改的启动上增添客观性;另一方面,还能够让海关作为行政监管主体加入涉案企业合规的启动上进行把关和监督并增加"参与度",从而对企业合规的开展提供正向的促进作用。如此一来,也能为后续企业合规

① 参见李玉华:《企业合规不起诉制度的适用对象》,载《法学论坛》2021年第6期。

② 参见卞建林:《企业刑事合规程序的立法思考》,载《政治与法律》2023年第6期。

③ 参见叶伟忠、张飞飞:《刑事合规前置调查评估程序之构建》,载《中国检察官》2021年第23期。

的事中衔接和合规不起诉的事后衔接提供沟通与合作的渠道。

（三）合规不起诉后的衔接

企业合规后端的刑行衔接主要体现为由检察机关作相对不起诉后的转由行政监管部门作行政处罚。《刑事诉讼法》第 177 条规定，对被不起诉人需要给予行政处罚的、处分或者需要没收其违法所得的，人民检察院应当提出检察意见，移送有关主管机关处理。《行政处罚法》第 27 条也明确了应当对依法不需要追究刑事责任或者免予刑事处罚，但应当给予行政处罚的，司法机关应当及时将案件移送有关行政机关。实践中，缉私部门仅有的行政处罚权来源于《海关行政处罚实施条例》第 6 条之规定。海关侦查走私犯罪的公安机关即缉私局或缉私分局仅有在依法执行职务时遭遇非法阻碍、抗拒缉私等违法行为时，方能依照治安管理处罚的有关规定给予有限的治安行政处罚。因此，前文提及合规不起诉的刑行衔接应当由检察机关同海关完成相关衔接工作。

对于走私犯罪企业而言，在完成有效合规计划、通过合规考核验收后获得的“合规不起诉”结果，涉案企业能够“出罪”的关键并不在于走私犯罪的情节轻微，按照《刑法》的规定可以免予处罚。而是涉罪企业在认罪认罚的基础上，认真履行合规计划，填补企业走私行为相关漏洞，对走私罪的再犯能够起到积极的预防作用。当然，“合规不起诉”并不代表着检察机关对走私犯罪企业的放纵，涉罪企业需要通过对所涉走私罪名所侵害的法益进行积极修复，从而弥补由走私行为导致的危害后果。无论是对涉税类走私犯罪还是非涉税类走私犯罪，均应当通过相应的经济处罚或替代措施对所侵害的法益进行修复。

检察机关虽然作为宪法和法律规定的国家法律监督机关，但法律并未赋予检察机关相应的行政处罚权。在检察机关对犯罪主体作酌定不起诉决定的同时，通常还会制发检察意见书并送达相应的行政主管机关，并建议对涉案企业作后续行政处罚。因此，在办理反走私领域企业合规案件时，检察机关可以建议海关在涉罪企业合规整改的基础上对其进行综合考量，并作出从轻、减轻行政处罚或免予行政处罚的决定,从而促进反走私领域刑事司法与行政执法的一体化发展。

实践中,部分地区检察机关针对上述刑行衔接的现实需要,通过制定规范性文件的形式对衔接问题进行了细化规定。比如,上海市人民检察院印发的《上海检察机关办理涉案企业合规试点案件工作规定(试行)》第 19 条第 1 款规定:"检察机关在办理合规案件时,应当将合规计划、定期书面报告、第三方组织合规考察书面报告等合规材料,作为依法作出批准或者不批准逮捕、起诉或者不起诉以及是否变更强制措施等决定,提出量刑建议或者检察建议、检察意见的重要参考。"在此基础之上,对照《中共中央关于加强新时代检察机关法律监督工作的意见》,上海市人大常委会通过的《关于加强新时代检察机关法律监督工作的决定》第 14 条第 1 句规定:"本市建立行政执法和刑事司法衔接联席会议制度,完善执法司法信息共享、案情通报、案件移送等机制,健全案件咨询制度,实现行政处罚与刑事处罚依法对接。"

三、反走私领域企业合规刑行衔接中存在的问题

(一)企业合规程序衔接中的困境

所谓程序衔接,是指行政处罚程序与刑事诉讼程序的衔接,核心在行政刑法责任追究程序的衔接,关键是程序衔接工作机制的构建与完善。① 在合规改革的初期,刑行衔接程序上的问题并未引起各方足够重视,关于企业合规的研究方向更多集中在合规基础理论、比较法研究及附条件不起诉的立法问题等方面。随着涉案企业合规试点工作的推进,刑行衔接工作的程序性问题突显,可以说,如果不能妥善解决刑行衔接的程序性问题,那么合规整改的质效将会难以得到保障。

虽然涉案企业合规改革由检察机关主导,但对涉罪企业而言,该企业的规制义务仍然应当由行政执法机关即海关负责。检察机关同海关之间并无隶属关系,因此,海关并无配合检察机关开展涉案企业

---

① 参见刘艳红、周佑勇:《行政刑法的一般理论》(第 2 版),北京大学出版社 2020 年版,第 300 页。

合规整改的法定义务。从法定衔接程序来看,检察机关只有在涉案企业合规整改通过并作出不起诉决定后,才能依法向海关制发对涉案企业进行行政处罚的检察意见。建议从来都是为了被接受,而不只是为了被“参考”。[①] 对于检察意见而言同样如此。最高检通过出台《人民检察院检察建议工作规定》等措施,尽量使得检察建议和检察意见在落地过程中富有执行力。但在实践中,如果接收单位不认真对待、敷衍了事的话,检察机关也只能将有关情况通过“报告上级人民检察院,通报被建议单位的上级机关、行政主管部门等”方式进行沟通。可以说,如果行政执法机关对检察机关的检察意见不予采纳、配合,检察机关的后续监督措施对该行政执法机关也并无实质性影响。

从《行刑衔接规定》的内容来看,在反走私领域,即使海关在收到检察机关制发的检察意见后,对该意见置之不理拒不移送的,检察院也只能采取积极沟通的形式通知缉私局或缉私分局,并不能直接对该案件进行立案侦查。然而,缉私局和缉私分局同海关间存在隶属关系,在接到书面通知后是否会配合检察机关对涉案企业进行立案也犹未可知。对于走私犯罪这一专业性较强的领域,入罪时既要考虑海关行政管理法规的问题,还要解决诸多专业性问题,有时还会遭遇行政违法与刑事犯罪的界分难题。并且,侦查机关也可能基于“没有追究刑事责任的必要”等各种理由,拒绝将涉罪企业纳入侦查视野,或者侦查终结后拒绝将涉罪企业移送审查起诉。[②]

此外,虽然最高检与公安部联合印发了《关于健全完善侦查监督与协作配合机制的意见》,提出了设立侦查监督与协作配合办公室(以下简称侦协办)的要求,但其中的规定仍然较为笼统,且并未涵盖企业合规的有关内容,实践中的具体操作流程有待进一步细化。由于缺少针对企业合规的行刑衔接专门程序或规则,检察机关与海关在刑行衔

① 参见林喜芬:《论量刑建议制度的规范结构与模式——从〈刑事诉讼法〉到〈指导意见〉》,载《中国刑事法杂志》2020年第1期。

② 参见孙国祥:《企业合规改革实践的观察与思考》,载《中国刑事法杂志》2021年第5期。

接过程中必然会出现各类问题,反走私领域合规整改的实效也难免会存在较大变数。比如,检察机关在审查涉案企业能否适用企业合规制度时,可以通过侦协办向海关征询意见,也可以直接与海关取得联系征询意见。然而,征询的模式是通过书面形式还是口头方式进行征询意见?征询的内容是否要记录在案?被征询意见的海关在回复意见时是否设置固定期限?如果海关在收到征询意见后对合规监督工作不积极配合或参与合规监督后却不积极履行监督职责,导致合规考察流于形式并使企业完成了"纸面合规",海关是否要承担监督整改不力的责任?检察机关对此又当如何应对?在合规刑行衔接程序规则仍不明朗的当下,上述问题必然会在实践中出现,并且即使是在各地检察机关内部都尚未形成一致意见。现阶段,相关规范性文件也未能明确合规案件刑行衔接中的协作机制和程序规则,对于海关约束力有限。随着时间的推移和合规案件的数量增多,当海关参与合规整改的热情消减后,若在顶层设计上仍未能配套相应的衔接制度,行刑衔接的矛盾与合规整改的实效问题必然会更为突出。

(二)企业合规的实体衔接困境

企业合规刑行衔接的实体性衔接困境,主要指案件移送过程中刑事与行政实体法规范中的衔接。这里主要探讨本应受到刑事处罚的企业通过合规整改后能否减免行政责任或减免多少行政责任的问题。由于企业合规对企业刑事和行政责任的减免作用并未在实体法上被确认,因而"双重违法性"所导致的"双轨执法体制"下的企业合规制度在如何确保合规激励措施的质效这一问题上仍有待探索。

海关行政处罚有别于其他行政处罚,其特殊性在于,海关行政处罚的裁量基准来源于《海关法》和《海关行政处罚实施条例》等法律、行政法规。实践中,检察机关在反走私领域"合规不起诉"后的检察意见中,通常并不会写明建议海关将企业合规作为行政处罚的考量因素以及对涉案企业从轻、减轻或免予处罚等具体内容。即使检察机关能够在检察意见书中列明涉案企业的合规整改结果及建议从轻或免除行政处罚的建议,但行政处罚的决定权仍由海关掌握。如果海关对于

“稳住经济社会发展基本盘”的刑事政策以及走私犯罪企业积极履行有效合规计划、参与合规整改的行为视而不见，甚至本身就对检察机关主导的企业合规制度存在较大的抵触情绪，非但在行政处罚过程中不对“合规出罪”的企业给予宽宥，反而还对企业作出了诸如责令停产停业、撤销其注册登记等极为严格的资格罚，那么该涉案企业即使通过了合规整改，在程序上实现了“出罪”，却仍然会因为后续的行政处罚而宣告企业合规制度以及“保市场主体”等相关刑事政策在该案中的根本性失败。

2022 年 3 月 9 日，时任最高人民检察院检察长张军就涉案企业合规改革试点情况指出：“能提出轻缓量刑建议的提出轻缓量刑建议。”①因此，检察机关在反走私领域合规案件中，向法院提出“合规量刑从宽”的轻缓量刑建议是其中应有之义。进一步看，其中也应当涵盖检察机关作出“合规不起诉”后向海关提出的“宽缓处罚”甚至“免予行政处罚”的意见或建议。从国家治理体系视角来看，行政执法与刑事司法存在许多相似性。海关作为维护进出口监管秩序的国家行政机关，其行政执法具有一定的准司法性质，行政处罚在某种程度上对外贸企业所造成的负面影响并不亚于刑事制裁，甚至直接影响着企业的存亡。实际上，厘清企业合规刑行衔接的程序性问题只是手段行为，能够实现对涉案企业通过合规整改后处理结果的实体公正才是检察机关孜孜以求的最终目标。任何一种刑事合规整改，最终都应被纳入“行政监管整改”的轨道，将行政违法行为消除在萌芽，从根本上发挥“犯罪预防”效果。②

令人可喜的是，部分地区的检察机关已经将合规刑行衔接的内容以类似于实体法的形式体现在了当地的规范性文件当中。比如，浙江

---

① 参见王极：《最高检张军检察长在知乎上就企业合规改革试点工作回答网友提问》，载最高人民检察院网 2022 年 3 月 9 日，https://www.spp.gov.cn/zdgz/202203/t20220309_549049.shtml。

② 参见陈瑞华：《有效合规管理的两种模式》，载《法制与社会发展》2022 年第 1 期。

省人民检察院会同20余个部门联合发布的《关于建立涉案企业合规第三方监督评估工作机制的意见(试行)》第18条提出了合规整改结束后检察机关可以"建议行政机关对涉案企业减轻或免除处罚,行政机关对企业合规情况和检察机关建议进行评估后,原则上应对涉案企业减轻或免除处罚"的规则指引。这一举措为涉案企业合规不起诉后转行政处罚应当获得宽宥处罚的处理结果提供了实体依据,值得推广。此外,部分地区的检察机关也已经作出了"合规互认"的积极探索。比如,深圳市某区检察院在合规整改完成后,将合规计划、合规考察报告等相关材料一并移送当地海关,通过"合规互认"的方式,作为海关执法机关对涉案企业做出处理决定的重要参考。①

四、对反走私领域企业合规刑行衔接的未来展望

(一)合规整改标准的刑行协同

从行刑衔接机制的发展演变过程来看,从最初的行政机关单向移送司法机关演变为行政刑事双向移送,行刑衔接机制只对程序进行了规定。对于行政处罚和刑事司法程序中适用的处罚依据、从轻减轻情节、相关政策等实体性规定目前尚不能相互认可、相互适用。目前企业合规政策主要适用于刑事诉讼程序,行政机关尚无具体工作要求。

2022年6月,海关总署发布了《关于处理主动披露涉税违规行为有关事项的公告》。进出口企业、单位在海关发现前主动披露影响税款征收的违反海关监管规定,且漏缴、少缴税款在人民币100万元以下的,可不予行政处罚。根据《刑法》《关于办理走私刑事案件适用法律若干问题的解释》规定,单位偷逃税款20万元以上不满100万元的,构成走私普通货物罪,应判处偷逃税额1倍以上5倍以下罚金,直接负责的主管人员和其他责任人员处3年以下有期徒刑或者拘役。

可以看到,海关总署的《关于处理主动披露涉税违规行为有关事

① 参见叶青、韩东成:《对检察机关涉案企业合规改革的实践反思与制度建构》,载《甘肃政法大学学报》2022年第6期。

项的公告》为符合条件的涉案企业提供了出罪依据。检察机关对犯罪嫌疑单位和犯罪嫌疑人作出相对不起诉决定后，根据有关规定，通常会移送海关作行政处罚。但是由于刑事案件系按照偷逃税额定罪处罚，而行政处罚的罚款金额则是依据偷逃税款的货值。二者处罚依据不同导致罚金和罚款金额标准也不一致。行政处罚决定一般不会参考刑事案件的自首等从轻、减轻情节。一旦案件经由检察机关作出不起诉决定移送行政处罚后，犯罪嫌疑单位面临的行政罚款金额极有可能会远高于罚金。对于一些小微企业而言原本通过企业合规获得合规不起诉机会，可以“活下来”“留得住”“经营得好”的涉案企业，却因行政处罚环节再次陷入资金不足的困境，导致无法继续开展正常生产、经营。因此，合规整改标准的刑行协同成为当前实务中亟待解决的重要问题。

（二）依托顶层设计促一体化衔接

随着企业合规工作重要性的凸显，参与企业合规工作的机关及事业单位也越来越多。实践中部分地区开始探索完善双向衔接机制。上海市人民代表大会常务委员会于 2022 年 5 月 24 日公告颁布《关于加强新时代检察机关法律监督工作的决定》，其中第 9 条规定，刑事司法阶段涉案企业合规考察结果检察机关可以交由行政执法机关作为行政处罚是否从宽的参考，促进企业合法经营，优化法治化营商环境。这是地方立法对刑事司法阶段涉案企业合规考察结果运用的一项创新。但是由于地方立法的特殊性，涉案企业合规考察结果运用范围能否从地方事权拓展到中央事权上还存在认识分歧。海关作出行政处罚主要依据《海关行政处罚实施条例》，海关监管和海关税收属于中央事权。该条例属于中央部委的行政法规，而上海市人民代表大会常务委员会的立法事项应局限于地方事权，如果立法结果应用于中央事权属于超出立法权范围。

前文也已提及，由浙江省人民检察院等单位联合发布的《关于建立涉案企业合规第三方监督评估工作机制的意见（试行）》，参与机关包括杭州海关和宁波海关等中央事权主管单位。其中第 18 条规定，对涉案企业刑事程序终结后,需予以行政处罚的案件,人民检察院应将合规考察报告副本移送相应行政机关,建议行政机关对涉案企业减轻或免除处罚,原则上应对涉案企业减轻或免除处罚。这种模式通过规范性文件让行政机关减轻或免除处罚有了一定的依据,但是该规范性文件与上位法还存在规定不一致的地方。

目前情形下,海关可以通过发布公告的方式让部分原本应受到刑事处罚的涉案企业免予行政处罚。举重以明轻,通过刑事诉讼相对不起诉的案件,甚至是完成了合规整改的涉案企业更应当获得减轻或免予行政处罚的资格。从长远来看,企业合规考察结果的运用与行刑双向衔接应由国家顶层设计,扩大涉案企业合规考察结果运用范围。海关作为中央事权的行政主管机关,可以探索自行建立或由最高检邀请海关总署共同参与设立反走私领域的企业合规机制,在检察机关通过企业合规作出相对不起诉决定之后,海关认可、运用涉案企业合规考察结果以和解协议等柔性行政监管方式激励企业履行合规义务,鼓励企业实现自我监管并培育合规文化。

未来,在合规改革的经验基础上,建议通过人大立法,依托顶层设计促侦检在反走私领域合规的一体化衔接,进一步推进海关在治理外贸企业行政违法过程中的作用。通过邀请海关积极参与有效合规计划的设计,帮助涉案企业对制度漏洞和风险根源开展"合规体检"。依托海关信用管理体系,赋能企业合规体系及合规文化的建设,将走私犯罪行为遏制在制度的牢笼内,真正实现反走私犯罪的"诉源治理"。在持续深化涉案企业合规监管改革的过程中,进一步优化法治化营商环境,当好服务保障民营经济健康发展的"老娘舅",为国家治理体系和治理能力现代化提供良好助力。

Research on the Cohesive Mechanism between Executive Law Enforcement and Criminal Justice of Trade Compliance in the Field of Anti-Smuggling

LI Yongjia　WANG Zihao

[**Abstract**]　With the implementation of the reform of trade compliance, the importance of cohesive mechanism between executive law enforcement and criminal justice in enterprise compliance has become increasingly prominent. The trade compliance system led by procuratorial organs urgently requires the cooperation and coordination with administrative regulatory departments. In the field of anti-smuggling, customs is the most important administrative regulatory body. Through empirical research on a typical case of trade compliance in the field of anti-smuggling, this research highlights several issues related to the cohesion between corporate compliance and criminal justice. Subsequently, a review was conducted on the connection between existing case investigation, selection for compliance assessment, and non-prosecurtion of compliance. Due to the lack of cooperation from customs in fulfilling their legal obligation to support trade compliance, there are inevitable challenges in achieving smooth procedural and substantive connections between the two entities. Finally, the application of the compliance assessment results of enterprises in the anti-smuggling field was prospected, providing a reflection on promoting the high-quality development of compliance for enterprises in the anti smuggling field.

[**Key words**]　corporate compliance; the cohesive mechanism between executive law enforcement and criminal justice; anti smuggling; administrative penalty

知识产权海关保护

Customs Protection of Intellectual Property Rights

刍议"三智"合作理念视角下《经修正的京都公约》全面审议对知识产权海关保护制度发展的影响与启示*

肖 春 叶 倩**

［摘 要］ "智慧海关、智能边境、智享联通"对知识产权海关保护的行政执法机制、国际执法合作、优化执法手段等提出了前瞻性研究和制度创新要求，这也是《经修正的京都公约》全面审议过程中需重点关注的进一步简化与协调海关制度的迫切需求。本文从"三智"合作重点关注的海关贸易安全和通关便利化合作视角，解读 WTO、WCO 框架内的知识产权海关保护制度规则体系，进而在比较法视域下分析《经修正的京都公约》及其全面审议对我国知识产权海关保护制度性渊源、制度环境、创新发展的影响与启示，在此基础上，探索提出"三智"合作理念框架下我国知识产权海关保护制度创新发展的着力点及具体优化建议。

［关键词］ "三智"；《经修正的京都公约》；知识产权海关保护；影响；启示

---

* 本文同时为"《经修正的京都公约》与海关制度研究"署级课题的阶段性成果。

** 肖春，南京海关法规处三级调研员，海关法规三级专家；叶倩，南京海关综合业务处知识产权科副科长，公职律师，中级经济师。

海关总署《关于加快"三智"建设　服务"一带一路"高质量发展的意见》(署合发〔2021〕130号)在7方面16项主要措施的第12项"加强贸易安全合作"中,明确提出要"继续推进知识产权保护和打击进出口假冒伪劣商品联合执法行动"。从近年执法实践来看,这一目标的达成,不仅需要在国际合作框架下开展具体的执法行动,更需要通过联合执法推动知识产权保护国际标准的统一和优势制度的输出,从而在顶层设计和具象操作层面都能掌握主导话语权。而知识产权海关保护作为通关程序的一个重要部分,其制度创新与优化均需与简化、协调通关程序和海关手续的总目标相协同。因此,无论是从推动贸易便利化、争取国际海关法制度规则主导权,抑或维护国门安全的角度,关联开展《关于简化和协调海关制度的国际公约》(以下简称《经修正的京都公约》)(The Revised Kyoto Convention, RKC)及其全面审议对我国知识产权海关保护的执法理念、制度机制、保护模式、执法手段等方面影响的研究,都具有一定的前瞻、创新意义。

一、"三智"合作视角下的知识产权国际保护制度

作为在国际海关法意义上构建了现代海关制度的支柱性公约之一,《经修正的京都公约》旨在通过统一规范、简化海关手续来促进贸易便利化,这也是世界贸易组织(World Trade Organization, WTO)、世界海关组织(World Customs Organization, WCO)长期致力的主要目标。但该公约仅在专项附约四第1章第5条(建议条款)①和第2章第6条(建议条款)②中认为"保护专利、商标和版权"可以禁止和限制货

① 《经修正的京都公约》专项附约四第1章"海关仓库"第5条(建议条款):公用海关仓库可允许所有应缴纳进口税费以及各种禁止和限制进口货物存放,无论数量、原产国、发运国或者目的国如何,基于以下原因受到禁止和限制的进口货物除外:①公共道德或秩序、公共安全、公共卫生或健康,或动植物检疫的需要,或保护专利、商标和版权……

② 《经修正的京都公约》专项附约四第2章"自由区"第6条(建议条款):不应仅因为从国外进入的货物受到禁止或限制而拒绝准予进入自由区,无论原产国、发运国或者目的国如何,基于以下原因受到禁止或限制的除外:①公共道德或秩序、公共安全、公共卫生或健康,或动植物检疫的需要,或保护专利、商标和版权。危险货物、可能会影响其他货物的或需要特别设施的货物,应只准进入特别设计的自由区……

物进口或进入自由区的表述,设置了与知识产权海关保护直接相关的约定义务条款,并且,该公约自2018年9月正式启动全面审议工作以来,目前已公布的进展情况中尚未见有涉及知识产权保护的讨论。因此,研究《经修正的京都公约》及其全面审议对知识产权海关保护的影响,首先应考量WTO、WCO在积极推进贸易便利化的同时已为协调、统一知识产权保护国际标准所做出的努力。

（一）WTO体系下的知识产权海关保护

作为WTO一揽子协议中的关键文件,《与贸易有关的知识产权协定》(以下简称TRIPs协定)通过设定最低标准的方式在协调统一各国知识产权边境保护程序规定及实体规则方面取得的成效,毫不逊于《经修正的京都公约》在简化、协调各国海关通关程序等业务制度方面所取得的成果,可以说,二者是在多边合作框架下分别推进专业领域、全领域现代国际海关制度协调发展的基础性公约。比如,我国在2001年成为WTO第143个成员后,分别于2004年3月1日、7月1日,以废旧立新的方式,制定实施《知识产权海关保护条例》(国务院令第395号、现行有效,以下简称《知产海关保护条例》)、《关于〈中华人民共和国知识产权海关保护条例〉的实施办法》(海关总署令第114号、已废止),开始建立起更契合以TRIPs协定为基础的WTO体系下知识产权保护理念与规则的知识产权海关保护制度,尽管后者现已被2009年7月1日起施行的《关于〈中华人民共和国知识产权海关保护条例〉的实施办法》(海关总署第183号令、现行有效,以下简称《知产海关实施办法》)所替代,但在立法理念、制度框架上,均未作根本性调整,并且,从TRIPs协定与我国现行知识产权海关保护制度在保护强度方面的对比(见表1)可见,《知产海关保护条例》及其《知产海关实施办法》在保护范围、保护对象、保护期限、保护模式、侵权责任、救济途径/方式等方面,总体上体现了对TRIPs协定约定义务的高标准履行,是TRIPs协定作为知识产权保护核心国际公约在国际海关法层面统一协调、规范各国海关通关程序与手续的成功范例。

TRIPs协定从签订之初就带有发达国家和发展中国家利益博弈的

鲜明特点且更多体现了发达国家的偏好,其自实施以来,促进了更多知识密集型产品进出口,并在一定程度上有效阻止了基于商业目的的低成本复制,同时,也通过统一必要的知识产权边境保护程序、措施及相关通关制度规范要求,对国际贸易中以知识产权保护为外延的非关税壁垒的扩张运用起到了基本的制衡作用,从而实质性推动了与国际技术转让相关的贸易便利化。但随着新技术、新业态的快速多元发展,发达国家在本国贸易政策方面,更多希望长期占据知识产权优势地位,以此部分平衡过大的贸易逆差,同时,面对日益升温的创新发展竞争,TRIPs 协定所运用的 WTO 争端解决机制动辄需要两年半及以上的程序周期,也使得具备更高知识产权保护水平的发达国家转而更多通过单边贸易措施的方式实质性新设贸易壁垒,并在面向发展中国家的以开放换市场的国际合作中,将契合发达国家技术创新与夕阳产业需求的知识产权保护标准写入缔约方义务,形成了各类散见于双边或区域性自贸协定之中的 TRIPs-PLUS(TRIPs – 递增)条款。目前,TRIPs-PLUS 条款尚未在国际公约层面形成共性认知与约束,但其势必会对有关自贸协定缔约国中发展中国家一方的通关程序和海关手续带来不利影响,这与《经修正的京都公约》及其全面审议所倡导、推动的在多边贸易谈判框架内统一规范、简化通关程序和海关手续以促进贸易便利化的初衷,殊为不同。

表 1 TRIPs 协定与我国现行知识产权海关保护制度的保护强度对比

保护强度指征	1995 年《知产海关保护条例》、《关于知识产权保护的实施办法》(均已废止)	TRIPs 协定中与边境措施相关的要求	现行《知产海关保护条例》及其《知产海关实施办法》
1. 保护范围	1995 年《知产海关保护条例》第 2 条、第 3 条;1995 年《关于知识产权保护的实施办法》第 3 条:进、出口	TRIPs 协定第 51 条:(1)进口(强制性);(2)出口(选择性)	《知产海关保护条例》第 2 条、第 3 条;《知产海关实施办法》第 3 条:进、出口

续表

保护强度指征	1995年《知产海关保护条例》、《关于知识产权保护的实施办法》(均已废止)	TRIPs协定中与边境措施相关的要求	现行《知产海关保护条例》及其《知产海关实施办法》
2. 保护对象	1995年《知产海关保护条例》第2条;1995年《关于知识产权保护的实施办法》第2条: 商标权、著作权、专利权	TRIPs协定第51条:商标权、版权和相关权利	《知产海关保护条例》第2条;《知产海关实施办法》第37条: 商标权、著作权及与著作权有关的权利、专利权、奥林匹克标志、世界博览会标志
3. 保护期限	1995年《知产海关保护条例》第10条;1995年《关于知识产权保护的实施办法》第10条、第11条: 海关备案有效期7年(至权利有效期届满不足7年的,以权利有效期为准)、每次续展有效期7年	TRIPs协定第9条、第12条、第14条、第18条: (1)版权和相关权利的保护期:50年或不少于50年; (2)商标的首次注册及每次续展有效期均不得少于7年、并应可无限续展	《知产海关保护条例》第10条;《知产海关实施办法》第9条、第10条: 海关备案有效期10年(至权利有效期届满不足10年的,以权利有效期为准)、每次续展有效期10年
4. 保护模式	1995年《知产海关保护条例》第12条、第18条;1995年《关于知识产权保护的实施办法》第15条、第21条: 依申请、依职权—进、出口,均非选择性	TRIPs协定第51条、第52条、第58条: (1)依申请(强制性,但仅在进口环节); (2)依职权(进口环节选择性)	《知产海关保护条例》第12条、第16条;《知产海关实施办法》第14条、第22条: 依申请、依职权—进、出口,均非选择性

续表

保护强度指征	1995年《知产海关保护条例》、《关于知识产权保护的实施办法》(均已废止)	TRIPs 协定中与边境措施相关的要求	现行《知产海关保护条例》及其《知产海关实施办法》
5. 侵权责任	1995年《知产海关保护条例》第17条、第23条、第28条、第29条;1995年《关于知识产权保护的实施办法》第23条、第26条、第28条: 行政责任(没收并罚款);民事责任(权利人另行起诉);刑事责任(移交有关机关)	TRIPs 协定第45条、第61条: 民事责任(司法程序中的进口禁令、赔偿、销毁);刑事责任(对具有商业规模的蓄意假冒商标或盗版案件——扣押、没收、销毁、监禁和/或罚金)	《知产海关保护条例》第23条、第27条、第29条;《知产海关实施办法》第29条、第35条: 行政责任(没收并罚款);民事责任(权利人另行起诉);刑事责任(移交公安)
6. 救济途径/方式	1995年《知产海关保护条例》第30条;1995年《关于知识产权保护的实施办法》第30条: 申请复议、提起行政诉讼; 因权利人申请不当造成的损失依法院裁判确定赔偿数额	TRIPs 协定第48第1款、第56条: (1)因错误禁止或限制等权利滥用而造成损害的,应予赔偿(仅在司法程序中实现); (2)因错误扣押或放行而对进口商、收货人和货物所有人予以适当补偿	当事人申请复议、提起行政诉讼的,适用我国《行政复议法》《行政诉讼法》的统一规定

(二)WCO体系下的知识产权海关保护

WCO在协调、统一知识产权保护国际标准方面的制度实践早于WTO——WCO的前身海关合作理事会(Customs Co-operation Council,CCC)早在1988年就起草了《知识产权边境保护示范法》,旨在引导各国通过国内转化立法更好地打击假冒商标和盗版货物——早于WTO体系下1994年签署、1995年生效的TRIPs协定。1994年乌拉圭回合谈判结束后,为了配合GATT/WTO体制新增的知识产权保护功能，WCO 修订了该示范法，命名为《为履行 TRIPs 协定而赋予海关权利的国内立法示范法》，[①]通过标准化和引导国内立法的方式，明确了 TRIPs 协定规定的知识产权边境保护最低义务要求，进而推动各成员方在推行 WTO 体系下知识产权保护机制的层面实现相关海关制度程序的统一与协调。此外，WCO 在其主导的《经修正的京都公约》中，以“总附约 + 专项附约”的方式对货物通关程序中的主要环节分别进行了专门规定，包括通关程序与海关手续、税费征收、担保、监管要求、信息应用、海关与第三方关系等，其中，并未将知识产权保护相关业务制度单列或设置直接协调统一知识产权保护标准的系列条款，而是在专项附约四第 1 章第 5 条（建议条款）和第 2 章第 6 条（建议条款）中提及为“保护专利、商标和版权”可以禁止和限制货物进口或进入自由区。无论是基于私权的商业利益还是公权的法与政策功能的视角，知识产权保护与限制的制度发展都必然关系国际经贸利益纷争，也因此，常有诉诸争端解决机制的案例，而不同于 TRIPs 协定第 64 条已明确适用 WTO 上诉机制的规定，WCO 本身并不具有为其主导制定的国际公约提供法律强制约束力的机制，这或许也是《经修正的京都公约》在容纳、规范各项海关业务制度的同时，暂未将知识产权保护纳入其中的原因。

当然知识产权保护作为国际法意义上现代海关的主要职能之一，其保护标准的相对协调统一仍是简化通关程序及海关手续的重要影响因素——从我国现行知识产权海关保护条例及其实施办法的立法原意及规则体系设置来看，也体现了对其总附约中关于通关程序、担保、监管等基本规定的遵循。因此，《经修正的京都公约》全面审议如有议及知识产权保护或相关通关制度及海关手续，仍应具有国际法意义上的范式意义。

---

① 参见何力：《从国际组织功能看 WTO 与 WCO 的关系》，载《政法论丛》2010 年第 3 期。

(三)“三智”合作视角下WTO、WCO在知识产权保护领域的联系、挑战与贡献

“三智”合作的核心目标之一是要“加强‘三智’国际认同。推进‘三智’理念与世界海关组织(WCO)等国际组织战略规划和相关国际规则、政策工具的对接……创新关际合作、边境海关合作模式”①。在此目标体系下研究知识产权海关保护制度及其创新优化,首先需要分析目前WTO、WCO体系下的相关制度规则:一方面,WTO、WCO在应对以知识产权保护为外延的非关税壁垒方面,都基于促进贸易便利化的目标定位,通过主导制订有关国际公约,予以必要的制衡;但这方面的效果正因发达国家在WTO多边贸易体制外通过自贸协定等方式输出更高标准的知识产权保护制度而日渐式微——发达国家为缩减贸易逆差而更强烈地寻求在TRIPs协定基础上整体推高知识产权保护国际标准并将其嵌入通关程序以获得实际的贸易壁垒效果,发展中国家则希望通过进一步简化相关通关程序及海关手续对冲来自发达国家知识产权壁垒的阻力。另一方面,WTO、WCO基于促进贸易便利化的目标而持续推动的通关程序及海关手续简化、协调的相关文件,虽然没有以较大篇幅专门关注知识产权保护,但其对海关主要业务制度的统一规范,实际也对知识产权海关保护制度产生了广义的正向影响,这从我国同时作为WTO、WCO成员且近年来侵权执法成效持续大幅提升的情况,即可见一斑。我国在正式加入WTO之前就已全程参与了达成TRIPs协定的乌拉圭回合谈判,由此一定程度上影响了1994年至1995年我国根据1992年中美知识产权谅解备忘录有关约定义务开展知识产权海关保护时首批制订的《知产海关保护条例》及其《知产海关实施办法》的立法目的、层级和相关程序、实体规则等;直至“复关”前,我国在包括海关制度在内的知识产权国内法方面,都对TRIPs协定立法精神及具体规定予以了参照适用;我国在“入世”报告

---

① 海关总署《关于加快“三智”建设 服务“一带一路”高质量发展的意见》(署合发〔2021〕130号)。

中也明确,将通过国内转化立法的方式实施包括TRIPs协定在内的WTO一揽子协定,为此,我国在2001年对《商标法》《著作权法》《专利法》进行了全面修订,并在2003年以废旧立新的方式制定了现行有效的《知产海关保护条例》《知产海关实施办法》,以更突出TRIPs协定"平衡保护、尊重私权并减少权力干预"[①]的设立宗旨与制度特点;与此同时,虽然《经修正的京都公约》对知识产权海关保护所涉不多,但我国作为WCO成员,"入世"以来,在不断深化海关业务制度改革以更好衔接以《经修正的京都公约》为代表的国际海关制度的过程中,仍始终关注统筹优化国内法层面的知识产权海关保护法律制度体系及监管执法效能——据海关总署统计,2021年,全国海关共采取知识产权保护措施8.4万次[②];而1994年9月至1995年12月,全国海关共查获进出境侵权案件1084起[③]——执法成效较之我国知识产权海关保护制度施行之初,已呈几何级数增长。

二、"三智"合作视角下《经修正的京都公约》与知识产权海关保护

经济全球化推动下的贸易便利化,已经让国际海关立法呈现出某种世界性法律的特点。[④] 是以,应可尝试以比较法的研究方式,探讨"三智"合作视角下《经修正的京都公约》对知识产权海关保护的影响——包括知识产权海关保护的制度渊源、我国知识产权海关保护等海关制度规则输出前景及落点,以及《海关法》修订中知识产权海关保护的制度发展。

---

① 刘太刚:《论WTO知识产权协定主导的中国知识产权变法》,载《成人高教学刊》2003年第2期。

② 参见《2021年全国海关共采取知识产权保护措施8.4万次》,载百家号"人民网"2022年4月22日,https://baijiahao.baidu.com/s?id=1730775038259001656&wfr=spider&for=pc。

③ 参见李群英:《海关对知识产权的边境保护》,载《中华商标》1996年第3期。

④ 参见陈晖:《贸易便利化下国际海关立法的新特点及贡献》,载《东方法学》2010年第4期。

(一)从《经修正的京都公约》与《贸易便利化协定》的对比,研究知识产权海关保护的制度渊源

虽然这两部国际公约中都没有设置专门的知识产权边境保护章节,但海关知识产权保护执法涉及的中止通关、扣留、行政裁决等具体行政行为,在通关程序之内同样需要遵守贸易便利化的相关条款要求,并且,涉及过境、转运货物等的知识产权保护执法,也在协调统一知识产权海关保护国际标准及简化、协调相关通关程序和海关手续的层面上与贸易便利化息息相关。同时,《贸易便利化协定》第 6 条、第 7 条、第 8 条、第 11 条,分别在进出口违规处罚、货物放行与结关、执法合作和过境自由等方面,与《经修正的京都公约》总附约第 3、4、5 章的相关条款形成对照,体现了 WTO、WCO 在其共同关注的促进贸易便利化目标上,都注重海关与商界(或第三方)的合作,是以,相对于知识产权保护需平衡公私权利益的立法初衷而言,这两者仍具有制度性的指导意义。

以担保制度为例。《贸易便利化协定》在第 7 条(货物结关与放行)和第 11 条(过境自由)中,有 11 款条文规定了货物放行前应已按要求提交担保、成为经认证的经营者应具备担保能力、对经认证的经营者的贸易便利化措施可包括使用总担保或减少担保、对过境货物要求担保应设限额并允许总担保等,是相对较原则性的、有所侧重的规定。《经修正的京都公约》则以"专章 + 相关条款"的方式对海关事务担保制度作出了全面、完善的规定:一是在总附约第五章【担保】中,以 7 个条款规定了海关担保的立法形式要求、担保数额确定、担保形式可选、不要求担保的情形、总担保、担保限额标准、及时解除担保等制度,并且均为不可提出保留的标准条款;二是在总附约和专项附约的部分章节中,结合通关程序内其他的海关业务制度规定有关担保要求,涉及总附约第二章、第三章和专项附约四、五、七、八、九的共 17 个相关条款,几乎涵盖了通关程序中可能涉及担保的各业务环节,并且,除涉及进入自由区的货物无须提交担保、被扣留货物担保放行、暂准进口

结束或复出口时应退保的5个条文为可提出保留的建议条款外，其余12条均为标准条款。由此，对照我国现行《海关事务担保条例》（国务院令第698号），其中第4～7条、第10～12条、第14条和第18条，体现了对前述《贸易便利化协定》和《经修正的京都公约》中有关条款的国内法转化；并且，进一步对照我国现行《知产海关保护条例》及其《知产海关实施办法》可见，《知产海关保护条例》第14～16条、第19条、第24～25条以及《知产海关实施办法》第15～16条、第22～25条、第28条、第35～36条、第38条等共16个条款，分别规定了知识产权海关保护行政担保的定义、担保形式、适用情形、提交方式、担保限额、商标权利人申请并使用总担保、专利权货物反担保放行、退还担保金或解除担保责任等各项具体制度要求，是对《海关事务担保条例》有关规定的全面遵循，体现了我国在知识产权保护制度体系对前述《贸易便利化协定》和《经修正的京都公约》中有关担保规定和规范要求的严格履约，充分体现了该两部国际公约是其制度性渊源。

（二）从《经修正的京都公约》与TRIPs、RCEP、CPTPP协定的对比，研究我国知识产权海关保护的制度发展环境

TRIPs协定是协调统一与贸易有关的知识产权保护国际标准的专门性国际公约，而《区域全面经济伙伴关系协定》（Regional Comprehensive Economic Partnership，RCEP）和《全面与进步跨太平洋伙伴关系协定》（Comprehensive and Progressive Agreement for Trans-Pacific Partnership，CPTPP）虽为区域性自由贸易协定，但均设有知识产权专章，分别为RCEP第11章、CPTPP第18章，并且，从保护强度来看，同为重要国际公约，《经修正的京都公约》和TRIPs协定分别体现了WCO和WTO主导推动通关程序与海关手续简化、协调及知识产权边境保护标准协调统一的成果，RCEP和CPTPP则在保护范围、保护对象、保护期限、保护模式、侵权责任、救济途径/方式等方面，总体上体现了高于TRIPs协定、远高于《经修正的京都公约》的保护标准。

因此,借由相关规则的对比分析,并结合当前国际海关法视角下知识产权边境保护标准及强度的发展趋势,应可从制度性解构知识产权贸易壁垒、思辨地看待高标准保护趋势两个方面,对我国知识产权海关保护的制度发展环境作初步解析。

1. 对知识产权壁垒的制度性解构

对于国际贸易中流转的货物、服务甚或数字化产品而言,出口国与进口国在知识产权保护强度上的差异必然带来不可测的因涉嫌侵权而被拦截的风险。TRIPs协定、RCEP、CPTPP都开宗明义地提出了保证实施知识产权的措施和程序本身不成为合法贸易的障碍①、减少贸易扭曲和阻碍②、有助于技术转让和传播③的宗旨目的,并且,都为最不发达国家等特殊缔约方设置了过渡期和技术援助条款;但不可否认的是,除独占许可的情形外,知识产权的授权使用多具有非排他性,叠加地域性因素之后,就为国际贸易中的知识产权壁垒提供了"合法性"外衣;而随着乌拉圭回合谈判完成,进口配额、许可证、高额关税等传统贸易壁垒的可用范围和作用都已被大幅削弱,发达国家转而将本国高标准的知识产权保护制度规则嵌入通关程序及海关手续要求中,形成新的市场准入屏障,并寻求通过国内法的域外适用在WTO等多边合作框架内整体推高知识产权保护国际标准以获得更持久的知识产权贸易"红利期"。比如,近年来,美国运用以"301"调查和"337"调查等以知识产权保护为外延的非关税壁垒的情形明显增多,并结合单边贸易报复措施,起到了更直接的行业性市场准入阻碍效果。此外,

---

① TRIPs协定前言:期望减少对国际贸易的扭曲和阻碍,并考虑到需要促进对知识产权的有效和充分保护,并保证实施知识产权的措施和程序本身不成为合法贸易的障碍。

② RCEP第11章第1条【目标】:一、本章旨在通过有效和充分的创造、运用、保护和实施知识产权权利来深化经济一体化和合作,以减少对贸易和投资的扭曲和阻碍。

③ CPTPP第18章A节【总则】第18.2条"目标":知识产权的保护和实施应有助于促进技术创新,有助于技术转让和传播,有助于技术知识的创造者和使用者的相互获益且有助于社会和经济福利,并有助于权利与义务的平衡。

不少发达国家的知识产权权利人企业将已失效的专利许可给发展中国家企业或将多种知识产权权利打包授权、在海外抢注发展中国家的知名商标、严格限制甚至反对平行进口等，导致发展中国家的进出口商不得不承担更高的侵权责任风险——对于前两种情形，即便上述国际公约或区域性自贸协定中对权力有效期和在先使用权作了必要的规定，但跨国侵权诉讼的举证困难重重；而对于第三种情形下常见的权利用尽抗辩理由，《经修正的京都公约》未作规定、TRIPs 协定仅列举了独占性返授条件、RCEP 和 CPTPP 则仅明确不阻止缔约方适用权利用尽规则，相对于严格的法律责任而言，这些显然不足以消弭侵权风险。①

2. 对高标准保护趋势的思辨性认知

通过对《经修正的京都公约》、TRIPs 协定这两大国际公约与 RCEP、CPTPP 这两个代表性的区域自由贸易协定中的知识产权边境措施规则进行横向对比，可以对知识产权边境保护国际标准持续推高的整体趋势有一个较为全面、理性的认识。对比内容为反映知识产权边境保护强度的 6 个指征项，分别为保护范围、保护对象、保护期限、保护模式、侵权责任、救济途径/方式（详见表 2）。

从保护范围看，上述 4 个文本都对进口环节实施知识产权保护作出了明确规定，除《经修正的京都公约》因由建议条款设定而不属强制性义务外，TRIPs 协定、RCEP、CPTPP 都将此作为强制性义务；同时，除《经修正的京都公约》外，TRIPs 协定和 RCEP 都将实施出口环节知识产权保护作为选择性要求，CPTPP 则将此作为强制性要求；此外，仅有 CPTPP 明确将实施过境、转运环节的知识产权保护作为强制性义务。因此，在强制性义务层面，CPTPP 的保护范围最宽，RCEP 次之且与 TRIPs 协定基本一致，《经修正的京都公约》最窄。

---

① 参见孔巍燕：《知识产权壁垒的法律问题研究》，大连海事大学 2010 年硕士学位论文。

表 2 《经修正的京都公约》与 TRIPs 协定、RCEP、CPTPP 中的知识产权边境措施相关规则对比

保护强度指征	《经修正的京都公约》(RKC)	TRIPs 协定	RCEP 第 11 章	CPTPP 第 18 章	对比情况
保护范围	(1)强制性:未作规定; (2)选择性:RKC 专项附约四第 1 章第 5 条、第 2 章第 6 条(均为建议条款):进口或进入自由区	TRIPs 协定第 51 条: (1)进口(强制性); (2)出口(选择性)	RCEP 第 65 条、第 69 条: (1)进口(强制性); (2)出口(选择性且仅依职权)	CPTPP 第 18.76 条第 1 款、第 5 款及脚注 123: (1)进口(强制性); (2)出口(强制性,但仅依职权); (3)过境、转运(强制性,但仅依职权)	(1)RKC 的保护范围由建议条款设定,因此不属强制性义务; (2)考虑强制性义务,则 CPTPP > RCEP = TRIPs 协定 > RKC(“ > ”,即“大于”,下同)
保护对象	(1)强制性:未作规定; (2)选择性:RKC 专项附约四第 1 章第 5 条、第 2 章第 6 条(均为建议条款):专利、商标和版权	TRIPs 协定第 51 条:商标权、版权和相关权利	RCEP 第 65 条、第 69 条、第 75 条:商标权、著作权和相关权利(包括数字环境中的商标和著作权侵权)	CPTPP 第 18.76 条第 1 款、第 5 款:商标权、版权和相关权(依申请保护时包括带有混淆性相似的侵权)	(1)RKC 虽然保护对象种类最多,但因由建议条款设定,因此不属强制性义务; (2)考虑强制性义务,则 CPTPP > RCEP > TRIPs 协定 > RKC

续表

保护强度指征	《经修正的京都公约》(RKC)	TRIPs 协定	RCEP 第 11 章	CPTPP 第 18 章	对比情况
保护期限	未作规定	TRIPs 协定第 9 条、第 12 条、第 14 条、第 18 条: (1)版权和相关权利的保护期遵循《保护文学艺术作品伯尔尼公约》第 6 条、第 7 条、第 8 条之规定:为自然人作者终身及其死后 50 年、法人或其他组织作品自出版年年底或作品完成年年底(未出版的)起计不少于 50 年、电影作品经作者同意公映后或摄制完成后(未公映的)50 年; (2)商标的首次注册及每次续展有效期均不得少于 7 年,并应可无限续展	RCEP 第 9 条: (1)著作权和相关权利的保护期遵循《保护文学艺术作品伯尔尼公约》《保护表演者、音像制品制作者和广播组织罗马公约》之规定,50 年或不少于 50 年; (2)商标的保护期遵循《商标国际注册马德里协定有关议定书》《商标法新加坡条约》,首次注册及每次续展有效期均不得少于 7 年并应可无限续展	CPTPP 第 18.26 条、第 18.27 条、第 18.63 条: (1)商标的初始注册和每次续展注册的有效期不少于 10 年,且相关执行程序不必须以许可备案为前提。 (2)版权和相关权的保护期为:自然人作者终身及其死后不少于 70 年。作品、表演或录音制品首次授权发表之年年底起计不少于 70 年;如创作时起 25 年未授权发表,为创作之年年底起计不少于 70 年	(1)RKC 未作规定; (2)著作权(或版权)和相关权利、商标权的保护期:CPTPP > RCEP = TRIPs 协定

续表

保护强度指征	《经修正的京都公约》(RKC)	TRIPs 协定	RCEP 第 11 章	CPTPP 第 18 章	对比情况
保护模式	未作规定	TRIPs 协定第 51 条、第 52 条、第 58 条: (1)依申请(强制性,但仅在进口环节); (2)依职权保护(进口环节选择性)	RCEP 第 65 条、第 69 条: (1)依申请(强制性、但仅在进口环节); (2)依职权(进口环节强制性、出口环节选择性)	CPTPP 第 18.76 条第 2 款、第 3 款: (1)依申请(强制性,但仅在进口环节); (2)依职权(进口、出口、过境、转运,均强制性)	(1)RKC 未作规定; (2)CPTPP > RCEP > TRIPs 协定
侵权责任	未作规定	TRIPs 协定第 44 条第 1 款、第 61 条: (1)民事责任(司法程序中在进口结关后立即责令停止侵权); (2)刑事责任(对具有商业规模的蓄意假冒商标或盗版案件——扣押、没收、销毁、监禁和/或罚金)	RCEP 第 71 条、第 72 条、第 74 条: (1)行政责任(依申请和依职权模式下均可作出侵权认定并销毁); (2)刑事责任(仅对故意进口——扣押、没收、销毁、有期徒刑和罚金)	CPTPP 第 18.76 条第 6 款、第 18.77 条: (1)行政责任(依申请和依职权模式下均可作出侵权认定并予没收、罚款等处罚,销毁); (2)刑事责任(对具有商业规模的蓄意进出口假冒商标或盗版货物以及用于相同货物与服务的标签或包装——扣押、没收、销毁、有期徒刑和罚金)	(1)RKC 未作规定; (2)民事责任方面,仅 TRIPs 协定作了规定; (3)行政责任方面,TRIPs 协定未作规定,CPTPP(可没收并罚款)> RCEP; (4)刑事责任方面,CPTPP ≥ TRIPs 协定 > RCEP (“≥”,即“大于等于”)

续表

保护强度指征	《经修正的京都公约》(RKC)	TRIPs 协定	RCEP 第 11 章	CPTPP 第 18 章	对比情况
救济途径/方式	未作规定	TRIPs 协定第 48 第 1 款、第 56 条： (1)因错误禁止或限制等权利滥用而造成损害的，应予赔偿(仅在司法程序中实现)； (2)因错误扣押或放行而对进口商、收货人和货物所有人予以适当补偿	未作规定	未作规定	(1)RKC、RCEP、CPTPP 均未作规定； (2)TRIPs 协定规定了因权力滥用导致损害而应予赔偿、补偿的情形

从保护对象看,上述4个文本在规定知识产权边境保护的对象时,都基本限定在商标、版权和相关权利,其中《经修正的京都公约》虽对专利、商标、版权实施边境保护,但因建议条款设定不属强制性义务。因此,在强制性义务层面,CPTPP因其同时打击带有混淆性相似商标或盗版标志的货物而具有最广的保护对象范畴,RCEP次之且因其将数字环境中的商标和著作权侵权也纳入保护而在保护对象范畴上略大于TRIPs协定,《经修正的京都公约》最窄。

从保护期限看,《经修正的京都公约》对此未作明文规定;其他3个文本中,CPTPP规定的权利有效期最长,RCEP次之且与TRIPs协定一致。其中,TRIPs协定第9条、第12条、第14条、第18条和RCEP第11章第9条分别规定了各自体系内版权和相关权利、商标权适用知识产权边境保护措施的有效期——版权和相关权利的保护期均为50年或不少于50年;商标的首次注册及每次续展有效期均不得少于7年并可无限续展。与之略有不同的是,CPTPP第18章第18.26条、第18.27条、第18.63条则规定了更长的保护期——商标的初始注册和每次续展注册的有效期均不少于10年;版权和相关权的保护期则为70年或不少于70年。

从保护模式看,《经修正的京都公约》对此未作规定;其他3个文本都将依申请保护模式(且限进口环节)规定为强制性义务,并且,不同于TRIPs协定将依职权保护模式(且限进口环节)作为选择性要求的规定,RCEP将进口、出口环节的依职权保护分别规定为强制性义务、选择性要求,CPTPP则将进口、出口、过境、转运环节的依职权保护均规定为强制性义务。因此,从对依申请和依职权保护模式的运用程度来看,由高到低依次为CPTPP、RCEP、TRIPs协定。

从侵权责任看,《经修正的京都公约》对此未作明文规定。其他3个文本中:民事责任方面,仅TRIPs协定作了规定;行政责任方面,TRIPs协定未作规定,CPTPP处罚重于RCEP,主要在于CPTPP规定了可在行政程序中予以没收、罚款;刑事责任方面,3个文本都规定了刑事程序中的扣押、没收、销毁、监禁/有期徒刑、和/或罚金刑,但CPTPP

的罚则同时覆盖了进口和出口环节、侵权货物及其标签或包装,TRIPs协定明确了不包括标签或包装、但未对进、出口区分适用,RCEP则仅限于故意进口情形下的侵权违法,因此,CPTPP规定的侵权刑责最重,与TRIPs协定基本相近,且都重于RCEP。

从救济途径/方式看,《经修正的京都公约》、RCEP、CPTPP对此均未作明文规定;仅有TRIPs协定第48条第1款、第56条,分别规定了因错误禁止或限制、错误扣押或放行的权力滥用行为导致损害而应分别予以赔偿、补偿的情形。

综上可见,在反映立场偏好的保护强度指征上,《经修正的京都公约》主要体现了对TRIPs协定的基础性呼应与遵循、TRIPs协定在强制性义务层面基本保持中立、RCEP相对更兼顾各方利益的有效平衡、CPTPP则显然更倾向于权利人立场,再进一步结合上述4个文本签订生效的时序先后来看,可见,近年来在国际海关法领域内整体推高知识产权边境保护标准已渐成大势。后TRIPs协定时代,RCEP和CPTPP体现的知识产权保护国际标准已然高于TRIPs协定,那么,《经修正的京都公约》作为海关事务领域的四大支柱性公约之一,未来是否会在全面审议过程中涉及知识产权边境保护相关内容,也应值得关注。

(三)结合《经修正的京都公约》,展望《海关法》修订语境下的知识产权保护制度发展

《经修正的京都公约》持续推动各成员方通关程序及海关手续的高度简化和协调,已然成为各国修订完善本国海关制度的重要参照,我国《海关法》修订时也应对此有所考量。《经修正的京都公约》所秉承的平衡、促进海关有效监管与贸易守法便利的立法初衷,对我国《海关法》修订过程中,适时将知识产权海关保护制度优化纳入考量而言,颇具参考价值;同时,其与《贸易便利化协定》和TRIPs协定、RCEP、CPTPP等5个文本作为广义的知识产权边境保护制度渊源,也体现了知识产权边境措施在兼顾各成员方核心利益和知识产权公私权属性方面所具备的制度统一性、规范性和灵活性,这对我国在《海关法》修

订过程中适当关注为推动知识产权海关保护制度输出保留必要空间而言,亦具借鉴意义。

1.《海关法》修订语境下的知识产权海关保护制度优化

《经修正的京都公约》非常重视在法律和业务双重视角下确保制度、规范的透明度、可预测性以及手续、技术的可操作性;同时,注重为海关监管执法的相对人、相关人提供完备、简便的救济途径或方式,并密切关注海关执法所面临的法制及政策变化趋势,通过行政指导、制度创新等多种方式,确保制度活力。同样的,我国《海关法》在修订过程中,也需对上述情况多加关注,具体到其中知识产权海关保护制度的部分,则需明确,知识产权边境执法体系必须承担保护知识产权和不影响贸易便利化的双向评价维度①,因此,或需从以下3个方面重点推进专业领域制度优化:

一是立足维护国门安全,通过完善专项法律及业务制度,有效应对以知识产权为外延的新型贸易壁垒的降维打击。《经修正的京都公约》生效实施至今,国家海关法意义上的通关制度规则体系已趋稳定成熟,因此,融合体现技术创新性和操作便利性是其进一步努力的主要方向之一。这一制度发展趋势的选择也同样适用于我国《海关法》修订语境下的知识产权海关保护制度优化,具体而言,其监管制度、执法制度的设计与实施应首先体现促进贸易便利化的宗旨,进而构建一套符合我国国情、与国际海关法相协调、并体现知识产权保护政策功能的海关法律制度体系。二是结合知识产权独立性特点,因应"一带一路"倡议,在"三智"海关建设框架下,以RCEP生效实施为契机,科学设计、充分体现我国与沿线国家(地区)在知识产权海关保护制度上的"趋同化",打造沿"一带一路"的创新发展共同体,进而为将来适时开展制度输出营造良好的国际环境、法制网络及合作基础。三是因应创新发展需要,尽早研究部署分阶段的制度优化方案。首先,以知识

① 参见徐昕:《贸易便利化视角下的知识产权边境执法——兼对〈反假冒贸易协定〉的评论》,载《世界贸易组织动态与研究》2012年第5期。

产权全链条保护和制度及规则研究与普及为基础，积极提升知识产权执法效能；其次，了解、掌握各类创新主体的知识产权保护需求、合规业务情况等，对照现行制度体系，找准制度优化响应点；最后，在前述基础上，结合《海关法》修订进程，持续推进知识产权海关保护相关行政法规、部门规章的统一、协同修订工作。

在此期间，尤其应关注在我国知识产权海关保护制度优化中体现《经修正的京都公约》项下的国际海关法制度规则在我国国内法层面的转化应用，包括但不限于：简化知识产权海关备案制度及操作、加大进口环节侵权执法力度、提升专利权依职权保护比例及成效、创新知识产权海关保护担保模式、细化完善涉案侵权货物取样留样制度等。以提取货样为例：《经修正的京都公约》总附约第三章第3.9条（标准条款）规定，应允许申报人在申报前按照海关规定提取货样。我国1987年《海关法》第26条第1款规定，海关监管货物，未经海关许可，任何单位和个人不得开拆、提取、交付、发运、调换、改装、抵押、转让或者更换标记。但在2000年修订时，就已在第27条规定了进口收货人经海关同意可以在申报前提取货样（与前述京都公约的条款表意一致）、法检货物则应在检疫合格后提取货样。并且，1995年《关于知识产权保护的实施办法》（海关总署令第54号，已废止）第3条第3款规定，海关认为必要时，可根据《海关法》的有关规定查验进出口货物并提取样品。但现行《知产海关保护条例》第17条和《知产海关实施办法》第26条第2款仍仅规定允许权利人查看货物，却在海关总署《知识产权海关保护工作规程》作出了一定的突破性规定——该规程第11条专门规定了因海关、公安、法院等办案需要和权利人用于鉴定等三种可以提取样品的情形，只不过其作为内部规范性文件，并不具备外部性。因此，未来是否需要在修订《海关法》及相关法规、规章时，对此一并予以考虑，值得关注。

2.《海关法》修订语境下的知识产权海关保护制度输出

以WTO、WCO为代表的多边贸易体制对海关制度的协调、简化，集中在通关程序、税收征缴和与贸易有关的知识产权等三个方面；而从这两个国际组织主导的专门或相关国际公约中所体现的知识产权保护理念选择及发展导向可以看出,国际海关法意义上的知识产权保护制度的协调、统一以及保护标准的定位,不仅是在综合考量发达国家与发展中国家的知识产权保护水平、保护需求、国内法原意及国家公共政策功能后的中立制衡,更需要通过弹性条款、过渡条款等为发展中国家和最不发达国家等保留必要的差别和特殊待遇,这正是我国知识产权海关保护制度输出所必备的结构性考量。对此,从前述《经修正的京都公约》与《贸易便利化协定》和 TRIPs 协定、RCEP、CPTPP 的对比来看:

一方面,该 5 个文本基于不同的关注重点,分别制定了适用于不同保护需求层级的知识产权边境保护制度共同标准,比如,《经修正的京都公约》规定禁止侵犯专利、商标和版权的货物进口或进入自由区,与上述 TRIPs 协定、RCEP 和 CPTPP 对成员方的强制性义务要求基本一致,一定程度上体现了不同的多边贸易体制背景下知识产权保护利益格局的相似之处以及国际保护标准的相对统一。这一特点,很好地诠释了我国关注适时推动知识产权海关保护制度输出的必要性和合理性。另一方面,从 TRIPs 协定的制定、实施与发展,以及我国主导签署的 RCEP 生效实施和我国申请加入 CPTPP 等形势来看,TRIPs 协定的制定是发达国家主导在多边合作框架内协调、统一知识产权国际保护标准的成功尝试,也即,从推高国际保护标准的角度来说,TRIPs 协定的制定本身就是对此前一系列知识产权保护国际公约的集成与提升;但近年来,以美欧为代表的发达国家通过双边及区域性自贸协定内嵌 TRIPs-PLUS 条款的方式,不断挤压弹性条款和特殊待遇空间,在相对统一区域性知识产权边境保护规范、手续等要求的同时,“螺旋式”推高知识产权国际保护标准,事实上形成了对全球范围内已基于 TRIPs 协定初步建立起来的统一、规范制度的冲击。而《经修正的京都公约》从生效以来,未再对直接涉及知识产权的条款进行调整改动,这主要应是考虑到知识产权在各国更多体现为调节、推动知识经济创新发展的政策工具而非仅仅是法律制度,并且相对其他海关程序而言，知识产权边境措施的执行可能更多受到权利人行使私权的影响，因此未做更进一步的统一规范、简化，但实践中，《经修正的京都公约》缔约方在开展知识产权边境保护之时，仍会将其高度融合地嵌入海关通关程序之中，从统一规范相关海关执法及业务标准、简化相关海关手续的角度，这其实是更多运用TRIPs协定甚至RCEP、CPTPP的约定条款进行了实质的替代性应用。

综上可见，后TRIPs时代，随着国际货物贸易、国际技术转让、数字化监管的快速发展和发达国家贸易逆差缩减、发展中国家对特定类型知识产权保护需求上升，TRIPs-PLUS条款在双、多边贸易协定中的广泛存在和运用已成新常态，因此，我国完全可以在完成国内法层面的知识产权海关保护制度优化后，把握知识产权国际保护规则“质变”的风口，适时推动制度输出，争取掌握规则制定的主动权。毕竟，海关法律规则中国际法与国内法相互影响，相互融合，不仅使得海关国际法规则更加具有普遍性，而且让各国海关法规越来越互相接近。①

三、“三智”合作视角下我国知识产权海关保护制度创新发展的建议

“智慧海关、智能边境、智享联通”是一项政治与技术相结合、信息与业务相统合、外事与内事相融合的系统性工程，其提升智能管理水平、优化边境管理格局、推动实现互联互通等核心目标，均要求对现行知识产权海关保护制度进行体系性创新优化；而随着区域性贸易协定更多关注、设置知识产权保护条款，必然影响到海关等边境保护部门所需承担的职责、程序、效率等，进而影响我国《海关法》修订过程中与知识产权海关保护有关的制度顶层设计思路。根据商务部网站公布信息，我国目前已签署的20个多、双边自由贸易协定中，RCEP及我国与毛里求斯、格鲁吉亚、澳大利亚、韩国、瑞士、哥斯达黎加、秘鲁、新西兰的自贸协定等10个文本都通过专章或专项补充协议方式规定了知

① 参见何力：《从国际组织功能看WTO与WCO的关系》，载《政法论丛》2010年第3期。

识产权相关内容(详见表3),RCEP及我国与格鲁吉亚、澳大利亚、韩国、哥斯达黎加、秘鲁、新西兰的自贸协定等7个文本都通过专章或专门条款的方式规定了风险管理相关内容(详见表4),有关国家大部分同时也是《经修正的京都公约》的缔约方,因此,从多、双边自由贸易协定中知识产权条款、风险管理条款的对比分析入手,结合《经修正的京都公约》的有关规定,或可从一个全新的视角一探我国进一步强化知识产权海关保护的方向与路径。

表3 我国已签订的自贸协定涉及知识产权条款

序号	自贸协定	是否设置知识产权条款	主要内容
1	RCEP	是	第11章(共14节83条): 1. 保护客体:TRIPs协定保护的7种有名客体、不正当竞争、域名。 2. 缔约原则:承认权利用尽、给予国民待遇、保护公共健康。 3. 救济方式:民事救济(诉讼及替代性争端解决程序、填平及假冒商标和盗版商品的获利、临时措施、销毁);行政救济(撤销、边境措施);刑事救济(针对具有商业规模的商标及著作权故意侵权、有期徒刑、罚金、扣押、没收或销毁)。 4. 边境措施(第65~73条):(1)依申请,中止或扣押进口涉嫌盗版或假冒商标货物、等值担保、权利人信息披露义务、主管机关作出侵权认定、销毁;(2)依职权,中止放行进出口涉嫌盗版或假冒商标货物、等值担保、主管机关通知义务、主管机关作出侵权认定、销毁。 5. 过渡条款:TRIPs协定对最不发达国家过渡期规定、特定缔约方可暂缓实施部分条款。 6. 其他规定(第82条、第83条):简化与专利、商标、工业设计申请有关的签名认证等书面程序。

续表

序号	自贸协定名称	是否设置知识产权条款	主要内容
2	《中国—毛里求斯自由贸易协定》	是	第10章(共5条): 1. 约定义务与TRIPs协定一致。 2. 公共健康原则。 3. 近半篇幅与开展双边知识产权合作有关。
3	中国—格鲁吉亚	是	第11章(共18条): 1. 保护客体:与TRIPs协定一致,其中商标包括视觉和声音标识。 2. 缔约原则:承认权利用尽、给予国民待遇、保护公共健康。 3. 救济方式:行政救济(撤销、无效);刑事救济(针对具有商业规模的商标及著作权故意侵权)。 4. 边境措施:未另行规定,可以采取与TRIPs协定一致的适当措施。 5. 过渡条款:未作规定。
4	中国—澳大利亚	是	第11章(共24条): 1. 保护客体:与TRIPs协定一致,其中商标包括视觉和声音标识。 2. 缔约原则:承认权利用尽、给予国民待遇、保护公共健康。 3. 救济方式:行政救济(撤销、无效);刑事救济(针对具有商业规模的商标及著作权故意侵权)。 4. 边境措施(第22条):依申请、依职权;进、出口环节;盗版或假冒商标货物;主管部门通知义务;非商业性货物微量豁免;担保责任等未另行规定,可以采取与TRIPs协定一致的适当措施。 5. 过渡条款:未作规定。 6. 其他规定:(第24条)设置协商机制(知识产权委员会)。

续表

序号	自贸协定名称	是否设置知识产权条款	主要内容
5	中国—韩国	是	第 15 章(共 11 节 31 条): 1. 保护客体(第 15.2 条脚注 1):版权及相关权、商标权(包括服务商标)、工业品外观设计、专利、实用新型、植物新品种、未披露信息。 2. 缔约原则:给予国民待遇、保护公共健康。 3. 救济方式(第 15.24 条、第 15.27 条):行政救济(撤销、无效);民事救济(损害赔偿、销毁、替代性争议解决程序、临时措施);刑事救济(针对具有商业规模的商标及著作权故意侵权、监禁及罚金、没收或销毁)。 4. 边境措施:依申请、依职权;进、出自贸区及转运、保税仓储的盗版或假冒商标货物;合理或等值担保;海关中止放行及销毁。 5. 过渡条款:未作规定。 6. 其他规定:明确合作内容涉及网络版权执法;设置了知识产权委员会。
6	中国—瑞士	是	【经济技术合作方案】第 10 条: 保护客体:包括但不限于著作权有关的问题以及相关权利、商标、地理标志、工业设计、专利、植物新品种、集成电路布图设计以及未公开的信息。
7	中国—哥斯达黎加	是	第 10 章(共 8 条): 1. 保护客体:与 TRIPs 协定一致。 2. 缔约原则:与 TRIPs 协定一致。 3. 救济方式:与 TRIPs 协定一致。 4. 边境措施(第 114 条):依申请中止放行、盗版或假冒商标货物、进口(进入自由流通领域)、合理或相当的担保;依职权、盗版或假冒商标货物、进出口。 5. 过渡条款:未作规定。

续表

序号	自贸协定名称	是否设置知识产权条款	主要内容
8	中国—秘鲁	是	第11章(共5条): 1. 保护客体:与TRIPs协定一致。 2. 缔约原则:与TRIPs协定一致。 3. 救济方式:与TRIPs协定一致。 4. 边境措施(第147条):依申请中止放行、盗版或假冒商标货物、进入自由流通领域、合理或相当的担保、主管机关认定侵权及通知义务;依职权、盗版或假冒商标货物、进出口或转运货物。 5. 过渡条款:未作规定。
9	中国—新西兰(含升级)	是	第12章(共8条)(升级部分不涉及): 1. 保护客体:与TRIPs协定一致。 2. 缔约原则:与TRIPs协定一致(第161条第3款为本章之目的,《TRIPs协定》经必要修改后并入本协定,构成本协定的一部分);保护及执法确定性、商业合规成本最小化、便利国际贸易。 3. 救济方式:与TRIPs协定一致。 4. 边境措施:与TRIPs协定一致。 5. 过渡条款:未作规定。
10~20	中国—柬埔寨、中国—冰岛、中国—新加坡、中国—新加坡(升级)、中国—巴基斯坦、中国—智利、中国—智利(升级)、亚太贸易协定、中国—东盟、中国—东盟(含"10+1"升级)、中国—巴基斯坦(含第二阶段)		均未规定知识产权章节或条款

资料来源:根据商务部互联网门户网站"中国自由贸易区服务网"公布文本整理,不包括《内地与港澳更紧密经贸关系安排》(CEPA),http://fta.mofcom.gov.cn/index.shtml。

表4 我国已签订的自贸协定涉及风险管理条款

序号	自贸协定名称	是否设置风险管理条款	主要内容
1	RCEP	是	第4章【海关程序和贸易便利化】第14条: 1. 应当建立用于海关监管的风险管理制度。 2. 应避免风险管理对国际贸易的变相限制。 3. 应尽可能集中于高风险货物、加快放行低风险货物、可以随机选择。 4. 应当基于适当选择性标准进行风险评估管理(包括,尤其是协调制度编码、货物性质和描述、原产国、货物启运国、货值、贸易商合规记录以及运输工具类型)。
2	中国—格鲁吉亚	是	第4章【海关程序和贸易便利化】第11条: 1. 应当在海关监管中采用或沿用风险管理制度。 2. 便利低风险货物通关、将风险管理技术资源集中于高风险货物。 3. 应避免风险管理对国际贸易的变相限制。
3	中国—澳大利亚	是	第4章【海关程序和贸易便利化】第5条: 便利低风险货物通关、将风险管理技术资源集中于高风险货物。
4	中国—韩国	是	第4章【海关程序和贸易便利化】第4.13条: 1. 便利低风险货物通关、将风险管理技术资源集中于高风险货物。 2. 应避免风险管理对国际贸易的变相限制。
5	中国—哥斯达黎加	是	第5章【海关手续】第52条: 应尽力采取或沿用风险管理制度,重点查验高风险商品、简化低风险货物放行。
6	中国—秘鲁	是	第4章【海关程序及贸易便利化】第62条: 1. 便利低风险货物通关、将风险管理技术资源集中于高风险货物。 2. 应交换风险应用相关信息并予保密。

续表

序号	自贸协定名称	是否设置风险管理条款	主要内容
7	中国—新西兰(含升级)	是	第5章【海关程序与合作】第54条(升级中不涉及): 应将风险管理技术资源集中于高风险货物、便利低风险货物通关。
8~20	中国—柬埔寨、《中国—毛里求斯自由贸易协定》、中国—瑞士、中国—冰岛、中国—新加坡、中国—新加坡(升级)、中国—巴基斯坦、中国—智利、中国—智利(升级)、亚太贸易协定、中国—东盟、中国—东盟(10+1)升级、中国—巴基斯坦第二阶段		均未规定风险管理专门条款

资料来源:根据商务部互联网门户网站“中国自由贸易区服务网”公布文本整理,不包括《内地与港澳更紧密经贸关系安排》(CEPA),载 http://fta. mofcom. gov. cn/index. shtml。

(一)完善过境转运货物知识产权执法的制度基础

《经修正的京都公约》总附约第6章第6.1条(标准条款)规定,“所有进出关境的货物,包括运输工具,不论是否应缴纳税费,均应接受海关监管”,则过境、转运货物应属海关监管货物,并且,《京都公约》专项附约五“转运”的第一章“海关转运”E4条款中定义了转运货物——“海关转运”系指货物在海关监管下从一个海关办公机构运至另一个海关办公机构的海关制度,这不仅包括了我国现行《海关法》第100条所定义的过境、转运、通运货物,还包括了转关运输。尽管《京都公约》并未直接涉及知识产权边境执法且我国目前尚未接受专项附约五,但从总附约的表述来看,海关对过境、转运货物的侵权执法应是合法、合理且必要的。

而从我国目前签署的双边、多边协定中与知识产权有关的条款分析来看,除与毛里求斯、格鲁吉亚、瑞士等3个文本中未有明文规定边境措施有关内容外,其余7个文本或具体规定了保护对象、保护范围、程序及实体规则等知识产权边境保护措施,或以共同遵守TRIPs协定及共同参与的国际公约的有关承诺的表述方式对此作了指引性规定,并且,在强制性义务方面均对依申请开展进口环节盗版和假冒商标货物侵权执法,从而与《经修正的京都公约》和TRIPs协定的最低义务标准保持一致,而RCEP对依职权开展进出口侵权查处及认定、中国—韩国自贸协定对进出自贸区及转运和保税仓储的盗版或假冒商标货物开展侵权执法、中国—哥斯达黎加自贸协定对依职权开展进出口侵权执法、中国—秘鲁自贸协定对依职权开展进出口或转运货物侵权执法也分别作出了明文规定。可见,我国在保护理念、制度设计与具象标准上,实际已将过境、转运货物知识产权海关行政执法纳入了知识产权边境保护的范畴,并且,虽然知识产权海关保护"龙腾"专项行动方案中尚未明确海关对过境货物的知识产权执法事宜,但自2020年起,该专项行动框架下已经设置并开展了针对经香港的出口转运货物的知识产权海关执法"净网"行动。根据海关总署公布的数据,我国对国际转运货物侵权执法颇见成效——"净网行动2021"期间,拱北海关扣留经港珠澳大桥出境输往香港的侵权光电耦合器10.5万个、集成电路1.75万个;深圳海关扣留多批次以跨境电商B2B申报出口香港的侵权货物,包含侵权手机配件、蓄电池、眼镜等2万余件;广州海关扣留涉港澳侵权货物36批次、6.9万件。[①] 但鉴于全通一体化后已取消了国内转关的制度设计,并且,在国内法层面的海关法律法规中,对于我国现行《知产海关保护条例》第2条关于"与进出口货物有关的"范围小于与《海关法》第44条关于"与进出境货物有关的"定义范畴的讨论仍然存在,因此,对于国内转运货物及过境货物的知识产权海关行政执法方面仍值得在制度设计和执法实践两个层面予以进一步关注。

与此同时,虽然我国目前签署的双边、多边协定中与知识产权有关的条款都明文或以共同遵守TRIPs协定有关承诺的表述方式规定了承认权利用尽、国民待遇、公共健康等三大原则,但目前执法实践

---

① 参见《2021年中国海关知识产权保护状况》,载微信公众号"海关发布"2022年4月22日,https://mp.weixin.qq.com/s/7quJzVxpcmbhAPpyk5IJ5Q。

中,涉及平行进口的情况往往以域外证据存疑等为由作出不能认定是否侵权的结论,实质上回避了是否承认国际范围内的权利用尽的问题,而这一观点导向还影响到海关在进出口环节侵权执法过程中对涉外定牌加工抗辩的采纳与评价。考虑到对过境、转运货物的侵权执法时有叠加平行进口、涉外定牌加工抗辩等情形,在《经修正的京都公约》对转运货物的定义范畴之下,从我国《海关法》修订对此作出呼应的角度看,确有必要将我国海关开展过境、转运货物知识产权执法的制度建立、优化等提上日程。

鉴此,未来或可结合《经修正的京都公约》的全面审议,从两个角度予以重点关注:一方面,以《海关法》修订为契机,进一步明确海关特殊区域、自贸区内的知识产权海关行政执法权制度基础,尤其是对于保税仓储状态下的货物,可以适时考虑在以后续稽核查为切入点的事后监管模式下直接启动知识产权海关保护程序的制度可行性,并且,或需适度调整对过境、转运货物认定侵权的适用标准,即需将现行的“可能发生实质性侵权损害则保护”的标准,逐步转向“可能发生损害或对受一国法律保护的知识产权的对外贸易利益产生损害或实质性威胁即纳入保护范围”——更类似于裁定反倾销的标准,否则,很难从根本上解决上述执法难点,因此,此举或将更多体现我国知识产权保护理念的推高;同时,由于 TRIPs 协定是基于“与贸易有关的”并且以“商业目的”为行为前提,而我国《商标法》《专利法》《著作权法》等在界定侵权行为时也将处于销售、交易等实际的“商业目的”作为构成要件,这就使得跨境组合侵权等在某一国关境内通关程序中的“商业目的”较为隐蔽,如要依法查处,必须进行跨国的全链条行为评价,但这也必将对我国海关的执法方式和能力都提出更高的要求。另一方面,加强国际执法合作,以对过境、转运货物的知识产权海关保护行政执法为基础,助力制度输出。随着“一带一路”倡议的深入推进实施,我国与沿线国家的经贸往来中涉及过境、转运货物的情形必然会有所增多,因此,如何在保障通关便利化的前提下适当规制相关边境侵权行为,对我国海关的立法理念、执法方式、保护效果而言,都是亟须纳入考量的。在这方面,美国和欧盟的制度完善及执法经验可为我国提供必要蓝本——美国在首设自贸区后通过一系列判例明确了海关对转运货物的侵权执法权、欧盟则已在共同体内部形成了有效的法律制度,分别体现了判例法、成文法在转运货物侵权执法方面的优势。

(二)深化自贸区知识产权海关保护的制度创新

《经修正的京都公约》专项附约四第2章明确定义了"'自由区'系指缔约方境内的一部分,进入这一部分的任何货物,就进口税费而言,通常视为在关境之外";而我国自贸区并不属于《经修正的京都公约》所指"自由区",也不是简单定义的"境内关外"。但我国自贸区承担着制度创新职能,或可为探索知识产权海关保护制度创新提供更优的政策环境与试点平台,比如,涉及前文所述《经修正的京都公约》在总附约第5章专章规定并通过总附约第2章、第3章和专项附约四、五、七、八、九的共17个相关条款系统性规定的担保模式。

我国目前已签署且设有知识产权条款的多、双边自贸协定中,RCEP第11章第63条和我国与韩国、哥斯达黎加、秘鲁的自贸协定中都明文规定了当事人的担保责任,而我国与毛里求斯、格鲁吉亚、澳大利亚、新西兰(升级)的自贸协定中则以承诺与TRIPs协定保持一致并不再另行规定的方式对当事人担保责任进行了原则性的规定;其中,由于各文本最低义务标准关于保护范围及执法模式的规定不同,除RCEP及中国—韩国自贸协定在进、出口环节的依申请及依职权保护模式下均要求申请人提交合理或相当的担保外,其余文本均只明确要求在进口环节依申请保护模式下应要求申请人提交保证金或同等的担保。但或是因其兼具民事责任属性和行政担保性质,具体适用的担保模式仍由各国国内法予以规定。

我国现行《知产海关实施办法》虽然明确了"担保金、银行或者非银行金融机构保函"都可提供作为知识产权海关保护担保,并且明确了总担保、专利权反担保放行、依职权保护模式担保最高限额等规定,但长期执法实践中,海关接受担保的方式仍以担保金为主,在依申请扣留和反担保放行的情形下,还需提供侵权嫌疑货物等值的担保。考虑到知识产权海关保护行政案件的办案周期平均在3～6个月,且在案件多发的情况下,保证金往往难以第一时间退转,企业资金压力不可谓不大。尽管海关总署知识产权保护"龙腾行动2019"方案第11条明确提出,"创新出口货物专利纠纷担保放行方式,允许第三方机构为收发货人提供反担保服务",并在2020年4月同意昆明海关开展自贸试验区"出口货物专利纠纷担保放行工作制度"创新试点,但依职权保护、依申请保护模式下不同的担保金标准以及商标权、专利权、著作权适用担保的条件明显不同,已构成实质上的担保差异;并且,自2006年至2021年,知识产权海关保护担保模式未再有契合上述发展需求的实质性优化;而现行执法程序中,提供担保实际上已成为申请人用以代替完全证明责任或仅作为证明责任的补充而非增强的手段。因此,以《海关法》修订为契机,从制度层面丰富、优化知识产权海关保护担保模式,十分必要。比如,建议可在借鉴关税保证保险制度的基础上,探索试点海关知识产权保证保险——具体制度设计上,可以试点接受权利人以知识产权保险保单形式提交海关知识产权担保,投保人为权利人,被保险人为海关,保险标的为权利人因错误申请或恶意申请导致错扣或错放造成的相对人的损失以及货物的仓储、保管和处置费用,一旦权利人因各种原因拒绝履行赔付和支付义务,由保险公司全额代偿;除并案处理的外,均应一案一保;同时,应将该项试点制度与进出口企业信用评级体系挂钩,一方面,严格准入,对于以该模式提供担保的企业,首次适用时,海关需全面审核相关资料,包括但不限于企业信用、权利凭证、申请文书、质押合同、保险合同等;另一方面,形成违规违约权利人及保险机构"负面清单",必要时予以信用降级、不予适用该担保模式等处理,通过构建贸易合规信用惩戒闭环形成震慑的制度托底效果。①

---

① 参见叶倩:《探析双循环新发展格局下知识产权海关担保模式创新》,载《海关与经贸研究》2022年第2期。

(三)探索进出口环节侵权风险布控的制度范式

《经修正的京都公约》在前言①和总附约第6章第3条②和第5条③(均为标准条款)、专项附约五第1章第11条(建议条款)④中,均新纳入了风险管理并作为海关有效监管的重要形式,并且明确提出海关应将守法衡量策略作为风险管理的辅助手段。随着侵权打击力度的不断加大,科学开展风险研判与布控已经成为我国海关查发侵权案件的重要手段。虽然风险管理已经成为海关监管执法的重要职能及手段,我国现行《海关法》中尚未将其列明为海关法定主要职能,《知产海关保护条例》及其《知产海关实施办法》甚至总署《知识产权海关保护工作规程》中也均未具体明确风险管理与知识产权保护的相互关系,但我国已签署的自贸协定中,仍有近半规定了专门用于海关程序和贸易便利化的风险管理要求——我国已签订的20个多、双边自贸协定中,RCEP及我国与格鲁吉亚、澳大利亚、韩国、哥斯达黎加、秘鲁、新西兰的自贸协定等7个文本中都规定了风险管理相关内容,且都以专门条款的方式规定在"海关程序和贸易便利化"或"海关手续""海关程序与合作"专章中,其主要约定义务包括必须建立或采用风险管理制度、应尽可能集中于高风险货物并加快放行低风险货物、应当避免风险管理对国际贸易的变相限制——应该说基本都体现了前述《经修正的京都公约》相关条款的要求,并以我国主导签署的RCEP的相关规定体现得最为全面,而考虑到RCEP关于应适当通过要素申报情况进行风

---

① 《经修正的京都公约》前言列明:"采用诸如风险管理和稽查等现代技术,最大限度地应用信息技术。"

② 《经修正的京都公约》总附约第6章第3条(标准条款):海关实施监管时应采用风险管理。

③ 《经修正的京都公约》总附约第6章第5条(标准条款):海关应采用守法衡量策略作为风险管理的辅助手段。

④ 《经修正的京都公约》专项附约五第1章第11条(建议条款):如果货物的随附单证可以使货物准确无误地得到识别,货物运输时一般可不施加海关封志或固定物。但是在下列情况下,可以要求施加海关封志或固定物:根据风险管理的要求,发运地海关办公机构认为有此必要;这将便利整个海关转运作业;或国际协定有此规定。

险评估管理的规定,其风险管理制度标准甚至略高于《经修正的京都公约》。

上述相关条款也同样适用于知识产权海关保护行政程序。尽管,当前多数国家在签订知识产权合作协议时,逐渐倾向于从双边自贸协定转向区域(多边)知识产权合作协议并适当与贸易协定脱钩,但自由贸易协定的根本宗旨就是消除贸易壁垒、促进贸易便利化,在考量与知识产权边境保护有关的风险管理制度时,无论是《经修正的京都公约》中关于应当在通关程序中建立风险管理机制的规定,还是各国多、双边贸易协定中贸易便利化章节通常容纳的风险管理条款,其基础法律法规制度与风险信息技术的发展始终是相谐的。一方面要求各方建立沿用风险管理系统,集中对高风险货物进行查验,简化低风险货物的通关程序;另一方面要求定期对系统进行更新。

因此,从法与技术的角度,结合《经修正的京都公约》关于风险管理制度的原则性规定和我国《海关法》修订与执法实践需求,未来建议从两个方面进一步提升侵权风险专题分析与精准布控有效性:一方面,科学甄别侵权货物风险级别,便利低风险货物通关、将分析研判及布控选查等风险管理技术资源集中于高风险货物,从而更有效地避免风险管理对国际贸易的变相限制,为我国成为创新型国家、鼓励企业创新发展营造更为良好的营商环境;当然,这也对我国海关关员在知识产权专业领域方面的执法水平提出了更高要求——包括掌握风险管理实践所必需的方法、术语、方法论、实施技术和工具;组织文化中行政人员对风险管理和变化的意识也至关重要,这对贸易有直接和间接影响,包括缩短处理时间、降低整体办理费用以及增加处理和控制的透明度。① 另一方面,适当加大进口侵权风险布控力度,更多查处进口侵权行为,既能使本土知识产权优势企业得到有效保护,也能通过发现并向国外海关通报侵权线索的方式掌握国际执法合作中的主动权,适度平衡当前国外海关对我国侵权反向通报居高的局面,并适当

① 参见[日]御厨邦雄:《贸易便利化与海关角色》,载《中国海关》2013 年第 1 期。

选择协调制度编码、货物性质和描述、原产国、货物启运国、货值、贸易商合规记录以及运输工具类型等申报要素作为风险管理效能的选择性评估要项,进而构建基于风险管理的多层次监管方式并在更高层次上促进贸易便利化,在此基础上,还可以立足制度输出、借《经修正的京都公约》全面审议契机,深化我国与“一带一路”共建国家的边境侵权风险信息共享与执法合作,比如,在参与推进其全面审议进程的同时,关注可能通过的最终报告对我国国内海关法律制度带来的影响,并从未来知识经济和创新竞争的需要出发,对《经修正的京都公约》中的知识产权及风险管理内容进行必要的关联研究,为修订完善《海关法》提供参考,并适时整体性输出海关管理理念进而争取掌握知识产权海关保护国际规则话语权和制定能力,在未来主导全球海关治理体系变革方面积累有益的经验——毕竟,法律的生命在于实施而不在于颁布,权利的灵魂在于救济而不在于承诺。

Discussion on the Impact and Inspiration of the Comprehensive Review of the Revised Kyoto Convention on the Development of Customs IPR Protection System from the Perspective of “Smart Customs, Smart Border, Smart Connectivity”

XIAO Chun　YE Qian

[**Abstract**]　The concept of “Smart Customs, Smart Border, Smart Connectivity” has brought about a need for prospective study and institutional innovation in the administrative law enforcement mechanism, international law enforcement cooperation and optimization of law enforcement in protecting intellectual property rights. The comprehensive review of The Revised Kyoto Convention emphasizes the necessity for further simplification and harmonization of Customs systems. This paper, from the perspective of relations between Customs trade security and Customs clearance facilitation prioritized by the initiative of "Smart Customs, Smart Border, Smart Connectivity" (3S initiative), explores Customs IPR protection system and rules within the WTO and WCO framework, and then analyzes the impact and inspiration of The Revised Kyoto Convention and its comprehensive review on the institutional origin, institutional environment, innovation and development of Customs IPR protection in China from the perspective of comparative law. Moreover, this study proposes specific optimization suggestions for the innovative development of China Customs IPR protection system within the framework of "3S initiative" cooperation.

[**Key words**] "Smart Customs, Smart Border, Smart Connectivity"; The Revised Kyoto Convention; Customs protection of intellectual proterty rights; impact; inspiration

RCEP & CPTPP 知识产权边境保护措施对我国海关知识产权保护工作的启迪

邓贵波　邹晓玲　陈超群　屈春艳*

[摘　要]　中国是 RCEP 缔约方,并已申请加入 CPTPP。RCEP、CPTPP 对知识产权保护,包括知识产权边境保护进行了规定。RCEP 缔约方中现有 7 个国家同时也是 CPTPP 缔约方,两者关联度高。通过对 RCEP、CPTPP 中涉及知识产权边境保护文本内容进行梳理,并对二者开展比较分析,积极对接协定,从中获得启迪,探索研究如何完善我国知识产权边境保护工作制度。

[关键词]　RCEP;CPTPP;知识产权;边境保护;海关

2001 年 12 月 11 日,我国正式加入世界贸易组织(World Trade Organization,WTO),并全面执行《与贸易有关的知识产权协定》(以下简称 TRIPs 协定)。"入世"以来,已建立符合 WTO 要求的知识产权法律体系。

---

* 邓贵波,南沙海关副关长;邹晓玲,广州海关综合业务处三级调研员;陈超群,广州海关综合业务处科长;屈春艳,广州海关综合业务处三级主任科员。

2020年11月15日，中国和东盟10国[①]以及日本、韩国、澳大利亚、新西兰等15个国家共同签署了《区域全面经济伙伴关系协定》(Regional Comprehensive Economic Partnership，RCEP)[②]。2021年3月8日，中国已正式核准该协定，同时也是率先批准协定的国家。RCEP是中国最近签署的经贸规模最大的一个重要自贸协定[③]。

2021年9月16日，我国提交加入《全面与进步跨太平洋伙伴关系协定》(Comprehensive and Progressive Agreement for Trans-Pacific Partnership，CPTPP)的正式申请。[④] 从协定的广度和深度来看，CPTPP代表较高标准和较高自由化程度的双多边区域贸易安排。

RCEP缔约成员国中的日本、澳大利亚、新西兰、新加坡、文莱、马来西亚和越南等7个国家，同时也是CPTPP缔约成员国。无论是协定本身，还是缔约方成员，RCEP、CPTPP对我国开展知识产权边境保护规则对接，最大化对我国经济社会发展产生推动，都高度关联。文章通过对RCEP、CPTPP知识产权边境保护涉及的相关内容进行梳理，并对二者深入比较分析，以获得启迪，并探索如何进一步优化、完善我国知识产权边境保护制度。

一、RCEP&CPTPP知识产权边境保护措施

(一)RCEP中知识产权边境保护条款

RCEP共20章，知识产权保护和执法的相关内容分布在第11章，

---

① 包括文莱、柬埔寨、印度尼西亚、老挝、马来西亚、缅甸、菲律宾、新加坡、泰国和越南。

② 根据协定规定，该协定须得到东盟10国中至少6个国家批准，以及中国、日本、韩国、澳大利亚和新西兰5国中的至少3个国家批准方能生效。

③ 参见高歌、杨牧：《15国签署RCEP 全球规模最大自贸协定达成》，载人民网2020年11月15日，http://world.people.com.cn/n1/2020/1115/c1002-31931470.html。

④ 参见《中方正式提出申请加入〈全面与进步跨太平洋伙伴关系协定〉(CPTPP)》，载中央人民政府网2021年9月16日，https://www.gov.cn/xinwen/2021-09/16/content_5637879.htm。

包含83个条款,以及过渡期安排、技术援助等两个附件。全章涵盖了著作权、商标、地理标志、专利、外观设计、遗传资源、传统知识和民间文艺、反不正当竞争、知识产权执法、合作、透明度、技术援助等广泛领域,是RCEP内容最多,篇幅最长的章节,也是我国迄今为止已签署涉及知识产权内容最全面的经贸协定。①

RCEP涉及知识产权边境保护措施的条款在第11章第10节"知识产权权利的实施"第3小节"边境措施"(第65条至第73条),包括以下9个方面的内容:一是依权利人的申请,中止放行涉嫌盗版假冒货物;二是申请中止或扣押;三是保证金或同等担保;四是主管机关向权利持有人提供的信息;五是依职权中止放行涉嫌盗版假冒货物;六是权利持有人在依职权采取行动的情况下向主管机关提供的信息;七是主管机关在合理期限内作出是否侵权认定结论;八是主管机关的销毁令;九是费用。从具体内容上看,RCEP没有刻意抬高知识产权保护标准,而是在充分尊重TRIPs协定的基础上有所增减和创新。②

(二)CPTPP中知识产权边境保护条款

CPTPP共30章,第18章内容为知识产权保护章节,包括A-K共11节、83个条款以及6个附件。涉及的内容包括总则、合作、商标、地理标志、专利、外观设计、版权和相关权以及执行等。其中的核心内容包括国际合作、专利、著作权、商业秘密、技术保护措施、权利管理信息以及法律救济(含边境保护)等。CPTPP知识产权规则比现有其他综合性经贸投资协定(含相关自贸协定)的知识产权保护条款内容都要详细,总体上代表了当今知识产权国际规则的高标准发展方向和趋势。

CPTPP中涉及知识产权边境保护的内容主要分布于第18章第I节"执行"的第18.76条"与边境措施相关的特殊要求",主要包括9个条款,涉及以下9项内容:一是依申请保护的适用范围;二是权利持有

① 参见俞子荣等:《RCEP:协定解读与政策对接》,中国商务出版社2021年版,第266页。

② 参见陆黎梅、吴东庆:《RCEP知识产权规则述评及对中国的启示》,载《湖北广播电视大学学报》2021年第4期。

人申请启动边境措施需提供的信息；三是权利持有人应提交的担保；四是主管机关向权利持有人告知的有关信息；五是依职权保护的适用范围；六是授予主管机关认定侵权与实施行政处罚的权限；七是侵权货物的处置方式；八是边境保护有关费用的设定不得妨碍程序援引；九是少量非商业性商品的豁免。

二、RCEP 与 CPTPP 知识产权边境保护内容之比较

从文本内容上来看，RCEP 与 CPTPP 在知识产权边境保护模式、向权利人提供相关信息，侵权货物的处置方式等方面规定的内容基本一致；在保护范围、保护环节、主管机关授予权限、执法豁免等方面，CPTPP 规定得更为细致，要求更高；个别内容仅在 RCEP 中有明确规定。

（一）规定内容相同相似的方面

1. 知识产权保护模式方面。两者均明确，知识产权边境保护模式包括依职权保护和依申请保护两种模式。

2. 向权利人提供相关信息方面。两者均规定，如主管机关扣押或中止放行涉嫌假冒商标或盗版的商品，在不损害有关隐私或者信息保密法律的情况下，有权告知权利持有人以下信息：发货人、收货人或者进口商的姓名和地址、商品数量以及商品来源地（如已知）。因向权利人提供信息的规定是非强制的，CPTPP 同时规定，如缔约方未规定主管机关的上述权限，至少应规定在进口商品的情况下，其主管机关有权在扣押或认定冒牌商品或盗版商品后 30 天内，告知权利人相应信息。

3. 侵权货物的处置。两者均规定主管机关有权责令销毁侵权货物。在货物未被销毁的情况下应当被清除出商业渠道。对于假冒商标的商品，除例外情形外，仅简单除去非法加贴的商标，并不足以允许放行该商品进入商业渠道。

4. 边境保护相关费用的设立问题。两者均规定各缔约方在设立或确定与采取知识产权权利的边境保护措施时设置的涉及申请、储存

或销毁等相关费用,不得不合理地妨碍权利人诉诸此类程序。

(二)CPTPP中标准更高、规定更细的方面

1.保护的客体范围更广。CPTPP第18章第18.76条第1款规定为"涉嫌假冒、混淆性相似商标或盗版的货物",将涉嫌假冒商标进一步明确为涉嫌假冒商标和混淆性相似商标。RCEP规定为"盗版货物或假冒商标货物",并将"假冒商标商品"定义为:未经授权而带有相同注册商标或在本质上不能与此类商标进行区分的任何商品,包括包装,上述商标侵犯了权利人根据缔约方法律和法规提供的程序所享有的权利,但未将对容易造成混淆的近似商标规制明确在协定中。

2.依职权边境执法所适用的执法环节范围更宽。RCEP规定进口环节的依职权保护程序是必须设立的,而出口环节则是非强制性规定。CPTPP规定的执法环节范围较宽,除适用于一般进口出口外,还包括"过境转运"①。

3.主管机关权限更大。根据RCEP的规定,主管机关具有对货物的中止放行权以及是否侵权的认定权。CPTPP则在此基础上,进一步明确了主管机关可被授予"行政处罚或制裁的权限"。

4.担保方式更细化。RCEP、CPTPP都规定,权利人启动依申请保护情形下需提供担保。但CPTPP在"保证金或同等担保"的基础上,明确规定"可采用附条件保函"的形式提供担保。

5.明确行邮渠道执法豁免内容。CPTPP明确规定,旅客个人行李中及以小件邮寄的少量非商业性商品,可排除在边境执法范围以外。

---

① CPTPP第18.76条规定:5.各缔约方应规定,其主管当局可依职权,对以下处于海关控制下的商品,启动边境措施:(a)进口商品;(b)用于出口的商品;或(c)转运商品。脚注120:在本条中,缔约方可以将"处于海关控制下的商品"视为受该缔约方海关程序约束的商品。脚注121:在本条中,缔约方可将"用于出口的"商品视为出口商品。脚注122:本项适用于在一缔约方境内从一海关到另一海关转运过程中即将出口的涉嫌商品。脚注123:作为本项的替代方案,为了消除国际贸易中的冒牌商品和盗版商品,各缔约方应努力向另一缔约方提供以下产品的信息,经过其检查,在其境内没有收货人,其该产品是经其领土转运、其目的地为该另一缔约方,以便另一缔约方在涉嫌商品到达其领土时予以识别。

对此,RCEP 并无规定,根据 RCEP 与 TRIPs 协定规定的关系,直接适用 TRIPs 协定第 60 条[①]的规定,即行邮渠道的非商业性小量货物属于执法豁免范围。

(三)RCEP 中单独明确的内容

RCEP 第 11 章第 66 条规定了主管机关采取中止放行或扣押侵权货物在适当期限内继续有效;第 70 条规定依职权保护程序中主管机关有权要求权利人提供涉案信息。对此,CPTPP 并无明确规定。

三、我国现行知识产权边境保护制度与 RCEP&CPTPP 的比较研究

我国的知识产权边境保护制度是在 TRIPs 协定基础上建立起来的。经过《知识产权海关保护条例》(以下简称《知产海关保护条例》)等专门法规规章的立法、不断修改完善,已处于全球较高的水平[②]。比较而言,我国现行知识产权边境保护规则与 RCEP 知识产权保护规则基本一致,部分标准还略高于 RCEP;与 CPTPP 总体相当,略有不同。主要体现在以下几个方面。

(一)我国知识产权边境保护标准与 RCEP、CPTPP 总体类似

一是知识产权保护模式方面。与 RCEP、CPTPP 相同,我国知识产权海关保护模式也包括依职权保护和依申请保护两种模式。根据《知产海关保护条例》第 13 条[③]的规定,权利人提出依申请保护的,应当提交申请书及相关证明文件,并提供足以证明侵权事实明显存在的

---

① TRIPs 协定第 60 条规定:各成员可以将旅客个人行李中携带或托运小件中寄送的非商业性小量货物排除在上述规定的适用范围外。

② 参见朱秋沅:《中国视角下对 TPP/CPTPP 知识产权边境保护条款的考量及相应建议》,载《电子知识产权》2018 年第 3 期。

③ 《知产海关保护条例》第 13 条规定:知识产权权利人请求海关扣留侵权嫌疑货物的,应当提交申请书及相关证明文件,并提供足以证明侵权事实明显存在的证据。申请书应当包括下列主要内容:(1)知识产权权利人的名称或者姓名、注册地或者国籍等;(2)知识产权的名称、内容及其相关信息;(3)侵权嫌疑货物收货人和发货人的名称;(4)侵权嫌疑货物名称、规格等;(5)侵权嫌疑货物可能进出境的口岸、时间、运输工具等。侵权嫌疑货物涉嫌侵犯备案知识产权的,申请书还应当包括海关备案号。

证据;RCEP 则要求权利持有人提出中止放行申请的条件是“有正当理由怀疑”并且要求权利人提交有关货物的足够详细的说明以便海关当局容易辨认,这点与我国现行的规定相符。CPTPP 要求“提供充分的证据”“并提供充足的权利持有人被合理期望知道的信息”,以便主管机关易于辨认这些涉嫌商品。提供这些信息的要求不得不合理地妨碍对这些程序的援用。通说认为,该条款有利于权利持有人减轻其负担。可见,我国相关规定符合 RCEP 的要求,但应该高于 CPTPP 的要求。例如,现行规定要求提供集装箱号、相关口岸以及进出口时间,能否符合 CPTPP,还要看 CPTPP 缔约国实际执行情况。

二是主管机关的权限方面。根据《海关法》第 91 条①及《知产海关保护条例》第 15 条第 1 款、第 20 条的规定②,我国海关有权对涉嫌侵权货物中止放行、对货物是否侵权进行调查认定、对侵权行为作出相应处罚。这与 RCEP、CPTPP 是一致的。但 RCEP 未规定主管机关的行政处罚权,而 CPTPP 虽有规定,但却是非强制性的。

三是担保方面。根据《知产海关保护条例》第 15 条及《关于〈中华人民共和国知识产权海关保护条例〉的实施办法》(以下简称《知产海

① 《海关法》第 91 条规定:违反本法规定进出口侵犯中华人民共和国法律、行政法规保护的知识产权的货物的,由海关依法没收侵权货物,并处以罚款;构成犯罪的,依法追究刑事责任。

② 《知产海关保护条例》第 15 条规定:知识产权权利人申请扣留侵权嫌疑货物,符合本条例第 13 条的规定,并依照本条例第 14 条的规定提供担保的,海关应当扣留侵权嫌疑货物,书面通知知识产权权利人,并将海关扣留凭单送达收货人或者发货人。知识产权权利人申请扣留侵权嫌疑货物,不符合本条例第 13 条的规定,或者未依照本条例第 14 条的规定提供担保的,海关应当驳回申请,并书面通知知识产权权利人。第 20 条规定:海关发现进出口货物有侵犯备案知识产权嫌疑并通知知识产权权利人后,知识产权权利人请求海关扣留侵权嫌疑货物的,海关应当自扣留之日起 30 个工作日内对被扣留的侵权嫌疑货物是否侵犯知识产权进行调查、认定;不能认定的,应当立即书面通知知识产权权利人。

关实施办法》)第 15 条[①]的规定,在依申请保护模式下,权利人发现侵权嫌疑货物即将进出口请求海关予以扣留的,应当提供相当于货物价值的担保。这与 RCEP、CPTPP 规定是一致的。同时,根据《海关事务担保条例》第 9 条、第 12 条[②]及《海关法》第 68 条规定[③],权利人也可以通过保函的方式提供担保,这也符合 CPTPP 的规定。

四是向权利人提供信息方面。根据《知产海关保护条例》第 16 条规定,海关在监管中发现进出口货物有侵犯备案知识产权嫌疑的,应当书面通知知识产权权利人进行确权。具体实践中,现场海关会根据立案扣留情况制作扣留侵权嫌疑货物通知书送达权利人,扣留侵权嫌疑货物通知书中包含收发货人姓名、商品名称及数量、扣留时间等具体信息。我国的规定与 RCEP、CPTPP 规定的提供时间及内容基本一致,但操作性更强。

五是执法豁免方面。根据《知产海关保护条例》第 31 条[④]的规定,考虑到个人物品的非贸易性质,个人携带或者邮寄进出境的物品,只要在自用、合理数量范围内的,属于执法豁免,不视作侵权货物处置。这与 CPTPP 及 RCEP 的规定基本一致。

(二)我国知识产权海关保护的客体比 RCEP、CPTPP 要广

一方面,我国知识产权边境保护范围更广。根据《知产海关保护条例》《奥林匹克标志保护条例》《世界博览会标志保护条例》《知

---

① 《知产海关实施办法》第 15 条规定:知识产权权利人请求海关扣留侵权嫌疑货物,应当在海关规定的期限内向海关提供相当于货物价值的担保。

② 《海关事务担保条例》第 9 条规定:进口已采取临时反倾销措施、临时反补贴措施的货物应当提供担保的,或者进出口货物收发货人、知识产权权利人申请办理知识产权海关保护相关事务等,依照本条例的规定办理海关事务担保。法律、行政法规有特别规定的,从其规定。第 12 条规定:当事人可以以海关依法认可的财产、权利提供担保,担保财产、权利的具体范围由海关总署规定。

③ 《海关法》第 68 条规定:担保人可以以下列财产、权利提供担保:(1)人民币、可自由兑换货币;(2)汇票、本票、支票、债券、存单;(3)银行或者非银行金融机构的保函;(4)海关依法认可的其他财产、权利。

④ 《知产海关保护条例》第 31 条规定:个人携带或邮寄进出境的物品,超出自用、合理数量,并侵犯本条例第 2 条规定的知识产权的,按照侵权货物处理。

产海关实施办法》有关规定,我国知识产权海关保护范围包括商标专用权、专利权(包括发明、实用新型、外观设计)、著作权及相关权利以及奥林匹克标志和世界博览会标志专用权。相比RCEP、CPTPP,我国的知识产权边境保护范围更为宽广。另一方面,在对侵犯商标专用权的认定情形上我国更多。如根据《商标法》第57条①的规定,侵犯商标专用权有7种情形,海关执法的标的不仅限于CPTPP规定的"涉嫌假冒商标或混淆性商标商品",还包括商标标识。

(三)我国知识产权边境执法环节与RCEP、CPTPP有所不同

RCEP规定依申请保护、依职权保护适用于"进口"环节,而"出口"环节的依职权保护为选择性义务。根据《海关法》第44条第1款②及第91条③的规定,我国边境执法环节适用于"进出口",乃至于"进出境",无论是依职权保护模式还是依申请保护模式,都高于RCEP所规定的标准。

CPTPP所规定的边境执法环节较宽,除适用于一般进口、出口外,还包括转运,而且其"转运"的概念往往包括了我国的"转运"、"过境"和"通运"等程序。④

---

① 《商标法》第57条规定:有下列行为之一的,均属侵犯注册商标专用权:(1)未经商标注册人的许可,在同一种商品上使用与其注册商标相同的商标的;(2)未经商标注册人的许可,在同一种商品上使用与其注册商标近似的商标,或者在类似商品上使用与其注册商标相同或者近似的商标,容易导致混淆的;(3)销售侵犯注册商标专用权的商品的;(4)伪造、擅自制造他人注册商标标识或者销售伪造、擅自制造的注册商标标识的;(5)未经商标注册人同意,更换其注册商标并将该更换商标的商品又投入市场的;(6)故意为侵犯他人商标专用权行为提供便利条件,帮助他人实施侵犯商标专用权行为的;(7)给他人的注册商标专用权造成其他损害的。

② 《海关法》第44条第1款规定:海关依照法律、行政法规的规定,对与进出境货物有关的知识产权实施保护。

③ 《海关法》第91条规定:违反本法规定进出口侵犯中华人民共和国法律、行政法规保护的知识产权的货物的,由海关依法没收侵权货物,并处以罚款;构成犯罪的,依法追究刑事责任。

④ 参见朱秋沅:《中国视角下对TPP/CPTPP知识产权边境保护条款的考量及相应建议》,载《电子知识产权》2018年第3期。

(四)我国知识产权边境执法的后续处置与 RCEP、CPTPP 表述上不完全吻合但实质效果上一致

根据《知产海关保护条例》第 27 条第 3 款①的规定,我国对被没收的侵权货物处置方式依次是用于社会公益事业、有偿转让给权利人、依法拍卖,最后才是销毁。这与 RCEP、CPTPP 的表述不完全吻合。RCEP、CPTPP 比较明确的方式是销毁,并基本明确在未被销毁的情况下,除特殊情况外应确保这些货物在商业渠道以外的方式处置。从近几年的时间来看,销毁已成为我国海关对边境查获的侵权货物最常用的处置方式,这与协定所希望达到的目标实质上是一致的。

四、RCEP&CPTTP 对我国现行知识产权海关保护工作的启迪

通过以上分析比较,可以看出我国对接 RCEP 知识产权边境保护规定已无困难和障碍;CPTPP 的知识边境保护标准虽然相对 RCEP 略高,但我国知识产权海关保护水平对标 CPTPP 标准也已基本相当。

我国知识产权强国战略提出要"建设中国特色、世界水平的知识产权强国"。为实现这个目标,我们应始终坚持制度自信、道路自信,以更加积极开放的心态看待 RCEP、CPTPP 所体现的高标准国际趋势。面对近几年来我国知识产权高标准保护的大趋势以及人民对美好生活的向往,为顺利对接协定、提高国际影响,知识产权海关保护可从 RCEP、CPTPP 知识产权保护相关的条款获得更多的启迪。

(一)进一步明确知识产权海关保护环节

近年来,跨境侵权行为呈现多样化、复杂化的情况,也易为不法分子规避利用。因此,CPTPP 关于对"转运商品"开展边境执法的规定具

① 《知产海关保护条例》第 27 条第 3 款规定:被没收的侵犯知识产权货物可以用于社会公益事业的,海关应当转交给有关公益机构用于社会公益事业;知识产权权利人有收购意愿的,海关可以有偿转让给知识产权权利人。被没收的侵犯知识产权货物无法用于社会公益事业且知识产权权利人无收购意愿的,海关可以在消除侵权特征后依法拍卖,但对进口假冒商标货物,除特殊情况外,不能仅清除货物上的商标标识即允许其进入商业渠道;侵权特征无法消除的,海关应当予以销毁。

有一定的参考价值。但从上文分析可以看出,我国海关知识产权保护所适用的《海关法》《知产海关保护条例》等执法依据,条款中上位法与下位法之间不完全一致,同一部立法中不同条款间也有不同表述,如“进出口”与“进出境”的不同含义。一般认为,“进出境”的范畴要广于“进出口”。[①] 为避免海关执法的不明确状态,帮助执法人员更好地履行依法行政的职责,建议明确并统一《海关法》《知产海关保护条例》相关条文中关于海关保护管辖范围的表述,将边境保护所适用的执法环节统一表述为“进出境”,并明确对“过转通”货物的执法方式和程序。

(二)明确将地理标志纳入知识产权边境保护范围

作为一种知识产权,地理标志是产品特定质量和声誉的体现,不仅在对外贸易中有独特的竞争优势,还能传承发扬一个国家的传统文化。TRIPs 协定、RCEP、CPTPP 以及中美经贸协议均将地理标志规定为一种独立的知识产权。2020 年 9 月 14 日,中国和欧盟正式签署《中华人民共和国政府与欧洲联盟地理标志保护与合作协定》,相互承诺提供高水平的保护,促进双边地理标志产品贸易。尽管在边境保护条款中 RCEP 和 CPTPP 并没有明确纳入,但是从国际上的地理标志保护来看,欧美等发达经济体普遍将地理标志纳入知识产权边境保护客体范围。我国大部分地理标志产品都是传统文化和传统工艺的重要载体,从促进我国传统名优特产品出口、履行双边协议义务、减少国际贸易摩擦来看,将地理标志作为一种独立的知识产权客体纳入知识产权海关保护十分必要。具体方式则可以依托现有知识产权海关保护制度,完善地理标志边境保护立法,建立地理标志特殊备案制度,与国内地理标志保护主管部门建立信息互换机制,明确保护范围、权利人主体、执法模式等;结合现有海关职能,构建海关特色的地理标志边境保护执法体系;与其他执法部门、行业协会等加强协作,统筹推进地理标

---

① 参见朱秋沅:《中国视角下对 TPP/CPTPP 知识产权边境保护条款的考量及相应建议》,载《电子知识产权》2018 年第 3 期。

志全链条协同保护。

（三）优化知识产权海关保护担保制度

我国已建立了较为完善的知识产权海关保护担保制度，但在实践中仍存在一定的问题：一是实践中担保方式以现金担保为主，保函形式使用较少，执法人员对保函的形式要求、审核等方面容易存在顾虑；二是主要为逐案担保，少则几十元，多则几十上百万元，不仅给权利人带来较大的经济压力，在后期办理退还担保手续中容易因代理人更换、人员变动等原因造成实操上的退还困难，另外还会为违法者所利用，通过担保制度钻空子；三是我国海关保护总担保制度①仅适用于依职权模式下涉及已备案的商标专用权的个案②，适用范围存在局限。因此，从促进高效执法、便利维权等角度考虑，建议进一步明确保函的形式及审核要求等，加大担保函的宣传推行力度，同时扩大总担保的适用范围，如是否可适用于其他知识产权类型个案。对依申请保护模式下，对涉及重大紧急状态的情事，建议建立担保豁免或紧急担保函的方式，一方面保证权利人维权；另一方面确保公共利益得以维系。如新冠疫情防控初期，疫情防控物资的知识产权保护就适用此类情况。

（四）优化边境保护的后续处置并逐渐与国际接轨

我国海关采取的用于社会公益事业、有偿转让、依法拍卖和销毁等四种没收侵权货物处置方式有一定的历史原因和客观考虑，也在精准扶贫、资源利用甚至环境保护方面发挥过重要作用。但是，从实践来看，社会公益事业、有偿转让、依法拍卖三种处置方式均遇到一定法律问题。如侵权物品的质量安全责任定位、移除非法加贴的商标标识的责任主体、有偿转让的价格确认等很多细节会给边境执法机关带来困惑，甚至引起法律纠纷。因此，建议在后续处置方面逐渐与国际接

---

① 知识产权海关保护总担保，是指知识产权权利人向海关一次性提供担保后，在一定时间内向海关多次申请扣留侵权嫌疑货物，不再需要逐批提供担保的制度。

② 详见《知产海关实施办法》第4章“依职权调查处理”第24条的规定。

轨,以销毁为一般原则,慎用转交社会公益事业、有偿转让、依法拍卖等具有商业流通渠道风险的方式。

(五)加大自主知识产权培塑和保护力度

通过海关的知识产权边境执法,全链条、全领域加强知识产权保护,特别是加强自主知识产权的培育和保护,引导企业提升创新能力,才能有效应对境外高标准壁垒。就知识产权边境保护而言,海关要坚持打击进出境侵权与培塑自主品牌相结合,持续开展出口知识产权优势企业培塑工作。根据企业保护知识产权不同发展阶段特点及诉求,有针对性地开展政策宣讲、备案引导支持、侵权打击、风险预警、便利维权等培塑措施,全面增强企业知识产权创造、保护、运用和管理意识及能力。同地方部门开展联合培育,建立共同培塑目录清单,加强执法信息共享、执法互助,增强"边境保护+境内保护"双重保护的合力,叠加政策红利。

(六)积极贡献知识产权边境保护的中国智慧和经验

2021年12月6日,习近平总书记在主持中央政治局第三十五次集体学习时强调"要坚持统筹推进国内法治和涉外法治"。[①] 知识产权边境保护工作具有涉外性,对此,中国海关要主动作为,积极探索和创新,为国际知识产权保护和治理,持续贡献中国智慧和经验。既要对标国际知识产权保护的高标准体系和先进经验,从治理体系和治理能力上紧跟时代发展趋势和步伐力求制度创新,也要综合考虑本国国情和涉外需求,提升国内立法和执法标准,争取向国际社会提供具有中国特色的知识产权新规则,体现中国制度的软实力,并基于中国发展经验,积极参与知识产权边境保护国际事务,努力为国际社会,特别是发展中国家提供更多的帮扶和服务,及早从知识产权保护国际规则的"跟跑者"转变为"领跑者"。

① 参见全国人大常委会法制工作委员会研究室:《加强涉外领域立法加快构建系统完备、衔接配套的涉外法律规范体系》,载中国人大网2022年5月30日,http://www.npc.gov.cn/npc/C2/c30834/202205/t20220530_317906.html。

The Enlightenment of RCEP&CPTPP IPR Border Protection Measures on the IPR Protection of China Customs

DENG Guibo　ZOU Xiaoling　CHEN Chaoqun　QU Chunyan

[**Abstract**] China is a party to the RCEP and has applied to join the CPTPP. Both RCEP and CPTPP provide for the protection of intellectual property including the border protection measures. Seven of the current RCEP parties are also signatories of CPTPP, indicating a strong correlation between the two agreements. The research group reviewed and analyzed the texts concerning border protection of IPR in RCEP and CPTPP, actively engaging with both agreements to gain insights and explore ways to enhance our domestic IPR border protection system.

[**Key words**] RCEP; CPTPP; intellectual property; border protection; customs

海关涉知识产权行政执法文书瑕疵之检视与预防

——以H海关近4年(2018~2022年)涉知识产权行政处罚决定书为分析样本

杨　陶　张　炯*

[摘　要]　行政执法文书中的“瑕疵”应理解为行政执法文书中存在的“不当”之处,且不应过多地分析不同类型“瑕疵”所对应的法律后果,仅进行“瑕疵”发现活动。H海关347份涉知识产权行政处罚决定书在案件事实陈述、商标侵权定性、行政处罚决定部分均存在较多“瑕疵”,按其性质可分别归于事实瑕疵、法律瑕疵和程序瑕疵。文书的制式特征缺陷、文书价值认知不足以及自由裁量基准缺位是产生“瑕疵”的主要原因。基于此,应当引入预防机制,从规范文书的制作和检视过程、提升海关执法队伍法治素养以及完善并公开处罚裁量基准三个方面,降低“瑕疵”的发生率,做到程序正义和实质正义的有机统一。

[关键词]　海关;瑕疵;行政执法文书;行政处罚决定书;知识产权

* 杨陶,喀什大学法政学院教授;张炯,喀什大学法政学院助教。

行政执法文书作为行政执法的书面文字载体,起着规范行政主体的行政行为、维护行政相对人的合法权益、宣传法制以及忠诚记录执法过程的作用,有着极其重要的价值和意义。但H海关及其隶属海关在2018年7月至2022年4月依法公示的347份涉知识产权行政处罚决定书,却存在较多"瑕疵",这反映了部分海关对涉知识产权行政处罚决定书重视不足。有鉴于此,有必要在厘清"瑕疵行政"中的"瑕疵"和行政执法文书中的"瑕疵"在内涵、分类方法以及研究内容上的不同后,对行政处罚决定书中出现的各类"瑕疵"进行分析,同时探讨这些"瑕疵"的成因,并有针对性地引入预防机制,以期达到降低"瑕疵"发生率的目的,真正做到程序正义和实体正义在行政执法文书中的有机统一。

一、行政执法文书中瑕疵的内涵、分类方法与研究内容

行政机关在依法行使行政权、实施行政管理活动的过程中,往往需要以书面形式对其实施的诸多行政行为予以记载,这种书面形式就是行政执法文书,其记载的内容,就是行政执法文书的内容,文书是承载这些内容的载体。目前,学界对"瑕疵"的研究多集中在"瑕疵行政"当中,对行政执法文书中的"瑕疵"关注较少。行政执法文书中的"瑕疵"主要是指行政机关作出的行政执法文书中存在的"瑕疵",主要包括事实认定上的瑕疵、法律适用上的瑕疵以及程序瑕疵三大类。因为行政执法文书展现出的内容有限且结构固定,难以窥见执法活动的全貌,因而这种行政执法文书中的"瑕疵"与"瑕疵行政"中的"瑕疵"有一定的区别。据此,有必要对"瑕疵行政"中"瑕疵"的内涵、分类方法与研究内容进行梳理,并以此为据,结合行政执法文书中"瑕疵"的特点,确定其内涵、分类方法和研究内容。

(一)行政执法文书中瑕疵的内涵界定

近年来,"瑕疵行政"的提法常常出现在行政裁判文书中,但其并不属于我国的法律规范用语,学界对"瑕疵"概念的理解也存在狭义和广义之分。狭义"瑕疵"即"行政上微小的缺点",是指轻微或微小的

行政违法行为。而广义的观点则将“瑕疵”理解为“不当”和“违法”两个上位概念,[①]涵盖行政机关履行职能所做的全部违法和不当行政行为。[②] 我国司法实践对“瑕疵”一词的使用也存在狭义和广义之分。司法实践中,狭义“瑕疵”是指轻微的行政违法行为,对这一行为法院以指出或者指正的方式予以明确,并不追究责任。[③] 如在衢州市衢江区前程客运有限公司、衢州市衢江区人民政府教育行政管理(教育)再审审查与审判监督行政裁定书[(2017)最高法行申8687号]中,最高人民法院使用了狭义“瑕疵”含义,认为:衢江区政府在案涉校车使用许可审批表中盖章同意时,未标注审批时间,存有不足,但鉴于该瑕疵不足以否定被诉行政许可行为的合法性,且案涉许可涉及奔达公司的合法权益,一审法院对该瑕疵予以指正。广义的“瑕疵”则是指行政行为“不当”和“违法”,但这并不意味着所有的行政行为瑕疵均不得补救。在“潮州市金亨鞋业公司等诉潮州市政府行政复议纠纷案”中,法院认为,“对影响实质处理结果的行政行为瑕疵通过撤销的方式予以纠错;对于不影响实质处理结果的轻微瑕疵行政行为或可以通过事后补救方式予以‘治愈’的瑕疵……则应当考虑采取其他方式进行纠错”[④]。

行政执法文书中的“瑕疵”应从有限广义上理解。因为行政执法文书具有形式程式性特征,结构固定,且部分用语程序化,因而一份行政执法文书中的“瑕疵”可能同时出现在案件事实、处理理由(包括法律依据)以及处理决定部分。其中可能既包括可以通过法院指出或指正方式予以明确的“微小的缺点”,又包括可能会影响到实质处理结果的“不当”和“违法”的“瑕疵”。但由于行政执法文书中的“瑕疵”未经

---

① 参见梁君瑜:《行政行为瑕疵的补救》,载《法学》2022年第3期。

② 参见袁钢:《行政执法文书中的瑕疵问题研究——基于468份律师行政处罚决定书的分析》,载《行政法学研究》2022年第1期。

③ 参见张杰:《行政审判中法院指正机制的检视与修正——以狭义行政瑕疵指正为研究视角》,载《山东法官培训学院学报》2020年第1期。

④ 梁君瑜:《行政行为瑕疵的补救》,载《法学》2022年第3期。

法院对其进行实质性认定,故也难以将其具体认定为“违法”或“不当”,进而确定其法律后果。因此,研究行政执法文书中的“瑕疵”,应当对广义“瑕疵”的内涵进行限制,摈弃其中的“违法”要素,仅按照“不当”的思路进行“瑕疵”发现,同时不涉及判断“瑕疵”是否在实质上影响处理结果的问题。此处的有限广义是在结合“瑕疵行政”下司法机关和学界对“瑕疵”所作广义界定的基础上得来的。

(二)行政执法文书中瑕疵的分类方法

《行政诉讼法》仅在第70条、第74条、第75条、第76条以及第77条规定了存在“事实认定问题”、“法律适用问题”以及“程序问题”的行政行为的处理办法,但并未对其详尽分类,对“瑕疵行政”下“瑕疵”的分类多为学理上的分类。如学者亓寥傧将“瑕疵行政”行为大致分为不合法行政行为(如根本违法、程序违法)、不正确行政行为(如征收税额错误、填写错误)以及不适当、不合理的行政行为(滥用自由裁量权问题)三类[①],与德国行政法对“瑕疵”类型的划分方式基本相当。学者袁钢在总结学界观点的发展进程以及我国行政诉讼的司法实践后,将“瑕疵行政”分为四种,并指明了相应的法律后果:(1)重大明显瑕疵为严重违法行为,应判决行为无效,并赔偿损失;(2)一般瑕疵属于一般违法行为,应判决部分撤销或重作,或判决行为违法、赔偿损失;(3)轻微瑕疵属于轻微违法行为,应判决行为违法,并赔偿损失;(4)明显轻微瑕疵不属于违法行为,相应法律后果为“指正”。[②] 除此之外,还可将“瑕疵”分为事实认定瑕疵、法律适用瑕疵以及程序瑕疵。[③]

受行政执法文书制式特征的影响,大部分行政执法文书的正文部分,特别是行政处罚决定书的正文部分,基本上皆由案件事实、处理理由(包括法律依据)以及处理决定三个部分组成,且其中的“瑕疵”几

---

① 参见亓寥傧:《行政瑕疵刍议》,载《政法论坛》1999年第6期。

② 参见袁钢:《行政执法文书中的瑕疵问题研究——基于468份律师行政处罚决定书的分析》,载《行政法学研究》2022年第1期。

③ 参见亓寥傧:《行政瑕疵刍议》,载《政法论坛》1999年第6期。

乎都为事实瑕疵、法律瑕疵和程序瑕疵。据此,鉴于“瑕疵行政”中“瑕疵”分类方式的复杂性,以及行政执法文书中的“瑕疵”与“瑕疵行政”中的“瑕疵”的区别,建议采用“三分法”的分类方式,将行政执法文书中的“瑕疵”分为事实瑕疵、法律瑕疵和程序瑕疵,并据此开展“瑕疵”发现活动。

(三)行政执法文书中瑕疵的研究内容

学界对“瑕疵行政”的分析和研究较多循着司法公开脉络,以裁判文书为研究对象,以司法审查为研究视角。[①] 以行政裁判文书为研究的分析通常以“瑕疵”行为的概念界定、行为的分类以及“瑕疵”行为的补救(治愈)方式和补救机制等内容为具体研究内容,旨在通过实证分析结果,建立以“瑕疵行政救济”为核心的法律概念体系,是一种事后的补救研究。

对行政执法文书中“瑕疵”开展研究,通常是以行政执法文书为研究对象,主要通过对执法文书进行分析和检视,对其中的事实瑕疵、法律瑕疵和程序瑕疵进行“瑕疵”发现。对行政处罚决定书中“瑕疵”的实证分析可以称为“事前的实证分析”,主要研究行政处罚决定书中“瑕疵”的具体瑕疵类型、瑕疵产生原因,并据此向有关主体提出相应建议,以期从“事前”的角度提高行政执法水平,降低“瑕疵”的发生率。

二、海关涉知识产权瑕疵行政执法文书的样本来源与分析

(一)海关涉知识产权瑕疵行政执法文书的样本来源

2018年7月至2022年4月,H海关及其隶属海关共公示了347份有效的涉知识产权行政处罚决定书。这些决定书在侵权性质认定上均为国内企业出口的货物侵犯他人商标专用权(见表1)。

---

① 参见袁钢:《行政执法文书中的瑕疵问题研究——基于468份律师行政处罚决定书的分析》,载《行政法学研究》2022年第1期。

表 1　H 海关及其隶属海关所作涉知识产权行政处罚决定书汇总

涉知识产权行政处罚决定书作出海关	案件侵权性质	案件数量
H 海关	出口货物商标侵权	4 份
H 海关隶属的 H 机场海关	出口货物商标侵权	14 份
H 海关隶属 A 海关	出口货物商标侵权	150 份
H 海关隶属的 B 海关	出口货物商标侵权	47 份
H 海关隶属的 C 海关	出口货物商标侵权	11 份
H 海关隶属的 D 海关	出口货物商标侵权	8 份
H 海关隶属的 E 海关	出口货物商标侵权	14 份
H 海关隶属的 F 海关	出口货物商标侵权	12 份
H 海关隶属的 G 海关	出口货物商标侵权	29 份
H 海关隶属的 I 海关	出口货物商标侵权	10 份
H 海关隶属的 A 国际边境合作中心海关	出口货物商标侵权	39 份
H 海关隶属的 J 海关	出口货物商标侵权	7 份
H 海关隶属的 K 海关	出口货物商标侵权	2 份
合计		347 份

资料来源：根据 H 海关官方网站“双公示”信息统计绘制。

(二)海关涉知识产权瑕疵行政执法文书的样本分析

海关涉知识产权行政处罚决定书作为一种预定的制式格式文书，主要由案件事实陈述、知识产权侵权行为定性、行政处罚决定以及不服行政处罚决定的处理办法四部分组成。其中“知识产权侵权行为定性”部分，主要是指侵权行为侵犯商标权、专利权、著作权以及专用权。在出口货物侵犯他人商标权的情况下，一个典型的海关涉知识产权行政处罚决定书的结构如表 2 所示。

表2 中华人民共和国海关涉知识产权行政处罚决定书结构

中华人民共和国××海关行政处罚决定书 ××关知字(2022)×××号
一、案件事实陈述
当事人的信息:当事人名称、住所、证件名称、证件号码、法定代表人。
案件事实陈述:日期、侵权主体、侵犯商标名称、侵权货物(商品)数量、价值。
二、商标侵权定性
定性法律依据:《中华人民共和国商标法》第57条第1项或第2项。
三、行政处罚决定
处罚法律依据:《中华人民共和国海关行政处罚实施条例》第25条第1款。
四、不服处罚决定的处理办法
申诉涉及法律:《中华人民共和国行政处罚法》《中华人民共和国行政复议法》等。

资料来源:根据H海关官方网站公示的海关涉知识产权行政处罚决定书绘制。

通过对347份海关涉知识产权行政处罚决定书的检视和分析,发现"瑕疵"广泛存在于案件事实陈述、商标侵权定性、行政处罚决定以及不服处罚决定的处理办法部分。其中,在案件事实陈述部分,"瑕疵"有:(1)67份海关涉知识产权行政处罚决定书未能够叙明侵权货物的数量或价值,占比约为19.3%;(2)1份海关涉知识产权行政处罚决定书在依据《行政处罚法》第32条之规定作出从轻、减轻行政处罚的决定时,未能在案件事实部分依法叙写从轻、减轻的事理,占比约为0.28%;(3)83份特殊"瑕疵",涉及行政处罚自由裁量权的问题,占比约23.92%。在商标侵权定性部分,有301份海关涉知识产权行政处罚决定书同时援引了《商标法》第57条第1项、第2项、第4项的规定认定商标侵权,占比约为86.7%。在行政处罚决定部分,"瑕疵"有:(1)347份海关涉知识产权行政处罚决定书均未能在决定书当中提及与事前告知程序和听证程序相关的内容,占比为100%;(2)有62份海关涉知识产权行政处罚决定书在依据《海关行政处罚实施条例》第25

条进行处罚时，未能叙明具体所依据的条款，占比约为 17.8%；(3)有 27 份海关涉知识产权行政处罚决定书在依据《海关行政处罚实施条例》第 25 条进行处罚时，未能按照该条第 1 款之规定同时作出没收和科处罚金的处罚，占比约为 7.7%；(4)有 75 份海关涉知识产权行政处罚决定书错误依据"《行政处罚实施条例》"作出行政处罚决定，占比约为 21.6%；(5)有 7 份海关涉知识产权行政处罚决定书错误依据《行政处罚法》作出行政处罚决定，占比约为 2%。

按照"三分法"的分类方式，可将样本中存在于海关涉知识产权处罚决定书不同部分的"瑕疵"按照事实瑕疵、法律瑕疵和程序瑕疵进行分类(详见表 3)。

表 3　H 海关及其隶属涉知识产权行政处罚决定书中的"瑕疵"类型、数量及占比

瑕疵类型		数量	占比
事实瑕疵			
未叙明侵权货物的数量或价值	形式事实瑕疵	67 份	19.3%
未依法叙写从轻、减轻的事理	形式事实瑕疵	1 份	0.28%
自由裁量标准问题	实质事实瑕疵	83 份	23.92%
法律瑕疵			
援引《商标法》具体条款瑕疵	法条适用瑕疵	301 份	86.7%
援引《海关行政处罚实施条例》具体条款瑕疵	法条适用瑕疵	62 份	17.8%
错误适用《海关行政处罚实施条例》具体条款	法条适用瑕疵	27 份	7.7%
错误依据"《行政处罚实施条例》"作出行政处罚	法律适用瑕疵	75 份	21.6%
错误依据《行政处罚法》作出行政处罚	法律适用瑕疵	7 份	2%
程序瑕疵			
未提及事前告知程序	程序瑕疵	347 份	100%
未提及听证程序	程序瑕疵	347 份	100%

资料来源：根据 347 份 H 海关及其隶属海关涉知识产权行政处罚决定书所载信息统计绘制。

三、海关涉知识产权瑕疵行政执法文书的内容判定

(一)海关涉知识产权行政执法文书中的事实瑕疵

事实瑕疵分为形式事实瑕疵和实质事实瑕疵。形式事实瑕疵通常不会影响案件的实质处理结果,而实质事实瑕疵通常会影响案件的实质处理结果。

1. 海关涉知识产权行政执法文书中的形式事实瑕疵

结合学者对外国行政法律规范的研究,《行政处罚法》第59条的规定,以及对347份海关涉知识产权行政处罚决定书的检视与分析,可以将以下情形归入形式事实瑕疵范畴。[①]

第一,案件基本事实叙写瑕疵。如书面错误、计算错误及类似错误,通常表现形式为误写(错别字、笔误、术语误用)、误算(金额计算错误)、机械故障、其他错误(疏忽大意导致的明显错误)等。事实是案件的基础,行政机关出具的行政执法文书基本都涉及对案件事实的叙写,特别是涉及处理违法行为的行政处罚文书。行政执法文书通常有四个写作要求,分别是格式规范、事实清楚、理由充分以及用语准确。事实清楚又包括财务数字叙写准确这一重要内容。在行政执法文书的制作中,经常会涉及财物,如税务行政执法文书会涉及纳税数额,行政处罚决定书会涉及处罚金额或者罚款金额,扣押物品时需要制作物品扣押清单等。涉及财物品名和数量的问题,应当叙述准确,主要应做到以下两点:(1)名称、品牌、型号以及规格要求叙写应明确清晰;(2)数量和价值要求叙写绝对准确,禁止用概括的数字予以表述。[②] 在海关涉知识产权行政处罚决定书中,涉案货物的价值是行政机关作出行政处罚的依据,属于应当清楚叙写的事实。但样本中有67份不符合该要求的决定书,

---

① 参见叶必丰:《行政行为的治愈——具体行政行为错误的更正和瑕疵的补正》,"政府法制研究"上海市行政法制研究所会议论文,2014年12月于上海。

② 参见宁致远主编:《行政执法文书教程》,中央广播电视大学出版社2009年版,第11~16页。

占比19.3%。以G海关2022年第0001号行政处罚决定书为例，G海关未在行政处罚决定书中叙述侵权货物价值的情况下，决定没收侵权货物，同时处以罚款人民币1920元，属于典型的形式事实瑕疵。

第二，案件基本事实漏写瑕疵。通常表现为未对案件情节进行清晰叙写，如遗漏当事人基本情况、案件事实经过以及涉案货物的基本信息和情况。也就是，未能依法叙明从轻和减轻情节的事理。根据行政执法文书四项规范要求中的“理由充分”要求，行政机关在制作行政处罚文书时，应当在叙述案件事实后，结合案件事实，依据法律阐述处罚理由，从而为后续作出处罚决定奠定基础，即“依据法律分析事理”。根据“事实清楚”要求，行政机关应在行政执法文书中清楚叙写案件的“关键情节”。所谓“关键情节”，是指决定或影响案件定性的情节，涉及当事人法律责任的情节，以及影响问题严重程度的情节。[①] 根据“依据法律分析事理”和“关键情节”的要求，行政机关在依据《行政处罚法》第30条、第31条、第32条以及第33条的规定作出可以或者应当从轻、减轻行政处罚的决定时，应当在行政处罚决定书中叙明能够影响其法律责任的“关键情节”，并依据相应法律分析事理。在B海关2022年第0001号行政处罚决定书中，B海关根据《行政处罚法》第32条和《海关行政处罚实施条例》第25条第1款之规定作出从轻或者减轻处罚决定，但并未叙明所依据的事实情节，也未能依据法律阐述处罚事理。虽然此类行政处罚决定书仅有1份，占比0.28%，但作为唯一一份依据了《行政处罚法》第32条作出从轻或者减轻处罚决定的海关涉知识产权行政处罚决定书，指明其错误之处能够为海关后续制作行政处罚决定书起到一定的参考和指导作用。

2. 海关涉知识产权行政执法文书中的实质事实瑕疵

实质事实瑕疵则主要是指行政机关依据自由裁量权，既包括适用法律作出裁决的权力，也包括根据其所收集的证据，依其心智认定事

---

① 参见宁致远主编：《行政执法文书教程》，中央广播电视大学出版社2009年版，第11～16页。

实的权力。海关涉知识产权行政执法文书中的实质事实瑕疵主要涉及行政机关滥用自由裁量权。在实践当中,自由裁量权是一个较为难以把握且争议较多的问题。① 该问题同样出现在了海关涉知识产权行政执法领域当中。典型的表现形式为行政机关在认定事实时存有偏私、专横、反复无常的情形。② 众所周知,处罚幅度可以裁量,但不能恣意专断。根据《海关行政处罚实施条例》第25条第1款的规定,海关可以裁量没收侵犯知识产权的货物,还可以处以"货物价值30%以下"的罚款,但按照"货物价值30%以下"罚款的行政处罚,则属于行政机关自由裁量的问题。

在347份海关涉知识产权行政处罚决定书当中,除67份未能叙明财务数字信息和16份仅依据《海关行政处罚实施条例》第25条第1款的规定作出"没收"决定的处罚决定书外,其余行政处罚决定书都是在法律规定的"货物价值30%以下"的幅度内作出了行政处罚,符合法律的规定和要求。但合法并不一定意味着不存在"瑕疵",也不意味着这种裁量一定公平、公正,不会影响案件的实质处理结果。以D海关2021年作出的6份涉知识产权行政处罚决定书为例(该海关在2021年共公示6份涉知识产权行政处罚决定书),D海关在没有对案件事实部分,特别是"关键情节"部分作出任何叙明,也没有依据法律阐述处罚事理的前提下,按照涉案货物价值30%的基准对商标侵权人作出了顶格行政处罚决定(见表4)。这种犹如无根浮萍的裁量处罚基准,采用"一刀切"的工作处理办法,不仅反映了行政机关行使自由裁量权力时的恣意和专断,也严重侵犯了当事人的合法权益。典型案件还见于E海关2021年第0005号和第0006号行政处罚决定中。在第0005号行政处罚决定书中,某科技有限公司同时侵犯了17个受保护的商标标识,涉案金额为116,943元,科处罚金为11,965元,裁量比

① 参见李小立:《我国规范行政裁量权的困境与出路——基于法治政府的视角》,载《中共四川省委党校学报》2021年第4期。

② 参见亓寥傧:《行政瑕疵刍议》,载《政法论坛》1999年第6期。

例为10%。但在第0006号行政处罚决定书中,该公司仅侵犯了5个商标标识,涉案金额为4494元,科处罚金为899元,裁量比例为20%。从侵权商标数量、涉案金额来看,第0005号行政处罚决定书的裁量比例似乎更应高于第0006号行政处罚决定书。

表4 2021年D海关所作涉知识产权行政处罚决定书

序号	案件名称与案号	涉案金额/元	科处罚金/元	裁量比例/%
1	关于对某有限公司出口侵犯"BOSCH"商标专用权的行政处罚决定书(X卡关知字[2021]0001号)	284,427	85,328	30
2	关于对某进出口贸易有限公司出口侵犯"LOUIS VUITTON""CHANEL"商标专用权的行政处罚决定书(X卡关知字[2021]0002号)	7111	2134	30
3	关于对某有限公司出口侵犯"BOSCH""PHILIPS""Panasonic"商标专用权的行政处罚决定书(X卡关知字[2021]0003号)	95,804	28,742	30
4	关于对某有限公司出口侵犯"BOSCH"商标专用权的行政处罚决定书(X卡关知字[2021]0004号)	5634	1690	30
5	关于对某有限公司出口侵犯"SAMSUNG""Apple logo"商标专用权的行政处罚决定书(X卡关知字[2021]0005号)	14,670	4400	30
6	关于对某有限公司出口侵犯"耐克钩图形"商标专用权的行政处罚决定书(X卡关知字[2021]0006号)	10,741	3222	30

资料来源:根据H海关官方网站公示的海关涉知识产权行政处罚决定书统计绘制。

(二)海关涉知识产权行政执法文书中的法律瑕疵

法律瑕疵是指行政机关作出具体行政行为时所适用的法律有错误。

通常表现为法条适用瑕疵和法律适用瑕疵。[①] 法条适用瑕疵是指行政机关的行政行为适用的法律正确,但在适用具体条款时出现了错误,包括具体条款适用错误、条款具体内容理解错误。法律适用错误是指行政机关在作出行政行为时应当适用甲法律,但却错误地适用了乙法律。

1. 海关涉知识产权行政执法文书中的法条适用瑕疵

第一,适用《商标法》的瑕疵。认定出口货物是否违反了《商标法》第57条的规定,首先,应当确认当事人的行为是否符合商标专用权侵权的构成要件:一是损害事实的客观存在;二是行为的违法性;三是损害事实是违法行为造成的;四是行为的故意或过失。在同时满足四个构成要件时,即构成商标侵权。[②] 从347份行政处罚决定书载明的内容来看,海关对商标侵权行为的认定都建立在四个构成要件上,不存在任何问题。其次,应当认定某一侵权行为在表现形式上具体符合第57条第1款第几项的规定。在347份行政处罚决定书中,有301份同时援引了《商标法》第57条第1项、第2项、第4项的规定认定商标侵权。这种同时援引的侵权认定方式显然存在问题。以H机场海关2022年第0003号行政处罚决定书为例,H机场海关认为,当事人出口的鞋、包上使用的商标/标识,与商标权人注册的商标相同,且事先未经商标权人许可,根据《商标法》第57条第1项、第2项、第4项的规定,上述货物属于侵犯他人商标专用权的商品,当事人的行为构成出口侵犯他人商标专用权货物的行为。H机场海关在认定货物侵权行为构成《商标法》第57条第1项下所规定的"相同商品"时,又同时依据了该法第57条第2项、第4项的规定,明显存在法条适用瑕疵的问题。

《商标法》第57条第1项和第2项规定的关键区别是"相同"和"近似至足以构成混淆"。虽然后者在实务当中一直是一个较为难以认定的复杂事项,但这并非海关同时适用《商标法》第1项和第2项认

---

① 参见亓寥傧:《行政瑕疵刍议》,载《政法论坛》1999年第6期。

② 参见张金柱:《主观过错不是商标侵权的构成要件》,载《山东法官培训学院学报》2018年第2期。

定货物侵犯他人商标专用权的理由。[①] 无论是纯粹地从逻辑角度进行分析,或是根据最高人民法院《关于审理商标民事纠纷案件适用法律若干问题的解释》(2020年)第10条和第11条对商标“相同”和商标“近似”作出的区分规定,或是通过在中国裁判文书网进行的检索,抑或通过对近5年北京海关作出的141份涉知识产权行政处罚决定书的检阅和分析,都认为《商标法》第57条第1项和第2项应属于对立而不是统一的关系,即如果认为侵权货物与被侵权商标相同,则应当依据《商标法》第57条第1项认定侵权,如果认为“近似且足以构成混淆”,则应当依据《商标法》第57条第2项认定侵权,而不是同时适用《商标法》第57条第1项和第2项认定侵权。

在海关行政执法过程中,侵权主体的一个侵权行为可能会同时侵犯多个权利人的商标专用权,或者单批次出口货物的标志侵犯单个商标专用权,但该批货物在组成上既有“相同”又有“近似”,致使行政机关同时依据《商标法》第57条第1项和第2项的规定认定商标侵权。但这种情况须在行政处罚决定书中列明,当事人出口的某货物使用的A标识,与商标权利人注册的某商标相同;当事人出口的某货物使用的B标识,与商标权利人注册的某商标构成“近似”,且事先均未经商标权利人许可。根据《商标法》第57条第1项和第2项的规定,上述货物属于侵犯他人商标专用权的货物。此外,就《商标法》第57条第4项的规定而言,海关执法人员不能简单地因其产品侵犯他人商标所有权,便认定侵权行为人存在伪造、擅自制造他人注册商标标识或者销售伪造、擅自制造的注册商标标识的行为,应当结合案件事实加以认定,并在行政处罚决定书中对该事实进行描述。

第二,适用《海关行政处罚实施条例》的瑕疵,主要包括两大类“瑕疵”:(1)适用《海关行政处罚实施条例》第25条第1款、第2款的瑕疵。该条第1款规定“进出口侵犯……知识产权的货物的,没收侵权

---

① 参见姚鹤徽:《论混淆可能性在商标混淆侵权判定中的地位——兼评我国新〈商标法〉第五十七条》,载《河南财经政法大学学报》2015年第6期。

货物,并处货物价值30%以下罚款……";第2款规定"……未按照规定向海关如实申报有关知识产权状况,或者未提交合法使用有关知识产权的证明文件的,可以处5万元以下罚款"。然而,共有62份行政处罚决定书在没有作出叙明的前提下,直接依据该法第25条的规定作出了处罚决定,并未细分其是依据第25条第1款还是第2款作出处罚决定。以B海关2019年第0002号和第0008号行政处罚决定书为例,没有任何迹象表明侵权主体违反了第25条第2款之规定,但B海关直接依据《海关行政处罚实施条例》第25条之规定对侵权行为人进行了行政处罚。(2)适用《海关行政处罚实施条例》第25条第1款的瑕疵。该条款有"没收侵权货物"和"处货物价值30%以下罚款"两项关键要求,该两项要求应同时适用。但有27份行政处罚决定书在没有做叙明的前提下,单独适用了"没收侵权货物"或"处货物价值30%以下罚款"。以B海关2020年第0004号行政处罚决定书为例,B海关根据《海关行政处罚实施条例》第25条第1款之规定,仅决定没收侵权货物,并未依照该条规定并处罚金。

2. 海关涉知识产权行政执法文书中的法律适用瑕疵

第一,错误适用《行政处罚法》。有7份处罚决定书直接依据《行政处罚法》第27条的规定对侵权人作出了行政处罚。该条规定的内容与惩罚出口货物商标侵权行为无关。以B海关2021年第0009号行政处罚决定书为例,B海关根据《行政处罚法》第27条的规定,决定没收侵权货物。

第二,错误适用"《行政处罚实施条例》"。结合对样本的检视,发现有一类特殊的法律适用错误。有75份处罚决定书,错误地适用了不存在于我国法律体系当中的"《行政处罚实施条例》",并依据该"法律"第25条之规定作出了行政处罚。通过进一步检视后发现,海关应是意欲适用《海关行政处罚实施条例》第25条之规定作出行政处罚,但由于"《行政处罚实施条例》"在部分海关的行政处罚决定书中,属于不需要单独叙写的"固定内容",导致该错误持续存在近两年,才得以被纠正。如E海关2021年第0002号行政处罚决定书中,E海关依据"《行政处罚实施条例》"第25条之规定,决定没收侵权货物,并对当事人处以罚款6971元。

(三)海关涉知识产权行政执法文书中的程序瑕疵

行政法是程序法与实体法的有机统一,程序的正当性在行政法领域当中具有极其重要的意义。程序事项瑕疵是指行政机关在作出行政行为,执行公务过程中,未按法定程序要求行使权力,从而导致行政行为效力不确定。凡是在行政过程中违反行政程序原则,或缺少行政程序中的若干环节,或在执行过程中出现偏差,均为程序瑕疵。典型的程序事项瑕疵涉及未履行事前告知义务(不含听证权利)以及履行听证程序告知义务。对347份海关涉知识产权行政处罚决定书的检视,特别是涉及较大处罚金额处罚决定文书的检视,没有发现一份处罚决定书涉及与之相关的内容。

四、海关涉知识产权瑕疵行政执法文书的成因探析

通过对样本的检视与分析,发现行政执法文书中的"瑕疵"成因主要与行政执法文书的制式特征缺陷、对行政执法文书的价值认知不足以及裁量参考基准缺位有关。

(一)行政执法文书的制式特征缺陷

行政执法文书是一种程式性特点比较明显的文书。这种程式性特点主要表现在结构固定和部分用语程式化两个方面。结构固定是指行政处罚决定书都具有大体相同的固定结构,如行政处罚文书、行政复议文书等。部分用语程式化则表现为不少文书的用语都是统一的规范性文字。部分用语程式化又可以细分为两种用语方式:第一种是采取统一印制在格式中的方式,只需文书制作者在使用时填入适当文字即可;第二种是没有统一印制的文书格式,但是文书制作者必须用统一规定的文字书写,对其中稍有差别的内容,则用适当的文字加以区别。[①] 海关涉知识产权行政处罚决定书采用了第一种用语方式,

---

① 参见宁致远主编:《行政执法文书教程》,中央广播电视大学出版社2009年版,第143~150页。

以H机场海关2022年第0009号行政处罚决定书在商标侵权定性部分的文书格式内容为例。H机场海关认为,当事人出口的鞋、裤子上使用的商标/标识,与商标权人注册的商标相同,且事先未经商标权人许可。根据《商标法》第57条第1项、第2项、第4项的规定,上述货物属于侵犯他人商标专用权的商品,当事人的行为已构成出口侵犯他人商标专用权货物的行为。在该处罚决定书中,海关执法人员仅需填写进出口性质、商品种类以及侵权商标,而无须参照《商标法》的规定,具体确定商标侵权行为究竟是构成相同抑或是相似。行政执法文书形式程式化的特点源于文书规范性的要求,体现了行政执法的严肃性、权威性和强制性特点。但也正是这种文书规范性的要求,导致行政处罚决定书的僵硬性,使得执法人员按照既定"模板"撰写决定书,而无须思考文书所载内容的合法性和正确性。

(二)对行政执法文书的价值认知不足

行政处罚法律文书是实施行政处罚措施的书面文字载体,是程序正义和实体正义的统一,起着规范行政主体的行政行为、维护行政相对人的合法权益、宣传法治的重要手段以及忠诚记录执法过程的作用。其既反映了对当事人行政处罚的具体内容,又体现了国家行政机关依法行使处罚权的步骤、流程,因此行政处罚法律文书是国家行政机关依法行使行政处罚权的基本保证,同时也是衡量、检查行政处罚的实施是否合法的有效依据。为此,规范行政处罚法律文书的制作格式,严格行政处罚法律文书的写作要求,认真制作行政处罚法律文书,对于保障行政处罚的合法、公平,监督、敦促行政机关依法履行职责,有效维护社会、经济和生活秩序有着十分重要的意义。① 但通过对347份海关涉知识产权行政处罚决定书的检视,发现海关执法工作人员似乎并没有认识到执法文书的重要性和价值意义,并且明显更加重视实质正义,而忽略事实认定、法律适用以及程序问题。典型的思维

---

① 参见宁致远主编:《行政执法文书教程》,中央广播电视大学出版社2009年版,第7页。

是,行政执法文书只是简单的格式套用,行政执法文书与依法行政没有必然的联系,能否正确适用《商标法》第57条的规定并不重要,只要最终能够认定侵权行为为商标侵权即可。这种认为程序本身不具有独立价值,仅为实现实质正义的工具,以及无视程序正义,片面追求实质正义的观念,最终将使得实质正义难以伸张,而且会引发诸多问题。①

(三)行政执法的裁量参考基准缺位

行政执法的裁量基准缺位是造成行政机关在行政自由裁量上恣意、专断的重要原因之一。国务院《全面推进依法行政实施纲要》中规定,"行政机关行使自由裁量权的,应当在行政决定中说明理由",而作为样本的347份海关涉知识产权行政处罚书决定书皆未对此进行说明。根据《行政处罚法》第34条的规定,海关发布《海关对进出口侵犯知识产权货物违法行为行政处罚幅度参照标准(暂行)》,但未对外公开该文件。347份海关涉知识产权行政处罚决定书中,仅有10份H机场海关作出的决定书适用该规定作为裁量基准,但未在决定书中说明行使裁量权的理由。

根据《行政处罚法》第34条、《政府信息公开条例》第20条第1项的规定、《海关总署主动公开基本目录(2021年版)》对公开内容编制的基本目录,可以认为海关未依法公开《海关对进出口侵犯知识产权货物违法行为行政处罚幅度参照标准(暂行)》,属于违法行为。公开属于应当依法公示的信息,这不仅是对公众知情权的保障,也是对公权力有效制约的手段之一。②

在涉及对当事人基本权益减损的行政处罚决定中,不公开涉知识产权行政执法裁量参考基准,使当事人处于一种信息不对称状态下,不仅侵害了当事人的合法权益,也不利于社会公平正义的实现,故可

---

① 参见姜明安主编:《行政执法研究》,北京大学出版社2004年版,第195~198页。

② 参见申静:《政府信息公开的例外研究》,法律出版社2016年版,第11页。

以将该文件视为不存在,认定海关涉知识产权行政执法的裁量参考基准缺位。

五、海关涉知识产权瑕疵行政执法文书的预防机制引入

从规范文书的制作与检视流程,提升海关执法队伍法治素养以及完善并公开行政执法裁量基准三个方面,构建海关涉知识产权瑕疵行政执法文书的预防机制,以期从根本上降低文书“瑕疵”的发生率。

(一)规范文书的制作与检视流程

作为一种可诉的行政行为,行政处罚是指行政处罚主体对被认定为因主观过错违反了行政法律规范的自然人、法人或其他组织给予的最严厉的外部行政制裁,是行政机关以减损权益或者增加义务的方式对当事人予以惩戒的行为。① 作为行政行为文字载体的行政处罚决定书,完善文书的制作与检视流程,能够有效规范行政行为、保障当事人的合法权益,从而做到程序正义与实质正义的有机统一。

以 347 份海关瑕疵知识产权行政执法文书为例,规范文书的制作流程应当从以下几点着手:(1)增加对案件事实部分的叙写描述。为了叙明行政执法文书中的事实部分,在制作行政文书时应当按照《行政处罚法》第 5 条、第 40 条、第 54 条、第 56 条、第 57 条的规定,清晰叙写案件的事实基本要素(包括行为时间、地点、目的、动机、过程、造成后果、当事人态度以及证据等内容)、关键情节(决定或影响定性的情节,涉及当事人法律责任的情节,以及影响问题严重程度的情节)、争议焦点、因果关系以及财务数字。(2)增加文书说理部分的叙写描述。理由是文书的灵魂,理由之前是案件事实,理由之后是行政执法机关作出的结论,理由起着承上启下的作用。② 在行政处罚决定书当中,应当注意运用证据认定案件事实、依据法律分析事理、引用法律以及事

---

① 参见晏山嵘:《行政处罚实务与判例释解》,法律出版社 2019 年版,第 5 页。

② 参见宁致远主编:《行政执法文书教程》,中央广播电视大学出版社 2009 年版,第 16 页。

实理由应前后一致。(3)减少文书不必要的制式化内容。在H海关作出的347份涉知识产权案件行政处罚决定书中,有部分“瑕疵”根源于行政执法文书的制式化特征,以“固定化”的方式反复出现,难以得到修正。因此,有必要减少文书的制式化内容,进行适当“留白”。

完善文书的检视流程是指适当引入执法监督机制。这里的执法监督是指最狭义解释下的执法监督,特指行政机关内部对行政执法的层级监督和专门监督。① 不同地域的海关、不同层级的海关,在执法能力和专业司法人才的配比上存在差距,使得海关在行政执法文书的检视能力上存有差异。因此,海关内部和海关上下级之间,有必要按照事前、事中以及事后三个时间节点,建立相应的内部检视机制和上下级检视机制,及时对行政执法文书进行检视,降低文书“瑕疵”发生率。

(二)提升海关执法队伍的法治素养

行政机关和行政机构执法队伍的法治素养在很大程度上决定了其运用法律、实践法律的能力。中共中央印发的《法治中国建设规划(2020—2025年)》,提出要坚持严格规范公正文明执法,全面推行行政执法公示制度、执法全过程记录制度、重大执法决定法制审核制度;要推进统一的行政人员资格和证件管理、行政执法文书基本标准建设。党和国家对行政执法提出的建设规划,结合海关涉知识产权行政处罚决定书中现存的各类“瑕疵”,要求海关和海关执法人员两方形成合力,从根本上提升执法队伍的法治素养,达到认识“瑕疵”,解决“瑕疵”,进而降低“瑕疵”发生率。

海关应大力提高法治工作队伍思想政治素质、业务工作能力以及职业道德素养,意识到建设德才兼备的高素质法治工作队伍是全面依法治国的基础性保障;认识到程序法(立法程序、行政程序、司法程序以及选举程序)是否完备并得到严格施行,是衡量一个国家法治文明、司法公正、诉讼民主、人权保障的重要标志,并在“两个认识”的指导

---

① 参见姜明安主编:《行政执法研究》,北京大学出版社2004年版,第227~228页。

下,通过宣传、培训、上级海关指导工作等方式从全局和宏观层面提升海关行政执法人员的尊法意识、守法意识以及程序合法意识,引导海关执法人员增强对行政执法文书和程序合法的价值认知。

海关执法人员作为处理进出口知识产权侵权案件的当然主体和适格主体,应当摒弃长期以来认为"实质正义"即为正义的"行政习惯"带来的消极和不良影响,在习近平法治思想的指引下,树立崇高的理想信念,意识到个体对促进革命化、正规化、专业化、职业化的行政执法队伍形成的意义。据此,海关执法人员应积极主动改变固有观念,提升对行政执法文书重要性的认知,加强对法律条文和法律知识的理解,按照规范性要求提升法律文书的撰写能力,进而提升运用法治思维和法治方式的能力。

(三)完善并公开行政执法的裁量基准

行政自由裁量权本质上是一种选择权,在行使过程中不可避免地隐含着权力行使者的人性、价值观及道德选择向度等,含有人治的色彩,所以,必然含有人类意志中非理性因素的不可预测性。而允许行政裁量则意味着行政领域法律规则的不严密以及成文法统治的欠缺,要求在处理行政事务时发挥人的主动性和积极性,以弥补法律之不足。但这种积极主动不可避免地会对社会秩序带来一定的危害。为此,控制行政裁量权的行使,避免行政裁量过程中可能出现的官员们的专横或滥用权力,成为各国行政法研究的核心内容之一。①

由于行政处罚是行政机关以减损权益或者增加义务的方式对当事人予以惩戒的行为,是最严厉的外部行政制裁,因而更加需要严格地制定立法对其予以规范,以保障当事人的合法权利,扼制行政机关恣意、专断的裁量权力。据此,行政机关应当制定并执行行政裁量标准,正如美国学者戴维斯(K. C. Davis)在《裁量正义:初步分析》一书中反复强调:"限定裁量权的主要希望不在于立法,而在于更加广泛的

① 参见王周户、徐文星主编:《现代政府与行政裁量权》,法律出版社2010年版,第272~273页。

行政规则的制定。”①

事实上,海关已经注意到了涉知识产权行政处罚自由裁量基准缺位的事实现状,以及这种缺位导致的消极影响,并制定了《海关对进出口侵犯知识产权货物违法行为行政处罚幅度参照标准(暂行)》,以期实现以规则限制裁量的目的,在源头上防止行政自由裁量权的滥用。但海关并未依据相关法律规定将该暂行文件公开,也仅有部分海关依照该参考标准行使行政自由裁量权。海关可能基于该裁量基准在规定上不完善、不全面等原因,选择将其以内部文件的方式下达各海关,并要求对其适用与执行。但无论是出于保护当事人合法权益的目的,还是践行“全面依法治国”的实际需要,海关都应当及时完善相应的裁量标准,并予以公开。

Inspection and Prevention of Defects in Customs Administrative Enforcement Documents Related to IPRs

—Analysis Sample: H Customs Decisions on Administrative Penalties for IPRs in the Past Four Years (2018 - 2022)

YANG Tao　ZHANG Jiong

[**Abstract**] The term “defects” in administrative enforcement documents should be understood as “improper” in such documents. It is not necessary to extensively analyze the legal consequences corresponding to different types of “defects”; rather, the focus should be on identifying these defects. A review of 347 administrative penalty decisions issued by H Customs reveals numerous “defects” in the sections concerning case

① 参见王周户、徐文星主编:《现代政府与行政裁量权》,法律出版社2010年版,第76页。

facts, determination of trademark infringement, and administrative penalty decisions. These defects can be categorized as factual defects, legal defects and procedural defects. The main reasons for the "defects" are the defects of document formatting, insufficient understanding of the value of documents, and the absence of discretionary guidelines. To address these issues, a preventive mechanism should be introduced to reduce the incidence of "defects" and realize the organic unity of procedural justice and substantive justice by standardizing the document production and review processes, enhancing the legal competence of customs law enforcement teams, and improving and publicizing the criteria for discretionary punishments.

[**Key words**] Customs; defects; administrative enforcement documents; administrative punishment decision notice; intellectual property rights

判例研究

Case Study

廖某洗钱案

——跨境支付走私货款行为能否构成洗钱罪

林燕芳　武　林　袁　玥*

[摘　要]《刑法修正案(十一)》对洗钱罪条款的修改申明了放宽条件、从严打击的立法立场,充分体现刑事立法正逐步向国际公约靠拢,刑事司法亦应秉持务实的态度,逐步缩小与立法的差距。在低报价格走私犯罪中的跨境支付走私货款这一微视角下,通过具体的案例对跨境支付的走私货款能否认定为走私犯罪的违法所得,行为人主观明知的方式与内容该如何确定,跨境支付走私货款是否能实现掩饰、隐瞒的效果这三大核心要素符合性分析论证后,得出的结论是:除行为人首次实施款到发货型走私进口货物情形之外,低报价格走私犯罪中跨境支付走私货款的行为完全符合洗钱罪的构成要件。在对象要素的认定上,宜以总额说为原则,获利说为例外,以涉案走私资金为最大范围圈划定洗钱上游走私犯罪的违法所得及其收益的范围;在主观要素的认定上,明知的方式包括确知和应知,明知的内容只要达到行为人对款项系源于走私犯罪有概括性的认识即可。

---

* 林燕芳,福州市中级人民法院刑二庭副庭长、四级高级法官;武林,福州市中级人民法院审判监督庭法官助理;袁玥,福建农林大学硕士研究生。

[关键词] 刑事;跨境支付走私货款;洗钱;违法所得;概括性认识

【裁判要旨】

在《刑法修正案(十一)》的新视角下,对洗钱罪的构成要件宜有度放宽。除行为人首次实施款到发货型走私进口货物情形之外,低报价格走私犯罪中跨境支付走私货款的行为完全符合洗钱罪的构成要件。在对象要素的认定上,宜以总额说为原则,获利说为例外,以涉案走私资金为最大范围圈划定洗钱上游走私犯罪的违法所得及其收益的范围;在主观要素的认定上,明知的方式包括确知和应知,明知的内容只要达到行为人对款项系源于走私犯罪有概括性的认识即可。

【相关法条】

《刑法》

第191条:为掩饰、隐瞒毒品犯罪、黑社会性质的组织犯罪、恐怖活动犯罪、走私犯罪、贪污贿赂犯罪、破坏金融管理秩序犯罪、金融诈骗犯罪的所得及其产生的收益的来源和性质,有下列行为之一的,没收实施以上犯罪的所得及其产生的收益,处五年以下有期徒刑或者拘役,并处或者单处罚金;情节严重的,处五年以上十年以下有期徒刑,并处罚金:

(一)提供资金帐户的;

(二)将财产转换为现金、金融票据、有价证券的;

(三)通过转帐或者其他支付结算方式转移资金的;

(四)跨境转移资产的;

(五)以其他方法掩饰、隐瞒犯罪所得及其收益的来源和性质的。

单位犯前款罪的,对单位判处罚金,并对其直接负责的主管人员和其他直接责任人员,依照前款的规定处罚。

最高人民法院《关于审理洗钱等刑事案件具体应用法律若干问题的解释》(法释〔2009〕15号)

第4条第1款:刑法第一百九十一条、第三百一十二条、第三百四十九条规定的犯罪,应当以上游犯罪事实成立为认定前提。上游犯罪尚未依法裁判,但查证属实的,不影响刑法第一百九十一条、第三百一十二条、第三百四十九条规定的犯罪的审判。

【基本案情】

公诉机关指控被告人廖某以跨境支付走私货款方式帮助深圳市五福源商贸有限公司(以下简称五福源公司)洗钱 876.39074 万元人民币(币种,下同),其从中获益 1.06349 万元。其主动投案并退清违法所得。

被告人廖某当庭辩称其帮助五福源公司对外付汇时主观上不明知五福源公司从事走私活动,获利部分应扣除每笔 80 元的电汇费和相关手续费。此外,其辩护人还提出,货款不是走私犯罪所得,不是洗钱罪的对象,本案不构成洗钱罪。

法院经审理查明:2018 年 5 月至 2019 年 8 月,被告人廖某明知五福源公司以低报价格的方式走私进口货物,仍提供其名下工商银行账户,接收五福源公司通过郑某莹、郑某谊、吴某等人的个人账户转入的因低报价格走私产生的差额货款及银行对外付汇的相关费用共计 876.39074 万元;之后,廖某将五福源公司的钱款分别汇入平潭顶点贸易有限公司、平潭鑫中南商贸发展有限公司、平潭福虹三国际贸易有限公司的对公账户,并借用上述三家公司的进口货物报关单,以此三家公司的名义向五福源公司指定的台湾公司品冠行销股份有限公司(以下简称品冠公司)对公账户付汇共计 875.32725 万元,廖某从中获益 4001.05 元。

另查明,五福源公司实施走私行为期间为 2012 年至 2020 年上半年,涉嫌偷逃税款 7991 万余元。该公司通过郑某莹、郑某谊等个人账户向廖某转账的款项均源于五福源公司既往走私进口货物销售所得款项。

案发后,被告人廖某主动投案并向公诉机关退清违法所得。

【裁判结果】

(1)被告人廖某犯洗钱罪,判处有期徒刑2年6个月,并处罚金人民币10万元(被告人廖某暂扣于平潭海关缉私分局的保证金人民币50,000元与其退缴在福州市人民检察院账户上的人民币6633.85元用于抵缴罚金)。(2)被告人廖某退缴在案的违法所得人民币4001.05元予以没收,上缴国库,由扣押机关福州市人民检察院依法执行。

【裁判理由】

法院经审理认为被告人廖某应以洗钱罪认定的理由如下:

首先,根据同案人郑某、方某侦查阶段的供述与证人吴某璇的证言,郑某实际控制的其本人名下、郑某莹、郑某谊、吴某等人的个人账户均系用于收付走私货款的账户,走私进口货物的部分销售回款进入这些账户,吴某璇根据郑某、方某的要求将卡上的款项转入被告人廖某的个人账户,郑某还供称走私获益均在其个人账户上,该875万余元可以认定系来自五福源公司既往走私犯罪所得。廖某在明知五福源公司以低报价格的方式从事走私活动的情况下,仍提供个人账户用于接收该笔款项并协助将款项以其他公司名义跨境支付给台湾的品冠公司,对该款项的来源和性质起到了掩饰、隐瞒的作用,增加了对走私资金、违法所得司法查处的难度,其行为可以认定构成洗钱罪。

其次,廖某在五福源公司走私犯罪行为实施前、实施过程中就与公司负责人郑某存在犯意联络,其仅为五福源公司提供洗钱的帮助行为,未实施其他的帮助行为,属于《刑法》第156条规定的走私行为帮助犯和洗钱行为正犯的想象竞合犯,应当择一重罪论处。虽然在宣告刑上可以做到均衡,但从事实情节来看,洗钱罪的正犯(实行行为)要明显重于走私罪的帮助犯(帮助行为),故宜按照洗钱罪定罪处罚。

【案例注解】

走私犯罪是建立在跨境贸易基础上的逃避海关监管的行为,其以跨境销售获利为目的,货物的跨境转移必然伴随着资金的跨境转移或者其他方式转换,跨境转移资金系典型的洗钱犯罪行为方式这点并无太大争议,但以往的司法实践较多的是将其作为走私共犯追究刑事责任,或视行为人主观恶性与获利情况,不予追究刑事责任。随着打击治理洗钱违法犯罪专项行动如火如荼地开展,越来越多的侦查机关、公诉机关尝试着将此类行为纳入洗钱犯罪的打击范畴,审判机关在一锤定音之时不免多有顾虑。关于案涉的走私犯罪中跨境支付走私货款的行为能否以洗钱罪认定,实务界争议颇多,理论界还鲜少涉猎该领域的深入研究。下文尝试着从《刑法修正案(十一)》的新视角解构其是否符合洗钱罪的构成要件。

一、对象要素:跨境支付的走私货款能否认定为走私犯罪的违法所得?

在打击治理洗钱违法犯罪专项行动开展之前,实务界对于走私犯罪的违法所得该如何认定、判决追缴的讨论就已经进入白热化。实践中主要存在三种观点:

获利说认为,走私犯罪所得应为走私人通过走私犯罪所获得的非法利润,不包括犯罪成本;总额说认为,走私货物本身的价值即为违法所得,不应扣除为跨境贸易支付的成本;折中说认为应根据走私对象区别认定,例如走私普通货物、物品罪的犯罪所得以偷逃税款数额认定,又如走私国家禁止进出口的货物、物品罪则以走私货物、物品的本身价值认定。①

确定走私犯罪违法所得及其收益的具体范围是涉走私洗钱犯罪定罪处罚的一个基本前提。以上观点各有其逻辑,也各有其合理和不

---

① 参见周国良等:《"走私洗钱犯罪法律适用问题研讨会"研讨观点综述》,载《中国检察官》2021年第22期。

足之处。本文的观点是以总额说为原则,获利说为例外,至于折中说中提到的偷逃税款数额系行为人因走私犯罪而减少的支出,系一种消极利益,客观上无法转化为有形的财产性利益,“清洗”“漂白”的载体根本不存在,如果将洗钱罪的对象限定在这个范畴内,那么涉税走私犯罪中就可能不存在洗钱犯罪,显然背离该罪的立法初衷与洗钱罪条款多次修订的目的。[①] 具体到低报价格走私犯罪中跨境转移资金的情形,宜持相对最大化范围认定的立场,倾向于以涉案走私资金为最大范围圈划定洗钱上游走私犯罪的违法所得及其收益的范围,主要基于以下三点考量。

(一)理论上可行

涉案的走私资金不外乎走私货物、物品的价值,即走私货物、物品在境内销售所获资金,包括成本投入和增值收益。

以总额说为原则更符合刑事正义理念。首先,为实施走私犯罪而投入的成本不具有合法性,法律上应当予以否定性评价。其次,法谚有云:任何人不得从自己的错误行为中获益。洗钱是最为典型的获利型犯罪。虽然低报价格走私的货物系国家允许正常进口,但由于行为人通过违法手段走私入境,货物的取得不具有合法性,属于通过上游犯罪直接产生的财产,走私货物或其转化财产应作为一个整体进行评价,理应由司法机关予以追缴从而彻底切断上游犯罪的资金流,而不应该将其中犯罪成本单独剥离使行为人再投入到下一轮的走私犯罪行为中。

以总额说为原则具有充足的法源基础。在走私犯罪立法层面:(1)根据《海关法》第82条的规定,实施走私行为尚不构成犯罪的,由海关没收走私货物、物品、犯罪工具、处以罚金等,构成犯罪的,依法追究刑事责任。举轻以明重,行政处罚尚且应当没收全部走私货物、物

① 该观点仅适用于认定洗钱犯罪上游走私犯罪的违法所得及其收益,审理走私犯罪案件中认定、追缴走私犯罪本犯的违法所得另当别论,因刑法设立洗钱罪与走私罪时所要保护的法益不同,两罪刑事立法的时代背景、政策背景亦不相同。

品，刑事处罚没有理由将犯罪成本部分从中剔除。（2）2002年“两高”、海关总署《办理走私刑事案件适用法律若干问题的意见》第24条规定，对于走私货物、物品因流入国内市场或者投入使用，致使无法扣押或者不便扣押的，应当按照“完税价格”或者“实际销售价格”认定行为人的违法所得并予以追缴。该规定并未特指某一类走私对象某一种走私方式，亦未将低报价格走私普通货物的情形排除在外。在与洗钱犯罪相关的立法层面：（1）最高人民法院《关于审理掩饰、隐瞒犯罪所得、犯罪所得收益刑事案件适用法律若干问题的解释》第10条规定，通过犯罪直接得到的赃款、赃物，应当认定为《刑法》第312条规定的“犯罪所得”。洗钱犯罪作为特殊的掩饰、隐瞒犯罪所得及其收益犯罪，理应适用该规定。（2）“两高”《关于适用犯罪嫌疑人、被告人逃匿、死亡案件违法所得没收程序若干问题的规定》第6条第1、2款规定：“通过实施犯罪直接或者间接产生、获得的任何财产，应当认定为刑事诉讼法第二百八十条第一款规定的‘违法所得’。违法所得已经部分或者全部转变、转化为其他财产的，转变、转化后的财产应当视为前款规定的‘违法所得’。”该特殊程序适用对象除了增加危害国家安全犯罪案件外，其外延与洗钱罪七大类上游犯罪外延基本相同，具有立法同源性，可以作为审理洗钱犯罪案件的重要参考。

（二）实践之必要

走私犯罪具有跨境性、循环性两大特征，[①]这两大特征在低报价格走私犯罪中尤为明显。一方面行为人将走私进境的货物、物品的销售回款投入到下一轮的走私贸易行为中，通过贸易与资金的循环往复从而累积更多的包含走私利润在内的走私资金，作为犯罪成本的资金则在持续不断的犯罪中循环流转成为滋生新走私犯罪的土壤；另一方面行为人从不断循环的走私资金中抽取部分作为因低报价格产生的差价货款用隐蔽的方式实现跨境转移，支付给境外的供货商，从而阻断

---

① 参见陈鹿林、战晓宁：《买卖走私货物过程中的洗钱犯罪问题研究》，载《中国检察官》2021年第22期。

司法机关对该资金的溯源,加大打击既遂走私犯罪的难度。只有将走私货物、物品或由其转化而来的走私资金全额作为洗钱罪的犯罪对象,才能形成较为阻塞的资金流转,一方面增加既遂走私犯罪暴露的风险,另一方面又能延缓犯罪收益的取得从而延缓或避免新的走私犯罪的产生。再者,在资金流向上有效堵截瓦解走私犯罪,对走私犯罪也是一种强有力的震慑,从而起到刑事司法的一般预防作用。

早在2009年最高人民法院《关于审理洗钱等刑事案件具体应用法律若干问题的解释》出台时,起草者就通过考察域外立法例发现,立法对某些情形扩大处罚的态度非常明确。2021年《刑法修正案(十一)》与2022年《打击治理洗钱违法犯罪三年行动计划(2022—2024年)》更是强调加大力度惩治《刑法》第191条规定的洗钱犯罪,坚决遏制洗钱及相关犯罪的蔓延势头。虽然近年来打击成效显著,但面对趋严趋紧的国际反洗钱标准与形势要求,司法机关在走私案件中的洗钱犯罪查处力度与逐年倍增的走私案件查处数量日趋不匹配。从F地区来看,2021年走私犯罪中涉洗钱犯罪判决仅占5.77%,所有七类上游犯罪中涉洗钱犯罪判决更是少之又少,仅1.64%①。司法理念的保守是制约打击效果的重要原因。低报价格走私系较为传统较为典型占比也较高的走私犯罪方式,根据其与跨境资金流动的高度伴随这一天然特征,司法机关应将其作为跨境转移资产型洗钱犯罪的重点领域予以打击。在立法逐步向国际公约靠拢的当下,司法上亦应更新理念同步缩小差距。

(三)客观上可能

其一,从走私犯罪本犯的角度,走私犯罪的成本与利润往往难以查清。司法实践中,大多数行为人到案后对实际获利或避重就轻或语焉不详,在缺乏客观证据佐证的情况下,走私犯罪实际获利难以查清的情况普遍存在,即使在部分可能产生实际获利的案件中,实际获利

---

① 数据来源于福建省反洗钱工作联席会议办公室统计数据2021年福州市洗钱罪判决比情况表。

与投入成本通常也混杂于同一批货物、资金中，二者之间很难精确剥离。

其二，从洗钱犯罪行为人角度，要求其对上游走私犯罪的投入成本与实际获利准确区分根本做不到。行为人主观上通常也是基于认识到哪一批货物或资金系通过某一犯罪行为获得、转化而来，从而对其进行掩饰、隐瞒，但不可能将上游犯罪的实际获利与投入成本予以区分再进行"清洗""漂白"。刑事司法应尽可能实现专业判断与群众朴素认知的有机统一。① 将包括成本在内的所得财物整体作为洗钱罪对象，更符合群众的一般认知。

在这个最大范围圈内，根据不同贸易方式、不同资金构成再具体研判是否具备成为洗钱罪犯罪对象的可能(如表1所示)。

表1 成为洗钱罪犯罪对象的可能性分析

	首次走私，首次向境外支付货款	多次走私，向境外支付的货款来源于既往走私货物销售所得
货到付款	√	√
款到发货	×	√

如表1所示，货到付款型低报价格走私犯罪中，无论行为人系首次走私、首次向境外支付差价货款还是多次走私、向境外支付的货款系既往走私货物销售所得，支付行为均发生在走私犯罪行为既遂后，且跨境转移的资金数额均不高于已走私入境货物的完税价格或实际销售价格，即并未超出洗钱罪打击的最大范围圈，那么行为人所转移的资金完全具备成为洗钱罪犯罪对象的可能。款到发货型低报价格走私犯罪中，走私货物尚未申报入境，此时应一分为二地评价：若行为

① 参见《周强：扩大司法民主促进司法公开实现司法专业判断与群众朴素认知的有机统一》，载微信公众号"最高人民法院"2017年12月22日，http://mp.weixin.qq.com/s/jp5SaSA3habAMnpIMIUtDg。

人系多次实施同类走私行为、走私货款并未与走私货物逐票对应而是循环滚动式向境外支付,行为人向境外支付的差价货款系销售既往走私货物而阶段性形成的犯罪所得,即使上游走私本犯尚未实施本起报关行为,该笔资金仍然可以成为洗钱罪犯罪的对象;若行为人系首次走私,向境外付款时尚未发货更谈不上报关,走私行为尚未实施完毕,跨境转移的资金尚未与任何既往或即将发生的走私行为发生联系,并无任何成为洗钱罪犯罪对象的可能。

在案证据显示,五福源公司自2012年开始便以低报、伪报方式走私台湾的货物,仅涉嫌偷逃的税款就达7991万余元,郑某实际控制的其本人名下、郑某莹、郑某谊、吴某等人的个人账户均系用于收付走私货款的账户,走私进口货物的部分销售回款进入这些账户,吴某璇根据郑某、方某的要求将卡上的款项转入被告人廖某的个人账户,郑某还供称走私获益均在其个人账户上,那么该875万余元可以认定系五福源公司既往走私犯罪所得,为案涉行为构成洗钱罪奠定了基础。

二、主观要素:行为人主观明知的方式与内容该如何确定?

犯罪构成中的主观要件包括认识因素和意志因素。① 他洗钱犯罪的行为人在明知是犯罪所得及其收益的情况下,仍然选择实施洗钱行为,其意志因素方面"掩饰、隐瞒的目的"已经内含于洗钱行为当中,其主观方面则更多聚焦于对行为人认识因素方面"明知"的证明。

1. 明知的方式包括确知和应知。司法机关不得要求行为人自证其罪,同时又为避免放纵犯罪,我国司法实践中对于明知长期坚持的一贯立场是确定性认识和可能性认识均应纳入明知范畴。在2009年最高人民法院《关于审理洗钱等刑事案件具体应用法律若干问题的解释》(以下简称《2009年洗钱罪司法解释》)中,亦充分吸收了《维也纳公约》《联合国反腐败公约》等相关国际公约中基于实际情况推定明知的立法精神,对明知的具体认定采取了概括加列举表述方式,除对认

---

① 参见高铭暄、马克昌主编:《刑法学》,北京大学出版社2019年版,第103~104页。

定原则作出一般性规定“应当结合被告人的认知能力,接触他人犯罪所得及其收益的情况,犯罪所得及其收益的种类、数额,犯罪所得及其收益的转换、转移方式以及被告人的供述等主、客观因素进行认定”,还结合实践中的具体个案情况列举了六种推定明知的具体情形。2020年最高人民法院、最高人民检察院、公安部《关于办理洗钱刑事案件若干问题的意见》进一步强化了这种立法理念,以司法指导性文件形式确认了主观认知包括“应当知道”,并且尽可能地罗列出主观认知在实际研判中应考量的行为人身份背景、职业经历、与上游犯罪行为人的关系、交易方式等各种主、客观因素,以期给司法实践更明确的指引。

该案中关于被告人廖某及其辩护人提出的其帮助五福源公司对外付汇时主观上不明知五福源公司从事走私活动的辩解、辩护意见,经查,在确知层面,其在配合调查五福源走私案阶段与该案侦查阶段对其主观明知其协助五福源公司跨境支付的款项系因低报价格进口产生的差额事实供认不讳,公诉机关还提供了同步录音录像印证其证言、供述的真实性、合法性;在应知层面,根据被告人廖某与同案人郑某供述,廖某长期在平潭小台市场经营进出口贸易,其主动向郑某表示合作意向,二人一拍即合,后其就开始帮助五福源公司向境外的味丹公司(也称品冠公司)支付货款。虽然二人沟通内容中只字未提走私二字,但作为熟知进出口业务、政策的二人均心照不宣,无须多言,再结合廖某长期从事进出口贸易的职业背景与频繁利用其他公司的报关单协助五福源公司对外付汇的异常付款模式,可以推定其应当知道五福源公司低报价格走私。

2. 明知的内容只要达到行为人对款项系源于上游犯罪有概括性的认识即可。他洗钱犯罪行为人与上游犯罪本犯之间的犯意沟通通常处于心照不宣状态,其主观明知都是司法机关结合在案证据与被告人身份背景、认知能力等进行综合审查判断后得出,若苛求行为人确知上游犯罪本犯交付给其的资金构成违背常理。首先,走私进口的货物销售回款系整体的存在,上游犯罪本犯将其犯罪所得拆分成成本部分与增值部分分别存放违背常理。其次,他洗钱犯罪中,上游犯罪本犯与洗钱犯罪行为人的犯意沟通仅限于协助洗钱的内容,对于上游犯罪本犯交付给其的资金构成,除上游犯罪团伙中的主管、经手走私资金的成员外,其他人员无法确知。正是因为意识到洗钱犯罪对主观明知的立法要求与客观实际存在一定差异这一点,《2009年洗钱罪司法解释》规定了行为人主观上在七类上游犯罪范围具备模糊性认识即可。《刑法修正案(十一)》对洗钱罪条款的修改更是将放宽条件、从严打击的新形势要求贯彻到底。因此,在行为人明知的内容上亦应倡导一定的包容性,不宜过于琐细。

论及该案的行为人主观明知内容,五福源公司的走私行为始于2012年,被告人廖某于2018年才结识了该公司负责人郑某,双方沟通的内容仅限于协助五福源公司跨境转移资产,并未形成紧密的利益共同体关系,根据双方的往来情况可知,相互间亦未产生人身信任关系。其仅知道协助转移的资金来自于走私团伙,但对具体的资金构成无法确知,完全符合客观情况,此时若要求控方举证其明知系来自既往走私犯罪所得的全部还是利润部分,未免有苛求之嫌。

三、客观要素:跨境支付走私货款是否能实现掩饰、隐瞒的效果?

洗钱罪中的掩饰、隐瞒是指行为人通过各种转移、转换方式将犯罪所得及收益的存在场所和占有关系,改变其物理状态,而且还通过处置、离析在一定程度上切断犯罪所得及其收益与上游犯罪行为之间关联性,人为制造二者之间模糊性,产生一系列化学反应,实现将赃款"清洗""漂白"的效果,《刑法修正案(十一)》与即将出台的配套司法解释在洗钱罪立法上更加强调了注重行为性质、淡化行为方式的理念。跨境支付走私货款不仅在物理上改变了走私资金的存在状态,而且行为人通过借用其他单位进口报关单付汇额度等方式以他人的名义将款项支付给境外供货商,从资金走向上直接切断了该笔资金与走私犯罪的联系,企图实现犯罪所得的安全循环使用,必然产生掩饰、隐瞒的效果。实践中不乏这样的典型案例。曾作为公安部与央行联合发布的洗钱犯罪经典案例的广西黄广锐洗钱案中,黄广锐等人通过提供资金账户、提现、向境外转移等方式对走私犯罪所得进行掩饰、隐瞒,其中很大一部分系以支付再次走私香烟货款的名义向境外汇款。①

该案中,五福源公司与廖某没有正当理由或虚构汇款理由,将涉案的876万余元资金在不同银行账户之间频繁划转,并最终以第三方公司向台湾供货商支付货款的形式汇往境外,直接改变了该部分资金的性质,应当认定已经实现掩饰、隐瞒的效果。

综上所述,在《刑法修正案(十一)》的新视角下,通过洗钱罪的前述三大核心要素符合性分析论证,本文的结论是,除行为人首次实施款到发货型走私进口货物情形之外,低报价格走私犯罪中跨境支付走私货款的行为完全符合洗钱罪的构成要件。

余论:走私共犯与洗钱罪竞合时的抉择

在现行法律框架内,实践中通常做如下区分:事前没有通谋,事后以提供资金账户等方式掩饰、隐瞒走私犯罪所得及其收益的性质和来源,由于该行为不符合走私罪帮助行为的构成要件,应当认定为洗钱罪;事先存在通谋的则可能触犯两个罪名:若只提供洗钱的帮助行为,就属于走私行为的帮助犯和洗钱行为的正犯想象竞合,应当择一重罪论处,就事实情节进行评价,洗钱罪的正犯明显重于走私罪的帮助犯,故一般按照洗钱罪定罪处罚;若行为人除了实施了洗钱行为外,还实施了其他走私帮助行为,且该其他帮助行为属于走私的主要实行行为,应以走私罪和洗钱罪两罪并罚;若该其他帮助行为不属于走私的主要实行行为,那么数罪并罚缺乏合理性,应当按照想象竞合犯的处断原则,择一重罪论处。

该案显然亦存在两罪的竞合问题,遵循前述裁判思路,同时考虑到廖某与五福源公司之间缺乏通谋的证据、认定走私共犯因滚动式付款侦查部门无法出具偷逃税款海关核定证明书这一定案的关键性证

---

① 参见《打击洗钱犯罪8大典型案》,载http://news.sina.com.cn/c/2006-12-20/093010818672s.shtml,最后访问日期:2022年6月21日;《1.1亿元黑钱是如何“洗白”的》,载《中国青年报》2006年12月20日,特别报道。

据等因素,该案一审最终以洗钱罪认定。

LIAO Mou Money Laundering Case

—Can Cross-border Payments of Smuggled Proceeds Be Considered Money Laundering Crime?

LIN Yanfang WU Lin YUAN Yue

[**Abstract**] The Amendment (11) to the Criminal Law emphasizes a legislative stance of relaxing conditions while maintaining strict enforcement against money laundering. This amendment aligns criminal legislation with international conventions and FATF recommendations. Criminal justice should also adopt pragmatic attitude and gradually narrow the gap with legislation. This paper focuses on the perspective of cross-border payment of smuggled proceeds in the smuggling of undervalued goods. By analyzing specific cases, it examines whether cross-border payments involving smuggled proceeds can be classified as illicit gains of smuggling activities, how subjective knowledge of the perpetrator should be determined, and whether such transactions can effectively hide and conceal their illicit nature. The conclusion reached is that, except for instances where the perpetrator conducts a cash-on-delivery smuggling operation for the first time, cross-border payment of smuggled proceeds by undervalued transactions fully meets the criteria for money laundering offenses. In establishing the objective element, the principle of considering the total amount of funds should be applied, with the exception being the principle of profitability. The scope of money laundering crimes should be defined by incorporating the smuggled funds involved in the case, covering both illegal gains and benefits. In determining the subjective element, the perpetrator's knowledge can be categorized into certain knowledge and presumed knowledge. As long as the perpetrator has a general understanding that the funds originate from smuggling activities, it satisfies the requirement of subjective knowledge.

[**Key words**] crime; cross-border payments of smuggled proceeds; money laundering; illegal income; general knowledge theory

海关法评论(第12卷)

域外视野

Overseas Horizon

海关法法典化：底层逻辑
价值取向·层级架构

——兼述《欧亚经济联盟海关法典》之借鉴意义

苏　铁*

[摘　要]　随着我国经济社会进一步发展和海关职能向纵深拓展，海关法律调整对象的广泛性、复杂性和深刻性日益显现，调整难度日益加深。而推进依法治国，全面建设法治化国家需要更加科学规范的法律制度来维护社会稳定和公平正义。当此之际，海关法法典化应当主动承担应有的历史使命。通过厘清法典化的底层逻辑，揭示所内含的意蕴，确定基本价值取向并找出构建支点，明晰层级架构，勾勒框架功能，从而可回应海关与攸关方之间的多元主体互动，为实现新时代海关法治的跨越式发展奠定基础。在此演绎过程中，参考《欧亚经济联盟海关法典》，能为我国海关法法典化提供借鉴意义。

[关键词]　海关法法典化；底层逻辑；价值取向；层级架构；EAEU；立法借鉴

随着世界进入"乌卡时代"（VUCA），即由易变性（Volatility）、不确定性（Uncertainty）、复杂性（Complexity）及模糊性（Ambiguity）构成

* 苏铁，退休干部，原宁波海关一级总监，上海市法学会海关法研究会顾问。

的主色调时代,各国均面临新的巨大挑战。尽管应对有诸多措施,但保持法律制度优势与创新,即保证法律内涵与架构的先进性和超越性显得尤为重要。海关法典应该是该领域最具集中性和系统性的立法形式。通过海关法律法典化,不仅可集中体现法典内在之架构宏大、位阶明晰、效力较高等价值优势,还可对塑造良法进行深度挖掘整合,成为国家彰显和实施更大范围、更宽领域、更深层次对外开放的显著风向标。

按照国家法典编纂总体要求,继《民法典》之后,下一步将陆续筛选出价值意义大、基础条件好、所涉规范容量大的领域优先稳妥开展。尽管近期没有海关法典的立法规划安排和相关政策动议,但我们当未雨绸缪,提前谋划,积极开展法典基础学理研究,认真收集并总结好相关国家海关法典编撰的成功经验和规律。虽然有关海关法法典化形式和内容之比较研究十分重要,但就目前而言,则更应将海关法法典化首要任务锚定在厘清底层逻辑,梳理基本价值取向和探索层级架构上。唯如此,才能为未来的编撰工作奠定坚实的基础,指明努力的方向。

一、海关法法典化的底层逻辑

考察人类成文法的演进之路,可得知其由习惯法演变而来,法典是最高形式,兼具学理性和一致性。究竟达到何种标准方可称为"法典",有人曾断言必须符合以下两大条件:一为高度整体性,即整体存灭;二为高度体系性,即法外无法。据此,法典是一种按照特定法理逻辑顺序,对于法律概念、规范、制度进行理性化构造的系统。从该本质特征可知,经典范式之法典化是"法律领域中'体系'这一概念最为合适的表达",因为法典"构成一个体系,它是一个整体"。① 它包括以下几个方面的涵义:一是系统化,将法律规范有机地组成一个完整的体系,形成系统化的法律规范框架;二是条理化,将法律规范进行分类、

---

① Rémy Cabrillac, *Les codifications*, Paris : PUF, 2002, p. 65.

整合、归纳、综合,使之呈现出较为清晰的条理关系;三是集中化,将法律规范集中到一个法典中,以便于实施、监管和解释;四是规范化,将各种法律规范转化为明确、可执行的法律规则;五是标准化,将法律规范的表述和用语规范化,使其易于理解和应用;六是制度化,将法律规范转化为各种机构和制度的规范,使之成为一系列有机的制度安排和运行方式。

目前我国海关法律有完备成熟的单行法基础,调整领域具有单一性和独立性特点,有海关长期口岸执法经验积累,双方主体明确、权利义务清晰,还有较为成熟的海关法理论研究,就海关概念、监管原则及程序、基本制度和体系构成等问题已经形成高度共识。笔者以为,从调整对象、手段上看,海关法法典化限定于特定领域,较之综合法律或基本法更容易开展立法实践。

海关法律法典化可使海关内部构成一个高度融贯的系统。机构改革后,鉴于本国国情,中国海关法的内涵要比其他国家更为宽泛,包括了商品检验、动植物检疫、食品卫生监管以及口岸公共卫生的基本制度和相关规定,导致海关监管线条更多,监管范围更广,监管链条更长,维护国家安全面临的压力和挑战比历史上任何时候都要大。海关执法不仅涉及传统海关法领域规定的职责内容,还涉及固体废物污染防治法、环境保护法、食品安全法、文物保护法、生物安全法及国际条约、协定等诸多方面,从而具有监管对象的多样性、复杂性和自身影响力广泛性特点。海关法律法典化是今后实现立法体系化的不二路径。

一方面,海关法律实施存在风险。当前,海关领域法律复杂化显现,集中表现在分化性(Differentiation)、深刻性(Density)、不确定性(Indeterminacy)和技术性(Technicality)加剧集合。从法律实施的角度考虑,海关法律规范依旧在原先的线条上形成封闭,造成体系脱节,且法律术语含义存在冲突。而海关法典代表的法律体例、逻辑结构、权威秩序、语言表达的形式统一,必然与以往海关单行法、规章迥然不同。海关法法典化可以有效破解海关法律之间因体系庞杂、概念不统一、语言符号有差异而导致规定不协调以及适用困难等问题,减轻法律适用的负担,满足全社会对锻造预期可控、统一法律秩序的需要。另一方面,我国海关法律具有大陆法系的法律传统,历来重视理性、逻辑与成文法形式,体现出法典化的天然“基因”。海关法法典化深刻的本质是获取海关“良法”的现实过程。2018年机构合并后,既对海关赋予了新使命、新任务,也为海关加速获得“良法”提供了必要的条件。一般理解,分散立法不仅暴露出成本过高之弊端,而且冗繁与糅合化以及低层级制定还远不符合法治基本精神以及整体治理导向。海关立法若仅仅停留在原先各自循环的单行法或在较低的层次上,虽有灵活性的优点,但缺乏宏大性,难以体现和理顺更为严谨且复杂的法律关系。而通过制定海关法典,可在认识上达到新的高度统一,在行动上达到新的高度一致,大大纾解法律适用分歧①。

客观来说,当下海关法法典化的“冲动”是由其内在发展演化规定性使然,经过从分散走向统一、由集合走向体系之路,以实现自身更高层级的规范理性。推进海关法律法典化的底层逻辑是为了更好地规范进出境行为、提高法律透明度和可预期性、增强法律的权威性和效力,从而促进法治建设和社会稳定。按照这一底层逻辑,理性思维条件下,应当以规范海关监管行为、发挥海关法律制度之治理作用为逻辑起点,以全面推进中国特色社会主义现代化海关建设为逻辑进路,从系统性整体性宏大性的角度出发,锚定打造世界一流海关监管制度的目标,拓展监管时空,优化监管条件,促使监管方式、手段、模式更加多样化。通过推进海关法法典化体现从“管理”到“治理”的转变,打造现代化海关治理共同体。

一是通过海关法法典化固本部门法的体系化建构。法典化可促进全方位体系性建设,突出体系性这一法典核心特征。抓住法典化的关键词,即系统化、完整化、体系化,瞄准现实和潜在发展的目标,凸显

---

① 目前,海关不仅要实施《海关法》,还需执行《国境卫生检疫法》《进出境动植物检疫法》《食品安全法》《进出口商品检验法》4部原先由卫动食商四部门为主实施的法律,这是机构合并后海关继承的法律遗产。上述法律的执行者,唯有海关而无他人。——笔者注

其具有综合、相对集中的特征，不断提高法律的权威性和效力，让法律规定更加系统化、权威化，使法律规定更加得到社会的认可和尊重，从而提高法律的效力。当然，在此同时还应注意反映涉外经济发展规律并延伸法典化内在逻辑的自洽性。

二是保证海关法典能起到价值整合与意义诠释的作用。通过法典的实施，一方面，统一海关行政行为标准可以提高法律实施的效率；另一方面，平衡海关与当事人双方权利和义务，促进双方地位平等。通过规范权力、保障权利，可切实保护相对人的合法权益，因为从法社会学的视角来看，"期望法典编纂的人民是那些深受法律模棱两可和不公开性之苦的人"①。法律法典化有利于提高法律透明度和可预期性，可以让人们更加清楚地知道什么是法律规定的范围，清楚地知道自己的权利和义务，避免因为不了解法律规定而引发的纠纷和争议。同时，通过规范法典的实施，充分约束公权力、加大对市场主体私权利的保护，也是确保海关自身遵守法律的基本要求。诚然，海关法的有效遵守必然涉及海关自身。这从一个侧面也反映出立法者对海关公正执法具有更高的秩序追求与价值期望。更进一步，法律法典化还可以为司法审判提供更加稳定和规范的法律基础，避免司法裁判的不确定性和不公正性，保障司法公正和规范化。

二、海关法法典化的价值取向

作为现代法学理论中高频率出现的字眼，"价值"被用以评价法律过程和结果的标准性观念。海关法律价值不仅代表表征"关系"的范畴，揭示海关实践活动动机和目的，同时也是一个表征"意义"的范畴，被界定为客体满足主体需要的积极意义。

考察世界海关法治理论和实践，无一例外，都将致力于保护国内经济免受不公平竞争，同时大力促进贸易便利化，规范次序有效保护

---

① [德]马克斯·韦伯：《论经济与社会中的法律》，[英]埃德华·希尔斯、[英]马克斯·莱因斯坦英译，张乃根译，中国大百科全书出版社1998年版，第56页。

国境安全,严厉打击走私,为中央(联邦)政府提供可靠稳定的财政来源和促进社会经济进步,作为各国海关使命内核。同理,这也应该成为中国海关法法典化的根本目的。《立法法》①第4条明文规定,“立法应当坚持以经济建设为中心,坚持改革开放,贯彻新发展理念,保障以中国式现代化全面推进中华民族伟大复兴”。作为重要的涉外经济法律,本国海关法的立法目的——“目的价值”必须以此为上位,与之高度吻合,将“以经济建设为中心”视为兴国之要,立邦之本,“改革开放”作为强国之路,贯彻“新发展理念”应上升到关系国家命门的高度来加以理解,达到主观性与客观性的统一、社会性与涉外性的统一,在发挥经济社会功能作用过程中体现应有的保护和增进的价值。

为达到以理念变革和方法创新为基础推行海关法法典化之目标,体现海关法治特征,需要构建以目的价值为核心、以工具价值为技术方法的逻辑思维体系。当然,海关法律制度所包含法的价值系统全部要素都应具备内在统一性,集中体现在法的价值要素的有序性上。未来在中国海关法典中,法的上述价值对于海关法律理论和实践当具有观念变革和制度创新的积极意义。

习近平新时代中国特色社会主义思想实现了马克思主义中国化新的飞跃,深刻回答了新时代的重大时代课题。其中,习近平法治思想理应成为全面推进依法治关,在法治轨道上推动海关法法典化的根本遵循。进入新时代,人民群众对民主、法治、公平、正义、安全、环境等方面的要求日益增长。海关法立法思想应始终站稳“以人民为中心”的法治立场,全面反映执法为民,人民至上的原则。为此,海关法典需大幅度体现为民用权的法条实质内容与精神,探索简政放权、放管结合、优化服务的法治海关新路径,以法治思维研究和解决人民群众关注的突出问题。追求社会公平正义本应是法律本身存在的全部理由。海关法律法典化必须牢牢把握这一最根本的核心价值,将其作为

---

① 该法根据2023年3月13日第十四届全国人民代表大会第一次会议《关于修改〈中华人民共和国立法法〉的决定》第二次修正。

海关法律基本评价标准的核心,作为自身的终极目的和存在根据,在法律制度中充分加以体现,进行具体制度安排基本结构及其制度程序的理想性规范建构。通过次优选择,以法律程序公正确保实体实际正义。

作为特定的法律存在形式,法典化还是一种运思法律问题的基本思维方式。在纠正以往立法"宜粗不宜细"倾向的前提下,法典化应达到海关法律体系调整严密适度、范围调整大小适度的效果。在目前的立法资源条件下,海关法法典化应从维护国家主权、安全、发展利益的高度出发,系统集成改革开放40年,尤其是党的十八大以来10年具有中国特色社会主义制度优势的新时代海关改革与发展成果,对其基础性范畴、制度和内容进行全面系统的规定,促使海关治理体系现代化建立在一个有机协调的法律框架之内。海关法法典化价值在于彰显制度的先进性,体现鲜明的时代性和蕴含积极的超前性。

一是彰显制度的先进性。习近平总书记着眼中华民族伟大复兴战略全局和世界百年未有之大变局,旗帜鲜明地提出坚持和加强党的全面领导。"中国共产党领导是中国特色社会主义最本质的特征,是中国特色社会主义制度的最大优势"①,因此,必须把党的领导贯彻到法治海关建设的全过程和各环节,在海关法典中强调以政治建设为统领,确保海关事业发展始终保持正确政治方向,使"政治建关"成为中国特色的海关队伍制度建设的重要内容;在海关队伍建设方面,突出具有中国特色的内涵式海关准军事化队伍建设。

此外,中国海关制度的先进性还大量地表现在主动对标世界海关高标准监管规则,构建与其相衔接的具有中国特色的海关制度。例如,推行信用管理原则,大力实施"合规管理",落实海关和商界在伙伴关系合作的新策略新方法,实现基于相互信任的共同目标,强化风险管理理念和工具运用以及经认证经营者(AEO)制度;便于提升通关便利化的"二步申报"制度;涵养纳税遵从度的"主动披露"制度。深入推进全业务领域一体化改革,加强改革的系统集成与协调联动方面,例如服务国家区

---

① 习近平2021年7月1日在庆祝中国共产党成立100周年大会上的讲话。

域经济发展战略等极具中国特色的海关监管制度和模式创新。简言之,将坚持“智慧海关、智能边境、智享联通”理念,锚定先进的、最具国际竞争力的监管体制机制,对标对表世界发达经济体的以及本土化的经验混合之后沉淀凝聚下来的精华以法律的形式加以固化。

二是体现鲜明的时代性。以实践需求指引立法方向具有鲜明的中国特色和时代特点。中国进入全面建设社会主义现代化国家新时代新征程,这就决定了这一时期形成的法律体系应具有鲜明的时代特点,反映国家现代化建设的实践经验。中国特色社会主义法治道路形成和拓展于中国式现代化进程之中。同时,推进中国式现代化必然对法治中国建设产生深刻的塑造作用,不断筑牢中国式现代化的法治根基。

理念上,在海关法律法典化的进程中,必须坚持从中国国情和实际出发、坚持问题导向、紧扣实践需求、推进全面依法治国、推进国家治理体系和治理能力现代化、全面建设社会主义现代化海关的要求;法条上,所谓鲜明的时代特征表现,即要明确海关治理的重要抓手及未来发展的方向,与时俱进应对“乌卡时代”的新挑战。为此,海关法律法典化应在“两个大局”中找准定位。一方面,海关工作要全面落实习近平经济思想,积极打造先进的、在国际上极具竞争力的监管机制和充满自我发展活力的海关管理体制。适应新发展阶段、贯彻新发展理念,为增强内生发展动力,发挥海关处在国内国际双循环的交汇枢纽优势,助力建设现代化产业体系,实现高水平自立自强,构建内循环为主、外循环赋能、双循环相互促进的新发展格局作出历史新贡献。另一方面,应着重体现总体国家安全观。在党的二十大报告中,习近平总书记提出“以新安全格局保障新发展格局”。总体国家安全观业已成为新形势下维护和塑造中国特色国家安全的行动指南,核心要点为准确把握形势、增强忧患意识和有效防范风险。近年来,海关深刻理解统筹发展和安全是构建新发展格局的基本取向,高度重视国家安全和风险防控的政治意义和战略意义,构建以风险管理为主线的国门安全防控体系,全面履行监管职责,不断增强维护国家安全能力,提高公共安全治理水平,着力提升产业链供应链韧性和安全水平,强化国门生物安全保护意识,提高食品药品等关系人民健康产品和服务的安全保障水平。因此,将国家安全纳入法典的立法思路理应成为海关法典中的重要内容,应高度强化海关履行新型职能的权限,尽快实现从传统职能到全面新兴职能的重大转变,完善全领域、全渠道、全链条监管风险一体化防控机制。防范和化解安全风险不应仅仅停留在政治、经济社会、文化及意识形态领域,关注武器弹药、毒品、精神类药物、文物等内容,还应拓展到口岸公共卫生健康、生态环保、能源、关键性产业链、核材料、极地利用、数据保密方面。结合他国海关法典实例,应单列“国家安全”章节,专条专项规定上述内容,尤其是数据保密方面,列明“保密信息的披露”和“信息披露”以及“保密义务”等条款。

三是蕴含积极的超前性。党的十九大以来,国家高度重视数字化转型,提出实施国家大数据战略,加快建设数字中国。党的十九届五中全会进一步提出我国要加快“数字化发展”。

尽管我国海关法典的出台尚待时日,但对未来发展具有基础性的事项要提前做好规划,提高法典潜在的社会经济和法律效能,将国家电子口岸、网络化传输、运行平台以及相关的电子申报工程,金关工程、单一窗口等国家级项目运用经验在更深的程度,更大的范围加以推广,从而确保监管制度的先进性得以延伸,为此预留空间,做到适应全球数字贸易发展需要,为提升国家贸易数字化水平,加快贸易全链条数字化赋能助海关一臂之力。

世界海关组织(World Customs Organization,WCO)高度关注海关数字化转型问题①,提出了“构建海关数据生态”的构想,积极推动各国海关打造数据战略。同样,欧盟海关法典从其经历了1992年的《欧共体海关法典》(Community Customs Code,CCC),过渡性的《欧盟现代化海关法典》(Modernized Customs Code,MCC)到现行的《欧盟海关

---

① 迄今,WCO曾在年度国际海关日两度将数字化作为自身发展主题:2016年主题为“数字海关:渐进发展”;2022年为“拥抱数据文化、构建海关数据生态、促进海关数字化转型”。

法典》(Union Customs Code,UCC)三个阶段可见一斑。其中,MCC之所以没有实施,除了法律上《里斯本条约》规定的一致性要求予以协调之外,另一个重要的原因是,欧债危机后欧盟成员国政府和企业无力在短时间内营造庞大且协同的电子网络系统,欧盟全境内一体化且协调化的电子海关环境并未成形。而作为最新的海关法典的理念之一,欧盟考虑到电子数据处理技术的成熟性和电子报关申报的普遍性,提出了必须以电子系统作为基础的构想,即“海关申报规则和货物办理某项海关程序的规则应当现代化和精简化,作为一项规则,特别是要求海关申报实现电子化”。为了保证海关及贸易的无纸化环境,“明确共同数据要求的格式和编码,以便在海关当局之间及经营者和海关当局之间进行信息交换和储存,以及明确通过电子数据处理技术以外的方式进行信息交换和储存的程序性规则”①。如果失去了这个基础,不惜推迟或重新考虑海关法典的出台。

“智慧海关”是中国海关的未来,数字化网络化是其基础。为适应未来海关数字化转型,利用数据打造全方位的治理框架,借以提升监管效能,促进贸易便利化,在本国法典化的推进中必须提前谋划,认真布局。具体可参照欧盟和俄罗斯联邦海关法典的做法,②对海关必需的电子数据从生成到提供作出一系列相应的法律规定,为“智慧海关”的发展创造打下一个良好的外部信息环境基础。一方面,数字化能够引领海关治理的方向。借助科技创新(数字化赋能、智能化判别)与海关业务的融合,通过优先构建“智慧海关”监管体系,系统推进、迭代建设数字海关,搭建更加高效和智能的业务平台,进而逐步实现管理要素数字化、智能化,执法作业自动化,全面提升海关治理智能化水平,从而为建设数字中国尽海关的一份责任。另一方面,全球数字海关的建立需要高度信息

① 详见《欧洲议会和欧盟理事会2013年10月9日第952/2013号关于制定欧盟海关法典的条例》(重新修订)前言。——笔者注

② 《欧盟海关法典》对数字管理与交换列有具体的章节;《俄罗斯联邦海关法典》也用了专门的篇幅详细地进行了规范,说明对待这个问题,俄罗斯有敏锐的意识,后来居上。——笔者注

化,而这完全是建立在数字基础设施以及规制标准发展之基础上的。故应借助海关法典化的推动力,制定专门法规加以支持,包括引入信息安全和隐私保护标准,显示中国作为世界大国应有的作为。

三、EAEU 海关法典特征及借鉴意义

欧亚经济联盟(Eurasian Economic Union,EAEU)地域面积逾2026万平方千米,大概占世界总面积的14%,西从波罗的海沿岸东至太平洋沿岸,北从北极圈南抵天山山脉,成员国人口1.83亿人,[①]共拥有超过4万亿美元的国内生产总值,它的形成对世界政治经济格局产生了重大的影响。《欧亚经济联盟海关法典》是联盟十分重要的一部法典,在联盟法律体系中的地位仅次于《欧亚经济联盟条约》。尽管该法典在内容上大量吸收了欧美国家先进的海关制度,但结构上依旧保留了俄罗斯传统的架构风格。

1.《欧亚经济联盟海关法典》特征

自2015年1月1日欧亚经济联盟成立后[②],一直需要一部与之相适应的海关法典,经过多年努力,终于2018年1月1日《欧亚经济联盟海关法典》问世。作为建立在关境同盟框架下的海关法典,虽然该法典推进的一体化程度比《欧盟海关法典》要低下许多,但其以俄罗斯为主导,较多反映其独有的立法血脉和传统特色,范围宽于欧盟而拓展至行政处罚和司法领域,法典形制严谨、内容完备、体例规整,亦不失典范意义。

该法典较之原先的《关税同盟海关法典》,主要变化是内容更加丰富,规定更为详细,最大特点就是不乏叙事宏大性。当年《关税同盟海关法典》共有8编50章372条,中文译文约13万字;而该法典共有9

---

① 参见杨文兰、王琰、宋芳:《对欧亚经济联盟内部贸易发展评估及启示》,载《欧亚经济》2021年第6期。

② 欧亚经济联盟最初成员国为俄罗斯、白俄罗斯和哈萨克斯坦三国。2015年1月2日,亚美尼亚加入欧亚经济联盟,同年8月6日,吉尔吉斯斯坦加入欧亚经济联盟。——笔者注

编61章465条,且有2个附件(共计838条),中文译文达43万字,吸收了国际海关管理先进理念和政策工具,对海关职能、海关制度、海关税费、海关监管、海关程序等进行了十分详细的规定。该法典破解了以往众多的海关监管疑难问题,开宗明义地指出,调整的原则是货物物品通过联盟海关边界时,保障人的权利平等,准确明晰和一致性地实施海关监管手续,公开透明地制定和适用在海关调整领域的国际条约和法律文件,并与国际法准则相协调,以及采用现代海关监管方法和在海关监管活动中最大限度地使用信息技术。

该法典最大的变化就是大力推行电子申报。与《关税同盟海关法典》的规定不同,将电子申报作为主要申报方式和基本原则加以确立,只有在个别特殊的情况下才可能例外(例如,海关信息化系统因停电停止工作或受到黑客攻击瘫痪时)。更加便利的是,可以通过互联网进行报关。在大多数情况下,不需要向海关提交申报所需的纸质单证,海关电子信息化系统不需海关公职人员参与即可自动作出货物放行决定、货物放行时间从过去的一天减少至4个小时,最大限度地将海关监管置于货物放行之后、可以延期缴纳海关税费(货物放行后一个月内)以及给予经授权的经营者更多的制度优惠和手续便利等。

此外,尽管在该法典中充满行政色彩,但也较好地表达了公法和私法,行政法和民法的结合,例如在其第8编中,“在海关事务领域的活动,经认证的经营者”,除了列举一般的规定之外,还明文规定了报关代理人,海关货物承运人,各类仓库占有人、管理者,以及免税商店经营人,和经认证的经营者的权利义务,这样就无形扩大了海关业务“攸关人”的范围。可以说,该法典除了专注海关事务本身,考虑问题的视角和范围还具有一定的扩张性,做到充分且周全。

2.《俄罗斯联邦海关法》架构与特点

事实上,《俄罗斯联邦海关法》①具有大开大合的气势,同样具备

① 参见哈尔滨海关编译:《俄罗斯联邦海关法》,中国海关出版社有限公司2022年版。

法典特质。在 2018 年 1 月 1 日《欧亚经济联盟海关法典》正式生效之后,俄罗斯着手修订了新《俄罗斯联邦海关法》(联邦总统令第 289 号),旨在对联盟法典授权各成员国可自行行使管辖权的领域作进一步细化,例如监管流程、监管时效、文书格式、通知方法,突出了可操作性,可谓是对联盟法典在俄罗斯联邦境内的全面实施进行全方位的明文确定和必要补充。该法于 2018 年 11 月 28 日颁布,并于 2020 年 1 月 1 日起实施。

该部法律共分为 8 编 68 章 398 条,中文译文远超 43 万字,不仅架构充实,体例完整,而且内容丰富,非拘泥于行政事务方面,调整对象与国际公法及国际贸易法中的原则和制度紧密关联,还较多地涉及民商事规范,体现刑法内容。不仅如此,该法还明确了在反腐败、与国际恐怖主义和极端主义的斗争中提供协助的义务。除了法律规定的禁限令以及常态化海关管理元素之外,该法特别强调海关使用信息系统和信息技术以及行政法律保障,规范相对人对海关信息资源的获取和海关对信息的保护、信息内外交换和信息国际合作;全力推进电子申报和实施风险管理;大力加强海关税收的征管,将海关税费、特定关税、反倾销税、反补贴税的计算缴纳(预缴、分期或延期)、追缴等事项一并予以明文规范。此外,还以上位法的形式保障实施海关与拥有商品所有权、使用权和处置权主体之间的权利义务关系;对各类法人主体[海关事务领域活动者(报关代理人、海关业务承运人、免税店管理人、各类仓库管理人)和经认证的经营者(AEO)]的管理条件和经营设施进行了较为详细的规范;强调海关应有的权利,例如,其他侦查机关应经海关同意,方可开展货物“控制下交付”。

3. 借鉴意义

在分析中国法律体系的定位问题时,必须考虑我们所处的复杂法律文化环境。在实际法典化进程中要注意借鉴融合世界先进国家海关法典、中国传统海关文化以及俄罗斯为代表的社会主义法系曾经表达过的有益的观点。如何在这三大背景下,分清主次,为我所用,至关重要。中国古代法典的本土性、实用性明显,自不必赘述。美国海关法典规定详尽,涵盖广泛,重视法律程序的正当性和对公民的个体权利保护;欧盟海关法典在基本原则、抽象概念、法释义学的协调作用下,也有其独自的显著特点;俄罗斯法律法典大量保持了拜占庭优秀法律的基因,显得气势宏大。同时,整部法典更多地强调结构层次的紧密性与协同性、篇章条文的协调性与系统性。

十月革命之前的俄罗斯法系可归为斯拉夫法系,但根植于拜占庭式精神。拜占庭法律是拜占庭文明的重要组成部分之一,是对世界法律文明作出重大贡献的法律体系,其思维方式和法律观念在今天仍具有重要的意义和发挥着重要的作用。[①] 拜占庭法律不仅法理深刻、体系完整,且语言凝练、立法技术发达。正如文明地表活化石之一——俄罗斯建筑所显示的风格那样,规模宏大并以中轴线呈严格对称布局,建筑的各个构件以严格的等级分布安排,表现出凝重威严的特色。十月革命的成功,使俄罗斯的社会主义法系获得了突出的历史地位。十月革命后到俄罗斯联邦独立前,苏联一直被认为是社会主义法律体系的典型代表。[②] 它独立于西方法律传统之外,在系统化自我进化过程中确立和发展了社会主义法系。分析苏联社会主义法系形成的主客观历史原因,可谓是马列主义与多种历史因素融合而成的,一定程度上承袭了罗马法,并汲取了法国和德国等大陆法系国家编纂法典的经验。苏联直至现今俄罗斯海关法典的特质是大规模继承了拜占庭

---

① 拜占庭帝国从狄奥多西王朝(建于379年)到帕列奥列格王朝(终于1453年)存世长达1100多年,法律精华散见于各个朝代之中,诸如,《狄奥多西法典》、《查士丁尼法典》、《学说汇纂》、《法学阶梯》、《法律选编》、《罗得海商法》、《法律手册》以及《法学六卷》等。自中世纪以来,拜占庭法律精神一直影响欧洲各国法律,其法条严谨性和法律规范的前瞻性对中世纪的俄罗斯、保加利亚、塞尔维亚等国,近代的法国、德国、意大利、西班牙等国的法律产生了相当深刻的影响,后演变成为世界法律体系的重要组成部分。——笔者注

② 世界上最早出现的社会主义法典,或曰社会主义法系,在1918年开始进入大规模的法典编纂阶段。20世纪20年代得到非常广泛发展,例如,1922~1923年间,苏联基本完成了刑法和刑事诉讼法、民法和民事诉讼法,以及劳动法、土地法等一系列重要法典的编纂工作,并对经济法典着手进行编纂。——笔者注

教及俄罗斯民族特性的优点，表现为气势庞大，厚重而恢宏，散发出法律内在的庄严和肃穆之感，构成了社会主义法系在特定时期独特的画卷，在世界法系中独树一帜。

在新中国成立初期，深受苏联法律体系和法学理论影响，中国海关法治建设高度借鉴和移植了苏联经验。今天审视俄罗斯海关法律传统对于推进中国式海关法典化意义犹在①。中国特色社会主义法治道路，既要传承中华优秀传统文化基因，又要吸收借鉴世界上优秀法治文明成果。在这一过程中，应始终强调立足国情，对中华优秀传统法律文化进行创造性转化和创新性发展，构建起当代中国法系。作为第二大货物贸易国，中国完全有可能、有条件在不久的将来，恰如其分完成自己的海关法典。作为当代中国海关治理的基础性法律，海关法典应表现为海关制度集成化、典范化、体系化的高级结晶形式。要实现上述目标，达到理想的效果，我们应当学习借鉴世界主要经济体国家海关法典编撰的有益经验。其中，尤其要关注俄罗斯海关法典编撰的历史背景和成功经验。以批判的眼光加以审视利用，我们必定从中受益良多。

四、海关法法典化的层级构建

党的二十大提出全面建设社会主义现代化国家、实现第二个百年奋斗目标，以中国式现代化全面推进中华民族伟大复兴。全面、准确把握“中国式现代化”的重要特征、本质要求、战略安排、重大原则，紧密联系我国发展新的战略环境，落实新的战略要求和任务，是履行好海关法立法职责所在。推进海关法律法典化的层级架构是多方面的，需要从政治、法律、制度、经济等多个维度进行协同推进，以实现法律法典化的全面推进和深入发展。

---

① 俄罗斯具有悠久的制定海关法典的传统。苏联时期，1964 年制定了《苏联海关法典》（当年 5 月 5 日通过，7 月 1 日于全境施行）。1993 年 6 月 18 日，俄罗斯联邦最高委员会通过了《俄罗斯联邦海关法典》。2003 年 4 月 25 日，俄罗斯国家杜马批准了新版《俄罗斯联邦海关法典》。该版法典共 6 编 42 章 439 条，中文译文约 16 万字。

在以"中国式现代化"全面推进中华民族伟大复兴的历史进程中,应当创制什么样的海关法典,考虑问题的范畴是宽泛且深刻的。总体要求展现中国特色、时代特色、民族特色和实践特色,不仅达到结构完整、形式完美,还应突出功能恰适。这就要求我们在借鉴潘德克顿体系和埃利希关于法典化的理论的同时①,还应根据海关法的内在规律和特点进行理念变革和方法创新,坚持四个自信,引领社会主义法系持续前进,体现海关法对公平正义、次序和理性的追求。通过立法表达海关在全面建设社会主义现代化国家、全面推进中华民族伟大复兴中的前进方位。

为此,作为国家涉外法律体系的重要组成部分,为呈现"诸法合一"的规范样态,集九言于一鼎并在海关领域展示"一言九鼎"的力量,需架构以下三个层级:

第一,道之层级,保持海关法典编撰体系架构的整体性。毋庸置疑,判定一部法典是否成立,关键在于其是否具有完备的体系化特征。换言之,一部法律能够升格为法典的一个关键性因素取决于所规定的内容、调整的关系、形成的制度是否具有全局性、整体性、重大性、根本性、权威性以及深远影响性。如果说实现海关法律规范的体系化是海关法法典化的首要规范目的,那么法典的体系性外在表现则更多地体现在通篇架构的整体性上。正因如此,海关法法典化的最低标准是确保涵盖海关执法领域所有法律的完整性。海关法法典化的形式,核心在于法律体系系统性安排及法律框架的整体宏大性建构,从而保证海关法律体系的完备。在海关法典中应突出有关海关制度、海关政策的先进性。针对全球无纸化贸易和无接触清关、边境程序数字化发展的新趋势新特点,全面简化海关监管手续,优化流程,无差别化地与世界发达经济体海关对接。

---

① 作为法社会学代表人物的埃利希,早在20世纪就在其著作《法社会学原理》中阐述了关于法典化的理论,这些理论对我国当下行政法典的编纂仍具有重要的启示意义。——笔者注

当然,整体性考虑在法典化推进的过程中还应兼顾潜在的因素,做到以下三个突破。一是突破所谓海关法是在关境内实施的法律,鉴于海关监管并非仅仅限于流通环节,而是延伸到了制造环节,其内涵应当有所外向拓展。二是突破所谓海关监管对象只存在于物而非人。在口岸公共卫生管理方面,随着全球疫情的暴发,对于进出境人员卫生检疫的管控,本质上是以人的卫生健康为中心的管制。三是突破海关仅仅管理跨境有形货物贸易的狭隘理解。在数字化经济发展的大趋势下,针对跨境数字贸易的实际,厘清相关数字产品置于海关监管的条件和边界。为此,在推进法典化的进程中尤其需要优先从法律层面对目前存在于国际条约及双(多)边检疫议定书以及检验检疫法律中的“预检”“监装”“回顾性审查”“检查”“协助隔离检疫”等若干“准域外执法”情形进行梳理概括并通过法典化的形式再次授权海关执行。

第二,理之层级,保障海关法典编撰内容的融贯性。维系完整性是增进海关法律体系化程度的关键。海关法法典化还应考虑相关法律的整备、统合与协调三者关系,重点加强海关法律体系的融贯性。

围绕新海关新职责,为保证关检深度融合、全面推进通关一体化,对海关领域各类单行法进行体系化统合,即将原来分属于海关、检验检疫机构的申报、查验、处置、放行、稽查、行政许可、行政处罚等流程合并。通过整合、协调海关程序,将海关程序减少到经济上合理的数量,以增加商业的竞争力。重点从融合海关行政法律关系入手,重建海关法律体系,使得纵横交叉各业务领域始终保持高度一体化。将实际操作过程中行得通的关检融合成果,抑或具有国际竞争力的海关监管体制机制都纳入海关法典中,将普遍适用的监管流程、运行机制规范、标准以及进出口货物的基本申报形式和例外的简单申报,明确用法典的形式固定下来,促成具备综合性、融贯性的特质。

当前,随着中国更多地参与国际事务、履行国际义务,在知识产权边境保护方面,中国海关全面加强海关非传统领域监管,更广泛地参与多边、双边海关事务合作,规则体系日趋完善。据此,我国的海关法典应参照《俄罗斯海关法》第57章将海关知识产权保护的适用范围、名录管理、保护期限、保护程序上升到海关法的形式加以固化。

海关作为执行国家跨境重要政策的职能部门,在对外斗争中发挥重要的作用,是国家执行政治、经济保卫的重要手段。为应对对外斗争的复杂性,应通过立法将非关税壁垒(技术壁垒,包括TBT/SPS)适用于进口方向的管控,明确授权海关执行上述政策手段。另外,在未来海关监管更多地依赖实验室技术参数和标准的前提下,可参照《俄罗斯海关法》第58章"海关鉴定"的有关规定,将这一部分工作所设的核心内容完全法条化,并纳入海关法典的相关章节。不仅如此,参照《俄罗斯海关法》,还应增加综合保障部分,对海关附属组织加以立法规范。对赋予承担海关任务的科研组织、教育组织、医疗机构、出版社和其他机构,以及国有单一制企业,授权各直属海关予以管辖。对上述单位和机构的资产,视同海关财产,通通归属国家所有。总之,对于海关治理而言,海关法典应当能够对上述特定领域的现有问题作出一般性回应,提供较完备的在海关现行职能范围内的制度供给。

关税部分,可参照《俄罗斯海关法》,主要制度及征管模式和做法与世界发达经济体大致保持一致。因此,一方面,海关法典应包括全部有关税收实体和程序法;另一方面,还应与刑法、行政处罚法高度对接,完善海关处罚类别的法律。完整意义上,还包括司法救济和非诉讼救济两类。

第三,术之层级,保证海关法典编撰规范的确定性。与单行法相比,法典是法治高度发展的标志。首先,针对海关法专业性较强的特点,要更好实现良法之目的价值,做到定义前置。坚持体系解释优先和综合目的解释的原则,重点是把握好当然解释的尺度。其次,保持法典的稳定性及终结性。在理想层面上,应具有高度的自洽性。不仅法典的框架结构符合逻辑,而且形式要逻辑严谨、通俗易懂,内容实质合情合理,不与现实抵牾。最后,法律语言表述是严谨的,不存在语言含糊或者表达错误,避免晦涩冗长甚至相互矛盾的问题出现。

五、结语

面对世界百年未有之大变局、新时代社会主要矛盾的深刻变化，海关立法有必要通过法典化这一宏大而独特的实践创新来架构良法实现善治。然而，推进海关法法典化是一项浩瀚的系统工程，需要对特定问题展开系列深入的研究，既包含创制方法、技术和策略，更涉及社会实践功能和法治意义。更深层次理解，还要求从理论上回应诸如坚持中国特色社会主义法律体系的世界意义等重大课题。毫无疑问，一部充满中国特色且深度融汇世界海关智慧的宝典无疑将给后人留下厚重的财富和辉煌的记忆。

Localized Codification for China Customs Law: Underlying Logic, Value Orientation and Hierarchical Structure

—An Exploration of the Reference Value of the EAEU Customs Code

SU Tie

[**Abstract**] At present, with the further development of China's eco-society and the deeper expansion of customs functions, the universality, complexity and depth of customs law adjustment and amendments are becoming increasingly apparent, posing greater challenges. To promote the rule of law and build a country governed by law, it is necessary to establish a more scientifically standardized legal system to maintain social stability and fairness. At this juncture, the codification of customs law should actively assume its historical mission. By clarifying the underlying logic of codification, revealing its implications, determining the basic value orientation, identifying key pivot points, and clarifying the hierarchical structure, a framework can be established to respond to the multifaceted interactions between customs and stakeholders. This will lay the foundation for a leapfrog development of the rule of law in the customs field in the new era. In this process, the Eurasian Economic Union Customs Code provides valuable reference for the codification of customs law in China.

[**Key words**] Customs law codification; underlying logic; value orientation; hierarchical structure; EAEU; legislative reference

《海关法评论》稿约

《海关法评论》是上海市法学会海关法研究会与上海海关学院海关法研究中心共同主办，面向国内外公开发行的年度性海关法学类专业学术出版物。本评论的宗旨在于推动有海关法研究的多元学术思维，及时传播海关法领域的创造性研究成果，动态性地反映国内外海关法发展最新动态，为海关法学人和实务工作者之间建立一个交流学术思想、探讨海关法律制度理论与实践的平台。本评论设有"海关法专题研究""关税法律问题""海关刑事法律问题""国际与外国海关法""判例研究""域外视野""研究综述"等专题栏目，热忱欢迎所有海关法学研究相关的学人、实务工作者及海关法治发展的关注者赐稿！

本评论采取电子投稿的方式，来稿请以 Word 格式发送至电子邮箱为：customslawreview@126.com。来稿字数一般应在 8000 字以上 2 万字以下为宜。译文请附原文稿。本评论的用稿标准是论文的选题具有理论深度或实践价值、内容富有合理创见、分析说理透彻、文字表达通畅、注释和参考文献规范。对决定采用的稿件，本评论在尊重作者观点的前提下有权作技术性修改或处理，不同意者务请声明。本评论已被《中国学术期刊网络出版总库》及 CNKI 系列数据库、北大法宝数据库收录。如作者不同意将文章编入上述网络数据库，请在投稿时向本评论以书面形式明确声明。向上海市法学会海关法研究会所主办的海关法论坛的投稿同时也视为对本评论的投稿。**本评论尊重作者著作权，但同时反对一稿多投、学术剽窃等学术不道德行为。**

因本评论人手所限,对来稿一律不退,请作者自留底稿或做好备份。凡投稿3个月内未收到编辑部用稿通知者,可自行处理。同时,有效投稿请作者注意提供如下信息:

(一)中英文对应的论文标题

(二)中英文摘要

摘要应为论文主要内容的浓缩和提炼,要求以"[摘要]"表示,不应使用诸如"本文认为","笔者认为"等评价性语言,字数在300字以内。

(三)中英文关键词

关键词是反映论文主题概念的词或词组,关键词前以"[关键词]"作为标识;一般每篇可选3~8个。

(四)基金项目资助的论文

如果来稿系基金项目资助的论文,请在首页论文题名后以"*"符号标注,并链接至论文首页地脚中表明基金项目的类别、名称、项目编号。

(五)作者简介

对文章主要作者的姓名、出生年、性别、民族(汉族可省略)、籍贯、职称、学位等作出介绍,其前以"[作者简介]"作为标识,排在篇首页地脚,基金项目之下。同一篇文章的其他主要作者简介可在同一"[作者简介]"标识后相继列出,其间以分号隔开。

(六)注释与参考文献

本刊论文注释一律采用页下脚注,每篇文章注释每页重新编号。正文中标注用1、2、3等序号标注于相应语句标点后的右上角。脚注内容以小五号宋体排在每页地脚。具体格式为:责任者(责任方式),题名/卷册,出版者,出版时间,页码。责任方式与题名之间一律用冒号。

本评论不实行注释与参考文献分离的论文格式。

1. 解释说明类注释

本类注释是对论著正文中某一特定内容的进一步解释或补充说明,或者各种不宜列入参考文献的引文,如档案资料、内部资料,转引类文献。

2. 引证文献类注释

引证文献类注释作者在正文中直接引用或作为重要参考的文献目录,包括专著、编著、译著、论文集、学位论文、期刊文章、报纸文章、电子文献等。本评论的引证文献类注释采用实引形式,请注明引证文献的具体出处与页码。

3. 注释示例

中文文献类

(1)专著类

陈晖:《近现代法哲学的两次转型及其意义》,中国海关出版社2009年版,第19页。

(2)主编类

①中国社会科学院语言研究所词典编辑室编:《现代汉语词典》(第5版),商务印书馆2005年版,第624页。

②吕滨主编:《海关缉私业务》,中国海关出版社2008年版,第448页。

(3)外文译著类

译者作为第二责任者放在作者之后。

[美]乔治·费尼奇:《会展业导论》,王春雷译,重庆大学出版社2018年版,第1页。

(4)期刊类

1. 陈晖:《从"宽严相济"刑事政策看走私罪的法律修正》,载《政治与法律》2009年第1期。

2. 王珉:《国际海关便利通关制度最佳实践经验、发展趋势与中国因应之策》,载《太平洋学报》2017年第6期。

(5)文集析出文献类

朱秋沅:《中美自贸区知识产权边境侵权行为规制比较研究——以美国对外贸易区相关案例为视角》,载陈安主编:《国际经济法学刊》(第22卷)(2015年第3期),北京大学出版社2016年版,第197页。

(6)报纸类

屠新泉:《多哈回合步履蹒跚》,载《国际商报》2005年7月12日,第3版。

(7)电子文献类

赵春晓、李昉:《海关支持跨境电商"卖全球"》,载人民网2020年10月27日,http://fashion.people.com.cn/gb/n1/2020/1027/c1014-31907273.html。

外文文献类

原则上以该文种通行的引证标注方式为准。英文注释体例如下:

(1)期刊类

Peter K. Yu, Currents and Crosscurrents in the International Intellectual Property Regime, 38 Loy. L. A. L. Rev. 323, 411 (2004).

或

Kah-Wei Chong, Legal and Regulatory Aspects of International Single Window Implementation: The ASEAN Experience (2009) 4, Global Trade and Customs Journal, Issue 6, p. 185-193.

(2)著作类

Indiar Carr, International Trade Law (Fourth edition), Routledge-Cavendish Publishing Limited, 2010, p. 405-408.

(3)电子文献类

CBP, C-TPAT 5 Step Risk Assessment Process Guide, p. 12, http://www.cbp.gov/linkhandler/cgov/trade/cargo_security/ctpat/supply_chain/ctpat_assessment.ctt/ctpat_assessment.pdf, June 2, 2011.

由于本评论脚注实行每页脚注重新编号的编排方式,所以请不要采用"同上注12"或"super note 12"之类的脚注标注方式。

上海市法学会
海关法研究会介绍

上海市法学会海关法研究会是上海市法学会同意设立的专业研究会。上海市法学会海关法研究会是为推进依法治国、建设社会主义法治国家的进程，充分发挥海关守护国门安全作用、促进外经贸发展而设立的。上海市法学会海关法研究会整合了海关法领域的理论及实务专家和学者，通过开展专业研究和学术交流，推动海关法理论与实务水平的提高，为推进上海“五个中心”建设提供法治保障。

上海市法学会海关法研究会在上海市法学会领导下，以中国特色社会主义理论体系为指导，坚持与发展马克思主义法学，通过组织海关法领域的专业研究与学术交流，加强海关法理论与实务的融合和海关法研究成果的及时转化，搭建国内外海关法学者研究合作与学术交流的平台，促进海关法的国际与国内相关研究的结合、促进海关法研究团体的形成和海关法研究能力的全面提升，为我国海关法治的建设做出贡献。

上海市法学会海关法研究会及理事会于2016年12月10日成立，原上海海关学院副校长陈晖教授被推选为第一届理事会会长。2022年7月16日，在海关法研究会第二届理事会第一次会议上，中国海关管理干部学院院长陈晖教授当选为第二届理事会会长。

上海海关学院
海关法研究中心介绍

海关法研究中心是上海海关学院所属的学术研究机构。其宗旨是通过组织海关法领域的学术活动,架起与国内外海关法学者相互沟通的桥梁,创造国内外海关法学者进行学术交流与研究合作的机会和环境,推动海关法研究的深入开展,加强海关法与法律实务的结合,促进中国海关法领域各项法律和制度的健全和完善,为中国法治的发展做贡献。

海关法研究中心主要从事的学术活动有:(1)编辑和出版《海关法评论》;(2)每年定期举办海关法论坛;(3)举办专题性学术沙龙;(4)其他各种形式的学术研讨会。同时,海关法研究中心通过组织研究课题,与国内各有关学术机构和单位开展科研合作,并与国内外学术研究机构、教育机构和其他有关机构开展各种形式的学术交流活动。

海关法研究中心将继续发展同相关研究机构与研究人士的交流与合作。值此,我们也期待着国内外致力于海关法理论与实务研究的人士对中心的关注与参与。